普通高等教育"十二五"本科国家级规划教材

21世纪高等院校管理学主干课程

丛书主编：王方华

财务管理

（第4版）

FINANCIAL MANAGEMENT

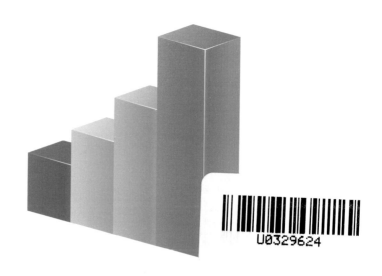

陈玉菁　宋良荣　编　著

清华大学出版社
北　京

内 容 简 介

财务管理是对企业经营过程中的财务活动进行预测、组织、协调、分析和控制的管理活动。在市场经济条件下,企业的财务活动日益丰富,也日益复杂,并在企业整个经营活动中处于举足轻重的地位,其成效如何,直接关系到企业的兴衰成败。本书在广泛吸收财务管理学领域最新成果的基础上,系统地介绍了企业资金的筹集、投放、运用和分配等内容。读者通过本书的学习,可掌握现代企业财务管理的基本理论和方法,具备从事经济原理工作所必须的业务知识和工作能力。

本书可作为高等学校经济管理类专业本科生教材,也可作为相关专业研究生、MBA 及会计从业人员参考用书和注册会计师考试辅助用书。

本书封面贴有清华大学出版社防伪标签,无标签者不得销售。
版权所有,侵权必究。举报:010-62782989,beiqinquan@tup.tsinghua.edu.cn。

图书在版编目(CIP)数据

财务管理 / 陈玉菁,宋良荣编著. --4 版. --北京:清华大学出版社,2016(2021.12 重印)
(21 世纪高等院校管理学主干课程)
ISBN 978-7-302-42959-3

Ⅰ. ①财… Ⅱ. ①陈… ②宋… Ⅲ. ①财务管理—高等学校—教材 Ⅳ. ①F275

中国版本图书馆 CIP 数据核字(2016)第 030542 号

责任编辑:刘志彬
封面设计:汉风唐韵
责任校对:宋玉莲
责任印制:宋 林

出版发行:清华大学出版社
网 址:http://www.tup.com.cn, http://www.wqbook.com
地 址:北京清华大学学研大厦 A 座   邮 编:100084
社 总 机:010-62770175   邮 购:010-62786544
投稿与读者服务:010-62776969, c-service@tup.tsinghua.edu.cn
质量反馈:010-62772015, zhiliang@tup.tsinghua.edu.cn
课件下载:http://www.tup.com.cn, 010-62770175 转 4506

印 装 者:三河市龙大印装有限公司
经   销:全国新华书店
开   本:185mm×260mm   印 张:24.5   字 数:589 千字
版   次:2005 年 8 月第 1 版   2016 年 4 月第 4 版   印 次:2021 年 12 月第 9 次印刷
定   价:56.00 元

产品编号:068430-02

21世纪高等院校管理学主干课程

编 委 会

丛书主编：王方华

副 主 编：汪 泓　顾宝炎

委　　员：陈力华　陈心德　陈玉菁

　　　　　葛玉辉　邬适融　赵洪进

总 序

冬去春来，一转眼间，伴随我国实行改革开放从西方发达国家引入现代企业管理理论已经有 25 年了。25 年来，从引进、消化、吸收到创新、发展，我们走了一条"洋为中用，融合提炼"的道路，许多先进的管理理论，在逐步引进、消化的过程中与中国企业本土的管理经验相结合，创造出许多具有中国特色的管理学的理论和方法。这些理论和方法，不仅为中国的管理学界所接受，为众多的中国企业所应用，还随着中国企业走出国门，走向世界，而为世界各国所瞩目、所应用。中国企业管理的工作者与研究者从理论和实践两个方面都对世界管理学的发展作出了重要的贡献。总结他们的经验，提炼具有中国特色的创新的管理理论，在面临经济全球化的今天显得很有必要。尤其是，把这些理论和方法吸收到大学的经济管理教材中去更为迫切和重要。这是我们组织编写本套丛书的主要动因，也是最直接的推动力。

在组织这套丛书的时候，我们是遵循着这样的思路设计编写指导思想的：

首先，我们确定了丛书的读者对象为高等院校尤其是理工科院校经济与管理专业的本科生以及非管理专业但选修管理作为第二学位的本科生，还有与他们有相近经历的理工科出身的企业管理者。

"定位"对于一切工作很重要，它是取得成功的重要因素。作为大学教师，应懂得因材施教这个道理，知道不同的对象要用不同的方法来开展教学活动。但是以往编写的教材，往往把读者笼统地看成一个无差异的群体，结果教学常常是事倍功半，难以取得预期的效果。这套丛书把读者定位作为一个很重要的写作前提，力求在因材施教上做一番努力。

理工科院校学生一般都有较扎实的理工基础，长于逻辑思维，并有较强的信息技术的知识和能力。所以在本书写作过程中我们力求突出主题，讲清概念，并尽量应用现代数理工具解决管理的实际问题。如应用计算机语言解决许多管理中的算法问题，既直观又简便，避免了许多传统、烦琐的计算，使学生学以致用，进而喜欢使用，用得其所。

其次，丛书突出了在经济全球化下企业管理的基本特征。众所周知，我国加入世界贸易组织后，中国经济已经融入了世界经济，实际上我国的各类企业都自觉不自觉地参与了全球的商业竞争。作为新形势下的企业管理人员必须具备国际竞争的能力。同样,用于新一代企业管理人才教学与培训的教材,也必须突出全球化的管理要求。我们深知,现在培养的学生在学成毕业后,大多都要成为企业业务骨干,他们要担负起中国企业走向世界、参与世界竞争的责任。他们在激烈的市场竞争中,将充分应用大学学到的知识,敢于竞争,善于竞争,并在竞争中脱颖而出,成为新一代企业家。这套丛书力求用最新的管理理论,用全球化的经营理念,用国际化战略设计解决企业在发展中亟须解决的各类问题,因此适应全球化竞争是丛书写作的重点,是力求全面反映的重要方面。

最后,丛书要体现信息化时代的各种需求。在信息化时代,知识爆炸、信息泛滥,各种新事物层出不穷,作为反映企业管理实践的管理科学也日益受到来自各方面的挑战。许多原理不断得到新的修正,许多概念变得更加简洁明了。为了适应这种变化,我们采取了三条措施,形成了丛书的三个特色。一,我们在每章的开头部分都列出了关键词和相关的网址,这主要是便于学生利用关键词到这些网站上去查阅最新的资料,这样做不仅便于学生查阅自己感兴趣的资料,同时也扩大了教材的内容,这些网站成为书的一个组成部分,使教材的内容随着信息化平台的不断扩大而获得了无限的增量。二,我们在部分章节中,突出了计算机软件语言的功能,帮助学生运用新的信息技术去解决管理中的数量化的问题。三,在书中列出了不少专论、标杆文章、案例分析等与教材的主要内容相配套的辅助读物,这样做扩大了学习的信息量,为教师提高教学质量提供了帮助和增加了手段,教师在教学中随时可以运用信息技术从各方面获取新的资料,及时加以调整,这样便可以在教材的主要内容和基本原理不发生大的改动的同时,通过专论和标杆文章的更新而使教学内容更加丰富,以跟上时代发展的步伐。

本丛书由上海交通大学安泰管理学院院长、博士生导师王方华教授任主编,由上海工程技术大学校长汪泓教授与上海理工大学商学院院长顾宝炎教授为副主编,参与丛书编写的有上海交通大学、上海理工大学、上海工程技术大学和上海应用技术学院二十多位长期从事理工科院校管理专业教学的教师,丛书的写作是在这四所学校老师共同努力下完成的,形成了理工科管理教学的特色,突出经济全球化需要的特点,反映信息技术革命的特征。我们希望这套丛书的出版能填补管理专业教材中的一些空白,能受到相关学校老师与同学的重视,为中国企业管理学科的发展发挥一点作用,作出应有的贡献。

本书的写作与出版得到了上述四所学校领导与教师的鼎力相助,得到了清华大学出版社的高度重视和帮助,在此一并表示感谢。

王方华

2006年5月于上海交通大学安泰楼

前 言
（第4版）

财务管理是由企业再生产过程客观存在的财务活动和财务关系而产生，是利用价值形式对企业生产经营过程进行管理，组织企业财务活动，处理企业与相关各方财务关系的一项综合性经济管理工作。财务管理是企业管理的核心，企业兴衰，财务为本，企业的生存与发展离不开良好的财务管理环境和先进的财务管理手段。当前，世界经济进入增速减缓、结构转型、竞争加剧的时期；我国经济正处于增长速度换档期、结构调整阵痛期和前期刺激政策消化期"三期"叠加阶段，企业只有向内涵集约化经营模式转型，充分挖掘管理潜力，才能实现可持续发展和价值持续提升的目标。财务管理作为现代企业管理的一个重要领域和专门学科，在经济新常态背景下更是面临许多新情况和新问题，迫切要求在理论和实务上不断总结和发展。本教材内容力求顺应这一历史趋势和需要，使读者通过本教材的学习，掌握现代企业财务管理的基本理论和方法，具备从事经济管理工作所必须的财务管理业务知识和工作能力。

本教材是两位作者在总结十多年教学经验的基础上编写而成的。由于财务管理学是一门应用性较强的经济管理学科，因此，本教材在编写过程中既强调对现代财务管理基本理论的阐述，又重视财务管理的实务应用案例，同时积极吸收西方财务管理学的研究成果，求"新"，求"实"，求"广"。具体表现在以下几个方面：

(1) 创新性。本教材在参阅了大量中外文献的基础上，以全新的视角，将现代财务管理模式与我国现实情况相结合，努力建立与我国市场经济相适应的财务管理体系。

(2) 实用性。本教材在各章后均配有案例分析题、复习思考题和练习题，且在清华大学出版社网站（www.tup.com.cn）公布练习题答案。书中内容重点突出，详略得当，通俗易懂，兼顾实用性和前瞻性。

(3) 广泛性。本教材以现代财务活动为主线，全面阐述了资金的筹集、投放、运用和分配，以及财务预算、财务控制和财务分析等内容，并对企业价值评估和国际财务管理等作了专题介绍，尽量为读者提供一种系统的理财思路和导向。

本教材可作为高等院校管理类与经济类专业学生的教学用书，也可作为管理、财会、证券、金融等实务工作者系统学习财务管理知识的参考书。

  本教材由陈玉菁负责设计写作大纲草案,并负责撰写第二章、第三章、第六章、第八章、第九章、第十二章、第十三章。宋良荣负责撰写第一章、第四章、第五章、第七章、第十章、第十一章。

  本教材是普通高等教育"十一五""十二五"国家级规划教材,在国家级规划教材申报立项的过程中得到了清华大学出版社编辑、上海理工大学及相关单位专家的鼎力支持和热情帮助,在此表示衷心的感谢。

  在编写和修订本教材的过程中,尽管我们付出了不懈的努力,但由于作者水平有限,书中问题与不足之处在所难免,为此,恳请广大读者批评指正,以便以后再次修订。我们的电子邮箱是: chenyujing1011@163.com。

  为了方便教学,本教材配有教学用 PPT,需要的教师可与出版社联系。

陈玉菁 宋良荣
2015 年 11 月

目 录

第一篇 财务管理基础

第1章 财务管理总论 ... 1
1.1 财务管理概述 ... 2
1.1.1 财务管理的起源和发展 ... 2
1.1.2 财务管理的内容 ... 6
1.1.3 财务管理的环节 ... 8
1.1.4 财务学的分类 ... 9
1.2 财务管理的目标 ... 9
1.2.1 企业的目标及其对财务管理的要求 ... 10
1.2.2 企业财务管理的目标 ... 10
1.2.3 财务管理目标的协调 ... 13
1.3 财务管理的环境 ... 16
1.3.1 财务管理环境的分类 ... 16
1.3.2 财务管理环境的内容 ... 17
1.3.3 财务管理环境对财务管理目标的影响 ... 18

第2章 财务管理基本价值观念 ... 24
2.1 资金的时间价值 ... 25
2.1.1 资金的时间价值的概念 ... 25
2.1.2 资金的时间价值的作用 ... 25
2.1.3 资金的时间价值的计算 ... 26
2.1.4 贴现率和期数的推算 ... 34
2.2 利息率和通货膨胀 ... 35
2.2.1 利息和利率的表示 ... 35
2.2.2 利率的决定因素 ... 36
2.2.3 名义利率与实际利率的换算 ... 37
2.2.4 通货膨胀 ... 37

2.3 投资的风险价值 ·········· 39
  2.3.1 风险的概念 ·········· 39
  2.3.2 风险的类别 ·········· 40
  2.3.3 风险报酬 ·········· 40
  2.3.4 投资组合的风险与报酬 ·········· 44
2.4 资本市场均衡模型 ·········· 48
  2.4.1 资本资产定价模型 ·········· 48
  2.4.2 套利定价理论 ·········· 52

第二篇 筹资、投资与收益分配

第 3 章 资金筹措与预测 ·········· 59
3.1 企业筹资概述 ·········· 60
  3.1.1 企业筹资的动机 ·········· 60
  3.1.2 筹资的要求 ·········· 60
  3.1.3 筹资的渠道与方式 ·········· 61
  3.1.4 筹资的分类 ·········· 62
3.2 权益资金的筹集 ·········· 63
  3.2.1 吸收直接投资 ·········· 63
  3.2.2 发行普通股 ·········· 64
  3.2.3 发行优先股 ·········· 68
  3.2.4 留存收益筹资 ·········· 70
3.3 负债资金的筹集 ·········· 71
  3.3.1 向银行借款 ·········· 71
  3.3.2 发行公司债券 ·········· 74
  3.3.3 可转换公司债券 ·········· 78
  3.3.4 融资租赁 ·········· 81
3.4 资金需要量的预测 ·········· 85
  3.4.1 因素分析法 ·········· 86
  3.4.2 销售百分比法 ·········· 86
  3.4.3 资金习性预测法 ·········· 88

第 4 章 资本成本和资本结构 ·········· 93
4.1 资本成本 ·········· 94
  4.1.1 资本成本的概念和意义 ·········· 94
  4.1.2 个别资本成本的估算 ·········· 95
  4.1.3 综合资本成本 ·········· 98
  4.1.4 边际资本成本 ·········· 98
4.2 杠杆效应 ·········· 101
  4.2.1 成本按习性的分类与盈亏平衡点的计算 ·········· 101

4.2.2　经营风险与经营杠杆 …………………………………… 102
　　4.2.3　财务风险与财务杠杆 …………………………………… 105
　　4.2.4　复合杠杆作用与复合杠杆系数 ………………………… 106
　4.3　资本结构 ……………………………………………………… 107
　　4.3.1　筹资的每股收益分析 …………………………………… 108
　　4.3.2　最佳资本结构 …………………………………………… 109

第 5 章　项目投资管理 …………………………………………… 115
　5.1　项目投资概述 ………………………………………………… 116
　　5.1.1　项目投资的特点 ………………………………………… 116
　　5.1.2　项目投资的程序 ………………………………………… 117
　　5.1.3　项目计算期的构成和项目投资的内容 ………………… 117
　　5.1.4　项目投资资金的投入方式 ……………………………… 118
　5.2　现金流量测算 ………………………………………………… 118
　　5.2.1　现金流量的概念 ………………………………………… 118
　　5.2.2　现金流量的估计 ………………………………………… 119
　　5.2.3　利润与现金流量 ………………………………………… 120
　　5.2.4　所得税与折旧对现金流量的影响 ……………………… 121
　5.3　投资决策评价方法 …………………………………………… 123
　　5.3.1　贴现评价法 ……………………………………………… 123
　　5.3.2　非贴现评价法 …………………………………………… 127
　5.4　投资决策评价方法的应用 …………………………………… 128
　　5.4.1　单一的独立投资项目的财务可行性评价 ……………… 128
　　5.4.2　多个互斥方案的比较与优选 …………………………… 129
　　5.4.3　多个投资方案组合的决策 ……………………………… 130

第 6 章　证券投资管理 …………………………………………… 137
　6.1　证券投资概述 ………………………………………………… 138
　　6.1.1　证券与有价证券 ………………………………………… 138
　　6.1.2　证券市场 ………………………………………………… 139
　　6.1.3　效率市场假说 …………………………………………… 141
　　6.1.4　证券投资的风险与报酬 ………………………………… 143
　6.2　债券投资 ……………………………………………………… 144
　　6.2.1　债券投资的目的和特点 ………………………………… 144
　　6.2.2　债券的价值 ……………………………………………… 145
　　6.2.3　债券的收益率 …………………………………………… 150
　6.3　股票投资 ……………………………………………………… 151
　　6.3.1　股票投资的目的和特点 ………………………………… 151
　　6.3.2　影响股票价格的因素 …………………………………… 151
　　6.3.3　股票价值的评估 ………………………………………… 152
　　6.3.4　股票的收益率 …………………………………………… 154

6.3.5　股票投资分析 ·· 155
6.4　基金投资 ··· 157
　　6.4.1　投资基金的概念 ·· 157
　　6.4.2　投资基金的种类 ·· 158
　　6.4.3　投资基金的价值 ·· 160
　　6.4.4　投资基金的收益率 ·· 161
　　6.4.5　基金投资的优缺点 ·· 162
6.5　衍生金融资产投资 ·· 162
　　6.5.1　期权投资 ·· 162
　　6.5.2　认股权证 ·· 164
　　6.5.3　优先认股权 ·· 165

第7章　营运资金管理 ·· 170

7.1　营运资金的含义和特点 ·· 171
　　7.1.1　营运资金的含义 ·· 171
　　7.1.2　营运资金的特点 ·· 171
7.2　流动资金的管理 ·· 172
　　7.2.1　现金管理 ·· 172
　　7.2.2　应收账款管理 ·· 178
　　7.2.3　存货管理 ·· 184
7.3　流动负债的管理 ·· 190
　　7.3.1　短期借款 ·· 190
　　7.3.2　商业信用 ·· 192
7.4　营运资金政策 ·· 194
　　7.4.1　营运资金持有政策 ·· 194
　　7.4.2　营运资金筹集政策 ·· 195

第8章　收益分配管理 ·· 201

8.1　收益分配概述 ·· 202
　　8.1.1　制定收益分配政策应考虑的因素 ···································· 202
　　8.1.2　股利分配的实质 ·· 203
　　8.1.3　股利理论 ·· 204
8.2　股利政策 ·· 206
　　8.2.1　常见的股利政策 ·· 206
　　8.2.2　股利政策的选择 ·· 209
　　8.2.3　目标股利支付比率的确定 ·· 209
8.3　收益分配的程序和方案 ·· 210
　　8.3.1　公司制企业的收益分配程序 ·· 210
　　8.3.2　股利支付形式 ·· 211
　　8.3.3　股利发放日期 ·· 212
8.4　股票股利与股票分割和回购 ·· 213

8.4.1 股票股利 ……………………………………………………………… 213
8.4.2 股票分割 ……………………………………………………………… 215
8.4.3 股票回购 ……………………………………………………………… 216

第三篇 财务预算、控制与分析

第9章 财务预算 …………………………………………………………… 223
9.1 财务预算体系 ……………………………………………………… 224
9.1.1 全面预算的概念 ……………………………………………… 224
9.1.2 全面预算的内容 ……………………………………………… 224
9.1.3 财务预算在全面预算体系中的地位 ………………………… 225
9.2 财务预算的编制 …………………………………………………… 226
9.2.1 现金预算 ……………………………………………………… 226
9.2.2 预计利润表 …………………………………………………… 231
9.2.3 预计资产负债表 ……………………………………………… 232
9.2.4 预计现金流量表 ……………………………………………… 233
9.3 编制财务预算的特殊方法 ………………………………………… 234
9.3.1 弹性预算的方法 ……………………………………………… 234
9.3.2 零基预算的方法 ……………………………………………… 235
9.3.3 滚动预算的方法 ……………………………………………… 237

第10章 财务控制 …………………………………………………………… 247
10.1 内部控制概述 …………………………………………………… 248
10.1.1 内部控制的含义及其基本要素 …………………………… 248
10.1.2 内部控制的方式 …………………………………………… 248
10.2 财务控制的原则与种类 ………………………………………… 250
10.2.1 财务控制的原则 …………………………………………… 251
10.2.2 财务控制的种类 …………………………………………… 251
10.3 责任中心财务控制 ……………………………………………… 252
10.3.1 责任中心的类型和考核指标 ……………………………… 252
10.3.2 责任预算、责任报告与业绩考核 ………………………… 256
10.4 财务预警 ………………………………………………………… 258
10.4.1 财务失败预警 ……………………………………………… 258
10.4.2 财务重整的方式 …………………………………………… 261

第11章 财务分析 …………………………………………………………… 267
11.1 财务报告概述 …………………………………………………… 268
11.1.1 财务报告的目标 …………………………………………… 268
11.1.2 财务信息的质量要求 ……………………………………… 269
11.2 财务分析的内容与方法 ………………………………………… 270
11.2.1 资产负债表 ………………………………………………… 270

11.2.2 利润表 ………………………………………………………………… 271
　　11.2.3 现金流量表 ……………………………………………………………… 274
　　11.2.4 财务报表附注 …………………………………………………………… 277
　　11.2.5 财务分析的基本方法 …………………………………………………… 277
11.3 财务指标分析 ………………………………………………………………… 279
　　11.3.1 偿债能力分析 …………………………………………………………… 279
　　11.3.2 运营能力分析 …………………………………………………………… 284
　　11.3.3 获利能力分析 …………………………………………………………… 288
　　11.3.4 发展能力分析 …………………………………………………………… 291
　　11.3.5 现金流量分析 …………………………………………………………… 293
11.4 财务综合分析 ………………………………………………………………… 295
　　11.4.1 杜邦财务分析体系 ……………………………………………………… 296
　　11.4.2 沃尔比重评分法 ………………………………………………………… 297

第四篇　财务管理专题

第12章　企业价值评估 …………………………………………………………… 305
12.1 企业价值评估概述 …………………………………………………………… 306
　　12.1.1 企业价值评估的意义 …………………………………………………… 306
　　12.1.2 企业价值评估的对象 …………………………………………………… 306
12.2 企业价值评估的模型 ………………………………………………………… 308
　　12.2.1 现金流量折现模型 ……………………………………………………… 308
　　12.2.2 经济利润模型 …………………………………………………………… 313
　　12.2.3 相对价值模型 …………………………………………………………… 316
12.3 兼并与收购 …………………………………………………………………… 319
　　12.3.1 兼并与收购的概念 ……………………………………………………… 319
　　12.3.2 并购的类型 ……………………………………………………………… 319
　　12.3.3 并购的动因 ……………………………………………………………… 321
　　12.3.4 并购的财务分析 ………………………………………………………… 324
　　12.3.5 企业并购的风险分析 …………………………………………………… 328
　　12.3.6 反收购策略 ……………………………………………………………… 329
12.4 剥离与分立 …………………………………………………………………… 332
　　12.4.1 剥离与分立的含义 ……………………………………………………… 332
　　12.4.2 剥离与分立的类型 ……………………………………………………… 332
　　12.4.3 剥离与分立的动因 ……………………………………………………… 333

第13章　国际财务管理 …………………………………………………………… 338
13.1 国际财务管理概述 …………………………………………………………… 339
　　13.1.1 国际财务管理的概念 …………………………………………………… 339
　　13.1.2 国际财务管理产生的背景 ……………………………………………… 339

  13.1.3 国际财务管理的内容 …………………………………………… 340
 13.2 国际筹资管理 …………………………………………………………… 340
  13.2.1 国际筹资的渠道与方式 ………………………………………… 340
  13.2.2 国际筹资成本的分析与贷款货币的选择 ……………………… 342
 13.3 国际投资管理 …………………………………………………………… 343
  13.3.1 国际直接投资环境的特点和内容 ……………………………… 344
  13.3.2 国际投资环境分析的方法 ……………………………………… 344
  13.3.3 国际直接投资风险评估与管理 ………………………………… 345
  13.3.4 国际投资项目效益分析 ………………………………………… 346
 13.4 国际营运资金的管理 …………………………………………………… 347
  13.4.1 国际现金的管理 ………………………………………………… 347
  13.4.2 国际应收账款的管理 …………………………………………… 350
  13.4.3 国际存货的管理 ………………………………………………… 352
 13.5 国际税务管理 …………………………………………………………… 353
  13.5.1 国际双重征税及其解决 ………………………………………… 354
  13.5.2 国际税务管理的方法 …………………………………………… 356
 13.6 外汇风险管理 …………………………………………………………… 357
  13.6.1 外汇风险的类型 ………………………………………………… 358
  13.6.2 外汇风险管理的程序和方法 …………………………………… 359

参考文献 ………………………………………………………………………… 364
附录 ……………………………………………………………………………… 365

第一篇 财务管理基础

第1章 财务管理总论

本章学习目标 通过本章的学习,要求掌握财务管理的目标和财务管理的环境,熟悉财务管理目标的协调和财务管理的内容,了解财务管理的起源与发展历程。

财务管理(financial management)
宏观财务学(macro-finance)
个人财务学(personal finance)
利润最大化(profit maximization)
资本市场(capital market)
财务学(finance)

跨国公司财务学(multinational finance)
每股收益(earnings per share)
有限责任公司(limited liability company)
股份有限公司(corporation)
货币市场(money market)
公司财务学(corporate finance)

 互联网资料

中国证券监督管理委员会(http://www.csrc.gov.cn)
财会月刊(http://www.ckyk.cn)
新民生理财(http://www.bjnewmission.com.cn)

> 财务学有三个分支：金融学、投资学和财务管理学。这三大分支相互联系，具有相通的理论基础，但侧重领域不同。金融学侧重货币、利率和金融市场；投资学主要侧重投资机构的证券投资评价；财务管理学则侧重组织的投资和筹资。
>
> 任何组织都需要财务管理，但营利性组织与非营利性组织的财务管理有较大区别。本教材讨论的是营利性组织的财务管理，即企业财务管理。
>
> 资料来源：中国注册会计师协会编.《财务成本管理》.北京：中国财政经济出版社，2015年，第3页。

1.1 财务管理概述

财务属于商品经济的范畴，随商品生产与交换的产生而产生，并随其发展而发展。财务管理是人们组织财务活动、处理财务关系的一项综合性的理财工作，有其自身的发展规律、研究内容、管理环节和学科分类。

1.1.1 财务管理的起源和发展

1. 财务管理的起源

早在原始社会的中期，畜牧业从农业中分离出来，这是人类社会发展史上第一次社会大分工。农人和牧人生产的产品不同，产品除自己消费外，出现的剩余产品相互有了交换的必要，于是出现了原始的商品生产与交换形态。随后，逐渐产生了货币，于是出现了货币的保管与货币结算活动，以及在这些活动中产生的货币所有、使用与结算关系，这便是财务产生的雏形。

随着手工业从农业中分离出来，出现了人类社会的第二次社会大分工，这标志着财务的初步产生。这一时期的财务活动主要表现在：①货币已转化为本金，即为进行商品生产和商品交换活动而专门垫支的货币，不是简单地作为计量货币；②本金的投入与收回的不断进行，产生了简单的本金循环周转运动。

在原始公社末期，有一个不从事生产而只从事商品交换的阶层——商人，这标志着人类社会的第三次社会大分工的出现。商人以货币从商品生产者手中购买商品，然后出售给消费者，收回原垫支的货币，收回的货币比原垫支的货币是一个更大的量，即要赚钱。商人本金的投入与收回活动与手工业者的简单商品生产中的本金投入与收回活动比较，已有进一步的发展，它包括本金的筹集、投放、耗费、收入、分配（补偿、纳税、积累、消费）等经济内容，且本金的投入与收回的目的不仅仅是为了满足个人与家庭的生活需要，而是为了追求本金的增值。

自原始公社中期财务产生以来，经历了奴隶社会、封建社会、资本主义社会等不同社会形态，财务主体、内容与范围均有所发展的变化，财务关系也不断变化。但是，作为商品生产与商品交换的本金投入与收入活动这一核心内容却是不同社会形态下财务的共性。对财务活动的组织与财务关系的处理便构成了财务管理活动。财务范畴产生的同时就出现了财务管理，只不过早期的财务管理是由所有者自己进行，在封建社会中逐渐由地主家庭中分化出管家专职进行，到了资本主义社会才逐渐由所有者授权经营者和专职部门进行一部分财务管理，而所有者仍控制着重大的财务决策权。从财务的历史发展过程可以看出，财务始终是商品生产经营管理中最重要的组成部分。

2. 西方近代财务管理的发展

西方近代财务管理的发展是与资本主义经济的发展相联系的,从财务管理重点内容的变化和主要管理方式的变化来看,一般认为可分为三个大的阶段。

1) 筹资管理与财务核算为主阶段

早在十五六世纪,地中海沿岸商业城市出现了邀请公众入股的城市商业组织,入股的股东包括商人、王公、大臣、市民等。商业股份经济的发展,要求在财务管理上做好筹资、股息分配和股本归还等工作。但这些工作还未形成独立的由财务管理部门进行的管理,而是包含在商业经营管理之中,因此可视为西方近代财务管理的初步形成。19世纪末20世纪初,西方股份公司有了迅速发展,资本主义经济也得到快速发展。这时,股份公司不断扩大生产经营规模,在财务上要求开辟新的筹资渠道,及时、足额筹得资金以满足生产经营规模扩大的资金需求,并在财务关系上处理好公司与投资者、债权人之间的财务权、责、利关系,分配好盈利。于是,各股份公司纷纷成立专职财务管理部门,以适应加强财务管理的需要。这时的财务管理部门是以筹集资金为主开展管理工作。为做好筹资管理,必须围绕筹资加强财务核算工作,诸如股票、债券的发行、回购,盈利的计算,股利的发放等方面,都必须加强财务核算,从而维护投资者与债权人的利益,进一步扩大筹资范围。财务管理职能与机构的独立化,标志着近代西方财务管理的完全形成。这一时期,财务管理的研究领域主要集中在财务制度和立法原则等问题上。

2) 成本管理与财务监督为主阶段

20世纪30年代,资本主义发生大规模经济危机,西方资本主义国家大批企业因资金不能周转,失去支付能力和严重亏损而破产倒闭。财务管理研究的重点转向如何维持企业的生存上,如企业的资产保值与变现能力、破产、清算以及合并与重组等问题。在危机中幸存下来的企业认识到,要想走出困境,在财务管理上只把主要精力集中在筹资上是很不够的,现在的主要问题已转变为如何以低价、优质的产品去占领市场,增强竞争力,求得企业的生存。产品价格降低,必须以产品成本降低为基础,于是各企业纷纷把财务管理的重点从以筹资为主转向成本管理为主。各企业普遍进行成本开支标准与费用定额的制定,编制成本计划与费用预算,加强成本控制,严格控制各种财务收支,力求全面降低成本。与这些管理要求相适应,在财务管理方式上建立、健全企业内部的成本监督体系:①在采购环节,通过制定"经济采购批量",对资金占用与采购、储存费用进行监督与控制;②在生产环节,通过制定"经济投产批量"、标准成本与内部结算价格,对生产消耗进行监督与控制;③在销售环节,通过制定"经济发货批量"、销售费用预算,对销售费用进行监督与控制。由于企业成本管理的加强,增强了这些企业的竞争能力,它们在经济发展上逐渐进入复苏阶段。在这一阶段,财务管理的研究方法从开始侧重于对企业现状的归纳和解释的描述性方法,转向分析性方法。即从企业内部决策的角度,围绕企业利润、股票价值最大化来研究财务问题,并把一些数学模型引入企业财务管理中。同时,随着投资项目选择方法的出现,开始注意资本的合理利用。另外,这一阶段的研究领域也扩展到现金和存货管理、资本结构和股息策略等问题。

3) 投资管理与财务决策为主阶段

第二次世界大战后,资本主义经济进入一个新的发展时期。世界市场兴起、国际大资本与跨国公司形成,通货膨胀加剧,资本主义企业之间的竞争由国内逐渐发展到国外,企业生产经营活动的盈利机会与风险并存。企业生存与发展不仅取决于内部控制与成本监督,更重要的是取决于投资机会的把握和投资地点与项目的选择,因为投资失误的损失比企业内部成本管理不善的损失更具有毁灭性。于是,企业财务管理的重点由成本管理转向投资管理,而做好投资管理的主要方式是投资决策,即全面做好投资项目的可行性论证,并深入分析影响投资效果和投资风险的国内与国际因素,作出投资方向、地点和项目的决策。随着衍生金融工具的发展,西方资本主义企业的投资范围进一步扩大,期货、期权、期汇、期息等买卖上的高收益、高风险投资,使企业投资管理的难度远远大于一般性的生产经营投资与股票、债券等基本金融工具运用的投资,使财务管理中的风险投资决策方式与方法迅速发展起来。与此相联系,在投资方案实施中的投资调控、投资项目的投资回收、提高投资报酬率的全过程投资管理体系也逐渐建立、完善。这一时期是西方经济发展的黄金时期,财务管理中应用了电子计算机等先进的方法和手段,财务分析方法向精确化发展。财务管理领域研究的重点转向风险与报酬的关系和资本结构等重大问题,并取得了一系列重要成果,研究方法也从定性向定量转化。比如,在这一阶段出现了"投资组合理论"、"资本市场理论"、"资本资产定价模型"和"期权价格模型"等。

3. 我国财务管理的发展

我国经济体制经历了从计划经济体制向市场经济体制的漫长转换时期,商品生产与交换活动经历了一个由形式到实质、由低级向发达的发展阶段,在财务管理上也经历了不同的发展阶段。

1) 成本管理与财务核算、监督为主阶段

从新中国成立到1978年党的十一届三中全会前,我国实行的是计划经济体制。20世纪50年代中期实现了对私有经济的社会主义改造,城市工商业中全民所有制企业占了绝对地位。国家对全民所有制企业实行统一计划、统购包销的经济管理体制,企业变成国家行政机构的附属物,人、财、物各生产经营要素的配置权与供、产、销各经营活动的决策权都集中在国家有关行政管理部门手中,企业丝毫未能享有独立的商品生产者与经营者的地位。与此相适应,在企业财务管理体制上实行的是国家统收统支、统负盈亏的体制。这种财务管理体制的基本内容是:①企业所需生产经营资金由国家财政与国家银行计划供应;②企业资金运用按国家批准的资金计划执行;③企业成本费用按国家规定的成本开支范围、开支标准与国家批准的成本费用计划支出;④企业产品按国家指定的销售对象与国家定价销售;⑤企业收入在补偿成本与上缴税金后所形成的利润按国家规定全部或绝大部分上缴财政;⑥企业按国家规定从成本和利润中提取形成的各种专用基金按国家规定用途与批准的计划专款专用。从这个阶段的财务管理体制的内容看,资金由国家供应,企业无筹资权;资金运用由国家安排,企业无投资权;成本费用开支报国家有关部门审核,企业无成本开支权;收入按国家计划分配,企业无定价权与分配权。企业财务管理的职责是如何按国家财务会计制度规定搞好成本核算,向国家报账;如何按国家财经制度,监督企业领导与内部单位合理使用资金、合法开支费用、及时上缴税金与利润,保证完成各项财政上缴任务。可见,这一阶段财务管理的重点是成本核算、成本计划控制与实行财务监督。由于企业财务活动被纳入国家财政计划,所以企业财务被视为国家财政体系的基础环节而包括在财政体系中。

2) 分配管理与财务控制、考核为主阶段

1978年12月党的十一届三中全会以后,我国进入以经济建设为中心的社会主义建设新时期,开始了经济体制改革,直到1992年10月中共"十四大"确立我国经济体制改革的目标是建立社会主义市场经济体制,在这期间的14年中我国对经济体制改革的目标进行了长期的探索。在这一阶段中,先后提出过"计划经济为主,市场调节为辅"和"有计划的商品经济"两种改革目标模式。由于当时改革的目标模式仍是坚持计划经济条件下发展商品经济,逐步将全民所有制企业转变为相对独立的商品生产者与经营者,整个改革是按"放权让利"的思想进行的。在经济管理上,国家对企业实行指令性计划、指导性计划与市场调节相结合的计划管理体制,企业在人、财、物、供、产、销六个方面逐步扩大一些自主权,以调动企业生产经营的积极性。与这种经济管理体制相适应,在财务管理体制上是以分配为突破口,对筹资、投资、成本、收入等方面的体制进行局部性改革。其主要内容是:①改统收统支、统负盈亏制为自收自支、利润包干上交、留利自管的制度;②利润包干上交在实行税前承包上交后,又改为利税分流、税后承包上交方式;③企业留利按国家规定建立积累基金、消费基金与后备基金,并按国家规定用途自行安排使用;④企业资金以国家供应为主,但可经国家批准以发行债券、股票、联营和内部积累方式筹集一部分资金;⑤企业资金运用除限额以上的基本建设投资要经国家批准立项以外,其他可自行安排使用,但必须保证国家指令性计划任务的完成;⑥企业成本费用开支仍按国家规定的成本开支范围与标准支出;⑦产品定价与三种形式相适应,即国家定价、指导价和市场调节价三种形式,企业在指导价与市场调节价的制定方面有一定自主权。从这一阶段财务管理体制的内容看,已由单纯计划经济体制下的国家统收统支、统负盈亏制逐步改为企业自收自支、利润包干上交制,财务管理的重点是分配管理。与这一重点管理内容相适应,在财务管理方式上是以财务控制与考核为主。在财务控制方面,先后实行过企业基金提取比例控制、利润留成比例控制、利润承包上交比例控制等方式。在财务考核方面,国家对企业着重考核实现利税与上交利润指标,企业工资总额与上交利税挂钩,企业经营者收入与全面完成各项承包指标挂钩。

3) 筹资管理与财务预测、决策为主阶段

党的"十四大"确立了我国经济体制改革的目标模式是建立社会主义市场经济体制。我国全民所有制企业已按照国有企业改革的要求,基本建立了现代企业制度。根据现代企业制度的要求,企业对出资者投入的资本金、企业内部积累和债权人借给的借入资金拥有法人财产权,并以法人财产承担民事责任,实行企业自主经营、自负盈亏的管理体制。与此相适应,在财务管理体制上则实行企业"财务自理、自负盈亏"的新体制,其主要内容是:①企业拥有对法人财产的占有权与经营权,按照所有者的要求对企业人、财、物、供、产、销实行自主安排与营运;②企业拥有筹资权与投资权;③在遵守国家成本管理法规的前提下,企业拥有成本费用开支权;④除极少数产品由国家定价外,企业拥有广泛的定价权;⑤企业可自行确定工资总额与工资形式等。在这个阶段,财政部于2006年12月4日颁发了新的《企业财务通则》,并于2007年1月1日起正式施行,替代了1993年7月1日起施行的旧《企业财务通则》。新《企业财务通则》适应了现代企业法律制度建设的实际需要,在我国资本市场发展相对落后的现实情况下,构建了政府宏观财务、投资者财务、经营者财务三个层次的企业财务管理体制,它不仅适用于国有及国有控股企业,对非国有控股企业或者其他性质的企业同样具有相当广泛的适用性。2010年4月,财政部又会同证监会、审计署、银监会、保监会联合发布了《企业内部控制应用指引第6号:资金活动》,对企业筹资、投资和资金营运等活动的内部控制进行了规范。同时,在《企业内部控制应用指引第15号,全面预算》,对企业一定时期的经营活动、投资活动、筹资活动等实施全面预算管理作出了规范。这一阶段,国有及国有控股企业生产经营活动所需资金已不再由国家统一提供,必须面向市场自主筹集。由于历史上形成的国家财政投资不足,企业自有资本比重偏低,资金长期紧缺等问题存在,筹资管理就成为企业财务管理中最突出的问题。为了从不同渠道筹措资金,企业财务管理的首要任务是向各类社会出资者和债权人提供企业目前财务状况,以及今后一定时期的企业盈利能力、偿债能力的财务预测分析报告,提供所筹措资金用以进行投资的可行性分析与决策报告,为社会出资者与债权人向本企业投资提供真实、可信的决策资料。因此,在这一阶段,财务管理的方式是以财务预测与决策为主。

随着市场经济的国际化发展,市场竞争国际化,企业发展集团化与跨国经营已成为必然趋势,大型公司投资主体多元化、经营层次多级化,财务活动规模日益扩大,财务关系处理日益复杂,这都要求财务管理进入一个新的发展时期。这一时期的特点将是以提高经济效益为中心,实行全方位财务管理。在财务管理内容上,已不是偏重于某一项管理,而是对筹资、投资、成本、收入、分配等方面实施全面性管理。在财务管理方式上对各项内容的管理都采用预测、决策、计划、核算、控制、考核、分析、监督等多种方式管理,财务管理中定性与定量的方法得到不断创新。这一全方位发展趋势已在西方和我国某些先进的大中型企业财务管理中崭露头角。

1.1.2 财务管理的内容

企业财务是企业财务活动和财务关系的统一。财务管理是企业在资金的筹集、投放和分配过程中组织财务活动、处理财务关系的一项综合性管理工作。财务管理的对象是资金(或现金)的循环和周转,主要内容是筹资、投资、资金的营运与分配。

1. 财务活动

财务活动是经营实体涉及资金的活动,即企业开展投资、生产经营活动所涉及的筹集、运用和分配资金的活动。企业财务活动描述了企业财务的形式特征。

1)筹资活动

筹资,是企业为了满足投资和资金运营的需要,筹集所需资金的行为。在筹资活动中,企业需要根据企业战略发展的要求和投资规划确定不同时期的筹资规模,并通过不同筹资渠道和筹资方式的选择,合理地确定筹资结构,降低筹资成本和风险,以保持和提升企业价值。企业通过筹资通常可以形成两种不同性质的资金来源:一是企业权益资金;二是企业债务资金。

2)投资活动

投资,是指企业根据项目资金需要,将所筹集的资金投放到所需要的项目中的行为。广义的投资包括企业投资购买其他公司的股票、债券,或与其他企业联营,或投资于外部项目等对外投资,以及购置固定资产、无形资产、流动资产等企业内部使用资金。狭义的投资仅指对外投资。企业在投资过程中,必须考虑投资规模,正确选择投资方向和投资方式,以确定合适的投资结构,提高投资效益,降低投资风险。投资是实现投资者财产价值增值的手段。

3)资金营运活动

资金营运活动是指企业日常经营活动中的资金收付行为。企业经营所需材料物资的采购、工资和相关费用等的支付,构成了日常财务支出;企业产品销售和其他业务等所获得的相关收入,构成了日常财务收入。为了保证日常财务收支在时间上的平衡,企业需要利用所筹集的资金垫付支出大于收入的缺口资金。企业为满足日常营业活动的需要而垫支的资金,称为营运资金。在一定时期内,营运资金周转速度越快,资金的利用效率就越高,企业就越有可能生产出更多的产品,取得更多的收入,获取更多的利润。

4) 分配活动

企业通过投资和资金的营运活动所获得的各项收入,首先用于弥补生产经营消耗,缴纳税金后,需要依法对剩余收益进行分配。财务活动中的收入分配,体现了企业履行相应的经济责任。广义地说,分配是指对企业各种收入进行分割和分派的行为;而狭义的分配仅指对企业净利润的分配。企业实现的净利润可作为投资者的收益,分配给投资者或暂时留存企业。在分配净利润时,企业应合理确定分配规模和分配方式,以确保企业取得最大的长期利益。

2. 财务关系

企业在筹资、投资、资金营运和分配活动中,与企业各方面有着广泛的财务关系。企业的财务关系因经济利益和责任的多样性而较为复杂,归纳起来主要有以下几个方面:

1) 企业与投资者之间的财务关系

企业投资者向企业投入权益性资本(又称"主权资本"),从而形成了履行投资义务,承担终极风险,享受投资收益分配的经济关系。在这项经济关系中,履行投资者义务是基础,只有完整地履行投资义务,才有资格享有收益的分配权。

2) 企业与债权人、债务人之间的财务关系

企业的债权人是借入资金的提供者,企业应按合同规定向债权人支付利息和归还本金;企业的债务人是企业资金的占有者,企业与债务人之间的财务关系,是因企业将其资金以购买债券、提供借款或商业信用等形式出借给其他单位而形成的。

3) 企业与受资者之间的财务关系

受资者是接受企业投资的经济实体,当企业采取直接投资或者购买股票的间接投资方式成为被投资单位的股东时,企业就随之享有相应的权利并承担相应的风险。因此,体现的财务关系是股东与受资者之间的权利与义务关系。

4) 企业与内部各级单位之间的财务关系

在一个独立的企业组织内,内部各级单位表现为不同层次的基本生产经营部门和非生产经营部门。这些部门相互间既有分工又有合作,在生产经营各环节中相互提供产品或劳务。企业与内部各级单位之间的财务关系表现为企业内部所形成的资金结算关系。

5) 企业与职工之间的财务关系

职工是企业的劳动者,企业与职工之间的财务关系表现为劳动报酬的资金结算关系。企业为了激励员工创造更好的业绩,需要建立相应的规章制度和考核办法,根据不同职工所提供的劳动数量、质量和业绩,按期、足额地支付工资、奖金、津贴,依法缴纳各项社会保险。

6) 企业与政府管理部门之间的财务关系

政府是维护社会正常秩序、保卫国家安全、行使政府宏观管理职能的社会管理者。企业与政府管理部门之间的财务关系是强制性的经济利益关系,体现在相关的法律中。企业必须向税务机关和其他部门依法纳税与缴纳法定费用。

企业财务关系揭示了企业财务的本质,因为企业财务活动是在不同主体的利益驱动下开展的。投资者的投资利润驱动,形成了权益性资本;银行的经营利润(利息收入)驱动,形成了银行信用资金;商家的商业利润驱动,形成了商业信用资金;经营者和职工的工薪收入驱动以及激励驱动,形成了活劳动;政府维持公共利益的驱动,维护企业的合法经营。由此可见,只有不同主体的不同经济利益得到保证,企业财务活动才能顺利进行。

1.1.3 财务管理的环节

财务管理的环节是指财务管理的工作步骤与一般程序。一般来说,企业财务管理包括以下几个基本环节:

1. 财务规划与预测

财务规划与和预测首先要以全局观念,根据企业整体战略目标和规划,结合对未来宏观形势、微观形势的预测,来建立企业财务的战略目标和规划。企业战略目标的实现需要确定与之相匹配的企业财务战略目标,因此财务战略目标是企业战略目标的具体体现。财务战略规划也就是企业整体战略规划的具体化。

在财务战略的指导下,企业财务人员根据企业财务活动的历史资料,考虑现实的要求和条件,对企业未来的财务活动作出较为具体的预测。预测的任务在于:①测算各项生产经营方案的经济效益,为决策提供可靠的依据;②预计财务收支的发展变化情况,以确定经营目标;③测定各项定额和标准,为编制计划、分解计划指标服务。

2. 财务决策

财务决策是指财务人员根据财务战略目标的总体要求,利用专门方法对各种备选方案进行比较分析,并从中选出最佳方案的过程。在市场经济环境下,财务管理的核心是财务决策,财务预测是为财务决策服务的,决策成功与否直接关系到企业的兴衰成败。

财务决策环节主要包括确定决策目标、提出备选方案、选择最优方案等步骤。

财务决策的方法主要有两类:一类是经验判断法,是根据决策者的经验来判断选择,常用的方法有淘汰法、排队法、归类法等;另一类方法是定量分析法,是应用决策论的定量方法进行方案的确定、评价和选择,常用的方法有数学分析法、数学规划法、概率决策法、效用决策法、优选对比法等。

3. 财务预算

财务预算是指企业运用科学的技术手段和数量方法,对未来财务活动的内容及指标所进行的具体计划。它是企业全面预算体系的重要组成部分。财务预算是以财务决策确立的方案和财务预测提供的信息为基础编制的,是企业财务战略规划的具体计划,是控制财务活动的依据。

财务预算的编制一般包括以下几个步骤:①分析财务环境,确定预算指标;②协调财务能力,组织综合平衡;③选择预算方法,编制财务预算。

4. 财务控制

财务控制是对预算和计划的执行进行追踪监督,对执行过程中出现的问题进行调整和修正,以保证预算的实现。

财务控制的重要内容是对财务活动的各个环节进行风险控制和管理,以保证目标和预算的执行。风险控制和管理就是要预测风险发生的可能性,尽可能地提出预警方案,确定和识别风险,并采取有效措施以规避和化解风险,或减少风险所带来的危害等。

财务控制一般要经过以下步骤:①制定控制标准,分解落实责任;②实施追踪控制,及时调整误差;③分析执行情况,搞好考核奖惩。

5. 财务分析、业绩评价与激励

财务分析是根据财务报表等有关资料,运用特定方法,对企业财务活动过程及其结果进行分析和评价的一项工作。通过财务分析,可以掌握各项财务计划的完成情况,评价财务状况,研究和掌握企业财务活动的规律性,改善财务预测、决策、预算和控制,改善企业的管理水平,提高企业经济效益。

财务分析的步骤是:①占有资料,掌握信息;②指标对比,揭露矛盾;③分析原因,明确责任;④提出措施,改进工作。

在财务分析的基础上,建立经营业绩评价体系是企业建立激励机制和发挥激励作用的依据与前提,而激励机制的有效性又是企业目标实现的动力和保证。一般来说,经营业绩评价体系应该是一个以财务指标为基础,并包括非财务指标的完整的体系。非财务指标主要包括企业的战略驱动因素,如客户关系、学习与成长能力、内部经营过程等方面。一个完整的业绩评价体系应该力求达到内部与外部的平衡和长期与短期的平衡。

1.1.4 财务学的分类

财务学又称理财学,是研究资金的运动与运作规律的科学,是对财务活动规律的一般总结和科学概括。它有三大分支:

1. 宏观财务学

宏观财务学(macro-finance)主要研究国家的宏观资金运动,如货币与资本市场以及财政金融等与宏观经济相对应的问题。在美国也称其为货币与资本市场学。

2. 投资学

投资学(investment)主要研究各种金融机构和个人的投资组合的证券投资选择决策。

3. 公司财务学

公司财务学(corporate finance)又称企业财务学(business finance),或企业财务管理或公司理财,主要研究与企业的筹资、投资、利润分配等财务决策有关的理论与方法及日常管理,包括计划、分析、控制等。本教材旨在阐述公司理财的基本理论与基本方法。

国际上通行的另一种划分方法是把财务学分成五个分支:①公司财务学;②个人财务学(personal finance);③财政学(public finance);④国际金融学(international finance);⑤跨国公司财务学(multinational finance)。

1.2 财务管理的目标

根据系统论的观点,企业财务管理系统是指企业各种财务资源的整合,它是由筹资、投资、分配、资金营运等各理财子系统之间相互作用、相互制约组成的有机整体。各理财子系统又是由相关的要素变量组成,只要其中的变量发生变化就会影响企业的财务状况与经营

成果,真可谓是牵一发而动全身。

任何系统都有其运行的目标,正确的目标是系统实现良性循环的前提条件,企业的财务管理目标对企业理财系统的运行也具有同样的意义。财务管理目标是指企业进行理财活动所要达到的根本目的,它决定着企业理财的基本方向。从企业目标出发,在充分研究财务活动客观规律的基础上,根据实际情况和财务变量的未来变动趋势确定财务管理目标,是理财主体必须首先解决的一个理论和实践问题。

1.2.1 企业的目标及其对财务管理的要求

企业是以营利为目的的组织,其出发点和归宿是盈利。企业一旦成立,就会面临竞争,并始终处于生存和倒闭、发展和萎缩的矛盾之中。企业必须生存下去才能有活力,只有不断发展才能求得生存。因此,企业的目标表现为生存、发展和获利。

1. 生存

企业只有生存,才有可能获利。企业在市场中生存下去的基本条件是"以收抵支"和"到期偿债"。为此,力求保持以收抵支和偿还到期债务的能力,减少企业的破产风险,使企业能长期、稳定地生存下去,是企业对财务管理目标的第一个要求。

2. 发展

企业是在发展中求得生存的。企业发展表现为产品和服务质量的提高,市场份额和收入的扩大。企业如果不能发展,就有可能产生生存危机。企业的发展要求投入更多、更好的物质资源和人力资源,并改进技术和管理。在市场经济中,各种资源的取得都需要付出货币资金。因此,筹集企业发展所需的资金是企业对财务管理目标的第二个要求。

3. 获利

企业只有能够获利,才有存在的价值。从理财的角度看,盈利就是使资产获得超过企业投资的回报。在市场经济中,没有"免费使用"的资金,资金的每项来源都有其成本。每项资产都是投资,都应获得相应的报酬。对企业正常经营产生的和从外部获得的资金加以有效利用,是企业对财务管理目标的第三个要求。

综上所述,生存、发展和获利的企业目标,要求财务管理完成筹措资金并有效地投放和使用资金的任务。企业的成功乃至于生存,在很大程度上取决于过去和现在的财务政策。财务管理不仅与资源的获得及其合理使用的决策有关,而且与企业的生产、销售管理发生直接联系。

1.2.2 企业财务管理的目标

企业财务管理目标是在特定的财务管理环境中,通过组织财务管理活动,处理各种财务关系所要达到的目的。从根本上来说,企业财务管理目标取决于企业生存目的或企业目标,取决于特定的社会经济模式。财务管理目标具有体制性特征,整个社会经济体制、经济模式和企业所采用的组织制度,在很大程度上决定了企业财务管理目标的取向。例如,我国在计划经济体制下,财务管理是围绕国家下达的产值指标来进行的,所以那时的财务管理目标可以看做是"产值最大化"。改革开放初期,企业经营活动的中心从关注产值转变为关注利润,这时的财务管理目标就是"利润最大化"。不管怎样,企业财务管理目标的设置,必须与企业整体发展战略相一致,为实现企业整体发展战略服务符合企业长期发展战略的需要,体现企业发展战略的意图,并在一定时期内保持相对稳定。

关于企业的财务管理目标,主要有四种"最大化"观点,分别是:

1. 利润最大化

经营获利,是企业生存和发展的必要条件。如果企业长期出现亏损,势必会导致资不抵债,继而陷入破产、倒闭境地。随着我国经济体制改革的不断深入,经济体制从高度集中的产品经济转向商品经济,企业的经营权限不断扩大,企业的经济利益得到确认,这使得企业不得不关心市场、关心利润。在经济体制改革过程中,国家把利润作为考核企业经营情况的首要指标,把企业职工的经济利益同企业实现利润的多少紧密地联系在一起,这也使得利润逐步成为企业运行的主要目标。

以利润最大化作为企业的财务管理目标,有其科学成分。这是因为,企业追求利润最大化,就必须讲求经济核算、加强管理、改进技术,提高劳动生产率,降低产品成本,这些措施都有利于资源的合理配置,有利于经济效益的提高。但是,孤立地提以利润最大化作为财务管理目标存在如下缺点:

(1) 没有考虑利润发生的时间,没有考虑资金的时间价值。例如,今年获利 100 万元和明年获利 100 万元,哪一个更符合企业的目标?不考虑资金的时间价值,就难以作出正确判断。

(2) 没有考虑获取利润和所承担风险的大小。例如,同样投入 500 万元,当年获利 100 万元,一个项目获利已全部转化为现金;另一个项目则全部是应收账款,可能发生坏账损失,哪一个项目更符合企业的目标?不考虑风险大小,就难以作出正确判断。

(3) 利润最大化往往会使企业财务决策带有短期行为的倾向,即只顾目前的最大利润,而不顾企业的长远发展。例如,忽视科技开发、产品开发、人才开发、生产安全、履行社会责任等。

(4) 如果以利润总额为目标对象,则没有反映创造的利润与投入的资本之间的关系,因而不利于不同资本规模的企业或同一企业不同期间之间的比较。

应该看到,利润最大化的提法,只是对经济效益的浅层次的认识,存在一定的片面性。所以,现代财务管理理论认为,利润最大化不是财务管理的最优目标。

利润最大化目标的另一种转化形式是每股收益最大化,即应将利润与投入的资本联系起来,将每股收益作为企业的财务目标,该方式只适用于股份制企业。除了能反映所创造利润与投入资本之间的关系外(优点),其缺点与利润最大化相同。

2. 股东财富最大化

股东财富最大化是指企业财务管理以实现股东财富最大化为目标。对于上市的股份公司股东财富由其所拥有的股票数量和股票市场价格两方面决定。因此,在股票数量一定时,股东财富最大化最终体现为股票价格的高低。

与利润最大化目标相比,股东财富最大化的优点如下:

(1) 考虑了风险因素。通常股价会对风险做出较敏感、快速的反应。

(2) 在一定程度上能避免企业短期行为。预期未来的利润与目前利润都会对股价产生重要影响。

(3) 对上市公司而言，股东财富最大化目标比较容易量化，便于考核和奖惩。

以股东财富最大化作为财务管理目标也存在以下缺点：

(1) 通常只适用于上市公司，非上市公司难以应用。

(2) 股价受众多因素的影响，特别是企业外部的因素，有些还可能是非正常因素。

(3) 股东财富最大化强调的更多的是股东利益，而对其他相关者的利益重视不够。

3. 企业价值最大化

企业价值最大化是指通过企业财务上的合理经营，采用最优的财务政策，充分考虑资金的时间价值和风险与报酬的关系，在保证企业长期稳定发展的基础上使企业总价值达到最大。企业价值不是账面资产的总价值，而是企业未来现金净流量的现值。未来现金净流量的现值在计算时涉及资金的时间价值和风险动态因素。

以企业价值最大化作为财务管理目标，具有以下优点：

(1) 考虑了取得报酬的时间，并用时间价值的原理进行了计量。

(2) 考虑了风险与报酬的关系。

(3) 将企业长期、稳定的发展和持续的获利能力放在首位，能克服企业在追求利润上的短期行为。

(4) 用价值代替价格，避免了过多外界市场因素的干扰，有效地避免了企业的短期行为。

以企业价值最大化作为财务管理目标的缺点是：过于理论化，不易操作；对于非上市公司而言，只有对企业进行专门的评估才能确定其价值，而在评估企业的资产时，由于受评估标准和评估方式的影响，很难做到客观和准确。

4. 相关者利益最大化

在现代企业是多边契约关系总和的前提下，企业的利益相关者包括股东、债权人、经营者、员工、客户（消费者）、供应商、政府等，在确定企业财务管理目标时，就需要考虑这些相关利益群体的利益关系对企业发展的影响。

相关者利益最大化目标的具体内容包括：①强调风险与报酬的均衡，将风险控制在企业可接受的范围之内；②强调股东的首要地位，并强调企业与股东之间的协调关系；③强调对企业代理人（即企业经营者）的监督和控制，建立有效的激励机制；④关心本企业一般职工的利益；⑤不断加强与债权人的关系；⑥关心客户的长期利益；⑦加强与供应商的合作；⑧保持与政府部门的良好关系。

以相关者利益最大化作为财务管理目标，具有以下优点：

(1) 有利于企业长期稳定的发展。相关者利益最大化目标注重各利益相关者的利益关系，可以避免只站在股东的角度进行投资。

(2) 体现了合作共赢的价值理念，有利于实现企业经济效益和社会效益的统一。在相关者利益最大化目标下，企业不只是一个单纯的营利组织，同时承担了一定的社会责任，从而能够自觉维护和保障国家、集体与社会公众的合法权益。

(3) 这一目标本身是一个多元化、多层次的目标体系，较好地兼顾了各利益主体的利益。相关者利益最大化目标可使企业各利益主体相互作用、相互协调，并在使企业利益、股东利益达到最大化的同时，也使其他利益相关者利益达到最大化。

(4) 体现了前瞻性和现实性的统一。在这一目标下,不同的利益相关者有各自的指标,只要合理合法、互利互惠,可实现所有相关者利益最大化。

5. 各种财务管理目标之间的关系

以上四种财务管理目标都以股东财富最大化为核心和基础,这是因为企业的创立是以股东的投入为基础,没有股东的投入,企业就不复存在,而没有股东财富最大化,利润最大化、企业价值最大化和相关者利益最大化的目标也无法实现。

值得强调的是,允许企业以股东财富最大化为目标并非不考虑相关者的利益。各国公司法都规定,股东权益是剩余权益,只有满足了其他方面的利益之后才会有股东的利益。

1.2.3 财务管理目标的协调

企业在实现其财务管理目标的过程中实施的一系列财务管理活动所涉及的不同利益主体如何协调是企业财务管理必须解决的问题。根据契约理论,代理关系是一种契约。在此契约下,一个或多个人(称为委托人)雇用另外的人(称为代理人)去执行某些工作或者把一些决策权授予代理人。我们知道,企业的财务资源由股东和债权人提供,但是他们往往处在企业之外,只有经营管理者即管理当局在企业里直接从事财务管理工作。股东、债权人和经营者之间构成了企业最重要的财务关系。所以,在企业中主要有两种委托代理关系:一是股东与经营管理者之间的委托代理关系;二是股东和债权人之间的委托代理关系。

1. 股东(所有者)和经营管理者的矛盾与协调

如果企业的经营管理者不是拥有企业全部股权,就有可能出现代理问题。在所有权和经营权分离后,股东的目标是使其财富最大化,千方百计地要求经营者以最大努力去实现这个目标。但经营管理者并不自觉地这么想,他们的目标通常是:①报酬,包括物质的和非物质的,如工资、奖金、股票期权、荣誉和社会地位等;②增加闲暇时间和豪华享受;③避免风险。经营管理者努力工作可能得不到应有的报酬,他们没有必要为提高公司股价而去冒险,因为股价上涨的好处将归于股东;而一旦失败,他们的"身价"将下降,自己也要招致损失(如报酬减少或者被解雇)。因此,经营管理者多是力图避免风险,希望付出一份劳动便得到一份回报。因此,两者的目标并不一致。

如果一个企业由业主自己经营管理,那么这位既是所有者又是经营者的业主就会千方百计地努力经营,以增加自己的财富。但如果他同别人合伙或者向别人出售部分股份,那么马上就会产生潜在的利益冲突。例如,他可能不愿再全力以赴地工作以增加股东的财富,因为这些财富中只有一部分是属于他的;或者他会给自己很高的工资和丰厚的待遇,因为这些成本有一部分会落到其他股东身上。因此,委托人(外部股东)和代理人(经营管理者)双方潜在的利益冲突构成了一种典型的代理问题。

股东和经营管理者之间另一种潜在的冲突是杠杆收购,即经营管理者用借款购买公司发行在外的股份的行为。通常采取三个步骤:①筹措信贷资金;②向股东发出购买要求,收购外部股东手中的股份;③将公司据为己有。如果经营管理者(通常是个利益集团)决定采取杠杆收购,那么在收购前股价越低对他们就越有利。由于经营管理者掌握本企业的第一手信息,外部股东或其他外人不可能掌握,他们最知晓本企业的价值。尽管别的集团可能也会参与竞价收购,但经营管理者总能以低于公司股票实际价值的价格收购股票。这样,经营管理者就损害了股东的利益,构成了股东与经营管理者之间的另一种代理问题。

为了保证经营管理者能为股东的利益而努力工作,企业必须花费代价。这些代价被称为代理成本。它主要包括:①监督经营管理者行为的花费;②调整企业组织结构,以限制经营管理者的行为偏离组织目标的花费;③因为经营管理者不是股东而可能不及时采取行动而失去赚钱的机会造成的机会成本。

解决代理问题的最好办法是,把经营管理者的报酬与企业的业绩联系起来,并对经营管理者实施必要的监督。为了防止经营管理者背离股东的目标,通常采取以下两种办法:

1) 监督

即当经营管理者背离股东目标时,就减少各种形式的报酬,甚至解雇他们。但是,全面的监督实际上是行不通的,因为大多数企业的股东都很分散,而经营管理者也掌握着很多代表权。因此,这些分散的股东很难形成合力,将经理从错误的道路上拉回来,或者解雇他们。通常的监督方法包括以下几个方面:①由企业现有股东选举产生董事会,以限制经营管理者的利己行为。②资本市场的监督。因为有效的资本市场能给企业经理层施加压力,以促进企业的决策过程向有利于股东的方向发展。例如,股票价格能反映经营管理者是否有不良行为,以及资本市场给股东提供企业经理人员盈利成就和承担风险的程度。③经理市场也能有效地监督经营管理者。在有效的经理市场上,不负责或低能的经理得到低工资和低职位,而勤奋和有能力的经理能得到较快的晋升和较优厚的报酬。在竞争性的经理人员晋升需求刺激下,低层经理人员对高层经理人员的监督行为是有效率的。④被接管的威胁。当一家企业因经营管理不善而使其股票价格低于预期的合理价值时,企业很有可能被强行收购(称为敌意收购)。一旦企业被接管,经理人员通常会被解雇。因此,经营管理者为了个人利益极有可能会采取措施来提高股价,以制止敌意收购。

2) 激励

即将经营者的报酬与其绩效挂钩,以使经营者自觉采取能满足企业价值最大化的措施。激励有两种基本方式:①"股票期权"方式。它是允许经营者以固定的价格购买一定数量的企业股票,当股票的价格越高于固定价格时,经营者所获得的报酬就越多。经营者为了获取更大的股票涨价益处,就必然主动采取能够提高股价的行动。②"绩效股"方式。它是企业运用每股收益、资产报酬率等指标来评价经营者的业绩,视其业绩大小给予经营者数量不等的股票作为报酬。如果企业的经营业绩未能达到规定目标,经营者也将部分丧失原先持有的"绩效股"。这种方式使得经营者不仅为了多得"绩效股"而不断采取措施提高企业的经营业绩,而且为了使每股市价最大化,也采取各种措施使股票市价稳定上升。

2. 股东(所有者)与债权人的矛盾与协调

第二种代理关系是股东(通过经营者)与债权人之间的潜在冲突。债权人将资金贷给企业,其目标是到期收回本金并取得规定的利息收入;而企业借款的目的是用借入资金扩大经营,以获得更多的收益。这样,股东(所有者)的财务目标可能与债权人期望实现的目标发生矛盾:

(1) 所有者可能未经债权人同意,要求经营者投资于比债权人预计风险要高的项目,这会增大偿债的风险,债权人的负债价值也必然会实际降低。高风险的项目一旦成功,额外的利润(风险收益)就会被所有者独享;一旦失败,债权人却要与所有者共同负担由此造成的损失。对债权人来说这样的风险与收益是不对称的。

(2) 所有者或股东未征得现有债权人的同意，而要求经营者发行新债券或举借新债，致使旧债或老债的价值降低（因为相应的偿债风险增加）。这是因为发行新债券或举借新债后，企业负债比例加大，企业破产的可能性也加大。

为了协调所有者与债权人的上述矛盾，防止债权人利益受到损害，除了寻求立法保护（如破产时优先接管，优先于股东分配剩余财产等）外，通常采取以下措施：

(1) 限制性借款，即在借款合同中加入限制性条款，如规定借款的用途、借款的担保条款和借款的信息条件等。

(2) 收回借款或不再借款，即当债权人发现企业有侵蚀其债权价值的意图时，采取收回债权和不给予企业重新放款，或者要求高出正常利率很多的高额利率。

3. 企业目标与社会责任

股东财富最大化并不意味着管理层就可以忽视企业的社会责任，企业的目标和社会的目标在许多方面是一致的。企业在追求自身的目标时，自然会使社会受益。例如，企业为了生存，必须要生产出符合顾客需要的产品，满足社会的需求；企业为了发展，要扩大规模，自然会增加职工人数，解决社会的就业问题；企业为了获利，必须提高劳动生产率，改进产品质量，改善服务，从而提高社会生产效率和公众的生活质量。

然而，企业的目标和社会的目标也会有不一致的地方。例如，企业为了获利，可能生产伪劣产品，可能不顾工人的健康和利益，可能造成环境污染，可能损害其他企业的利益等。于是，国家往往利用法律手段来强制企业必须履行社会责任。但是，企业应当承担的社会责任在某些场合无法完全进行硬性规定。这就需要包括企业在内的每一位社会成员具有与时代进步节拍相适应的社会责任观念，从而保证正常的社会秩序。从一定意义上讲，企业社会责任观念的高低，标志着企业素质和企业文化水平的高低。高层次的理财者应当将企业的发展和社会的发展融合起来，以经得起社会舆论的监督和评价。

归纳起来，企业的社会责任具体包括：

(1) 对员工的责任。主要有：①按时足额发放劳动报酬，不断增加职工收入；②保护职工的合法权益，依法签订劳动合同，加强劳动保护，实现安全生产；③采取多种形式，加强职工的职业教育和岗位培训，提高职工素质；④组织工会，开展工会活动，维护职工合法权益。

(2) 对债权人承担的责任。债权人是与企业密切联系的重要的利益相关者，企业对债权人承担的社会责任主要有：①按照法律、法规和公司章程的规定，真实、准确、完整、及时地披露企业信息；②诚实信用，不得滥用公司法人独立地位和股东有限责任损害公司债权人的利益；③积极主动偿还债务，不得无故拖欠；④确保交易安全，切实履行合法订立的合同。

(3) 对消费者承担的责任。为了提升消费者对企业的信心，企业对消费者承担的社会责任主要有：①确保产品货真价实，保障消费安全；②诚实守信，提供正确的商品信息，确保消费者的知情权；③提供完善的售后服务。

(4) 对社会公益承担的责任。企业参与社会公益是企业的责任，适当地从事一些社会公益活动，有助于提高企业的知名度，进而使股价上升。企业的社会责任主要涉及：①在慈善方面，主要是承担扶贫济困和发展慈善事业的责任，表现为企业对不确定的社会群体进行帮助，如捐赠、招聘失业人员等；②关心社区建设，协调好自身与社区内各方面的关系，实现企业与社区的和谐发展，如赞助当地活动、参与救助灾害等。

（5）对环境和资源承担的责任。主要有：①承担可持续发展与节约资源的责任；②承担保护环境和维护自然和谐的责任。

1.3 财务管理的环境

财务管理环境是企业财务管理赖以生存的土壤，是企业开展财务管理活动的舞台。财务管理环境与财务管理系统之间通过具有渗透作用的概念边界（财务管理前提或假设）不断地进行着各种资源的交换，并直接或间接地影响财务管理目标的实现。

环境因素的变化往往表现为不确定性。企业财务管理环境又称理财环境，是指企业财务管理系统面临的、对财务管理系统有影响作用的一切不确定要素的总和。这些不确定要素称为财务管理系统的财务变量，在财务管理过程中必须予以关注。企业只有在财务管理环境的各种因素作用下实现财务管理活动的协调平衡，才能生存和发展。如果财务人员善于研究财务管理环境，科学地预测环境的变化，从而采取有效的措施，也会对财务管理环境起到影响作用。因此，进行财务管理活动必须以财务管理环境为依据，正确地制定财务管理策略。

1.3.1 财务管理环境的分类

1. 按财务管理环境涉及的范围分类

按照财务管理环境的范围不同，可将其分为宏观财务管理环境和微观财务管理环境。

1）宏观财务管理环境

宏观财务管理环境是指在宏观范围内普遍作用于各个部门、地区的各类企业的财务管理活动的各种因素，通常存在于企业的外部，包括经济、政治、社会、自然条件等各种因素。从经济角度来看主要包括国家经济发展水平、产业政策、市场状况等。由于这类环境因素存在于财务管理系统以外，对应的财务变量通常又称为"外源变量"，如利息率、税率等。

2）微观财务管理环境

微观财务管理环境是指在某一特定范围内的对某种财务管理活动产生重要影响的各种因素，一般包括企业的组织形式、结构、生产状况、会计核算制度等。由于这类环境因素存在于财务管理系统内部，对应的财务变量通常又称为"内源变量"，如折旧政策、存货计价方法等。

2. 按财务管理环境的稳定性分类

按照财务管理环境的稳定性不同，可将其分为相对稳定的财务管理环境和显著变动的财务管理环境。

1）相对稳定的财务管理环境

这类财务管理环境因素一般变化不大，如企业的地理环境、生产方向、国家产业政策、税收政策等。

2）显著变动的财务管理环境

这类环境因素往往处于显著变动状态，对企业的财务状况含有重要的影响，如产品销路、材料来源、市场物价、资金供求状况等。

1.3.2 财务管理环境的内容

在各种财务管理环境因素中,经常对财务管理系统起作用的因素主要有经济环境、法律环境和金融环境。

1. 经济环境

财务管理的经济环境是指影响财务管理系统的各种经济因素,主要包括经济周期、经济发展水平和经济政策等。

1) 经济周期

经济周期,即经济发展与运行出现的波动性,包括复苏、繁荣、衰退和萧条几个阶段的循环。在经济周期的不同阶段要采取相应的经营财务管理策略,归纳如表1-1所示。

表1-1 经济周期与财务管理策略

复 苏	繁 荣	衰 退	萧 条
①增加厂房设备	①扩充厂房设备	①停止扩张	①建立投资标准
②实行长期租赁	②继续建立存货	②处置闲置设备	②保持市场份额
③建立存货	③提高价格	③停产不利产品	③缩减管理费用
④开发新产品	④开展营销规划	④停止长期采购	④放弃次要利益
⑤增加劳动力	⑤继续增加劳动力	⑤减少库存存货	⑤继续减少库存存货
		⑥停止招聘雇员	⑥裁减雇员

2) 经济发展水平

企业财务管理的发展水平与经济发展水平是密切相关的,经济发展水平越高,财务管理水平一般也就越好。因为在经济发达国家或地区的经济生活中存在许多新的经济内容、复杂的经济关系和完善的生产方式,使财务管理的内容不断创新,并创造出越来越多的先进财务管理方法。

3) 经济政策

经济政策包括财税体制、金融体制、外汇体制、外贸体制、计划体制、价格体制、投资体制、社会保障制度、会计准则体系等方面。这些方面的变化,将深刻地影响企业财务管理系统的运行。例如,金融政策中货币的发行量、信贷规模等都会影响企业投资的资金来源和投资的预期收益;财税政策会影响企业的资金结构和投资项目的选择等;价格政策会影响资金的投向和投资的回收期及预期收益等。

2. 法律环境

市场经济是以法律规范和市场规则为特征的制度经济。法律为企业经营活动规定了活动空间,也为企业在相应空间内的自由经营提供了法律上的保护。法律环境主要包括以下两个因素。

1) 企业组织形式的法律

企业组织形式的法律,包括《中华人民共和国个人独资企业法》、《中华人民共和国合伙企业法》、《中华人民共和国公司法》等。①独资企业,是指一人投资经营的企业,其投资者对企业债务负无限责任。独资企业具有结构简单、容易开办、限制较少等优点,但因个人财力有限、信用不足而经常面临筹资困难。②合伙企业,是指由两个或两个以上合伙人订立合伙协议,共同出资、合伙经营、共享收益、共担风险,并对合伙企业债务承担无限连带责任的营利性组织。合伙企业具有开办容易、信用较佳的优点,但也存在责任无限、权力分散、决策缓慢等缺点。③公司,是指依照《中华人民共和国公司法》登记设立,以其全部法人财产,依法自主经营、自负盈亏的企业法人。在我国,《中华人民共和国公司法》所称公司指有限责任公司和股份有限公司,公司股东作为出资者以其出资额或所持股份为限对公司承担有限责任。

2) 企业税收方面的法律

从企业财务管理角度看,国家税收包括三种类型:①不影响企业损益的税,如增值税、个人所得税;②从营业收入中扣除的税,如营业税、消费税、资源税、印花税、车船使用税等,这些税构成企业的费用抵减税前利润或增加企业亏损;③从税前利润中扣除的税,如企业所得税,这些税只有企业有收益才存在,它们减少企业的税后利润。

3. 金融环境

金融环境主要是指金融市场。广义的金融市场,是指一切资本流动的场所,包括实物资本和货币资本的流动。广义金融市场的交易对象包括货币借贷、票据承兑和贴现、有价证券的买卖、黄金和外汇买卖、办理国内外保险、生产资料的产权交换等。狭义的金融市场一般是指有价证券市场,即股票和债券的发行市场和买卖市场。金融市场与企业理财之间的关系主要表现在:

(1) 金融市场是企业投资和筹资的场所。金融市场上有许多种筹集资金的方式,并且比较灵活。企业需要资金时,可以到金融市场选择适合自己需要的方式筹资。企业有了剩余的资金,也可以灵活选择投资方式,为其资金寻找盈利的机会。

(2) 企业通过金融市场使长短期资金相互转化。企业的可供出售金融资产、长期股权投资等长期投资,在金融市场上随时可以转手变现,成为短期资金;远期票据通过贴现,变为现金;大额可转让定期存单,可以在金融市场上卖出,成为短期资金。与此相反,短期资金也可以在金融市场上转变为股票、债券等长期资产。

(3) 金融市场为企业理财提供有价值的信息。金融市场的利率变动,反映资金的供求状况;有价证券市场的行市反映投资人对企业的经营状况和盈利水平的评价。它们是企业经营和投资的重要依据。

1.3.3 财务管理环境对财务管理目标的影响

财务管理环境对财务管理目标的影响是通过财务变量实现的,财务变量是财务管理系统各种环境因素变化的数量方面。从时间序列角度看,由于财务变量是随时变化的,受其影响的财务管理系统是一个动态系统,财务管理系统的状态是时间的函数,即企业的财务状况和特定期间的经营成果是特定期间的财务活动(财务变量)的函数。所谓财务管理活动,就是充分利用有利于财务管理系统的财务变量,尽可能地预防不利财务变量,以顺利实现财务目标。企业财务管理往往立足于期初的财务状况,通过在一定期间实施财务管理活动,形成期末的财务状况和该期间的财务成果,如此循环往复,如图1-1所示。

在分析财务变量对财务管理目标的影响时,首先要确定各种变量及变量间的相互依存关系。如前所述,财务管理环境可以区分为相对稳定的财务管理环境和显著变动的财务管理环境,因此在财务管理环境中相应地有两类变量:一类是由相对稳定的环境因素决定的,

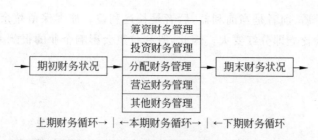

图 1-1　财务管理循环图

相对稳定的变量,如税率、纳税对象额、官方利息率等;另一类是由经常变动的环境因素决定的,经常变动的财务管理变量,如价格、市场利息率、商品供求比例、工资水平等。财务变量对财务管理目标的影响包括正效应和负效应两个方面,财务变量之间的关系存在着正因果关系和负因果关系两类,各种因果关系还可能形成因果反馈回路。变量间的相互影响、相互作用最终会影响财务管理目标。当然,财务变量与财务变量之间、财务变量与财务管理目标之间都存在传递函数,相互影响的程度取决于传递函数的性质。

在现代市场经济条件下,企业财务管理的目标是以股东财富最大化为核心和基础,股票价格代表了股东财富。因此,股价高低反映了财务管理目标的实现程度。企业股价受外部环境和管理决策两方面因素的影响。从企业管理当局的可控因素看,股价的高低取决于企业的报酬率和风险。而企业的报酬率和风险,又是由企业的投资项目、资本结构和股利政策等决定的。因此,这五个因素都会影响企业股价。企业财务管理正是通过筹资决策、投资决策和股利决策等财务管理活动来提高报酬率、降低风险、实现其目标的。

1) 投资报酬率

投资报酬率,即每股盈余,是指企业的税后净利润除以流通在外的普通股股数。在风险相同时,它体现了股东财富。

2) 风险

任何决策都是面向未来的,并且会有或多或少的风险。决策时需要权衡风险和报酬,才能获得较好的结果。

3) 投资项目

投资项目是决定企业报酬和风险的首要因素。一般来说,被企业采纳的投资项目,都会增加企业的报酬,否则企业就没有必要为它投资。与此同时,任何项目都有风险,区别只在于风险大小不同。因此,企业的投资计划会改变其报酬率和风险,并影响股票的价格。

4) 资本结构

资本结构是指所有者权益和负债的比例关系,它会影响企业的报酬率和风险。一般情况下,企业借债的利息率低于其投资的预期报酬率,可以通过借债取得短期资金而提高企业的预期每股盈余,但也会同时扩大预期每股盈余的风险。因为一旦情况发生变化,如销售萎缩等,会使实际的报酬率低于利息率,则负债不但没有提高每股盈余,反而因负债使每股盈余减少,甚至可能会因不能按期支付本息而破产。

5) 股利政策

股利政策是指企业赚得的当期盈余中,有多少作为股利发放给股东,有多少保留下来作为再投资用,以便使未来的盈余源泉可继续下去。股东既希望分红,又希望每股盈余在未来不断增长,两者有矛盾,前者是当前利益,后者是长远利益。加大保留盈余,会提高未来的报酬,但再投资的风险比立即分红要大。因此,股利政策会影响企业的报酬率和风险。

本章小结

　　财务管理是企业生产经营管理中最重要的组成部分。从财务管理重点内容的变化和主要管理方式的变化看,西方近代财务管理的发展经历了三个大的发展阶段:①筹资管理与财务核算为主阶段;②成本管理与财务监督为主阶段;③投资管理与财务决策为主阶段。在我国,由于经济体制经历了从计划经济体制向市场经济体制的漫长转换时期,经济体制改革直接推动了财务管理的发展。

　　财务管理的内容包括财务活动和财务关系两个方面。财务活动包括筹资活动、投资活动、资金营运活动和分配活动。企业在筹资、投资、资金营运和分配活动中,与企业的股东、债权人、债务人、员工、政府管理部门等各方面存在着广泛的财务关系。

　　企业的目标是生存、发展和盈利,企业财务管理必须适应企业目标的要求,设置相应的财务管理目标。关于企业的财务管理目标,主要有利润最大化、股东财富最大化、企业价值最大化和相关者利益最大化四种观点,其中股东财富最大化是核心和基础。

　　企业在从事财务管理活动的过程中会面临一些不确定的因素,即财务管理环境,包括经济环境、法律环境、金融环境等,这些环境因素直接或间接地影响企业财务管理目标的实现。

复习与思考题

1. 西方近代财务管理的发展经历了哪几个阶段？各个发展阶段有何特征？
2. 我国财务管理的发展经历了哪几个阶段？各个发展阶段有何特征？
3. 企业的财务管理活动和财务关系主要有哪些？
4. 企业财务管理的目标有哪几种主要观点？各自有什么优缺点？
5. 企业在实现目标的过程中应履行好哪些主要的社会责任？
6. 企业财务管理环境的内容包括哪些？它们是如何影响企业财务管理目标的？

练习题

【题1-1】　洪亮有一家小型住宅清洁企业,它现在是个体独资企业。企业有9位职员,年销售收入48 000元,总负债90 000元,总资产263 000元。洪亮拥有个人净资产467 000元(其中含企业资产)和非商业负债42 000元(以住宅作为抵押)。洪亮想把企业的一部分权益转让给一位职员涂华(因此收到一些股票),洪亮正在考虑是采用普通合伙制企业形式还是公司制形式。涂华的个人净财产价值36 000元。

要求：

(1) 在一宗大额法律诉讼中(标的为 600 000 元)，采用独资企业形式时，洪亮需承担的最大责任有多大？

(2) 在这次法律诉讼中，如采用普通合伙制企业形式，洪亮需承担的最大责任有多大？合伙人分担风险吗？

(3) 在这次法律诉讼中，如采用股份有限公司形式，洪亮需承担的最大责任是多大？

【题 1-2】 申江零售公司，根据以往情况年销售额在 180 万元左右。现正逢税务机关对下一年度增值税纳税人进行核定(即划为一般纳税人，还是划为小规模纳税人)。假设根据税法规定，零售企业年销售额超过 180 万元，应划归为一般纳税人缴纳增值税；如低于 180 万元，则划归为小规模纳税人缴纳增值税。一般纳税人增值税的计算公式是：应纳增值税额＝销项税额－进项税额＝商品销售额×增值税率－商品购进额×增值税率；小规模纳税人增值税的计算公式是：应纳增值税额＝商品销售额×征收率。以上销售额、购进额均不包含增值税。

要求：

(1) 若你是申江公司的财务人员，就纳税人划归问题上应向公司经理提出何种建议？

(2) 请你推导出理论上的小规模纳税人征收率，并与实际上执行的征收率比较，得出一般的结论。

【题 1-3】 宝业工业公司以生产甲产品为主，该产品市场正常价格为 120 元/件，由于甲产品利厚，有部分公司纷纷加入该产品的生产。国家从宏观经济调控出发，为引导甲产品的生产和消费，决定对甲产品按其售价征收 12% 的消费税，并对生产经营甲产品的企业所得税税率在原来 25% 的基础上，再按税前利润的 15% 征收特别调节税。由于税负的增加，甲产品的价格预计会上涨到 125 元/件。

要求：假设在税收政策调整之前宝业工业公司销售净利润率为 40%，试测算税收政策调整后宝业工业公司的销售净利润率(其他税费不需考虑)。

【题 1-4】 沪江公司发行在外流通中的公司债券面值为 1 000 万元，还有两年到期，票面年利息率为 12%(按单利计算)。现根据国家宏观经济运行状况，预计金融机构近期将调低银行存贷款利息率，贷款平均年利息率预计会调低至 8% 左右。

要求：如果你是沪江公司的财务经理，应向该公司决策层提供哪些理财建议？

案例分析

案例 1-1 企业和谐财务管理的道理和价值

作为企业"生存原理"的"和谐财务管理"

谈企业和谐财务原理，就必须研究"和谐"，就要探讨"和"的含义。谈到"和"，周朝太史官史伯就有一个极高明的见解。他认为"和实生物"，即调和不动的事物就能产生新的事物。"和实生物"关注的是万事万物的多样性及相互生成关系。"和"也成为统治者从事人间活动的指南。"和"强调的是事物的多样性和差异性，要想产生新事物，必须做好"调和"工作。联系到企业财务管理,企业的生存离不开财务管理。企业的情况千差万别,企业财务管理也各不相同,企业和谐财务原理就是要将企业的各种财务管理要素恰到好处地结合,产生出企业新的生长机能,即企业的生存是离不开和谐财务管理的。

作为企业"存在原理"的"和谐财务管理"

"和"作为事物"存在原理",是指事物的最佳存在状态是平衡与和谐。中国古代就有"天人感应论",认为人类的善行或恶行,老天会感应到的。现在我们已经深刻感受到人类应当与自然和谐相处,否则,大自然会疯狂地对人类进行报复。中国人认为宇宙最高程度的"和"为"太和",那是一种最完美的和谐。虽然市场经济下企业之间的竞争是存在的,甚至竞争还很激烈,还会产生怨与恨。但竞争、怨恨最终的化解方式还是通过"和谐"来实现的。企业和谐财务管理关心的是如何消除企业财务管理中的各种对立和冲突,从而使企业保持和谐状态。

作为企业"管理原理"的"和谐财务管理"

企业管理的原理主要讲的是管理者对各种资源如何有效配置的基本道理。中国古人认为,天时不如地利,地利不如人和,得民心者得天下。治理企业也同样如此,企业管理者要与员工建立良好关系,即和谐。企业和谐财务管理,可以为企业创造一个稳定、安宁的财务环境。这种安宁并非死气沉沉,而是充满创造性和活力的。每一个企业都要处理各种财务关系和财务问题,以"和谐"为最高原则去处理,就真正掌握了"管理原理"的真谛。在财务管理中,是"以力服人"还是"以德服人",其效率是不一样的。"以德服人"可以带来和谐的财务关系,而"以力服人"只会造成财务关系的紧张。中国古时候的"王道"讲和谐,而"霸道"讲征服。但"霸道"的存在总难以久远。

作为企业"健康原理"的"和谐财务管理"

对于企业及企业财务管理目标,一直存在是重占有还是重生存的争论。"重占有"强调的是利润最大化或价值最大化。"重生存"强调的是企业健康长寿。我一直强调企业要重生存,而非重占有。企业要过一种有"节制"和"适度"的生活。企业和谐财务管理就是为了企业能够健康长寿。企业及其财务上的失败主要有三种情形:一是无节制的生产经营及财务活动;二是触犯法律、法规;三是自不量力地去进行竞争。但能够进行和谐财务管理的企业往往是长寿的。因为它们选择了合理的财务管理方式方法,即和谐财务管理。现代社会不仅造成了生态失衡,而且造成了企业失衡。企业的许多"疾病"就是现代社会不平衡、不和谐的产物。企业和谐财务管理是应对现代企业病的一剂良药。

(资料来源:2011年4月4日,财会信报,作者:王棣华)

案例1-2 松下公司的空城计

20世纪50年代。日本经济出现滑坡,不少企业已经难以支撑。为此,松下公司召开董事会研究对策。会上不少人提出,公司产品卖不出去,已经没有钱发工资了,唯一的办法就是减一半人。消息传出后,整个公司人心惶惶,许多职工感到在这个时候离开松下是没有出路的。

日本的一些别的大公司,为了减少开支也纷纷减人,一时间社会上到处是失业的人。由于害怕失去工作,不少工会又组织了罢工。这样一来,劳资关系就更加紧张了。

一些与松下做生意的公司,也在看着松下如何动作,看松下用什么方法渡过难关。

可是,此时松下幸之助却生病躺在医院里。于是,商界传出许多谣言,说松下幸之助已经病倒了,松下公司对渡过难关没有什么办法了。

公司的武久和井植两位高级总裁到医院看望松下幸之助,建议公司裁减员工。松下幸之助却决定一个人也不裁减。他解释说:"如果我们减人,别人就看出了我们的困难。他们就会趁机和我们讲条件;如果我们不减人,则向外界表明我们是有实力的,也是十分自信的,别人就不敢小看我们,不敢和我们竞争。"

"松下先生,不减人当然好了,可是总要有个办法呀!"

"办法我已经想好了,那就是改为半天上班,但工资不减,仍按以前的,发全天工资。"

武久和井植两人满腹疑惑地回到总部,向全体员工传达了松下先生的决定。员工们听到这个决定都高声欢呼起来,几乎所有的人都发誓要尽全力为公司而战,公司上下出现了万众一心、共渡难关的场面。

当外界听到松下公司不减一人,而且只上半天班、发全天工资的做法,顿时感到松下不愧是日本第一大公司,定有灵丹妙药和回天之力。

更重要的是这一决定稳定了军心,人人上阵,全力工作,只用了两个月的时间松下的产品又全部推销出去了。这时,松下公司不但停止了半天工作制,而且还要加班加点才能将大批订货赶制出来。

点评:松下幸之助不愧是"经营之神",在他的经营下,松下公司屡创佳绩,不败于商场。松下幸之助懂得安定人心,使员工发挥最大的能量,由此共渡难关,再创辉煌。

(资料来源:孙岩,《鬼谷子商学院》,北京:中国长安出版社,2006年第一版。本书略作修改。)

第2章 财务管理基本价值观念

本章学习目标 通过本章的学习,应掌握资金的时间价值的计算方法;掌握风险的概念、种类,以及风险与报酬的关系;熟悉资本资产定价模型的应用;了解通货膨胀的概念;了解证券投资组合的意义;了解风险报酬的衡量方法。

利率(interest rate)　　　　　　　资金的时间价值(time value of money)
单利(simple interest)　　　　　　复利(compound interest)
现值(present value)　　　　　　　终值(future value)
年金(annuity)　　　　　　　　　　预期收益(expected earning)
风险(risk)　　　　　　　　　　　　风险收益率(risk earning rate)
非系统风险(nonsystematic risk)　　通货膨胀(inflation)
系统风险(systematic risk)　　　　β系数(Beta factors)
投资组合(portfolio)　　　　　　　经营风险(operating risk)
财务风险(financial risk)　　　　　标准离差(standard deviation)
证券市场线(securities market line)
资本资产定价模型(capital asset pricing model,CAPM)

 互联网资料

搜狐财经(http://business.sohu.com)
证券之星(http://www.stockstar.com)
金融界(http://www.jrj.com.cn)

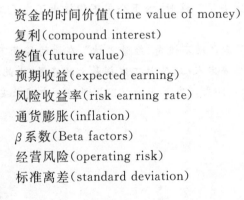

200年前,本杰明·富兰克林向波士顿捐献了1 000英镑,该城市将其用于放贷收息增值活动。100年后,这笔投资增值的一部分用于继续再投资。200年后,人们用这笔增值的资金建立了富兰克林基金,以非常优惠的贷款方式帮助了许多医科学生,还盈余300多万美元。200年间,美国平均年利率为5%,那么富兰克林最初捐献的1 000英镑何来这么大的威力? 学完本章,你将毫不费力地回答上述问题。

资料来源:张家伦著. 财务管理学. 北京:首都经济贸易大学出版社,2001年,第37页。

2.1 资金的时间价值

资金的时间价值是财务管理的基本价值观念之一,因其非常重要并且涉及所有理财活动,因此有人称之为理财的"第一原则"。

2.1.1 资金的时间价值的概念

在商品经济中,有这样一种现象,即现在的 1 元钱和一年后的 1 元钱其经济价值不相等,或者说其经济效用不同。现在的 1 元钱比一年后的 1 元钱经济价值要大些,即使不存在通货膨胀也是如此。为什么会这样呢?

例如,某企业现用 250 000 元购买国库券,年利率 4%,一年后可得本利和 260 000 元(250 000+250 000×4%)。将 250 000 元作为资本,经过一年时间的投资增加了 10 000 元,这就是资金的时间价值。

又如,某人拟定购一套正在建设中的商品房(建设期为 3 年),采用现付方式,其价款为 1 200 000 元。如果延期至 3 年后交付使用时付款,价款为 1 360 000 元。如果 3 年期银行存款利率为 5.4%,若不考虑其他费用,此人应采用哪种付款方式呢?

假定这个人目前已筹集到 1 200 000 元现金,暂不付款,存入银行,按单利计算,3 年后的本利和为 1 200 000+1 200 000×5.4%×3=1 394 400(元),同 1 360 000 元比较,这个人尚可得到 34 400 元的利益(1 394 400-1 360 000)。可见,这个人应采用延期付款的方式。本例说明,现在的 1 200 000 元,在利率为 5.4%的情况下,3 年后其价值就提高到 1 394 400 元了。随着时间的推移,周转中的资金价值发生了增值。

资金在周转使用中由于时间因素而形成的差额价值,称为资金的时间价值。

资金的时间价值可以用绝对数表示,也可以用相对数表示,即以利息额或利息率来表示。但是在实际工作中,人们习惯使用相对数来表示资金的时间价值,即用增加的价值占投入资金的百分数来表示。例如,前述购买国库券的资金的时间价值为 4%(利息 10 000÷本金 250 000)。

2.1.2 资金的时间价值的作用

资金的时间价值揭示了不同时点上货币之间的换算关系。资金的时间价值以商品经济的高度发展和借贷关系的普遍存在为前提条件或存在基础,它是一个客观存在的经济范畴,是财务管理中必须考虑的重要因素。把资金的时间价值引入财务管理,在资金筹集、运用和分配等方面考虑这一因素,是提高财务管理水平,搞好筹资、投资、运营和分配等决策的有效保证。

例如,已探明一个有工业价值的油田,目前有两个方案可供选择:

A 方案:现在开发,现在就可获利 200 亿元。

B 方案:3 年后开发,由于价格上涨等原因,到时可获利 250 亿元。

如果不考虑资金的时间价值,250>200,应选择 B 方案。

如果考虑资金的时间价值,现在开发,现在就获得的 200 亿元可再投资于其他项目,假定平均每年获利18%,则3年后共获利约328.6亿元[200×(1+18%)³]。

因此,可以认为选择A方案更有利。后一种思考问题的方法,更符合现实的经济生活。

2.1.3 资金的时间价值的计算

根据资金具有时间价值的理论,可以将某一时点的资金金额折算成其他时点的金额,以便在不同时点的资金量进行比较分析。

为方便起见,本章在介绍资金的时间价值的计算方法时假定有关字母的含义如下:

F——终值(本利和);

P——现值(本金);

A——年金;

i——利率(折现率);

n——计息期数;

i和n应相互配合,如i为年利率,n应为年数;如i为月利率,n应为月份数。

1. 单利的计算

单利是指计算利息时只按本金计算利息,应付而未付的利息不计算利息。例如,某人将1 000元钱存入银行,存款利率5%,一年后可得本利和1 050元。若存款期为3年,则每年利息都是50元(1 000×5%),3年后可得本利和1 150元。目前我国银行存贷款一般都采用单利计算利息。

1) 单利终值的计算

终值是指一定数额的资金经过一段时期后的价值,即资金在其运动终点的价值,在商业上俗称"本利和"。如前例1 150元(1 000+1 000×5%×3),就是存款期为3年按单利计算的终值。单利终值的计算公式为

$$F = P + P \times i \times n = P \times (1 + i \times n)$$

式中,$(1+i\times n)$为单利终值系数。

【例2-1】 某人持有一张带息票据,面额为5 000元,票面利率6%,出票日期为8月12日,到期日为11月10日(90天),则该持有者到期可得本利和为多少?

$$F = 5\,000 \times (1 + 6\% \times 90/360) = 5\,000 \times 1.015 = 5\,075(元)$$

2) 单利现值的计算

现值是指在未来某一时点上的一定数额的资金折合成现在的价值,即资金在其运动起点的价值,在商业上俗称"本金"。单利现值的计算公式为

$$P = F \times \frac{1}{1 + i \times n}$$

式中,$\frac{1}{1+i\times n}$为单利现值系数。

可见,单利现值的计算同单利终值的计算是互逆的。由终值计算现值的过程称为折现。

【例2-2】 某人希望3年后取得本利和1 500 000元,用以购买一套公寓,则在利率为6%、单利计算条件下,此人现在应存入银行的金额为多少?

$$P = 1\,500\,000 \div (1 + 6\% \times 3) = 1\,500\,000 \div 1.18 \approx 1\,271\,186(元)$$

2. 复利的计算

复利是指计算利息时,把上期的利息并入本金一并计算利息,即"利滚利"。如前例,某人将 1 000 元钱存入银行,存款利率为 5%。若存款期为 3 年。第 1 年利息为 50 元(1 000×5%),第 2 年利息为 52.5 元(1 050×5%),第 3 年利息为 55.125 元(1 102.5×5%)。资金的时间价值通常是按复利计算的。

1) 复利终值的计算(已知现值 P,求终值 F)

复利终值是指一定量的本金按复利计算若干期后的本利和。图 2-1 为复利终值示意图,图中有关字母的含义同前(下同)。

【例 2-3】 某企业将 80 000 元现金存入银行,存款利率为 5%,存款期为 1 年,按复利计算,则到期本利和为

$$F = P + P \times i = P \times (1+i)$$
$$= 80\,000 \times (1 + 5\%)$$
$$= 84\,000(元)$$

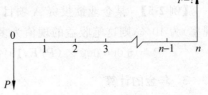

图 2-1 复利终值

若该企业不提走现金,将 84 000 元继续存入银行,则第二年的本利和为

$$F = [P \times (1+i)] \times (1+i) = P \times (1+i)^2$$
$$= 80\,000 \times (1+5\%)^2 = 80\,000 \times 1.1025$$
$$= 88\,200(元)$$

若该企业仍不提走现金,将 88 200 元再次存入银行,则第三年的本利和为

$$F = \{[P \times (1+i)] \times (1+i)\} \times (1+i) = P \times (1+i)^3$$
$$= 80\,000 \times (1+5\%)^3 = 80\,000 \times 1.1576$$
$$= 92\,608(元)$$

同理,第 n 年的本利和为

$$F = P \times (1+i)^n$$

上式就是复利终值的计算公式,其中 $(1+i)^n$ 通常称作"复利终值系数",用符号 $(F/P, i, n)$ 表示。例如,$(F/P, 5\%, 3)$,表示利率为 5%,第 3 期的复利终值系数。因此,复利终值的计算公式也可写作

$$F = P \times (F/P, i, n)$$

为了便于计算,复利终值系数可以通过查阅"1 元复利终值系数表"获得。"1 元复利终值系数表"的第一行是利率 i,第一列是计息期数 n,相应的 $(1+i)^n$ 在其纵横相交处。通过该表可查出,$(F/P, 5\%, 3) = 1.1576$,即在利率为 5% 的情况下,现在的 1 元和 3 年后的 1.1576 元在经济上是等效的。根据这个系数可以把现值换算成终值。

【例 2-4】 某企业将 250 000 元存入银行,存款利率为 6%,5 年后本利和为多少?

$$F = 250\,000 \times (F/P, 6\%, 5) = 250\,000 \times 1.3382 = 334\,550(元)$$

(2) 复利现值的计算(已知终值 F,求现值 P)

复利现值是指未来一定时间的特定资金按复利计算的现在价值,或者说是为取得将来

一定本利和现在所需要的本金。图 2-2 为复利现值示意图。

复利现值的计算公式是

$$P = F \times \frac{1}{(1+i)^n}$$

式中，$\frac{1}{(1+i)^n}$ 通常称作"复利现值系数"，用符号$(P/F,i,n)$表示。例如，$(P/F,5\%,3)$，表示利率为5%，第3期的复利现值系数。因此，复利现值的计算公式也可写作

$$P = F \times (P/F,i,n)$$

为了便于计算，复利现值系数可以通过查阅"1元复利现值系数表"获得。该表的使用方法与"1元复利终值系数表"相同。

【例 2-5】 某企业欲投资 A 项目，预计 5 年后可获得 6 000 000 的收益。假定年利率（折现率）为 10%，则这笔收益的现值为多少？

$$P = 6\,000\,000 \times (P/F,10\%,5) = 6\,000\,000 \times 0.620\,9 = 3\,725\,400(元)$$

3. 年金的计算

年金是指一定时期内每期相等金额的收付款项。在年金问题中，系列等额收付的间隔期只要满足相等的条件即可，因此，间隔期完全可以不是一年。例如，每季末等额支付的债券利息就是年金。

年金有多种形式，根据第一次收到或付出资金的时间不同和延续的时间长短，一般可分为普通年金、即付年金、永续年金和递延年金。

1) 普通年金的计算

普通年金，也称后付年金，即在每期期末收到或付出的年金，如图2-3所示。

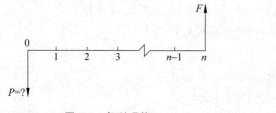

图 2-2 复利现值

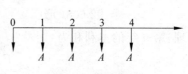

图 2-3 普通年金

图 2-3 中，横轴代表时间，数字代表各期的顺序号，竖线的位置表示支付的时点，竖线下端的字母 A 表示每期收付的金额（即年金）。

Ⅰ. 普通年金终值的计算（已知年金 A，求年金终值 F）

普通年金终值是指其最后一次收到或支付时的本利和，它是每次收到或支付的复利终值之和，如图 2-4 所示。

从图 2-4 中可以看出，如果年金相当于零存整取储蓄存款的零存数，那么年金终值就是零存整取的整取数。普通年金终值的计算公式可根据复利终值的计算方法计算得出：

$$F = A + A \times (1+i) + A \times (1+i)^2 + A \times (1+i)^3 + \cdots + A \times (1+i)^{n-1} \qquad (2.1)$$

等式两边同乘$(1+i)$，则有

$$F \times (1+i) = A \times (1+i) + A \times (1+i)^2 + A \times (1+i)^3 + \cdots + A \times (1+i)^n \qquad (2.2)$$

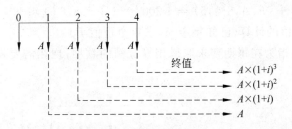

图 2-4 普通年金终值

式(2.2)-式(2.1)：
$$F \times (1+i) - F = A \times (1+i)^n - A$$
$$F \times i = A \times [((1+i)^n - 1)]$$
$$F = A \times \frac{(1+i)^n - 1}{i} \tag{2.3}$$

式(2.3)就是普通年金终值的计算公式。式中的分式 $\frac{(1+i)^n - 1}{i}$ 称作"年金终值系数"，记为 $(F/A, i, n)$，可通过直接查阅"1 元年金终值系数表"求得有关数值。因此，普通年金终值的计算公式也可写作

$$F = A \times (F/A, i, n)$$

即

普通年金终值＝年金×年金终值系数

【例 2-6】 假定某房产商计划在 5 年建设期内每年年末向银行借款 2 000 万元，借款年利率为 10%，则该项目竣工时应付本息的总额为多少？

$$F = 2\,000 \times (F/A, 10\%, 5) = 2\,000 \times 6.105\,1 = 12\,210.2(万元)$$

Ⅱ. 年偿债基金的计算(已知年金终值 F，求年金 A)

偿债基金是指为了在约定的未来某一时点清偿某笔债务或积聚一定数额的资金而必须分次等额形成的存款准备金。偿债基金的计算实际上是年金终值的逆运算，其计算公式为

$$A = F \times \frac{i}{(1+i)^n - 1}$$

式中的分式 $\frac{i}{(1+i)^n - 1}$ 称作"偿债基金系数"，记作 $(A/F, i, n)$，可直接查阅"偿债基金系数表"获得有关数值。因此，年偿债基金的计算公式也可写作

$$A = F \times (A/F, i, n)$$

即

年偿债基金＝年金终值×偿债基金系数

年偿债基金的计算公式还可通过年金终值系数的倒数推算出来，即

$$A = F \div (F/A, i, n)$$

即

年偿债基金＝年金终值÷年金终值系数

【例 2-7】 某企业有一笔 5 年后到期的债务，该债务本息共计 1 200 万元。该企业打算从现在起每年等额存入银行一笔款项。假定银行存款利率为 8%，则每年应存入多少金额？

$$A = 1\,200 \div (F/A, 8\%, 5) = 1\,200 \times (1 \div 5.866\,6) \approx 204.55(万元)$$

Ⅲ．普通年金现值的计算(已知年金 A，求年金现值 P)

普通年金现值是指为在每期期末取得相等金额的款项，现在需要投入的金额，如图 2-5 所示。

图 2-5　普通年金现值

普通年金现值的计算公式为

$$P = A \times (1+i)^{-1} + A \times (1+i)^{-2} + A \times (1+i)^{-3} + \cdots + A \times (1+i)^{-(n-1)} + A \times (1+i)^{-n}$$

根据上式整理可得到

$$P = A \times \frac{1-(1+i)^{-n}}{i}$$

式中的分式 $\dfrac{1-(1+i)^{-n}}{i}$ 称作"年金现值系数"，记为 $(P/A, i, n)$，可通过直接查阅"1 元年金现值系数表"求得有关数值。上式也可写作

$$P = A \times (P/A, i, n)$$

即

普通年金现值＝年金×年金现值系数

【例 2-8】　某企业租入办公楼，租期 3 年，每年年末支付租金 960 000 元。假定年利率为 9%，则该企业 3 年内应支付的租金总额的现值为多少？

$$P = 960\,000 \times (P/A, 9\%, 3) = 960\,000 \times 2.531\,3 = 2\,430\,048(元)$$

Ⅳ．年资本回收额的计算(已知年金现值 P，求年金 A)

年资本回收额是指在给定的年限内等额回收初始投入资本或清偿所欠债务的金额。年资本回收额的计算是年金现值的逆运算。其计算公式为

$$A = P \times \frac{i}{1-(1+i)^{-n}}$$

式中的分式 $\dfrac{i}{1-(1+i)^{-n}}$ 称作"资本回收系数"，记为 $(A/P, i, n)$，可通过直接查阅"资本回收系数表"或利用年金现值系数的倒数求得。因此，上式也可写作

$$A = P \times (A/P, i, n)$$

即

年资本回收额＝年金现值×资本回收系数

或

$$A = P \div (P/A, i, n)$$

即

$$\text{年资本回收额} = \text{年金现值} \div \text{年金现值系数}$$

【例 2-9】 假设某企业计划以 10% 的利率借款 3 000 万元,投资于某个寿命为 10 年的项目,则每年至少应收回多少钱才是可行的?

$$A = 3\,000 \div (P/A, 10\%, 10) = 3\,000 \div 6.144\,6 \approx 488.23(\text{万元})$$

即每年至少要收回 488.23 万元,才能还清贷款本利。

2) 即付年金的计算

即付年金,也称先付年金,即在每期期初收到或付出的年金。它与普通年金的区别仅在于收付款时间的不同,如图 2-6 所示。

图 2-6 中,横轴代表时间,数字代表各期的顺序号,竖线的位置表示支付的时点,竖线下端的字母 A 表示每期收付的金额(即年金)。

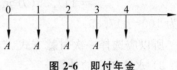

图 2-6 即付年金

Ⅰ. 即付年金终值的计算

从图 2-3 和图 2-6 中可以看出,n 期即付年金与 n 期普通年金的收付款次数相同,但由于其收付款时间不同(普通年金是在每期期末收到或付出相等的金额),n 期即付年金终值比 n 期普通年金的终值多计算一期利息。因此,在 n 期普通年金终值的基础上乘以 $(1+i)$ 就是 n 期即付年金的终值。或者,在普通年金终值系数的基础上,期数加 1,系数减 1 便可得对应的即付年金的终值。计算公式如下:

$$F = A \times (F/A, i, n) \times (1+i)$$

即

$$\text{即付年金终值} = \text{年金} \times \text{普通年金终值系数} \times (1+i)$$

或

$$F = A \times [(F/A, i, n+1) - 1]$$

即

$$\text{即付年金终值} = \text{年金} \times \text{即付年金终值系数}$$

【例 2-10】 某公司决定连续 3 年于每年年初存入 200 万元作为住房基金,银行存款利率为 8%,则该公司在第 3 年末能一次取出的本利和为多少?

$$F = 200 \times (F/A, 8\%, 3) \times (1+8\%) = 200 \times 3.246\,4 \times 1.08$$
$$= 701.22(\text{万元})$$

或

$$F = 200 \times [(F/A, 8\%, 4) - 1] = 200 \times (4.506\,1 - 1)$$
$$= 701.22(\text{万元})$$

Ⅱ. 即付年金现值的计算

同理,n 期即付年金现值比 n 期普通年金的现值多计算一期利息。因此,在 n 期普通年金现值的基础上乘以 $1+i$ 就是 n 期即付年金的现值。或者在普通年金现值系数的基础上,期数减 1,系数加 1 便可得对应的即付年金的现值。计算公式如下:

$$P = A \times (P/A, i, n) \times (1+i)$$

即

$$\text{即付年金现值} = \text{年金} \times \text{普通年金现值系数} \times (1+i)$$

或
$$P = A \times [(P/A, i, n-1) + 1]$$
即
即付年金现值 = 年金 × 即付年金现值系数

【例 2-11】 某人购房,现有两种付款方式可供选择:一是现在一次付清,房款为 100 万元;二是分期付款,于每年年初付款 24 万元,付款期为 5 年。假定银行利率为 9%,此人应选择哪一种付款方式?

$$P = 24 \times (P/A, 9\%, 6) \times (1 + 9\%) = 24 \times 4.485\,9 \times 1.09$$
$$= 117.35 (万元)$$

因为 100＜117.35

所以应选择一次付款方式。

3) 永续年金的计算

永续年金,即无限期等额收入或付出的年金,可视为普通年金的一种特殊形式,即期限趋于无穷的普通年金。存本取息可视为永续年金的例子。此外,也可将利率较高、持续期限较长的年金视同永续年金计算。

由于永续年金持续期无限,没有终止的时间,因此没有终值,只有现值。通过普通年金现值计算可推导出永续年金现值的计算公式:

$$P = A \times \frac{1 - (1+i)^{-n}}{i}$$

当 $n \to \infty$ 时,$(1+i)^{-n}$ 的极限为零,故上式可写成

$$P \approx \frac{A}{i}$$

【例 2-12】 某学校拟建立一项永久性的奖学金,每年计划颁发 20 000 元的奖金。若银行存款利率为 8%,现在应存入多少钱?

$$P = 20\,000 / 8\% = 250\,000 (元)$$

4) 递延年金的计算

递延年金,即第一次收到或付出发生在第二期或第二期以后的年金。即第一次收付款与第一期无关,而是隔若干期后才开始发生的系列等额收付款项。凡不是从第一期开始的年金都是递延年金。

Ⅰ. 递延年金终值的计算

递延年金是普通年金的又一种特殊形式。递延年金终值只与 A 的个数有关,与递延期无关,因此,递延年金终值的计算与普通年金计算一样,只是要注意期数。

【例 2-13】 某投资者拟购买一处房产,开发商提出了三个付款方案:方案一是现在起 15 年内每年年末支付 10 万元;方案二是现在起 15 年内每年年初支付 9.5 万元;方案三是前 5 年不支付,第六年起到 15 年每年年末支付 18 万元。

假设按银行贷款利率 10% 复利计息,若采用终值方式比较,问哪一种付款方式对购买者有利?

方案一:$F = 10 \times (F/A, 10\%, 15) = 10 \times 31.772 = 317.72$(万元)

方案二:$F = 9.5 \times [(F/A, 10\%, 16) - 1] = 9.5 \times (35.950 - 1) = 332.03$(万元)

方案三:$F = 18 \times (F/A, 10\%, 10) = 18 \times 15.937 = 286.87$(万元)

从上述计算可得出,采用第三种付款方案对购买者有利。

Ⅱ.递延年金现值的计算

递延年金现值的计算方法有三种:

方法1：$P=A\times[(P/A,i,m+n)-(P/A,i,m)]$

方法2：$P=A\times(P/A,i,n)\times(P/F,i,m)$

方法3：$P=A\times(F/A,i,n)\times(P/F,i,m+n)$

式中,m 为表示递延期;n 为表示连续实际发生的期数。

上述方法中,方法1是假设递延期中也进行收付,先求出 $(m+n)$ 期的年金现值,然后扣除实际并未收付的递延期 (m) 的年金现值,即可得出最终结果。

方法2是把递延年金视为普通年金,求出递延期末的现值,然后再将此现值调整到第一期期初,如图2-7所示。

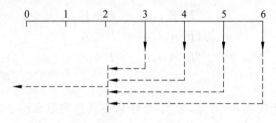

图2-7 递延年金

方法3是先求出递延年金的终值,再将其折算为现值。

三种方法第一次发生均在 $(m+1)$ 期期末。如在图2-7中,递延期 $m=2$,第一次发生在第三期期末 $(m+1=2+1=3)$。

【例2-14】 某人向银行贷款的年利率为8%,协议规定前3年不用还本付息,但从第4年至第10年每年年末偿还本息40 000元,问这笔贷款的现值为多少?

递延年金的支付形式见图2-8。

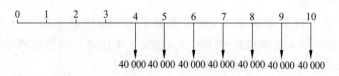

图2-8 递延年金的支付形式

从图2-8中可以看出,前三期没有发生支付,即递延期 $m=3$。第一次支付在第四期期末 $(m+1)$,连续支付7次,即 $n=7$。$m+n=3+7=10$。

$P=40\ 000\times[(P/A,8\%,10)-(P/A,8\%,3)]=40\ 000\times(6.710\ 1-2.577\ 1)$
$\quad=165\ 320(元)$

或

$P=40\ 000\times(P/A,8\%,7)\times(P/F,8\%,3)=40\ 000\times5.206\ 4\times0.793\ 8$
$\quad=165\ 314(元)$

或

$P=40\ 000\times(F/A,8\%,7)\times(P/F,8\%,10)=40\ 000\times8.922\ 8\times0.463\ 2$
$\quad=165\ 322(元)$

三种计算方法产生的尾差系小数点后数字四舍五入所致。

2.1.4 贴现率和期数的推算

以上所述资金的时间价值的计算，都假定贴现率和期数是给定的。在实际工作中，有时仅知道计息期数、终值、现值，要根据这些条件去求贴现率；有时仅知道贴现率、终值、现值，要根据这些条件去求期数。为了求贴现率和期数，首先就要根据已知的终值和现值求出换算系数。这里所讲的换算系数是指复利终值系数、复利现值系数、年金终值系数和年金现值系数。

例如，根据公式：$F=P\times(F/P,i,n)$可得到$(F/P,i,n)=F\div P$，即将终值除以现值得到复利终值系数。

同理，我们可得到

$$(P/F,i,n) = P \div F$$
$$(F/A,i,n) = F \div A$$
$$(P/A,i,n) = P \div A$$

1. 求贴现率

【例 2-15】 某企业现有 50 万元，欲在 12 年后使其达到原来的 2 倍，则选择投资机会时最低可接受的报酬率为多少？

$$F = 50 \times 2 = 100（万元）$$
$$100 = 50 \times (F/P,i,12)$$
$$(F/P,i,12) = 2$$

查"1 元复利终值表"，在 $n=12$ 的行中寻找 2，对应的最接近的 i 值为 6%，即 $(F/P, 6\%, 12) \approx 2$。

所以，当投资机会的最低报酬率约为 6% 时，才可使现有 50 万元在 12 年后增加到 100 万元，是原来的 2 倍。

【例 2-16】 某人打算购买新房，购房款除积蓄外，计划于第一年年初向银行借款 200 000 元，以后每年年末还本付息 40 000 元，连续 9 年还清。问借款利率为多少？

根据题意，已知 $P=200\,000, A=40\,000, n=9$，求 $i=?$

$$(P/A,i,9) = P \div A = 200\,000 \div 40\,000 = 5$$

查 $n=9$ 的普通年金现值系数表。在 $n=9$ 一行上无法找到恰好系数 α 为 5 的系数值，于是在该行上查找大于和小于 5 的临界系数值，分别为：$\beta_1=5.328\,2>5, \beta_2=4.916\,4<5$，对应的临界期间为 $i_1=12\%, i_2=14\%$。可采用内插法计算借款利率。

$$i = i_1 + \frac{\beta_1 - \alpha}{\beta_1 - \beta_2}(i_2 - i_1) = 12\% + \frac{5.328\,2 - 5}{5.328\,2 - 4.916\,4} \times (14\% - 12\%)$$
$$\approx 13.59\%$$

对于即付年金利率 i 的推算，同样可遵照上述方法。先求出 $F\div A$ 的值，令 $\alpha = F \div (A+1)$，然后沿 $(n+1)$ 所在的横向在普通年金终值系数表中查找。若恰好找到等于 α，则该系数值所在列所对应的利率便为所要求的 i，否则便查找临界系数值和对应的临界利率，再应用内插法求出利率 i。

2. 求期数

【例 2-17】 某企业现有 220 万元,拟投入报酬率为 9% 的某投资项目,需经过多少年才可使现有货币是原来的 3 倍?

$$F = 220 \times 3 = 660(万元)$$
$$660 = 220 \times (F/P, 9\%, n)$$
$$(F/P, 9\%, n) = 3$$

查"1 元复利终值表",在 $i=9\%$ 的项下寻找 3,最接近的值为

$$(F/P, 9\%, 13) = 3.0658$$

即 $(F/P, 9\%, 13) \approx 3$。

所以,大约 13 年后可使现有 220 万元增加到 660 万元,是原来的 3 倍。

【例 2-18】 华美公司拟购买一台柴油机,更新目前的汽油机。柴油机价格较汽油机高出 24 000 元,但每年可节约燃料费用 6 000 元。若利率为 10%,求柴油机应至少使用多少年对企业而言才有利?

根据题意,已知:$P=24\,000, A=6\,000, i=10\%$,求 $n=?$

$$(P/A, 10\%, n) = P \div A = 24\,000 \div 6\,000 = 4$$

查普通年金现值系数表,在 $i=10\%$ 的列上纵向查找,无法找到恰好系数 α 为 4 的值,于是查找大于和小于 4 的临界系数值:$\beta_1 = 3.7908 < 4, \beta_2 = 4.3553 > 4$,对应的临界期间为 $n_1=5, n_2=6$。可采用内插法计算期数。

$$n = n_1 + \frac{\beta_1 - \alpha}{\beta_1 - \beta_2}(n_2 - n_1) = 5 + \frac{3.7908 - 4}{3.7908 - 4.3553} \times (6-5)$$
$$\approx 5.4(年)$$

2.2 利息率和通货膨胀

2.2.1 利息和利率的表示

利息是在信用基础上产生的,是资金所有者将资金暂时让渡给使用者使用收取的报酬。对需要资金企业来说,利息则是使用资金必须付出的代价。由于资金是一种特殊的商品,在资金市场上进行资金交易活动一般以利息作为标准。因此,也可以把利息看作是资金的使用价格。

利息率简称利率,是一定时期内利息额与借贷资金额(本金)的比率。它一般是指借贷资金的双方在发生信用关系时所使用的利率。

利率一般分为年利率、月利率和日利率。年利率又称年息率,月利率又称月息率,日利率又称日息率(也叫拆息)。按我国传统习惯,不论是年息、月息、日息,利率的基本单位都是"厘",十分之一厘为1"毫",百分之一厘为1"丝"。由厘往上计,10 厘为 1"分"。利率一般到"分"为止,没有分以上的单位。

年利率是按本金的百分之几来表示的。例如,本金为 3 000 元,一年的利息为 120 元,年利率为 4%(120/3 000)。按照习惯说法就是年息 4 厘。

月利率是按本金的千分之几来表示的。例如,本金 3 000 元,一个月的利息为 12 元,则月利率为 4‰(12/3 000)。按照习惯说法就是月息 4 厘。

日利率是按本金的万分之几来表示的。例如,本金3 000元,每天的利息为1.2元,日利率为4‰(1.2/3 000)。按照习惯说法就是日息4厘。

国外一般习惯用年利率,我国习惯用月利率。例如,"月息5分4厘"就是5.4%,"月息5厘4毫"就是0.54%。为计息的方便,年、月、日利率可以互相换算。通常规定,年利率与月利率相互换算,每年按12个月计算;年利率与日利率相互换算,按一年360天计算;月利率与日利率相互换算,按每月30天计算。例如,企业流动资金贷款年利率为9%,换算为月利率是0.75%(9%/12),换算为日利率是0.03%(9%/360)。

2.2.2 利率的决定因素

1. 利率制定的依据

利率是个人、企业或有关部门等借入资金时支付的价格。利息是资金需求者为借入资金而支付的成本(费用)。按资金供应者的观点,利息是借出资金而应得的收益。信用的作用必须通过利息才能有效地发挥出来,但利息的调节作用又主要通过利率的高低变化来实现。利率过高,使投资者利润微薄,甚至无利可图,影响投资的积极性;利率过低,又会使资金盲目再分配,导致资金的浪费和不合理使用,还会影响货币资金的筹集和货币流通的稳定。因此,合理制定利率,对发挥信用和利息的作用有重要意义。利率制定的客观依据应当是:

(1) 以平均利润率为最高界限;
(2) 要考虑资金的供求状况;
(3) 要考虑物价水平的变化;
(4) 要考虑银行存贷利差的合理要求。

此外,国家的产业政策、货币政策、财政政策,以及经济周期、国际经济政治关系和金融市场的利率等,对利率制定均会产生不同程度的影响。

2. 利率与资金的时间价值的区别

通常情况下,资金的时间价值相当于没有风险和没有通货膨胀情况下的社会平均利润率。这是利润平均化规律作用的结果。由于竞争,市场经济中各部门投资的利润率趋于平均化。企业在投资某些项目时,至少要取得社会平均利润率,否则不如投资于其他的项目或其他的行业。因此,资金的时间价值成为评估价值的最基本的原则。

由于资金的时间价值的计算方法与利息的计算方法相同,因此资金的时间价值与利率容易被混为一谈。实际上,财务管理活动总是或多或少地存在风险,而通货膨胀也是市场经济中客观存在的经济现象。因此,利率不仅包含时间价值,也包含风险价值和通货膨胀的因素。一般来说,只有在购买国库券等政府债券时几乎没有风险。如果通货膨胀率也很低,此时可以用政府债券利率来表示资金的时间价值。

利率的一般计算公式可表示如下:

$$利率 = 纯利率 + 通货膨胀补偿率 + 风险报酬率$$

纯利率(资金的时间价值)是指没有风险和通货膨胀情况下的均衡利率。纯利率的高低,受平均利润率、资金供求关系和国家宏观经济调控的影响。

通货膨胀补偿率是指由于持续的通货膨胀会不断降低货币的实际购买力,为补偿其购买力损失而要求提高的利率。

风险报酬率包括违约风险报酬率、流动性风险报酬率和期限风险报酬率。其中：

(1) 违约风险报酬率是指为了弥补因债务人无法按时还本付息而带来的风险，由债权人要求提高的利率；

(2) 流动性风险报酬率是指为了弥补因债务人资产流动不好而带来的风险，由债权人要求提高的利率；

(3) 期限风险报酬率是指为了弥补因偿债期长而带来的风险，由债权人要求提高的利率。

因此，利率的一般计算公式也可表示为

利率＝纯利率＋通货膨胀补偿率＋违约风险报酬率
＋流动性风险报酬率＋期限风险报酬率

2.2.3 名义利率与实际利率的换算

在企业筹资和借贷活动中，经常遇到这种情况：给定年利率，但是计息周期是半年、季或月，即按半年、季或月甚至日计算复利。例如，有的抵押贷款每月计息一次，银行之间拆借资金为每天计息一次。如果以"年"作为基本计息期，给定的年利率就叫作名义利率。如果每年复利一次，名义利率等于实际利率。如果一年内复利的次数在两次以上，名义利率与实际利率必然不同。

对于一年内多次复利的情况，可采用两种方法计算时间价值。

第一种方法是按以下公式将名义利率换算为实际利率，然后按实际利率计算时间价值。

$$i = (1 + r/m)^m - 1$$

式中，i 表示实际利率；r 表示名义利率；m 表示每年复利次数。

【例 2-19】 某企业于年初向银行借入 220 000 元，年利率为 10%，每半年复利一次，到第 10 年末，该企业应归还本息的总额为多少？

已知：$P = 220\,000, r = 10\%, m = 2, n = 10$，则

$$i = (1 + r/m)^2 - 1 = (1 + 10\%/2)^2 - 1 = 10.25\%$$
$$F = P \times (1 + i)^n = 220\,000 \times (1 + 10.25\%)^{10} = 583\,726(元)$$

这种方法的缺点是调整后的实际利率往往带有小数点，不利于查表。

第二种方法是不计算实际利率，而是相应地调整有关指标，即利率变为 r/m，期数相应变为 $m \times n$。

利用上例中的有关数据，用第二种方法计算本息总额。

$$F = P \times (1 + r/m)^{m \times n} = 220\,000 \times (1 + 10\%/2)^{2 \times 10}$$
$$= 220\,000 \times (F/P, 5\%, 20) = 220\,000 \times 2.6533$$
$$= 583\,726(元)$$

2.2.4 通货膨胀

1. 通货膨胀及物价变动指数的概念

通货膨胀是指一个时期的物价普遍上涨，货币购买力下降，相同数量的货币只能购买较少的商品。货币购买力的上升或下降要通过物价指数计量。物价指数是反映不同时期商品价格变动的动态相对数。按照计算时包括商品范围的不同，物价指数分为个别物价指数、类

别物价指数和一般物价指数三种。而用作考察一般物价的水平变动是以全部商品价格为对象的,通常用消费品价格指数表示,在我国称为社会商品零售物价总指数。消费品价格指数是对城市居民消费商品、劳务,通过抽样调查取得数据计算形成的统计平均数。

2. 通货膨胀对企业财务活动的影响

通货膨胀对企业财务活动的影响主要表现在以下几方面:

(1) 对财务信息资料的影响。由于通货膨胀必然导致物价变动,但会计核算一般维持历史成本计价原则,导致资产负债表所反映的资产价值低估,不能反映企业的真实财务状况。由于资产被低估,又造成产品成本中原材料、折旧费等被低估,而收入又按现时价格计算,使企业收益情况不真实。由于固定资产价值被低估,造成提取折旧不足及实物资产生产力的减损。由于收入被高估,成本费用被低估,利润虚增,税负增加,资本流失。再加上资产不实,使投资者无法确认资本的保全情况。

(2) 对企业成本的影响。由于通货膨胀使利率上升,所以企业使用资金的成本提高。另外,通货膨胀加剧会使物价水平全面提高,购置同样物资的资金需要量增加。由于价格上涨,材料成本和工资费用增加,同样会使成本加大。

除此以外,通货膨胀会使预测、决策及预算不实,将使财务控制失去意义。如果企业持有债券,则债券价格将随通货膨胀、市场利率的提高而下降,使企业遭受损失。

3. 通货膨胀与资金的时间价值

通货膨胀与资金的时间价值都随着时间的推移而显示出各自的影响。其中,资金的时间价值随着时间的推移使货币增值,一般用利率(贴现率)按复利形式进行计量;通货膨胀则随着时间的推移使货币贬值,一般用物价指数的增长百分比来计量。假设用物价指数增长百分比来表示通货膨胀率(以 f 表示),如果物价指数每年增长10%,则5年内物价水平变动及其相对应的币值变动如表2-1所示。

表2-1 物价水平与币值对应变动情况　　　　　　　　　　　　　　　元

年　序	0	1	2	3	4	5
物价水平	1	$(1+10\%)$	$(1+10\%)^2$	$(1+10\%)^3$	$(1+10\%)^4$	$(1+10\%)^5$
币值	1	$1/(1+10\%)$	$1/(1+10\%)^2$	$1/(1+10\%)^3$	$1/(1+10\%)^4$	$1/(1+10\%)^5$

在表2-1中,物价水平每年增长10%,与其相对应的货币则会不断贬值,可用资金的时间价值中的现值形式来表示。这种形式的币值是消除了通货膨胀因素影响后货币的真正的实际价值(相当于 $f=0$ 时的价值,即实际购买力)。由于物价指数每年增长10%,第一年年末的1元仅相当于第一年年初的0.909元[$1/(1+10\%)$]的购买力或实际价值。同理,第五年年末的1元仅相当于第一年年初的0.621元[$1/(1+10\%)^5$]的购买力和实际价值。因此,我们完全可以依据通货膨胀率,借用资金时间价值现值的计算方法,来确定不同时期货币的实际价值,以剔除通货膨胀的影响。

4. 投资报酬率(贴现率)与通货膨胀率的关系

在通货膨胀的情况下,没有剔除通货膨胀因素计算出来的投资项目的报酬率是名义上的报酬率。名义投资报酬率包含通货膨胀率和实际的投资报酬率两个部分,它们间的关系如下:

$$(1+i)=(1+f)(1+r)$$

式中，i 表示名义投资报酬率；f 表示通货膨胀率；r 表示实际投资报酬率。

显然，也可以将 i 理解为包含通货膨胀率的贴现率，f 仍为通货膨胀率，r 为剔除通货膨胀率的投资报酬率(贴现率)和反映资金时间真实价值的贴现率。在通货膨胀的情况下就有下面的等式：

$$r=\frac{1+i}{1+f}-1$$

【例 2-20】 某年我国商业银行一年期存款利率为 3%，假设通货膨胀率为 2%，则 $r=\frac{1+3\%}{1+2\%}-1=0.98\%$。

如果上例中通货膨胀率为 4%，则 $r=\frac{1+3\%}{1+4\%}-1\approx 0.96\%$。

2.3 投资的风险价值

"风险"是一个非常重要的财务概念。任何决策都有风险，这使得风险观念在理财中具有普遍意义。因此，有人说"时间价值是理财的第一原则，风险价值是理财的第二原则"。

2.3.1 风险的概念

风险一般是指在一定条件下和一定时期内可能发生的各种结果的变动程度。在风险存在的情况下，人们只能事先估计到采取某种行动可能导致的结果，以及每种结果出现的可能性，而行动的真正结果究竟会怎样，不能事先确定。

与风险相联系的另一个概念是不确定性，即人们事先只知道采取某种行动可能形成的各种结果，但不知道它们出现的概率，或者两者都不知道，而只能作些粗略的估计。例如，投资于某金矿开发工程，事先只能肯定勘探开发成功或失败两种可能，但这两种结果出现可能性的概率大小事先很难预测。

一般来说，各种长期投资方案中都有一些不确定性的因素，而完全的确定性投资方案是很少见的。不确定性投资方案，是指对各种情况出现的可能性不清楚，无法加以计量的投资决策。在实践中，如果对不确定性投资方案中各种情况出现的可能性规定一些主观概率，就可以将不确定性投资方案转化为风险性的投资方案。例如，某企业拟购买某房地产公司的股票，事前仅知道该公司在经济繁荣、一般和萧条时的收益率分别为 14%、9% 和 3%，至于未来情况发生的可能性不清楚，该项投资决策属于不确定性投资。如果经有关资料分析，得知近期该行业经济繁荣、一般和萧条的概率分别为 35%、40% 和 25%，则该项投资就属于风险性投资。所以，在财务管理中，当说到风险时，可能指的是确切意义上的风险，但更可能指的是不确定性，对两者不作严格区分。

总之，某一行动的结果具有多种可能而不肯定，就叫有风险；反之，若某一行动的结果很肯定，就叫没有风险。如购买政府发行的国库券，该国库券的利率到期肯定可以实现。从财务管理的角度看，风险就是指企业在各项财务活动过程中，由于各种难以预料或无法控制的因素作用，使企业的实际收益与预计收益发生背离，从而有蒙受经济损失的可能性。但是，人们在投资活动中，由于主观努力、把握时机，往往能有效地避免失败，并取得较高的收益。

所以,风险不同于危险。危险专指负面效应,是损失发生及其程度的不确定性。人们对于危险,需要识别、衡量、防范和控制,即对危险进行管理。保险活动就是针对危险的,是集合同类危险聚集资金,对特定危险的后果提供经济保障的一种财务转移机制。风险的概念比危险广泛,它包括了危险,危险只是风险的一部分。风险的另一部分即正面效益,可以称为"机会"。人们对于机会,需要识别、衡量、选择和获取。理财活动不仅要管理危险,还要识别、衡量、选择和获取增加企业价值的机会。因此,某项投资活动若存在风险,说明其危险与机会并存。

2.3.2 风险的类别

从不同的角度风险可划分为不同的类别。若从企业本身来看,按风险形成的原因,风险可分为以下两大类。

1. 经营风险

经营风险是指因生产经营方面的原因给企业盈利带来的不确定性。企业生产经营的许多方面都会受到来自于企业外部和内部的诸多因素的影响,具有很大的不确定性。比如,由于原材料供应地的政治经济情况变动,运输路线改变,原材料价格变动,新材料、新设备的出现等因素带来的供应方面的风险;由于产品生产方向不对头,产品更新时期掌握不好,生产质量不合格,新产品、新技术开发试验不成功,生产组织不合理等因素带来的生产方面的风险;由于出现新的竞争对手,消费者爱好发生变化,销售决策失误,产品广告推销不力以及货款回收不及时等因素带来的销售方面的风险。所有这些生产经营方面的不确定性,都会引起企业的利润或利润率的高低变化。

2. 财务风险

财务风险又称筹资风险,是指由于举债而给企业财务成果带来的不确定性。企业举债经营,全部资金中除自有资金外还有一部分借入资金,这会对自有资金的盈利能力造成影响。同时,借入资金需还本付息,一旦无力偿还到期债务,企业便会陷入财务困境甚至破产。当企业息税前资金利润率高于借入资金利息率时,使用借入资金获得的利润除了补偿利息外还有剩余,因而使自有资金利润率提高。但是,若企业息税前资金利润率低于借入资金利息率,这时,使用借入资金获得的利润还不够支付利息,还需动用自有资金的一部分利润来支付利息,从而使自有资金利润率降低。如果企业息税前利润还不够支付利息,就要用自有资金来支付,使企业发生亏损。若企业亏损严重,财务状况恶化,丧失支付能力,就会出现无法还本付息甚至招致破产的危险。总之,由于诸多因素的影响,企业息税前资金利润率和借入资金利息率差额具有不确定性,从而引起自有资金利润率的高低变化,这种风险即为财务风险。这种风险程度的大小受借入资金对自有资金比例的影响,借入资金比例大,风险程度就会随之增大;借入资金比例小,风险程度也随之减少。

2.3.3 风险报酬

2.1节讲述的资金的时间价值是投资者在无风险条件下进行投资所要求的报酬率(这里暂不考虑通货膨胀因素)。这是以确定的报酬率为计算依据的,也就是以肯定能取得的报酬为条件的。但是,企业在生产经营活动中往往对未来情况并不十分明了,有时甚至连各种情况发生的可能性大小也不清楚。因此,在长期财务决策中,必须考虑风险因素,计量风险程度。

1. 风险报酬的概念

对任何一个投资者来说,都宁愿要肯定的某一报酬,而不愿意要不肯定的同一报酬。在商品经济中,把这种现象称为风险反感。在风险反感普遍存在的情况下,即投资者讨厌风险,不愿意遭受损失,为什么有人又愿意冒风险去投资呢? 这是因为冒风险去投资有可能获得额外的收益——风险报酬。人们总想冒较小的风险获得较多的收益,至少要使所得的收益与所冒的风险相当。一般来说,风险报酬的大小取决于投资的风险,风险越大要求的必要报酬率越高。

因此,风险报酬是指投资者由于冒风险进行投资而获得的超过资金时间价值的额外收益。

2. 风险报酬的表现形式

风险报酬的表现形式有两种,风险收益额和风险收益率。投资者由于冒风险进行投资而获得的超过资金时间价值的额外收益,称为风险收益额。风险收益额对于投资额的比率,则称为风险收益率。在实际工作中,对两者并不严格区分,通常以相对数——风险收益率进行计量。

如果不考虑通货膨胀,投资者进行风险投资所要求或期望的投资报酬率,便是资金的时间价值(无风险收益率)与风险收益率之和。即

期望投资报酬率 = 资金的时间价值(无风险收益率) + 风险收益率

例如,资金的时间价值为8%,某项投资期望报酬率为18%,若不考虑通货膨胀,则该项投资的风险收益率是10%。

3. 风险的衡量

风险是客观存在的,并广泛地影响着企业的财务活动和经营活动。因此,正视风险并将风险程度予以量化,进行较为准确的衡量,是企业财务管理的一项重要工作。要计算在一定条件下的风险大小,必须利用概率论的方法,并由此与期望值、离散程度等相联系。对风险进行衡量的步骤如下。

1) 确定概率分布

在现实生活中,某一事件在完全相同的条件下可能发生也可能不发生,即可能出现这种结果又可能出现那种结果,我们称这类事件为随机事件。概率就是用百分数或小数来表示随机事件发生可能性及出现某种结果可能性大小的数值。通常,把必然发生的事件的概率定为1,把不可能发生的事件的概率定为0,而一般随机事件的概率是介于0~1之间的一个数。概率越大,就表示该事件发生的可能性越大。例如,某企业进行某项投资,经预测投资收益率为20%的概率为55%,这就意味着该企业获得20%的收益率的可能性是55%。如果把某一事件所有可能的结果都列示出来,对每一结果都给予一定的概率,便可构成概率分布。

【例2-21】 开开公司有两个投资机会,A投资机会是一个高科技项目,该领域竞争很激烈,如果经济发展迅速并且该项目搞得好,取得较好的市场占有率,利润会很大,否则,利润很小甚至亏本。B项目是一个老产品并且是必需品,销售前景可以比较准确地预测出来。

假设未来的经济情况只有三种：繁荣、一般、萧条，有关的概率分布和预期报酬率见表2-2。

表2-2 开开公司未来经济情况表

经济情况	发生概率	A项目预期报酬率/%	B项目预期报酬率/%
繁荣	0.3	30	20
一般	0.6	10	10
萧条	0.4	−25	5
合计	1		

在这里，概率表示每一种经济情况出现的可能性，也是各种不同预期报酬率出现的可能性。例如，未来经济情况出现繁荣的可能性是0.3，假如这种情况真的出现，A项目就会获得30%的报酬。换句话说，采纳A项目获利30%的可能性是0.3。当然，报酬率作为一种随机变量，受多种因素的影响，这里为了简化，假设其他因素都相同，只有经济情况一个因素影响报酬率。

2) 计算期望值

期望值是指一个概率分布中的所有可能结果（即随机变量的各个取值），以各自相应的概率为权数计算的加权平均值。其计算公式如下：

$$\overline{E} = \sum_{i=1}^{n} X_i P_i$$

式中，$\overline{E}$ 表示期望值；X_i 表示第 i 种结果出现后的预期值；P_i 表示第 i 种结果出现的概率；n 表示所有可能结果的数目。

【例2-22】 仍以例2-21为例，计算A、B两个项目的期望值。

A项目的期望值 $= 0.3 \times 30\% + 0.6 \times 10\% + 0.1 \times (-25\%) = 12.5\%$

B项目的期望值 $= 0.3 \times 20\% + 0.6 \times 10\% + 0.1 \times 5\% = 12.5\%$

两个项目的期望报酬率相同，但其概率分布不同，说明它们的风险不一样。A项目的报酬率的分散程度大，变动范围为 $-25\% \sim 30\%$；C项目的报酬率的分散程度小，变动范围为 $5\% \sim 20\%$。这说明两个项目的报酬率相同，但风险不同。

为了定量地衡量风险大小，还要使用统计学中衡量概率分布离散程度的指标。一般来说，离散程度越大，风险越大；反之，则越小。反映随机变量离散程度的最常用指标是标准离差和标准离差率。

3) 计算标准离差

标准离差反映概率分布中各种可能结果对期望值的偏离程度，是方差的平方根，也叫作均方差。标准离差用绝对数衡量决策方案的风险，在期望值相同的情况下，标准离差越大，风险越大；反之，标准离差越小，风险越小。

标准离差的计算公式为

$$\sigma = \sqrt{\sum_{i=1}^{n}(X_i - E)^2 \cdot P_i}$$

【例2-23】 仍以例2-21为例，计算A、B两个项目的标准离差。

A项目的标准离差

$= \sqrt{(30\% - 12.5\%)^2 \times 0.3 + (10\% - 12.5\%)^2 \times 0.6 + (-25\% - 12.5\%)^2 \times 0.1}$

= 10.87%

B 项目的标准离差

$= \sqrt{(20\% - 12.5\%)^2 \times 0.3 + (10\% - 12.5\%)^2 \times 0.6 + (5\% - 12.5\%)^2 \times 0.1}$

= 5.12%

A 项目的标准离差大于 B 项目的标准离差。说明在期望值相等的情况下，A 项目的风险大于 B 项目，应选择 B 项目。

需要注意的是，由于标准离差是衡量风险的绝对值指标，对于期望值不同的决策方案，该指标没有直接的可比性。对此，必须进一步借助相对数指标"标准离差率"来衡量决策方案的风险程度。

4) 计算标准离差率

标准离差率也叫标准离差系数、变化系数、变异系数，是标准离差与期望值之比，它以相对数反映决策方案的风险程度。在期望值不同的情况下，标准离差率越大，风险越大；反之，标准离差率越小，风险越小。标准离差率的计算公式如下：

$$V = \frac{\sigma}{E}$$

【例 2-24】 仍以例 2-21 为例，且假定开开公司还有一个 C 投资项目，其期望值为 11.6%，标准离差为 6.14%。计算 B、C 两个项目的标准离差率。

B 项目的标准离差率 = 5.12% ÷ 12.5% = 40.96%

C 项目的标准离差率 = 6.14% ÷ 11.6% = 52.93%

计算结果表明：在期望值不同的情况下，C 项目的风险大于 B 项目的风险。

4. 风险收益率

1) 风险收益率的计算

标准离差率虽然能用来衡量投资方案风险的大小，但还无法将风险与收益结合起来进行分析。假设我们面临的决策不是评价与比较两个投资项目的风险水平，而是要决定是否对某一项目进行投资，此时就需要计算出该项目的风险收益率。因此，还需要一个指标（参数）将标准离差率转化为相应的风险收益率，以把投资项目的风险与收益联系起来。这个指标就是风险价值系数。风险收益率、风险价值系数和标准离差率之间的关系可用公式表示如下：

风险收益率(R_R) = 风险价值系数(b) × 标准离差率(V)

在不考虑通货膨胀的情况下，投资的收益率为

$$R = R_F + R_R = R_F + b \times V$$

式中，R 表示投资收益率；R_F 表示无风险收益率。

可见，投资收益率包括无风险收益率和风险收益率两部分。在实务中，一般把短期政府债券（如短期国债）的收益率作为无风险收益率。

【例 2-25】 以例 2-24 为例，假定投资者为 B、C 项目确定的风险价值系数分别为 0.6 和 0.4，无风险收益率为 9%，则两项目应得风险收益率和投资收益率计算如下：

B 项目的风险收益率 = 0.6 × 40.96% = 24.58%

B 项目的投资收益率 9% + 24.58 = 33.58%

C 项目的风险收益率 = 0.4×52.93% = 21.17%

C 项目的投资收益率 = 9% + 21.17% = 30.17%

2) 风险价值系数的确定

风险价值系数(b)的数学意义是指该项投资的风险收益率占该项投资的标准离差率的比率。这时,风险价值系数大小的确定,在很大程度上取决于企业投资者对风险的态度。如果投资者都愿意冒风险,风险价值系数就定得小一些,与此相应,风险收益率也小;如果投资者都不愿意冒风险,风险价值系数就定得大一些,与此相应,风险收益率也大。在实际工作中,确定单项投资的风险价值系数,则是由投资者根据经验并结合其他因素加以确定的。通常有以下几种方法:

(1) 根据以往同类项目的有关数据确定。

【例 2-26】 某企业进行某项投资,其同类项目的投资收益率为 12%,无风险收益率为 6%,标准离差率为 50%。则风险价值系数计算如下:

$$b = (12\% - 6\%) \div 50\% = 12\%$$

(2) 由企业主管投资的人员会同有关专家确定。如果现在进行的投资项目缺乏同类项目的历史资料,就不能采用上述方法计算,此时可根据主观的经验加以确定,可以由企业主管投资的人员,如总经理、财务经理等会同有关专家研究确定。这时,风险价值系数大小的确定,在很大程度上取决于企业投资者对风险的态度。如果投资者都愿意冒风险,风险价值系数就定得小一些,与此相应,风险收益率也小;如果投资者都不愿意冒风险,风险价值系数就定得大一些,与此相应,风险收益率也大。

3) 风险投资决策

通过上述方法将投资方案的风险加以量化,并结合收益因素后,决策者便可据此作出决策。对于单个方案,决策者可根据其标准离差(率)的大小,将其同设定的可接受的此项指标最高限值对比,看前者是否低于后者,然后作出取舍。对于多个方案,决策的准则应是选择标准离差(率)最低、期望报酬率最高的方案。然而高报酬率往往伴有高风险,低报酬率其风险程度往往也较低,这就要权衡期望报酬率与风险,而且还要视决策者对风险的态度而定。比较厌恶风险的人可能会选择风险较低的方案,喜欢冒风险的人则可能选择风险较高的方案。

应当指出,风险价值计算的结果具有一定的假定性,并不十分精确。研究投资风险价值原理,关键是要在进行投资决策时,树立风险价值观念,认真权衡风险与收益的关系,选择有可能避免风险、分散风险,并获得较多收益的投资方案。

2.3.4 投资组合的风险与报酬

1. 投资组合的概念

投资者通常不是把自己的全部资金投放在单一资产上,而是同时向多项资产投资。这种同时以两个或两个以上资产作为投资对象而发生的投资,就是投资组合。如果同时以两种或两种以上的有价证券为投资对象,称为证券组合。

采取投资组合方式进行投资决策,必然会遇到如何计算投资组合的收益率及其风险的问题。

2. 投资组合的期望收益率

投资组合的期望收益率的计算比较简单,它由组成投资组合的各种投资项目的期望收益率的加权平均数构成。其权数等于各种投资项目在整个投资组合总额中所占的比例。其公式为

$$\bar{R}_p = \sum_{j=1}^{m} W_j \bar{R}_j$$

式中,$\bar{R}_p$ 表示投资组合的期望收益率;W_j 表示投资于第 j 项资产的资金占总投资额的比例;$\bar{R}_j$ 表示投资于第 j 项资产的期望收益率;m 表示投资组合中不同投资项目的总数。

【例 2-27】 某企业拟分别投资于 A 资产和 B 资产,其中,投资于 A 资产的期望收益率为 8%,计划投资额为 500 万元;投资于 B 资产的期望收益率为 12%,计划投资额为 500 万元。则该投资组合的期望收益率计算如下

$$\text{投资组合的期望收益率}(\bar{R}_p) = 8\% \times \frac{500}{500+500} + 12\% \times \frac{500}{500+500} = 10\%$$

3. 两项资产构成的投资组合的风险

两项资产组合的期望收益率等于单个资产期望收益率以投资比率为权数的加权平均数,但是两项资产的风险不能简单地等于单个资产的风险以投资比率为权数的加权平均数,它还应考虑两项资产收益率之间的相互影响。

在一个由两项资产构成的投资组合中,如果某一投资项目的收益率呈上升趋势,另一投资项目的收益率有可能上升,也有可能下降,或者不变。

在投资组合风险分析中,通常利用协方差和相关系数两个指标来测算投资组合中任意两个投资项目收益率之间的变动关系。

1) 协方差

协方差是一个用于衡量投资组合中某一具体投资项目相对于另一投资项目风险的统计指标。例如,若 A 股票的价格随着经济形势由衰退转向繁荣而上涨,B 股票此时的价格是上涨、下跌还是静止不动?协方差就是对 A、B 两个股票价格之间的这种相互关系进行度量和评价。从本质上讲,组合内各种投资组合相互变化的方式影响着投资组合的整体方差,从而影响其风险。协方差的计算公式为

$$\text{cov}(R_1, R_2) = \frac{1}{n} \sum_{i=1}^{n} (R_{1i} - \bar{R}_1)(R_{2i} - \bar{R}_2)$$

式中,$\text{cov}(R_1, R_2)$ 表示投资于两种资产收益率的协方差;R_{1i} 表示在第 i 种投资结构下投资于第一种资产的投资收益率;$\bar{R}_1$ 表示投资于第一种资产的期望投资收益率;R_{2i} 表示在第 i 种投资结构下投资于第二种资产的投资收益率;$\bar{R}_2$ 表示投资于第二种资产的期望投资收益率;n 表示不同投资组合的种类数。

协方差的计算结果可能为正值也可能为负值。它们分别显示两个投资项目之间收益率变动的方向。当协方差为正值时,表示两种资产的收益率呈同方向变化;协方差为负值时,表示两种资产的收益率呈相反方向变化。协方差的绝对值越大,表示这两种资产收益率关系越密切;协方差的绝对值越小,则这两种资产收益率的关系就越疏远。

2) 相关系数

由于多方面的原因,协方差的意义很难解释,至少对于应用是如此。为了使其概念能更易于接受,可以将协方差标准化,将协方差除以两个投资方案投资收益率的标准离差之积,得出一个与协方差具有相同性质但却没有量化的数。我们将这个数称为这两个投资项目的相关系数,它介于 $-1 \sim +1$ 之间。相关系数的计算公式为

$$\rho_{1,2} = \frac{\text{cov}(R_1, R_2)}{\sigma_1 \sigma_2}$$

式中, $\rho_{1,2}$ 表示第一种资产和第二种资产投资收益率之间的相关系数;σ_1 和 σ_2 分别表示投资于第一种资产和投资于第二种资产的收益率的标准离差。显然,从上式可以推导出协方差的另一计算公式:

$$\text{cov}(R_1, R_2) = \rho_{1,2} \sigma_1 \sigma_2$$

相关系数的正负与协方差的正负相同,所以相关系数为正值时,表示两种资产收益率呈同方向变化,负值则意味着反方向变化。就其绝对值而言,系数值的大小,与协方差大小呈同方向变化。相关系数总是在 $-1 \sim +1$ 之间的范围内变动,-1 代表完全负相关,$+1$ 代表完全正相关,0 则表示不相关。

3) 两项资产构成的投资组合的总风险

投资组合的总风险由投资组合收益率的方差和标准离差来衡量。由两种资产组合而成的投资组合收益率方差的计算公式为

$$\sigma_p^2 = W_1^2 \sigma_1^2 + W_2^2 \sigma_2^2 + 2W_1 W_2 \text{cov}(R_1, R_2)$$

式中,σ_p^2 表示投资组合的方差;W_1 表示第一项资产在总投资额中所占的比重;σ_1 表示投资于第一项资产收益率的标准离差;W_2 表示第二项资产在总投资额中所占的比重;σ_2 表示投资于第二项资产收益率的标准离差;$\text{cov}(R_1, R_2)$ 表示投资于两项资产收益率的协方差。

由两项资产组合而成的投资组合收益率的标准离差 σ_p 的计算公式为

$$\sigma_p = \sqrt{\sigma_p^2} = \sqrt{W_1^2 \sigma_1^2 + W_2^2 \sigma_2^2 + 2W_1 W_2 \text{cov}(R_1, R_2)}$$

【例 2-28】 仍按例 2-27 给出的资料,假定投资 A、B 资产预期收益率的标准离差均为 9%。要求分别计算当 A、B 两项资产的相关系数分别为 $+1$、$+0.4$、$+0.1$、0、-0.1、-0.4 和 -1 时的投资组合收益率的协方差、方差和标准离差。

解: 依题意,$W_1 = 50\%$,$W_2 = 50\%$,$\sigma_1 = 9\%$,$\sigma_2 = 9\%$,则

(1) 该投资组合收益率的协方差 $\text{cov}(R_1, R_2) = 0.09 \times 0.09 \times \rho_{1,2} = 0.0081 \rho_{1,2}$

(2) 方差 $\sigma_p^2 = 0.5^2 \times 0.09^2 + 0.5^2 \times 0.09^2 + 2 \times 0.5 \times 0.5 \times \text{cov}(R_1, R_2)$
$= 0.00405 + 0.5 \text{cov}(R_1, R_2)$

(3) 标准离差 $\sigma_p = \sqrt{\sigma_p^2} = \sqrt{0.00405 + 0.5 \text{cov}(R_1, R_2)}$

当 $\rho_{1,2} = +1$ 时,

$$\text{cov}(R_1, R_2) = 0.0081 \times 1 = 0.0081$$
$$\sigma_p^2 = 0.00405 + 0.5 \times 0.0081 = 0.0081$$
$$\sigma_p = \sqrt{0.0081} = 0.09$$

同理,可计算出当相关系数分别为 $+1$、$+0.4$、$+0.1$、0、-0.1、-0.4 和 -1 时的协方差、方差和标准离差的值(计算过程略),计算结果如表 2-3 所示。

表 2-3　投资组合的相关系数与协方差、方差及标准离差的关系

相关系数 $\rho_{1,2}$	1	0.4	0.1	0	−0.1	−0.4	−1
协方差 $\text{cov}(R_1,R_2)$	0.008 1	0.003 24	0.000 81	0	−0.000 81	−0.003 24	−0.008 1
方差 σ_p^2	0.008 1	0.005 67	0.004 455	0.004 05	0.003 645	0.002 43	0
标准离差 σ_p	0.09	0.075 299	0.066 746	0.063 64	0.060 374	0.049 295	0

不论投资组合中两项资产之间的相关系数如何，只要投资比例不变，各项资产的预期收益率不变，则该投资组合的预期收益率就不变，都是 10%。但在不同的相关系数条件下，投资组合收益率的标准离差却随之发生变化。

当相关系数为 +1 时，两项资产收益率的变化方向与变动幅度完全相同，会一同上升或下降，不能抵消任何投资风险。此时的标准离差最大，为 9%。

当相关系数为 −1 时，情况刚好相反，两项资产收益率的变化方向与变动幅度完全相反，表现为此增彼减，可以完全抵消全部投资风险。此时的标准离差最小，为 0。

当相关系数在 0~+1 范围内变动时，表明单项资产收益率之间是正相关关系，它们之间的正相关程度越低，其投资组合可分散的投资风险的效果就越大。如当相关系数为 +0.4 时，标准离差约为 7.53%；当相关系数为 +0.1 时，标准离差约为 6.67%。

当相关系数在 −1~0 范围内变动时，表明单项资产收益率之间是负相关关系，它们之间的负相关程度越低（绝对值越小），其投资组合可分散的投资风险的效果就越小。如当相关系数为 −0.4 时，标准离差约为 4.93%；当相关系数为 −0.1 时，标准离差约为 6.04%。

当相关系数为零时，表明单项资产收益率之间是无关的。此时的标准离差约为 6.36%。其投资组合可分散的投资风险的效果比正相关时的效果要大，但比负相关时的效果要小。

当相关系数分别为 +1、−1 和 −0.4 时，A、B 资产投资组合的标准离差与预期收益率之间的关系可以用图 2-9 来表示。

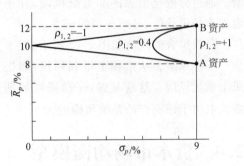

图 2-9　投资组合的标准离差与期望收益率的关系

从图 2-9 中，还可以看出，无论资产之间的相关系数大小如何，投资组合的收益率都不会低于所有单个资产中的最低收益率，投资组合的风险也不会高于所有单个资产中的最高风险。这一结论同样适用于由多项资产构成的投资组合。

4. 多项资产构成的投资组合的风险及其分散化

投资组合的总风险由系统风险和非系统风险两部分内容构成。在投资组合的讨论中，我们知道个别资产的风险，有些可以被分散掉，有些则不能。无法分散掉的是系统风险，可以分散掉的是非系统风险。

1）系统风险（不可分散风险）

系统风险是指那些影响所有公司的因素引起的风险。例如，战争、经济衰退、通货膨胀、高利率等非预期的变动，对许多资产都会影响。系统风险所影响的资产非常多，虽然影响程度的大小有区别。例如，各种股票处于同一经济系统之中，它们的价格变动有趋同性，多数

股票的报酬率在一定程度上正相关。经济繁荣时,多数股票的价格上涨;经济衰退时,多数股票的价格下跌。尽管涨跌的幅度各股票有区别,但是多数股票的变动方向是一致的。所以,不管投资多样化有多充分,也不可能消除全部风险,即使购买的是全部股票的市场组合。

由于系统风险是影响整个资本市场的风险,所以也称为市场风险。由于系统风险没有有效的方法消除,所以也称不可分散风险。

2) 非系统风险(可分散风险)

非系统风险是指发生于个别公司的特有事件所造成的风险。例如,某公司发生工人罢工、诉讼失败、新产品开发失败、失去重要的销售合同。这类事件是非预期的、随机发生的,它只影响一个或少数公司,不会对整个市场产生太大影响。这种风险可以通过多元化投资来分散,即发生于一家公司的不利事件可以被其他公司的有利事件所抵消。

由于非系统风险是个别公司或个别资产所特有的,因此也称为公司风险或特有风险。由于非系统风险可以通过投资多样化分散掉,因此也称为可分散风险。

由于非系统风险可以通过分散化消除,因此一个充分的投资组合几乎没有非系统风险。假设投资人都是理智的,都会选择充分投资组合,非系统风险将与资本市场无关。市场不会对它给予任何价格补偿。通过分散化消除的非系统风险,几乎没有任何值得市场承认的、必须花费的成本。

投资组合的风险如图 2-10 所示。

承担风险会从市场上得到回报,回报大小仅取决于系统风险。这就是说,一项资产的期望报酬率高低取决于该资产的系统风险的大小。

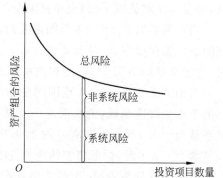

图 2-10 投资组合风险

2.4 资本市场均衡模型

组合投资的方法属于规范经济学的范畴。它需要投资者预先计算出所考虑投资项目的预期收益率、方差、协方差,确定无风险收益率,然后确定最优组合。如果所有投资者都按上述方法进行投资,那么资本市场如何达到均衡的价格和收益率呢?资本市场均衡模型属于实证经济学的范畴,研究所有投资者的集体行为,揭示在均衡状态下投资收益率与风险之间关系的经济本质。

2.4.1 资本资产定价模型

资本资产定价模型(CAPM)的研究对象,是充分组合情况下风险与要求的收益率之间的均衡关系。资本资产定价模型可用于回答如下不容回避的问题:为了补偿某一特定的程度的风险,投资者应该获得多大的收益率?在前面的讨论中,我们将风险定义为预期报酬率的不确定性,然后根据投资理论将风险区分为系统风险和非系统风险,知道了在高度分散化的资本市场里只有系统风险,并且会得到相应的回报。下面讨论如何衡量系统风险以及如何给风险定价。

1. β 系数

β 系数是用来计量风险的指标。由于非系统风险可通过投资多样化效果消除,因而β系数实质上只用于计量系统风险。

1) 单项资产的β系数

β 系数被定义为某个资产的收益率与市场组合之间的相关性。其计算公式为

$$\beta = \frac{某种资产的风险报酬率}{市场组合的风险报酬率}$$

β 系数还可以按以下公式计算:

$$\beta = \frac{\text{cov}(R_i, R_m)}{\sigma_m^2}$$

式中,$\text{cov}(R_i, R_m)$ 表示单项资产 i 与市场组合的协方差(表示该资产对系统风险的影响);σ_m^2 表示当全部资产作为一个市场投资组合时的方差(即该市场的系统风险)。

β 系数的经济意义在于,它告诉我们相对于市场组合而言特定资产的系统风险是多少。例如,当 $\beta=1$ 时,表示某项资产的收益率与市场平均收益率呈相同比例的变化,其风险情况与市场组合的风险情况一致,即市场平均收益上升10%,则该项资产的收益也上升10%;市场平均收益下降10%,这种资产的收益也下降10%。如果 $\beta=0.5$,说明该项资产的收益变动幅度只有市场平均收益变动幅度的一半。如果 $\beta=2$,说明这种资产收益变动幅度为市场平均收益变动幅度的两倍。

β 系数的实际计算过程非常复杂,并需要大量的参考数据,一般只有证券资产(如上市公司的股票)才能计算出β系数。因此在实际工作中一般不由投资者自己计算β系数,而是由咨询机构定期计算并公布。因此,本书假定单项资产的β系数为已知数据。

2) 投资组合的β系数

投资组合的β系数等于被组合各单项资产β系数的加权平均数。计算公式如下:

$$\beta_p = \sum_{i=1}^{n} W_i \beta_i$$

式中,β_p 表示投资组合的β系数;W_i 表示第 i 种资产在投资组合中所占的比重;β_i 表示第 i 种投资的β系数。

从上式可以看出,投资组合的β系数受到单项资产的β系数和各种资产在投资组合中所占比重两个因素的影响。

【例 2-29】 某投资组合由 A、B、C 三项资产组成,有关机构公布的各项资产的β系数分别为 0.6、1.0 和 1.8。假定各项资产在投资组合中的比重分别为 25%、40% 和 35%,则该投资组合的β系数计算如下:

$$\beta = 0.6 \times 25\% + 1.0 \times 40\% + 1.8 \times 35\% = 1.18$$

2. 资本资产定价模型的建立

1) 资本资产定价模型的假设

资本资产定价模型(capital asset pricing model,CAPM)是指财务管理中为揭示单项资产必要收益率与预期所承担的系统风险之间的关系而构建的一个数学模型。这个模型被公认为是金融市场现代价格理论的主干,被广泛地应用于经济分析和实证研究,成为不同领域

中决策的一个重要基础。

资本资产定价模型的主要目的在于协助投资者建立最优投资组合,并通过评估与决策各种资本资产的价值来制定出最合适的投资决策。

资本资产定价模型是建立在一定的基本假设之上的,主要包括以下几个方面:

(1) 所有投资者均力图回避风险,并追求期终财富预期效用的最大化。

(2) 所有投资者拥有同样预期,即对所有资产收益的期望值、方差和协方差等,投资者均有完全相同的主观估计。

(3) 所有投资者均可以无风险利率、不受限制地借入或贷出资金,且在任何资产上都没有卖空限制。

(4) 资产的数量固定,且所有资产都畅销,并完全可分。

(5) 没有税金。

(6) 所有投资者均为价格接受者,即任何一个投资者的买卖行为都不会对股票价格产生影响。

从上述基本假设条件看,资本资产定价模型是建立在市场存在完善性和环境没有摩擦的基础之上的,与现实经济生活可能并不符合,但采用这些简化的形式,有助于进行基本的理论分析,所以投资者在实际应用中虽然可以不受这些基本假设的严格限制,但必须清楚,如果市场不完善和环境存在大量摩擦,该模型在应用中会大打折扣。

2) 资本资产定价模型的基本表达式

在特定条件下,资本资产定价模型的基本表达式如下:

$$E(R_i) = R_F + \beta_i(R_m - R_F)$$

式中,$E(R_i)$ 表示第 i 种资产或第 i 种投资组合的必要收益率;R_F 表示无风险收益率;β_i 表示第 i 种资产或第 i 种投资组合的 β 系数;R_m 表示市场组合的平均收益率。

从上式可以看出,单项资产或特定投资组合的必要收益率受到无风险收益率、市场组合的平均收益率和 β 系数三个因素的影响。

【例 2-30】 甲股票的 β 系数为 0.5,乙股票的 β 系数为 1.0,丙股票的 β 系数为 1.5,丁股票的 β 系数为 2.0,无风险利率为 7%,假定同期市场上所有股票的平均收益率为 12%。

要求:计算上述四种股票的必要收益率,并判断当这些股票的收益率分别达到多少时,投资者才愿意投资购买。

根据题意计算结果如下:

甲股票的必要收益率 $E(R_甲) = 7\% + 0.5(12\% - 7\%) = 9.5\%$

乙股票的必要收益率 $E(R_乙) = 7\% + 1.0(12\% - 7\%) = 12\%$

丙股票的必要收益率 $E(R_丙) = 7\% + 1.5(12\% - 7\%) = 14.5\%$

丁股票的必要收益率 $E(R_丁) = 7\% + 2.0(12\% - 7\%) = 17\%$

只有当甲股票的收益率达到和超过 9.5%,乙股票的收益率达到和超过 12%,丙股票的收益率达到或超过 14.5%,丁股票的收益率达到或超过 17% 时,投资者才会愿意投资购买。否则,投资者就不会去投资。

3) 证券市场线

如果将资本资产定价模型用图示形式来表示,则称为证券市场线(用 SML 表示)。一般认为,证券的期望收益与风险正相关,即投资者只有在一种证券的期望收益可以弥补其风险时才会持有这种风险性证券。β系数是衡量证券在证券组合中风险的合适指标。因此,一种证券的期望收益应与其β系数值正相关。根据例2-29的计算结果绘制的证券市场线如图2-11所示。

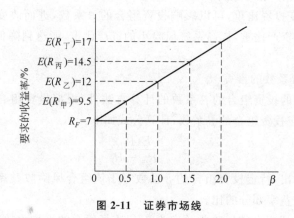

图 2-11 证券市场线

从图2-11可以看出风险高低与收益水平高低之间的关系,并从中可以得出以下几点结论:

(1) β系数为零,表明此时的个别资产(或投资组合)的期望收益率为无风险收益率。

(2) β系数小于1,表明此时的个别资产(或投资组合)的期望收益率小于市场组合的平均收益率。

(3) β系数为1,表明此时的个别资产(或投资组合)的期望收益率同市场组合的平均收益率相同。

(4) β系数大于1,表明此时的个别资产(或投资组合)的期望收益率大于市场组合的平均期望收益率。

3. 资本资产定价模型的应用

1) 投资组合风险收益率的计算

根据资本资产定价模型的基本表达式,可以推导出投资组合风险收益率的计算公式为

$$E(R_p) = \beta_p(R_m - R_F)$$

式中,$E(R_p)$为投资组合风险收益率。从上式中可以看出,投资组合风险收益率也受到市场组合的平均收益率、无风险收益率和投资组合的β系数三个因素的影响。在其他因素不变的情况下,风险收益率与投资组合的β系数成正比,β系数越大,风险收益率就越大;反之亦然。

【例2-31】 某公司目前持有由A、B、C三种股票构成的证券组合,每种股票的β系数分别为0.6、1.0和1.8。假定三种股票在证券组合中的比重分别为25%、40%和35%,据此计算的证券组合的β系数为1.18,当前股票的市场收益率为12%,无风险收益率为7%。则该公司证券组合的风险收益率计算如下:

证券组合的风险收益率 $E(R_p) = 1.18 \times (12\% - 7\%) = 5.9\%$

【例2-32】 仍按例2-31资料,该公司为降低风险,售出部分C股票,买进部分A股票,使A、B、C三种股票在证券组合中所占的比重变为45%、40%和15%,其他条件不变。则该公司新证券组合的风险收益率计算如下:

新证券组合的 $\beta_p = 0.6 \times 45\% + 1.0 \times 40\% + 1.8 \times 15\% = 0.94$

新证券组合的风险收益率 $E(R_p) = 0.94 \times (12\% - 7\%) = 4.7\%$

因为新证券组合的风险收益率为 4.7%,小于原组合的 5.9%,说明系统风险被降低了。从本例可以看出,改变投资比重,可以影响投资组合的 β 系数,进而改变其风险收益率。通过减少系统风险大的资产比重,提高系统风险小的资产比重,能达到降低投资组合总体风险水平的目的。

2) 投资组合的 β 系数的推算

除前面已介绍过的投资组合的 β 系数的计算方法外,根据投资组合风险收益率的计算公式,也可推导出特定投资组合的 β 系数,计算公式如下:

$$\beta_p = \frac{E(R_p)}{R_m - R_F}$$

从上式中可以看出,特定投资组合的 β 系数等于该组合风险收益率与市场组合的平均收益率超过无风险收益率部分的比。

【例 2-33】 某投资组合的风险收益率为 9%,市场组合的平均收益率为 12%,无风险收益率为 7%,则该投资组合的 β 系数计算如下:

$$\beta_p = \frac{E(R_p)}{R_m - R_F} = \frac{9\%}{12\% - 7\%} = 1.8$$

2.4.2 套利定价理论

1. 套利定价理论的意义

资本资产定价模型的提出是财务理论和方法的重大创新,在财务学的发展史上具有极其重要的意义。这一模型经过许多学者的验证,其结果也表明了证券收益率与 β 系数之间确实存在着线性关系。虽然资本资产定价模型对我们帮助很大,但由于它只用一个因素(即市场组合资产)来说明证券收益,未能准确地衡量市场均衡过程或投资者对特定股票要求的收益率,因此这一模型也并非完美无缺。1976 年,美国学者罗斯(S. A. Ross)循着资本资产定价模型的逻辑,提出了多因素模式——套利定价理论(arbitrage pricing theory,APT),又称为套利定价模型,是对资本资产定价模型的重大改善和发展。

套利定价理论不依据预期收益率和标准差来寻找投资组合,它认为:风险资产的收益率不仅仅与单一的共同因素之间存在线性关系,而且与多个共同因素之间具有线性关系,这些因素必须经过实验来判断,一种被称为因素分析法的统计技术可用来鉴别相关因素。

2. 套利定价理论的假设

套利定价理论也是建立在一定的基本假设之上的,主要有:

(1) 投资者有相同的理念;

(2) 投资者是回避风险的,而且还要实现效用最大化;

(3) 市场是完全的,因此对交易成本等因素都不作考虑;

(4) 投资回报率与一组指数线性相关,这组指数代表着形成投资回报率的一些基本因素。

3. 套利定价模型的建立

1) 两因素模型

两因素模型假定影响证券收益率的因素有两个:F_1 和 F_2,则证券实际收益率为

$$R_j = a + b_{1j}F_1 + b_{2j}F_2 + e_j$$

式中，R_j 表示证券实际收益率；a 表示两因素为零时的收益率；F 表示对各种证券都相同的影响因素；b 表示因素的反应系数，表示某因素变动 1 个单位时所引起的证券收益率的变动量；e_j 表示误差项。

在两因素模型中，两因素是系统风险（不可分散风险）的因素，常数项 a 是无风险收益率，误差项 e_j 是证券特有风险（可分散风险）造成的影响，它可通过持股多样化而分散掉。

与上述实际收益率相对应，证券的期望收益率可表示为

$$\overline{R}_j = \lambda_0 + b_{1j}(\lambda_1) + b_{2j}(\lambda_2)$$

式中，$\overline{R}_j$ 表示期望收益率；λ_0 表示无风险资产的收益率；λ_1、λ_2 表示特定因素决定的风险溢价。如 λ_1 是 $b_{1j}=1$ 和 $b_{2j}=0$ 时的超额期望收益率，这两项可为正，也可为负。正的 λ 反映市场是厌恶风险的，负的 λ 表明与价值有关的因素要求的收益率较低。

【例2-34】 某公司的股票与两个因素有关，其反应系数分别为 1.5 和 0.9。若无风险收益率是 7%，λ_1 和 λ_2 的值分别是 5.5% 和 -2%，则股票的期望收益率为

$$\overline{R}_j = 7\% + 1.5 \times 5.5\% + 0.9 \times (-2\%) = 13.45\%$$

第一个因素反映的是令人厌恶的风险，因而需要有较高的期望收益率作为补偿；第二个因素对投资者是有价值的，因而只需较低的期望收益率作为补偿。所以，λ 代表某个风险因素的价格。

2) 多因素模型

在两因素模型中加入多个因素及其反应系数，就成为因素模型。罗斯认为，任何证券的收益率都是一组对各种证券都相同的基本因素 F_j 运动的线性函数。用公式表示为

$$\overline{R}_j = \lambda_0 + b_{1j}(\lambda_1) + b_{2j}(\lambda_2) + \cdots + b_n\lambda_n$$

式中，$\overline{R}_j$ 表示期望收益率；λ_0 表示无风险资产的收益率；b 表示因素的反应系数；λ_1，λ_2，$\cdots$，λ_n 表示特定因素决定的风险溢价（期望收益率超过无风险收益率的部分）。

套利定价模型考虑的多因素除了用统计方法鉴别之外，罗斯认为至少可以把以下因素放入模型，然后加以测试：

(1) 无法预期的工业生产的变化（市场指数）；
(2) 拖欠风险补偿（由 AAA 级与 BBB 级公司债券到期日承诺收益的差额来衡量）；
(3) 收益曲线的扭曲（由长期和短期政府债券到期日承诺收益的差额来度量）；
(4) 预期通货膨胀率的变化；
(5) 通货膨胀中无法预期的变化。

这里，(1)、(4)、(5) 三个因素首先影响公司的现金流量，其次影响公司的股利和股利增长率；(2)、(3) 两个因素会影响市场资本化比率或贴现率。

4. **市场均衡与套利机会**

套利机会是指在无风险且无资本的情况下就可以从投资中获利的机会。套利定价理论的核心是假设不存在套利机会。根据套利定价理论，假定两种证券的反应系数中的 b_{nj} 相等，那么，该两种证券的期望收益率就一定相等。如果实际情况并非如此，就必然存在套利机会。因为众多投资者会争相购入期望收益率高的证券，售出期望收益率低的证券，套利行为的结果，使两种证券收益率最终相等，此时市场实现相对均衡。就上述这两种证券而言，不再有任何套利机会。如果不存在套利机会，那么套利定价模型可写成

$$\bar{R}_j = R_F + (\bar{\sigma}_1 - R_F)b_{1j} + \cdots + (\bar{\sigma}_n - R_F)b_{nj}$$

式中，$\bar{R}_j$ 表示第 j 项资产的预期收益率；R_F 表示无风险资产收益率；$\bar{\sigma}_n$ 表示对第 n 项因素有统一敏感性，对其他各种资产无敏感性的组合资产的预期收益率；b_{nj} 表示第 j 项资产对第 n 项因素的反应系数。

可见，套利定价模型与资本资产定价模型很相似。它说明均衡中的任何证券的预期收益率等于无风险收益率加上相应的风险报酬率。各项资产的风险报酬是第 n 项因素的反应系数 b_{nj}。而在某些简化的假设下，因素的敏感性（反应系数）可用计算资本资产定价模型中的 β 值的相似方式来反映。

$$b_{nj} = \frac{\text{cov}(R_j, \sigma_n)}{V(\sigma_n)}$$

式中，$\text{cov}(R_j, \sigma_n)$ 表示第 j 种资产的收益和第 n 个因素线性转换之间的协方差；$V(\sigma_n)$ 表示第 n 项因子线性转换的方差。

显然，资本资产定价模型只是套利定价模型的一个简例，只是套利定价模型考虑的因素较多，而资本资产模型只考虑一个因素罢了。

本章小结

资金的时间价值和投资的风险价值，是企业财务活动中客观存在的经济现象，也是进行财务管理必须树立的价值观念。为了衡量公司的价值，必须使用时间价值的概念把项目未来的成本和收益以现值表示。由于投资的项目充满风险和不确定性，还必须研究风险与收益之间的均衡关系。通货膨胀导致资产负债表所反映的资产价值低估，影响企业的预测和决策，使财务控制失去意义。可分散风险可通过投资组合来削减。不可分散风险的程度通常用 β 系数来计量。资本资产定价模型的提出是财务学形成和发展中最重要的里程碑。它第一次使人们可以量化市场的风险程度，并且能够对风险进行具体定价。该模型的研究对象是充分组合情况下风险与要求的收益率之间的均衡关系。

复习与思考题

1. 资金时间价值的作用有哪些？资金时间价值与利率的区别是什么？
2. 什么是投资的风险价值？如何衡量？
3. 什么是通货膨胀？通货膨胀对企业财务活动有哪些影响？
4. 什么是投资组合？投资组合的风险与报酬如何计量？
5. 什么是资本资产定价模型？建立该模型的基本假设与套利定价理论的基本假设有什么区别？

【题 2-1】 假定某矿业公司连续三年于每年年末向银行借款 2 000 万元,对原有矿山进行改扩建,假定借款利率为 12%,若该项改扩建工程于第 4 年年初建成投产。

要求:

(1) 计算该项改扩建工程的总投资额是多少?

(2) 若该公司在工程建成投产后,分 7 年等额归还银行全部借款的本息,每年年末应归还多少?

(3) 若该公司在工程建成投产后,每年可获净利和折旧 1 800 万元,全部用来偿还银行的全部贷款本息,那么需要多少年可以还清?

【题 2-2】 RD 项目于 2011 年动工,由于施工延期 5 年,于 2016 年年初投产,从投产之日起每年得到收益 80 万元,按年利率 6% 计算,则 10 年收益于 2011 年年初的现值为多少?

【题 2-3】 宋女士最近准备买房,看了好几家开发商的售房方案。其中一个方案是甲开发商出售一套 100m² 的住房,要求首期支付 25 万元,然后分 6 年每年年末支付 10 万元。宋女士很想知道首付后每年年末再付 10 万元相当于现在多少钱,好让她与现在 6 500 元/m² 的市场价格进行比较。请帮助宋女士解惑,假定折现率为 6%。

【题 2-4】 李先生下岗获得 50 000 元现金补助,他决定趁现在还有劳动能力,先找工作糊口,将款项存起来。李先生预计,如果 20 年后这笔款项连本带利达到 250 000 元,那就可以解决自己的养老问题。问银行存款的年利率为多少,李先生的预计才能变为现实?

【题 2-5】 甲公司持有 A、B、C 三种股票,在由上述股票组成的证券投资组合中,各股票所占的比重分别为 50%、30% 和 20%,其 β 系数分别为 2.0、1.0 和 0.5。市场收益率为 15%,无风险收益率为 10%。

要求计算以下指标:

(1) 甲公司证券组合的 β 系数。

(2) 甲公司证券组合的风险收益率。

(3) 甲公司证券组合的必要投资收益率。

(4) 投资 A 股票的必要投资收益率。

【题 2-6】 某企业有 A、B 两个投资项目,计划投资额均为 1 000 万元,其收益(净现值)的概率分布见下表:

市场状况	概　率	A 项目净现值/万元	B 项目净现值/万元
好	0.2	200	300
一般	0.6	100	100
差	0.2	50	−50

要求:

(1) 分别计算两个项目净现值的期望值。

(2) 分别计算两个项目期望值的标准离差。

(3) 判断两个投资项目的优劣。

案例分析

案例 2-1　创办火锅连锁店风险与收益决策

小绵羊公司准备以 1 500 万元投资筹建火锅连锁店,根据市场预测,预计该公司在三种不同的营销情况下可能获得的净利润及其概率的数据如下:若市场营销情况好(概率为 0.3),预计每年可获利 600 万元;若市场营销情况一般(概率为 0.5),预计每年可获利 500 万元;若市场营销情况差(概率为 0.2),预计每年可获利 300 万元。火锅行业的风险系数为 0.6,计划年度正常的贴现率为 12%。从风险报酬角度分析评价小绵羊公司创办火锅连锁店的可行性步骤如下。

(1) 计算投资火锅连锁店方案未来收益的预期价值($\bar{E}$):

$$\bar{E} = (600 \times 0.3) + (500 \times 0.5) + (300 \times 0.2) = 490(万元)$$

(2) 计算投资火锅连锁店方案的标准离差率(V):

$$\sigma = \sqrt{(600-490)^2 \times 0.3 + (500-490)^2 \times 0.5 + (300-490)^2 \times 0.2}$$
$$= 104.4(万元)$$

$$V = \frac{104.4}{490} \times 100\% = 21.31\%$$

(3) 导入风险系数,计算该方案的预期风险价值:

$$预期风险报酬率 = 0.6 \times 21.31\% = 12.79\%$$

$$预期风险报酬额 = 490 \times \frac{12.79\%}{12\% + 12.79\%} = 252.791(万元)$$

(4) 计算该方案要求的风险价值:

$$要求的风险报酬率 = \frac{490}{1\,500} - 12\% = 20.67\%$$

$$要求的风险报酬额 = 490 \times \frac{20.67\%}{12\% + 20.67\%} = 310.02(万元)$$

评价:由于预期的风险报酬率(12.79%)与预期的风险报酬额(252.791 万元)均远远低于要求的风险报酬率(20.67%)与要求的风险报酬额 310.02 万元,所以,说明创办火锅连锁店投资方案所冒的风险较小,从财务角度看是可行的。

案例 2-2　霍英东炒楼市

第二次世界大战结束后,霍英东先生审时度势,认定香港房地产业势必大有发展。在 1953 年年初,他拿出自己的 120 万港元,另向银行贷款 160 万港元,开始经营房地产业。此时英国、美国、加拿大及中国香港的地产商都是整幢房屋出售的,除非有巨额资金,一般很难购买到房屋,因而房屋不易脱手。霍英东先生也和别人一样,自己花钱买旧楼,拆了后建成新楼出售,从买地、规划、建楼,以至于收租,资金周转期很长,发展较慢。

他开始思索改革房地产经营的方法,终于想到房产预售的方法,利用想购房者的定金来盖新房。这个办法不但能为他积累资金，更重要的是还能大大推动销售。这种新办法是，购房者只要先交付10%的定金，以后分期付款，就可以购得即将破土动工兴建的新楼的所有权。对于房地产商来说，可以利用购房者交付的定金，去盖房屋，原来只够盖1幢楼的钱，现在就可以同时动手盖10幢楼，发展速度大大加快。对于购房者来说，也是有利的：先付一小笔钱，就可以取得所有权，待到楼房建成时，很可能地价、房价都已上涨，而已付定金的买方只要把房产卖掉，就有可能赚一大笔钱！因此，很快就有一批人变成了专门买卖楼房所有权的商人，这就是后来香港盛行的"炒楼花"。霍英东先生的创举使香港房地产业顿时兴隆起来，打破了香港房地产生意的最高纪录。

第二篇 筹资、投资与收益分配

第3章 资金筹措与预测

本章学习目标 通过本章的学习,掌握企业筹资的渠道和方式;掌握资金需要量的预测方法;掌握权益资金和负债资金筹措的方式、特点和要求;熟悉筹集资金的基本原则;了解筹资的分类与意义。

权益资金(equity capital)　　　　负债资金(liability capital)
直接筹资(direct financing)　　　 间接筹资(indirect financing)
普通股(common stock)　　　　　 优先股(preferred stock)
信用评级(credit evaluation)　　　可转换债券(convertible bond)
信用债券(debenture bond)　　　 抵押债券(mortgage bond)
融资租赁(capital lease)　　　　　经营租赁(operating lease)
直接租赁(direct lease)　　　　　 销售额比率法(sales ratio method)

中国证券监督管理委员会(http：//www.csrc.gov.cn)
上海证券交易所(http：//www.sse.com.cn)
东方财富网(http：//www.eastermoney.com)

> 有一句民间流传甚广的话："钱不是万能的,但没有钱是万万不能的。"这句话对企业而言可谓一语中的。如果把企业比作人体,那么资金就是血液,一旦供血不足,人体便会面临生命危险,对企业而言,就很可能破产倒闭。企业的经营者,担负着为企业供血的重任,必须懂得怎样利用各种渠道和合适的方式,筹集足够的资金,以保证企业生产经营活动的正常进行与运转。
>
> 资料来源:陈玉菁.《中小企业财务管理通》.上海:立信会计出版社,2003年,第71页。

3.1 企业筹资概述

资金是企业的血液,是企业设立、生存和发展的物质基础,是企业开展生产经营业务活动的基本前提,任何一个企业,为了形成生产经营能力、保证生产经营正常进行,必须拥有一定数量的资金。筹集资金是企业资金运作的起点。通过一定的渠道,采取适当的方式,组织资金的供应,是企业财务管理的一项重要内容。

3.1.1 企业筹资的动机

企业筹资的基本目的是为了自身的生存和发展。具体来说,企业筹资动机有以下几种:

一是设立性筹资动机,即企业设立时为取得资本金而产生的筹资动机。

二是扩张性筹资动机,即企业为扩大生产经营规模或增加对外投资而产生的追加筹资的动机。

三是偿债性筹资动机,即企业为了偿还现有债务的需要而产生的筹资动机。

四是调整性筹资动机,即企业为了调整资本结构而产生的筹资动机。

五是混合性筹资动机,即企业筹资目的不是单纯和唯一的,既为扩大规模又为偿债而产生的筹资动机。

3.1.2 筹资的要求

企业筹资的基本要求,是要研究影响筹资的多种因素,讲求资金筹集的综合经济效益。具体要求如下。

1. 筹资规模适当

由于企业筹资规模受到企业注册资本限额、企业债务契约约束等多方面因素的影响,且不同时期企业的资金需求量不一样,所以财务人员要认真分析企业的生产经营状况,预测资金的需要数量,合理确定筹资规模。

2. 筹资时间及时

企业财务人员在筹集资金时必须熟知资金时间价值的原理和计算方法,以便根据资金需求的具体情况,合理安排资金的筹集时间,适时获取所需资金。

3. 筹资来源合理

不同来源的资金,对企业的收益和成本有不同影响。因此,企业财务人员应认真研究资金来源渠道和资金市场,合理选择资金来源。

4．筹资方式经济

企业筹集资金必然要付出一定的代价,不同筹资方式下的资金成本不同,因此,财务人员应对各种筹资方式进行分析、对比,选择经济、可行的筹资方式。

另外,在筹资过程中,企业必须考虑合理的资金结构,以便降低成本、提高收益、减少风险。

3.1.3 筹资的渠道与方式

企业筹资活动需要通过一定的渠道并采用一定的方式来完成。筹资渠道是指企业筹措资金的来源与通道。筹资方式是指可供企业在筹措资金时选用的具体筹资形式。资金从哪里来和如何取得资金,既有联系,又有区别。同一渠道的资金往往可以采用不同的方式取得,而同一筹资方式又往往可适用于不同的资金渠道。所以,对于筹资渠道和筹资方式应该分别加以研究。

1．筹资渠道

我国企业目前筹资渠道主要包括如下几种。

1）国家财政资金

国家对企业的直接投资是国有企业特别是国有独资企业获得资金的主要渠道。现有国有企业的资金来源中,其资本部分大多是由国家财政以直接拨款方式形成的。除此以外,还有些是国家对企业"税前还贷"或减免各种税款而形成的。不管是何种形式的资金来源,从产权关系上看,它们都属于国家投入的资金,产权归国家所有。

2）银行信贷资金

银行对企业的各种贷款,是我国目前各类企业最为重要的资金来源。我国银行分为商业性银行和政策性银行两种。商业性银行是以营利为目的,从事信贷资金投放的金融机构,它主要为企业提供各种商业贷款。政策性银行是为特定企业提供政策性贷款的机构。

3）其他金融机构资金

其他金融机构主要指信托投资公司、保险公司、租赁公司、证券公司、财务公司等。它们所提供的各种金融服务,既包括信贷资金投放,又包括物资的融通,还包括为企业承销证券等金融服务。

4）其他企业资金

企业在生产经营过程中,往往形成部分暂时闲置的资金,并为一定的目的而进行相互投资。另外,企业间的购销业务可以通过商业信用方式来完成,从而形成企业间的债权债务关系,形成债务人对债权人的短期信用资金占用。企业间的相互投资和商业信用的存在,使其他企业资金也成为企业资金的重要来源。

5）居民个人资金

企业职工和居民个人的结余货币,作为"游离"于银行及非银行金融机构等之外的个人资金,可用于对企业进行投资,形成民间资金来源渠道,从而为企业所用。

6）企业自留资金

这是指企业内部形成的资金,也称企业内部留存,主要包括提取公积金和未分配利润等。这些资金的重要特征之一是,它们无须企业通过一定的方式去筹集,而直接由企业内部自动生成或转移。

2. 筹资方式

筹资方式是指企业在筹措资金时所采用的具体形式。我国企业目前筹资方式主要有以下几种：①吸收直接投资；②发行股票；③利用留存收益；④向金融机构借款；⑤利用商业信用；⑥发行公司债券；⑦融资租赁。其中，①～③种方式筹措的资金为自有资金，④～⑦种方式筹措的资金为借入资金。

3.1.4 筹资的分类

企业筹集的资金可按不同的标准进行分类，主要分类如下。

1. 按照资金的来源渠道划分

按照资金的来源渠道不同，可分为权益筹资和负债筹资。

权益筹资形成的权益资金，是企业依法长期拥有的、能够自主调配运用的资本。权益资金在企业持续经营期间，投资者不得抽回，因而也称之为企业的自有资金、主权资金或股东权益资金。企业的权益资金通过吸收直接投资、发行股票、内部积累等方式取得。权益资金由于一般不用还本，形成了企业的永久性资本，因而财务风险小，但付出的资金成本相对较高。

企业通过发行债券、向银行借款、融资租赁等方式筹集的资金属于企业的负债。由于债务筹资到期要归还本金和支付利息，对企业经营状况的好坏无关，因而具有较大的财务风险，但付出的资金成本相对较低。从经济意义上来说，负债筹资也是债权人对企业的一种投资，也要依法享有企业使用债务所取得的经济利益，因而也可以称之为债权人权益。

2. 按照是否以金融机构为媒介划分

按照是否以金融机构为媒介，可分为直接筹资和间接筹资。

直接筹资是企业直接与资金供应者协商融通资金的一种筹资活动。直接筹资方式主要有吸收直接投资、发行股票、发行债券等。按法律规定，公司股票、公司债券等有价证券的发行需要通过证券公司等中介机构进行，但证券公司所起到的只是承销的作用，资金拥有者并未向证券公司让渡资金使用权，因此发行股票、债券属于直接向社会筹资。

间接筹资是企业借助银行等金融机构融通资金的筹资活动。在间接筹资方式下，银行等金融机构发挥了中介的作用，预先集聚资金，资金拥有者首先向银行等金融机构让渡资金的使用权，然后由银行等金融机构将资金提供给企业。间接筹资的基本方式是向银行借款，此外还有融资租赁等筹资方式。

3. 按照所筹资金使用期限的长短划分

按照所筹资金使用期限的长短，筹资可分为短期筹资和长期筹资。

短期资金一般是指供一年以内或超过一年的一个营业周期以内使用的资金。短期资金主要投资于现金、应收账款、存货等。短期资金通常采取商业信用短期借款、保理业务等方式筹集。

长期资金一般是指供一年以上使用的资金。长期资金主要投资于新产品的开发和推广、生产规模的扩大、厂房和设备的更新。长期资金通常采用吸收投资、发行股票、发行公司债券、取得长期借款、融资租赁和内部积累等方式来筹集。

4. 按照资金的取得方式划分

按照资金的取得方式不同,筹资可分为内源筹资和外源筹资。

内源筹资,是指企业利用自身的储蓄(折旧和留存收益)转化为投资的过程。内源筹资具有原始性、自主性、低成本性和抗风险性等特点,是企业生存与发展不可或缺的重要组成部分。其中,折旧主要用于重置固定资产,留存收益是再投资或债务清偿的主要资金来源。以留存收益作为融资工具,不会减少企业的现金流量,也不需要支付融资费用。

外源筹资,是指吸收其他经济主体的闲置资金,使之转化为自己投资的过程,包括股票发行、债券发行、商业信贷、银行借款等。外源筹资具有高效性、灵活性、大量性和集中性等特点。

处于初创期的企业,内源筹资的可能性是有限的;处于成长期的企业,内源筹资往往难以满足需要,这就需要企业广泛地开展外源筹资。外源筹资大多需要花费一定的筹资费用,从而提高了筹资成本。

3.2 权益资金的筹集

权益资金的筹集方式主要有吸收直接投资、发行股票和企业内部积累等。另外,我国上市公司引入战略投资者的行为,也属于权益资金的筹集。

3.2.1 吸收直接投资

吸收直接投资(以下简称"吸收投资")是指企业按照"共同投资、共同经营、共担风险、共享利润"的原则直接吸收国家、法人、个人投入资金的一种筹资方式。吸收投资中的出资者都是企业的股东。企业经营状况好、盈利多,各方可按出资额的比例分享利润,但如果企业经营状况差、连年亏损,甚至被迫破产清算,则各方要在其出资的限额内按出资比例来承担损失。吸收直接投资是非股份制企业筹集权益资金的基本方式。

1. 吸收投资的出资方式

企业在采用吸收投资方式筹集资金时,一般投资者可以用下列资产作价出资。

1) 以现金出资

以现金出资是吸收投资中一种最重要的出资方式。有了现金,便可获取其他物质资源。因此,企业应尽量动员投资者采用现金方式出资。吸收投资中所需投入现金的数额,取决于投入的实物、工业产权之外尚需多少资金来满足建厂的开支和日常周转的需要。

2) 以实物出资

以实物出资就是投资者以厂房、建筑物、设备等固定资产和原材料、商品等流动资产所进行的投资。企业吸收的实物一般应符合以下条件:①确为企业科研、生产、经营所需;②技术性能比较好;③作价公平、合理。实物出资所涉及的实物作价方法应按国家的有关规定执行。

3) 以工业产权出资

以工业产权出资是指投资者以专利权、专有技术、商标权等无形资产所进行的投资。企业吸收的工业产权一般应符合以下条件:①能帮助研究和开发出新的高科技产品;②能帮助生产出适销对路的高科技产品;③能帮助改进产品质量,提高生产效率;④能帮助企业大幅度降低各种消耗;⑤作价比较合理。

4) 以土地使用权出资

土地使用权是指按有关法规和合同的规定使用土地的权利。企业吸收投资者用土地使用权作为出资额时,一般应符合以下条件:①企业科研、生产、销售活动需要;②交通、地理条件比较适宜;③作价公平、合理。

2. 吸收投资的程序

企业吸收投资,一般应遵循以下程序:①确定筹资数量;②联系投资者;③协商投资事项;④签署投资协议;⑤共享投资利润。

3. 吸收投资的优缺点

吸收投资的优点是:有利于增强企业信誉,有利于尽快形成生产能力,有利于降低财务风险。

吸收投资的缺点是:资金成本较高,容易分散企业控制权。如果某个投资者的出资比例较大,则该投资者对企业的经营管理就会有相当大的控制权,不利于企业治理。

3.2.2 发行普通股

1. 股票的定义

股票是股份有限公司为筹措股权资本而发行的有价证券,是股份有限公司签发的证明股东所持股份的凭证。股份是股份有限公司资本的表现形式。股份有限公司将资本划分为等额的股份。购买股票的投资者即成为公司的股东,股票实质上代表了股东对股份公司的所有权。股东凭借股票可以获得公司的股息和红利、参加股东大会并行使自己的权利,同时也承担相应的责任与风险。

2. 股票的分类

根据不同的标准,可以对股票进行不同的分类,常见的类别有以下几种。

1) 按股东享有权利和承担义务的不同划分

股票按股东享有权利和承担义务的不同,可分成普通股票和优先股票。

普通股票简称普通股,普通股的股利随公司盈利的高低而变化。普通股具备股票的最一般特征,是股份公司资本的最基本部分。

优先股票简称优先股,是股份公司依法发行的具有一定优先权的股票。优先股的股息率是固定的,但企业对优先股不承担法定的还本义务,是企业自有资金的一部分。

2) 按是否记载股东姓名划分

股票按是否记载股东姓名,可以分为记名股票和不记名股票。

记名股票是在股票上载有股东姓名并将其记入公司股东名册的一种股票。记名股票要同时附有股权手册,只有同时具备股票和股权手册,才能领取股息和红利。记名股票的转让、继承都要办理过户手续。

不记名股票是指在股票上不记载股东姓名的股票。凡持有不记名股票,都可成为公司股东。不记名股票的转让、继承无须办理过户手续,只要将股票交给受让人,就可发生转让效力,移交股权。

3) 按发行对象和上市地区的不同划分

股票按发行对象和上市地区可分为 A 股、B 股、H 股、N 股和 S 股等。

在中国内地上市交易的股票主要有 A 股、B 股。A 股是以人民币标明票面金额并以人民币认购和交易的股票。B 股是以人民币标明票面金额，以外币认购和交易的股票。H 股为在中国香港上市的股票。N 股是在纽约上市的股票。S 股是在新加坡上市的股票。

3. **股票的价值和价格**

1) 股票价值

有关股票的价值有多种提法，它们在不同场合有不同的含义，需要加以区别。

(1) 票面价值。通常指面值，是公司在其发行的股票上标明的票面金额。股票的票面价值仅在初次发行时有一定意义，如果股票以面值发行，则股票面值总和即为公司的资本金总和。随着时间的推移，公司的资产会发生变化，股票的市场价格会逐渐背离面值，股票的票面价值也会逐渐失去原来的意义。

(2) 账面价值。又称股票净值或每股净资产，是指每股股票包含的实际资产价值。每股账面价值是以公司净资产除以发行在外的普通股股数求得的，它是投资者分析股票投资价值的重要指标。

(3) 清算价值。是公司进行清算时每一股份所代表的实际价值。从理论上讲，股票的清算价值应与账面价值一致，实际上并非如此。大多数公司的实际清算价值总是低于账面价值。

(4) 市场价值。是股票在股票市场进行交易过程中具有的价值。

(5) 内在价值。股票的内在价值即理论价值，即股票未来收益的现值，取决于股息收入和市场收益率。股票的内在价值决定股票的市场价格，但市场价格又不完全等于其内在价值。股票的市场价格受供求关系以及其他许多因素的影响，但股票的市场价格总是围绕着股票的内在价值波动。

2) 股票价格

股票价格有广义和狭义之分。狭义的股票价格就是股票交易价格。广义的股票价格则包括股票的发行价格和交易价格两种形式。

4. **普通股股东的权利和义务**

普通股股票的持有人是股份公司的股东，一般拥有以下权利。

1) 公司管理权

对大公司来说，普通股股东成千上万，不可能每个人都直接对公司进行管理。普通股股东的管理权主要体现为在董事会选举中有选举权和被选举权。通过选出的董事会代表所有股东对企业进行控制和管理。股东行使管理权的途径是参加股东大会。股东大会是股份公司的权力机构。股东大会由股东组成，通常定期召开。

2) 分享盈余和剩余财产要求权

股东的这一权利直接体现了其在经济利益上的要求，这一要求又可以表现为两个方面：

一是股东有权要求从股份公司经营的利润中分配股息和红利，公司盈余的分配方案由股东大会决定，每一个会计年度由董事会根据企业的盈利数额和财务状况来决定分发股利的多少并经股东大会批准通过。

二是股东在股份公司解散清算时,有权要求取得公司的剩余资产。但是公司破产清算时,财产的变价收入首先要用来清偿债务,然后支付优先股股东,最后才能分配给普通股股东。

3) 出让股份权

股东有权出售或转让股票,这也是普通股股东的一项基本权利。

4) 优先认股权

优先认股权是普通股股东拥有的权利,即普通股股东可优先于其他投资者购买公司增发新股票的权利。当公司增发普通股票时,原有股东有权按持有公司股票的比例,在一定期限内以低于市价的认购价格购买新股。

普通股股东的义务是:①遵守公司章程;②依其所认购的股份和入股方式缴纳股金;③除法律、法规规定的情形外,不得退股;④法律、行政法规及公司章程规定应当承担的其他义务。

5. 股票上市交易

1) 股票上市的目的

股票上市,是指股份有限公司公开发行的股票经批准在证券交易所进行挂牌交易。经批准在交易所上市交易的股票称为上市股票。股份公司申请股票上市,一般出于以下一些目的:

(1) 资本大众化,分散风险。股票上市后,会有更多的投资者认购公司股份,公司则可将部分股份转售给这些投资者,再将得到的资金用于其他方面,这就分散了公司的风险。

(2) 提高股票的变现力。股票上市后便于投资者购买,自然提高了股票的流动性和变现力。

(3) 便于筹措新资金。股票上市必须经过有关机构的审查批准并接受相应的管理,执行各种信息披露和股票上市的规定,这就大大增强了社会公众对公司的信赖,使之乐于购买公司的股票。同时,由于一般人认为上市公司实力雄厚,也便于公司采用其他方式(如负债)筹措资金。

(4) 提高公司的知名度,吸引更多的顾客。股票上市公司为社会所知,并被认为经营优良,会带来良好声誉,吸引更多的顾客,从而扩大销售量。

(5) 便于确定公司价值。股票上市后,公司股价有市价可循,便于确定公司的价值,有利于促进公司财富最大化。

但股票上市也有对公司不利的一面。这主要是指:公司将负担较高的信息披露成本;各种信息公开的要求可能会暴露公司商业秘密;股价有时会歪曲公司的实际状况,丑化公司声誉;可能会分散公司的控制权,造成管理上的困难。

2) 股票上市的条件

公司公开发行的股票进入证券交易所交易必须受严格的条件限制。《中华人民共和国证券法》规定,股份有限公司申请股票上市,必须符合下列条件:

(1) 股票经国务院证券监督管理机构核准已公开发行。

(2) 公司股本总额不少于人民币3 000万元。

(3) 公司发行的股份达到公司股份总数的25%以上;公司股本总额超过人民币4亿元的公开发行的比例为10%以上。

(4) 公司最近三年无重大违法行为,财务会计报告无虚假记载。

此外,公司股票上市还应符合证券交易所规定的其他条件。

3) 股票上市的暂停、终止与特别处理

当上市公司出现经营情况恶化、存在重大违法违规行为或其他原因而导致不符合上市条件时,就可能被暂停或终止上市。

上市公司出现财务状况或其他状况异常时,其股票交易将被交易所"特别处理"(ST,special treatment)。如最近两个会计年度的审计结果显示的净利润为负数、最近一个会计年度的审计结果显示其股东权益低于注册资本等。在上市公司的股票交易被实行特别处理期间,其股票交易遵循下列规则:①股票报价日涨跌幅限制为5%;②股票名称改为原股票名前加"ST";③上市公司的中期报告必须经过审计。

6. 上市公司的股票发行

上市的股份有限公司在证券市场上发行股票,包括公开发行股票和非公开发行股票两种类型。公开发行股票又分为首次上市公开发行股票和上市公开发行股票,非公开发行即向特定投资者发行,也叫定向发行。

1) 首次上市公开发行股票

首次上市公开发行股票(initial public offering,IPO),是指股份有限公司对社会公开发行股票并上市流通和交易。实施IPO的公司,必须符合中国证监会规定的条件,并经中国证监会核准。

2) 上市公开发行股票

上市公开发行股票是指股份有限公司已经上市后,通过证券交易所在证券市场上对社会公开发行股票。上市公司公开发行股票,包括增发和配股两种方式。其中,增发是指增资发行,即上市公司向社会公众发售股票的再融资方式,而配股是指上市公司向原有股东配售发行股票的再融资方式。增发和配股也应符合中国证监会规定的条件,并经过中国证监会的核准。

3) 非公开发行股票

上市公司非公开发行股票,是指上市公司采用非公开方式,向特定对象发行股票的行为,也叫定向募集增发。其目的往往是为了引入该机构的特定能力,如管理、渠道等。定向增发的对象可以是老股东,也可以是新投资者。定向增发完成之后,公司的股权结构往往会发生较大变化,甚至发生控股权变更的情况。

7. 引入战略投资者

1) 战略投资者的概念与要求

我国在新股发行中引入战略投资者,允许战略投资者在公司发行新股中参与配售。按照中国证监会的规则解释,战略投资者是指与发行人具有合作关系或有合作意向和潜力,与发行公司业务联系紧密且欲长期持有发行公司股票的法人。从国外风险投资机构对战略投资者的定义来看,一般认为战略投资者是能够通过帮助公司融资、提供营销与销售支持的业务,或通过个人关系增加投资价值的公司或个人投资者。

一般来说,作为战略投资者的基本要求是:①要与公司的经营业务联系紧密;②要出于长期投资目的而较长时期地持有股票;③要具有相当的资金实力,且持股数量较多。

2) 引入战略投资者的作用

战略投资者具有资金、技术、管理、市场、人才等方面的优势,能够增强企业的核心竞争力和创新能力。上市公司引入战略投资者,使其能够和上市公司之间形成紧密的、伙伴式的合作关系,并由此增强公司经营实力、提高公司管理水平、改善公司治理结构。因此,对战略投资者的基本资质条件要求是:拥有比较雄厚的资金、核心的技术、先进的管理等,同时要有较好的实业基础和较强的投融资能力。

从现有情况来看,目前我国上市公司确定战略投资者还处于募集资金最大化的实用原则阶段。谁的申购价格高,谁就能够成为战略投资者,管理型、技术型的战略投资者还很少见。资本市场中的战略投资者,目前多是追逐持股价差、有较大承受能力的股票持有者,一般都是大型证券投资机构。

8. 普通股筹资的优缺点

1) 普通股筹资的优点

(1) 发行普通股筹措资本具有永久性,无到期日,无须归还的优点。这对保证公司对资本的最低需要、维持公司长期稳定发展极为有益。

(2) 发行普通股筹资没有固定的股利负担,股利的支付与否和支付多少,视公司有无盈利和经营需要而定,经营波动给公司带来的财务负担相对较小。由于普通股筹资没有固定的到期还本付息的压力,所以筹资风险较小。

(3) 发行普通股筹集的资本是公司最基本的资金来源,它反映了公司的实力,可作为其他方式筹资的基础,尤其可为债权人提供保障,增强公司的举债能力。

(4) 由于普通股的预期收益较高并可一定程度地抵消通货膨胀的影响(通常在通货膨胀期间,不动产升值时普通股也随之升值),因此普通股筹资容易吸收资金。

2) 普通股筹资的缺点

(1) 普通股的资本成本较高。首先,从投资者的角度讲,投资于普通股风险较高,相应地要求有较高的投资报酬率。其次,对于筹资公司来讲,普通股股利从税后利润中支付,不像债券利息那样作为费用从税前支付,因而不具有抵税作用。此外,普通股的发行费用一般也高于其他证券。

(2) 以普通股筹资会增加新股东,这可能会分散公司的控制权。此外,新股东分享公司未发行新股前积累的盈余,会降低普通股的每股净收益,从而可能引发股价的下跌。

3.2.3 发行优先股

1. 优先股票的特征

优先股是一种特别股票,它与普通股有许多相似之处,但又具有债券的某些特征。但从法律的角度来讲,优先股属于自有资金。

优先股股东所拥有的权利与普通股股东近似。优先股的股利不能像债务利息那样从税前扣除,而必须从净利润中支付。但优先股有固定的股利,这与债券利息相似,优先股对盈利的分配和剩余资产的求偿具有优先权,这也类似于债券。

2. 优先股的种类

按不同标准,可对优先股作不同分类,现在介绍几种最主要的分类方式。

(1) 按股利能否累积划分

按股利能否累积，优先股可分为累积优先股和非累积优先股。

累积优先股是指在任何营业年度内未支付的股利可累积起来，由以后营业年度的盈利一起支付的优先股股票。非累积优先股是仅按当年利润分派股利，而不予以累积补付的优先股股票。也就是说，如果本年度的盈利不足以支付全部优先股股利，对所积欠的部分，公司不予累积计算，优先股股东也不能要求公司在以后年度中予以补发。

(2) 按是否可转换为普通股股票划分

按是否可转换为普通股股票，优先股可分为可转换优先股与不可转换优先股。

可转换优先股是股东可在一定时期内按一定比例把优先股转换成普通股的股票。转换的比例是事先确定的，其数值大小取决于优先股与普通股的现行价格。不可转换优先股只能获得固定股利报酬，而不能获得转换收益。

(3) 按能否参与剩余利润分配划分

按能否参与剩余利润分配，优先股可分为参与优先股和非参与优先股。

参与优先股是指不仅能取得固定股利，还有权与普通股一同参与利润分配的股票。根据参与利润分配的方式不同，又可分为全部参与分配的优先股和部分参与分配的优先股。前者表现为优先股股东有权与普通股股东共同等额分享本期剩余利润，后者则表现为优先股股东有权按规定额度与普通股股东共同参与利润分配，超过规定额度部分的利润，归普通股股东所有。非参与优先股是指不能参与剩余利润分配，只能取得固定股利的优先股。

(4) 按能否有赎回优先股票的权利划分

按是否有赎回优先股票的权利，优先股可分为可赎回优先股和不可赎回优先股。

可赎回优先股，是指股份公司可以按一定价格收回的优先股票。在发行这种股票时，一般都附有收回性条款，在收回条款中规定了赎回该股票的价格。此价格一般略高于股票的面值。不可赎回优先股是指不能收回的优先股股票。因为优先股都有固定股利，所以，不可赎回优先股一经发行，便会成为一项永久性的财务负担。因此，在实际工作中，大多数优先股均是可赎回优先股，而不可赎回优先股则很少发行。

从以上介绍可以看出，累积优先股、可转换优先股、参与优先股均对股东有利，而可赎回优先股则对股份公司有利。

3. 优先股股东的权利

优先股的"优先"是相对于普通股而言的，这种优先权主要表现在以下几个方面。

1) 优先分配股利权

优先分配股利的权利，是优先股的最主要特征。优先股的股利除数额固定外，还必须在支付普通股股利之前予以支付。对于累积优先股来说，这种优先权就更为突出。

2) 优先分配剩余资产权

在企业破产清算时，出售资产所得的收入，优先股位于债权人的求偿之后，但先于普通股。其金额只限于优先股的票面价值，加上累积未支付的股利。

3) 部分管理权

优先股股东的管理权限是有严格限制的。通常，在公司的股东大会上，优先股股东没有表决权，但是，当公司研究与优先股有关的问题时有权参加表决。

4. 优先股筹资的优缺点

1) 优先股筹资的优点

(1) 没有固定到期日，不用偿还本金。事实上等于使用的是一笔无限期的贷款，无偿还本金义务，也无须做再筹资计划。但大多数优先股又附有收回条款，这就使得使用这种资金更有弹性。当财务状况较弱时发行，而财务状况转强时收回，有利于结合资金需求，同时也能控制公司的资金结构。

(2) 股利支付既固定，又有一定弹性。一般而言，优先股都采用固定股利，但固定股利的支付并不构成公司的法定义务。如果财务状况不佳，则可暂时不支付优先股股利，那么，优先股股东也不能像债权人一样迫使公司破产。

(3) 有利于增强公司信誉。从法律上讲，优先股属于自有资金，因而，优先股扩大了权益基础，可适当增加公司的信誉，加强公司的借款能力。

2) 优先股筹资的缺点

(1) 筹资成本高。优先股所支付的股利要从税后利润中扣除，不同于债务利息可在税前扣除。因此，优先股成本很高。

(2) 筹资限制多。发行优先股，通常有许多限制条款，如对普通股股利支付上的限制，对公司借债限制等。

(3) 财务负担重。优先股需要支付固定股利，但又不能在税前扣除，所以当利润下降时，优先股的股利会成为公司一项较重的财务负担。

3.2.4 留存收益筹资

1. 留存收益的性质

从性质上看，企业通过合法有效地经营所实现的税后利润，都属于企业的所有者。

企业将本年度的税后利润部分或者全部留存下来的原因很多，主要包括：

(1) 收益的确认和计量是建立在权责发生制基础上的，企业有利润，但不一定有相应的现金净流量增加，因而企业不一定有足够的现金将利润全部或部分分派给所有者。

(2) 法律、法规从保护债权人利益和要求企业可持续发展等角度出发，限制企业将利润全部分配出去。《中华人民共和国公司法》规定，企业每年取得的税后利润，必须提取10%的法定盈余公积金。

(3) 企业基于自身扩大再生产和筹资的需求，也会将一部分利润留存下来。

2. 留存收益筹资的渠道

1) 提取盈余公积

盈余公积，是指有指定用途的留存净利润，它是企业按照《中华人民共和国公司法》规定从净利润中提取的积累资金，包括法定盈余公积金和任意盈余公积金。

2) 未分配利润

未分配利润，是指未限定用途的留存净利润。这里有两层含义：一是这部分净利润没有分给公司的股东；二是这部分净利润未指定用途。

3. 留存收益筹资的优缺点

1) 留存收益筹资的优点

(1) 资金成本较普通股低。用留存收益筹资，不用考虑筹资费用，资金成本较普通股低。

（2）保持普通股股东的控制权。用留存收益筹资，不用对外发行股票，由此增加的权益资本不会改变企业的股权结构，不会稀释原有股东的控制权。

（3）增强公司的信誉。留存收益筹资能够使企业保持较大的可支配的现金流，既可解决企业经营发展的资金需要，又能提高企业举债的能力。

2）留存收益筹资的缺点

（1）筹资数额有限制。留存收益筹资最大可能的数额是企业当期的税后利润和上年年末分配利润之和。如果企业经营亏损，则不存在这一渠道的资金来源。此外，留存收益的比例常常受到某些股东的限制。他们可能从消费需求、风险偏好等因素出发，要求股利支付比率要维持在一定水平上。留存收益过多，股利支付过少，可能会影响到今后的外部筹资。

（2）资金使用受制约。留存收益中某些项目的使用，如法定盈余公积金等，要受国家有关规定的制约。

3.3 负债资金的筹集

负债资金筹集的方式主要有向银行借款、发行债券、融资租赁、利用商业信用等。本章介绍前三种方式，利用商业信用筹资将在本书第 7 章介绍。

3.3.1 向银行借款

1．银行借款的种类

银行借款的种类很多，可按不同标准进行不同的分类。

1）按借款的期限划分

按借款的期限，银行借款可分为短期借款和长期借款。短期借款是指借款期限在一年以内的借款。短期借款主要有生产周转借款、临时借款、结算借款等。长期借款是指借款期限在一年以上的借款。长期借款主要有基本建设贷款、更新改造贷款、科技开发和新产品试制贷款等。

2）按借款的条件划分

按借款是否需要担保，银行借款可以分为信用借款、担保借款和票据贴现。信用借款是指以借款人的信誉为依据而获得的借款，企业取得这种借款，无须以财产做抵押；担保借款是指以一定的财产做抵押或以一定的保证人做担保为条件所取得的借款，如企业长期借款的抵押品常常是房屋、建筑物、机器设备、股票和债券等。票据贴现是指企业以持有的未到期的商业票据向银行贴付一定的利息而取得的借款。

3）按提供贷款的机构划分

按提供贷款的机构，可将银行借款分为政策性银行贷款和商业银行贷款。

政策性银行是指由政府设立，以贯彻国家产业政策、区域发展政策为目的，不以营利为目的的金融机构。我国目前有三家政策性银行：国家开发银行、中国进出口银行、中国农业发展银行。例如，国家开发银行为满足企业承建国家重点建设项目的资金需要提供贷款，进出口信贷银行为大型设备的进出口提供买方信贷或卖方信贷。

商业银行是以经营存款、放款、办理转账结算为主要业务，以营利为主要经营目标的金融企业。我国商业银行可以分成两类：一是国有独资商业银行，是由国家专业银行演变而来的，包括中国工商银行、中国农业银行、中国银行、中国建设银行。二是股份制商业银行，是 1987 年以后发展起来的，包括交通银行、深圳发展银行、中信实业银行、中国光大银行、华夏银行、招商银行、兴业银行、上海浦东发展银行、中国民生银行以及原城市合作银行等。

商业银行向工商企业提供的贷款，主要用以满足企业日常生产经营的资金需要。

2. 银行借款筹资的程序

1) 企业提出借款申请

企业向银行借入资金，必须向银行提出申请，填写包括借款金额、借款用途、偿还能力以及还款方式等主要内容的《借款申请书》，并提供以下资料：

（1）借款人及保证人的基本情况；

（2）财政部门或会计师事务所核准的上年度财务报告；

（3）原有的不合理借款的纠正情况；

（4）抵押物清单及同意抵押的证明，保证人拟同意保证的有关证明文件；

（5）项目建议书和可行性报告；

（6）贷款银行认为需要提交的其他资料。

2) 银行审查借款申请

银行接到企业的申请后，要对企业的申请进行审查，以决定是否对企业提供贷款。这一般包括以下几个方面：

（1）对借款人的信用等级进行评估。

（2）进行相关调查。贷款人受理借款人的申请后，应当对借款人的信用及借款的合法性、安全性和盈利性等情况进行调查，核实抵押物、保证人情况，测定贷款的风险。

（3）贷款审批。

3) 银企签订借款合同

为了维护借贷双方的合法权益，保证资金的合理使用，企业向银行借入资金时，双方必须签订借款合同。借款合同主要包括以下四方面内容：

（1）基本条款。这是借款合同的基本内容，主要规定双方的权利和义务。具体包括借款数额、借款方式、款项发放的时间、还款期限、还款方式、利息支付方式、利率的高低等。

（2）保证条款。这是保证款项能顺利归还的一系列条款，包括借款按规定的用途使用、有关的物资保证、抵押财产、担保人及其责任等内容。

（3）违约条款。这是对双方若有违约行为时应如何处理的条款，主要载明对企业逾期不还或挪用贷款等如何处理和银行不按期发放贷款的处理等内容。

（4）其他附属条款。这是与借贷双方有关的其他条款，如双方经办人、合同生效日期等条款。

4) 企业取得借款

双方签订借款合同后，贷款银行要按合同的规定按期发放贷款，企业便可取得相应的资金。贷款人不按合同约定按期发放贷款的，应偿付违约金。借款人不按合同的约定用款的，也应偿付违约金。

5) 企业还本付息

企业应按借款合同的规定按时足额归还借款本息。一般而言，贷款银行会在短期贷款到期一个星期之前、长期贷款到期一个月之前,向借款的企业发送还本付息通知单。企业在接到还本付息通知单后,要及时筹备资金,按期还本付息。

如果企业不能按期归还借款,应在借款到期之前,向银行申请贷款展期,但是否展期,由贷款银行根据具体情况决定。

3. 长期借款的保护性条款

由于长期借款的期限长、风险大,按照国际惯例,银行通常对借款企业提出一些有助于保证贷款按时足额偿还的条件。这些条件写进贷款合同中,形成了合同的保护性条款。归纳起来,保护性条款大致有如下两类。

1) 一般性保护条款

一般性保护条款应用于大多数借款合同,但根据具体情况会有不同内容,主要包括:①对借款企业流动资金保持量的规定,其目的在于保持借款企业资金的流动性和偿债能力;②对支付现金股利和再购入股票的限制,其目的在于限制现金外流;③对资本支出规模的限制,其目的在于减小企业日后不得变卖固定资产以偿还贷款的可能性,着眼于保持借款企业资金的流动性;④限制其他长期债务,其目的在于防止其他贷款人取得对企业资产的优先求偿权;⑤借款企业定期向银行提交财务报表,其目的在于及时掌握企业的财务情况;⑥不准在正常情况下出售较多资产,以保持企业正常的生产经营能力;⑦如期缴纳税金和清偿其他到期债务,以防被罚款而造成现金流失;⑧不准以任何资产作为其他承诺的担保或抵押,以避免企业过重的负担;⑨不准贴现应收票据或出售应收账款,以避免或有负债;⑩限制租赁固定资产的规模,其目的在于防止企业负担巨额租金以致削弱其偿债能力,还在于防止企业以租赁固定资产的办法摆脱对其资本支出和负债的约束。

2) 特殊性保护条款

特殊性保护条款是针对某些特殊情况而出现在部分借款合同中,主要包括:①贷款专款专用;②不准企业投资于短期内不能收回资金的项目;③限制企业高级职员的薪金和奖金总额;④要求企业主要领导人在合同有效期间担任领导职务;⑤要求企业主要领导人购买人身保险,等等。

此外,短期借款筹资中的周转信贷协定、补偿性余额等条件,也同样适用于长期借款。

4. 银行借款筹资的优缺点

1) 银行借款筹资的优点

(1) 筹资速度快。银行借款与发行证券相比,一般所需时间较短,可以迅速地获取资金。

(2) 筹资成本低。就目前我国情况来看,利用银行借款所支付的利息比发行债券所支付的利息低,另外,也无须支付大量的发行费用。

(3) 借款弹性好。企业与银行可以通过直接商谈,来确定借款的时间、数量和利息。在借款期间,如果企业情况发生了变化,也可与银行进行协商,修改借款的数量和条件。借款到期后,如有正当理由,还可延期归还。

2) 银行借款筹资的缺点

(1) 财务风险较大。企业举借长期借款,必须定期还本付息,在经营不利的情况下,可能会产生不能偿付的风险,甚至会导致破产。

(2) 限制条款较多。企业与银行签订的借款合同中,一般都有一些限制条款,如定期报送有关报表、不准改变借款用途等,这些条款可能会限制企业的经营活动。

(3) 筹资数额有限。银行一般不愿借出巨额的长期借款。因此,利用银行借款筹资都有一定的上限。

3.3.2 发行公司债券

1. 公司债券的特征

债券是发行人以借入资金为目的,依照法律程序发行,承诺按约定的利率和日期支付利息,并在特定日期偿还本金的书面债务凭证。由企业或公司发行的债券称为企业债券或公司债券。

公司债券与股票都属于有价证券。对于发行公司来说,都是一种筹资手段,而对于购买者来说,都是投资手段。但两者有很大区别,主要有以下几点:

(1) 债券是债务凭证,是对债权的证明;股票是所有权凭证,是对所有权的证明。债券持有人是债权人,股票持有人是所有者。债券持有者与发行公司只是一种借贷关系,而股票持有者则是发行公司经营的参与者。

(2) 债券的收入为利息,利息的多少一般与发行公司的经营状况无关,是固定的;股票的收入是股息,股息的多少是由公司的盈利水平决定的,一般是不固定的。如果公司经营不善发生亏损或者破产,投资者就得不到任何股息,甚至连本金也保不住。

(3) 债券的风险较小,因为其利息收入基本是稳定的;股票的风险则较大。

(4) 债券是有期限的,到期必须还本付息;股票除非公司停业,一般不退还股本。

(5) 债券属于公司的债务,它在公司剩余财产分配中优先于股票。

2. 公司债券的基本要素

1) 债券的面值

债券的面值即票面金额,是债券到期时应偿还债务的金额。债券的面值印在债券上,固定不变,到期必须足额偿还。

2) 债券的期限

债券从发行之日起,至到期日之间的时间称为债券的期限。在债券的期限内,公司必须定期支付利息,债券到期时,必须偿还本金,也可按规定分批偿还或提前一次偿还。

3) 债券的利率

债券的利率一般为固定年利率。在不计复利的情况下,债券面值与利率相乘可得出年利息。

4) 债券的价格

理论上,债券的面值就应是它的价格,事实上并非如此。由于发行者的种种考虑或资金市场上供求关系、利息率的变化,债券的市场价格往往不等于它的面值。需要指出的是,发行者计息还本,是以债券的面值为依据,而不是以其价格为依据的。

3. 公司债券的种类

公司债券有很多形式,大致有如下分类:

(1) 按债券上是否记有持券人的姓名或名称,分为记名债券和无记名债券;

(2) 按能否转换为公司股票,分为可转换债券和不可转换债券;
(3) 按有无特定的财产担保,分为抵押债券和信用债券;
(4) 按债权人是否有权参加公司盈余分配,分为参加公司债券和不参加公司债券;
(5) 按利率的不同,分为固定利率债券和浮动利率债券;
(6) 按能否上市,分为上市债券和非上市债券;
(7) 按照偿还方式,分为到期一次还本付息债券和分期付息到期还本债券;
(8) 按照其他特征,分为收益债券、附认股权债券、附属信用债券等。

4. 公司债券发行的条件

《中华人民共和国证券法》规定,公开发行公司债券的公司必须具备以下条件:

(1) 股份有限公司的净资产额不低于 3 000 万元,有限责任公司的净资产额不低于 6 000 万元;
(2) 累计债券总额不超过公司净资产的 40%;
(3) 最近三年平均可分配利润足以支付公司债券一年的利息;
(4) 筹集资金投向符合国家产业政策;
(5) 债券的利率不得超过国务院限定的利率水平;
(6) 国务院规定的其他条件。

另外,发行公司债券筹集的资金,必须用于审批机关批准的用途,不得用于弥补亏损和非生产性支出,否则会损害债权人的利益。

发行可转换的公司债券,除应具备上述条件外,还应符合股票发行的条件,并报请国务院证券监管部门批准。

5. 公司债券的发行价格

债券的发行价格有三种:等价发行、折价发行和溢价发行。等价发行又叫面值发行,是指按债券的面值出售;折价发行是指以低于债券面值的价格出售;溢价发行是指按高于债券面值的价格出售。

债券之所以会溢价发行和折价发行,是因为资金市场上的利息率是经常变化的,而公司债券一经发行,就不能调整其票面利率。从债券的开印到正式发行,往往需要经过一段时间,在这段时间内如果资金市场上的利率发生变化,就要靠调整发行价格的方法来使债券顺利发行。

1) 按期付息到期还本债券发行价格的计算(复利)

在按期付息到期一次还本,且不考虑发行费用的情况下,债券发行价格的计算公式为

$$债券发行价格 = \frac{票面金额}{(1+市场利率)^n} + \sum_{t=1}^{n} \frac{票面金额 \times 票面利率}{(1+市场利率)^t}$$

或者

$$债券发行价格 = 票面金额 \times (P/F, i_1, n) + 票面金额 \times i_2 \times (P/A, i_1, n)$$

式中,n 表示债券期限;i_1 表示市场利率;i_2 表示票面利率。

【例 3-1】 甲公司发行面值为 5 000 元,票面年利率为 8%,期限为 10 年,每年年末付息的债券。在公司决定发行债券时,认为 8% 的利率是合理的。如果到债券正式发行时,市场上的利率发生变化,那么就要调整债券的发行价格。现按以下三种情况分别讨论。

资金市场上的利率保持不变,则甲公司债券的发行价格为

$$5\,000 \times (P/F, 8\%, 10) + 5\,000 \times 8\% \times (P/A, 8\%, 10)$$
$$= 5\,000 \times 0.463\,2 + 5\,000 \times 8\% \times 6.710\,1$$
$$= 2\,316 + 2\,684 = 5\,000(元)$$

资金市场上的利率上升,达到12%,则甲公司债券的发行价格为
$$5\,000 \times (P/F, 12\%, 10) + 5\,000 \times 8\% \times (P/A, 12\%, 10)$$
$$= 5\,000 \times 0.322\,0 + 5\,000 \times 8\% \times 5.650\,2$$
$$= 1\,610 + 2\,260 = 3\,870(元)$$

也就是说,该公司只有按3 870元的价格出售,投资者才会购买此债券,并获得12%的报酬。

资金市场上的利率下降,达到6%,则甲公司债券的发行价格为
$$5\,000 \times (P/F, 6\%, 10) + 5\,000 \times 8\% \times (P/A, 6\%, 10)$$
$$= 5\,000 \times 0.558\,4 + 5\,000 \times 8\% \times 7.360\,1$$
$$= 2\,792 + 2\,944 = 5\,736(元)$$

也就是说,投资者把5 736元的资金投资于甲公司面值为5 000元的债券,可获得6%的报酬。

2) 到期一次还本付息债券发行价格的计算(单利)

$$债券发行价格 = 票面金额 \times (1 + i_2 \times n) \times (P/F, i_1, n)$$

【例3-2】 乙公司发行面值为5 000元,票面年利率为8%(单利),期限为10年,到期一次还本付息的债券。目前市场利率为12%,则乙公司债券的发行价格为

$$债券发行价格 = 5\,000 \times (1 + 8\% \times 10) \times (P/F, 12\%, 10)$$
$$= 9\,000 \times 0.322\,0 = 2\,898(元)$$

6. 公司债券的信用等级

1) 债券评级的目的

公司公开发行债券通常需要有债券评级机构评定等级。在许多国家设有专门的债券评级机构,如美国的穆迪公司和标准普尔公司、日本的公司债研究所、日本投资者服务公司等。这些评级机构根据债券发行人的要求,评定其所发债券的信用等级。许多国家的证券法并不强迫发行者必须取得债券评级,但是由于没有经过评级的债券,在市场上往往不被广大的投资者所接受,很难找到销路,因此,在市场上公开发行的债券,除了信誉很高的政府债券发行人之外,其他债券的发行人一般都自愿向债券评级机构申请评级。

债券评级的目的是将发行人的信誉和偿债的可靠程度公示投资者,以保护投资者的利益,使之免遭由于情报不足或判断不准而造成的损失。虽然证券法规定了发行人要公布与债券发行有关的信息,但是由于所公布的信息内容较多、专业性较强,并不是所有的投资者都能够根据公布的信息准确判断发行人的偿债能力。为此,债券评级机构使用简略易懂的符号,如AAA、BB等,向投资者提供有关债券风险性的实质信息,以供投资者作出债券投资的决策。

2) 信用评级的根据

对债券的评级并不是评价该种债券的市场价格、市场销路和债券投资收益,而是评价该种债券的发行质量、债券发行人的资信状况和投资者所承担的投资风险。债券评级机构在债券评级过程中主要根据三个因素:

(1) 债券发行人的偿债能力；
(2) 债券发行人的资信状况；
(3) 投资者承担的风险水平。

3) 债券级别的划分及等级定义

根据债券风险程度的大小，国际上流行将债券的信用级别分为十个等级，最高级是AAA级，最低级是D级。国际上有两家权威的信用评定机构——标准普尔公司（Standard & Poor's Corporation）和穆迪公司（Moody's Investor Service），它们对债券信用等级的评定如表3-1所示。

表3-1 标准普尔公司和穆迪公司对于债券评级

标准普尔	穆迪	级别含义
AAA	AAA	最佳质量的债券，还本付息能力极强
AA	AA	还本付息能力很强，但对投资者的保障空间稍次于最佳质量的债券
A	A	还本付息能力强，对投资者有足够的保障空间，但在将来某时有可能会削弱
A—1+		按时付款的能力极强
A—1	P—1	按时付款的能力很强
A—2	P—2	按时付款的能力令人满意
A—3	P—3	不在以上等级范围之内
B		有适当的能力按时付款
	非P级	投机级
C		付款能力令人怀疑
D		违约

债券的评级在我国目前还处于起步阶段。中国人民银行规定，企业凡是向社会公众发行债券，必须由经中国人民银行认可的资信评级机构或公证机构进行评估。这些机构对发行债券企业的企业素质、财务质量、项目状况、项目前景和偿债能力进行评分，以此评定信用级别。评估的级别设置如表3-2所示。

表3-2 我国的债券信用级别设置

级别分类	级别划等	级别次序	级别含义
投资级	一等	AAA	有极高的还本付息能力，投资者没有风险
		AA	有很高的还本付息能力，投资者基本没有风险
		A	有一定的还本付息能力，经采取保护措施后，有可能按期还本付息，投资者风险较低
	二等	BBB	还本付息资金来源不足，发行债券的公司对经济环境变化的应变能力差，有延期支付本息可能，有一定投资风险
		BB	还本付息能力脆弱，投资风险较大
		B	还本付息能力低，投资风险大
投机级	三等	CCC	还本付息能力很低，投资风险极大
		CC	还本付息能力极低，投资风险最大
		C	公司濒临破产，到期没有还本付息能力，绝对有风险

7. 债券筹资的优缺点

与其他长期负债筹资方式相比,债券筹资的主要优点是:筹资对象广,市场大;债券筹资的成本比股票筹资的成本低,这是因为债券发行成本较低,债券利息在税前支付;债券筹资不会影响企业的管理控制权;债券资金具有财务杠杆作用。

债券筹资的缺点是:债券筹资的风险很高,因为债券有固定的到期日,并要支付固定的利息;一旦企业不能支付到期的本息,债权人有权要求企业破产;债券筹资的限制条件很多,降低了公司经营的灵活性。

3.3.3 可转换公司债券

1. 可转换公司债券的概念

可转换公司债券简称可转换债券,是一种兼具股权与债务特征的混合型证券,是公司普通债券与证券期权的组合体。可转换债券的持有人在一定期限内,可以按照事先规定的价格或者转换比例,自由地选择是否转换为公司普通股。

按照转股权是否与可转换债券分离,可转换债券可以分为两类:一类是一般可转换债券,其转股权与债券不可分离,持有者直接按照债券面额和约定的转股价格,在约定的期限内将债券转换为股票;另一类是可分离交易的可转换债券,这类债券在发行时附有认股权证,是认股权证和公司债券的组合,又被称为"可分离的附认股权证的公司债",发行上市后公司债券和认股权证各自独立流通、交易。认股权证的持有者认购股票时,需要按照认购价(行权价)出资购买股票。

2. 可转换公司债券的基本性质

1) 证券期权性

可转换债券给予了债券持有者未来的选择权,在事先约定的期限内,投资者可以选择将债券转换为普通股票,也可以放弃转换权利,持有至债券到期还本付息。由于可转换债券持有人具有在未来按一定的价格购买股票的权利,因此可转换债券实质上是一种未来的买入期权。

2) 资本转换性

可转换债券在正常持有期,属于债权性质,转换成股票后,属于股权性质。在债券的转换期间中,持有人没有将其转换为股票,发行企业到期必须无条件地支付本金和利息。转换成股票后,债券持有人成为企业的股权投资者。资本双重性的转换,取决于投资者是否行权。

3) 赎回与回售

可转换债券一般都会有赎回条款,发债公司在可转换债券转换前,可以按一定条件赎回债券。通常,公司股票价格在一段时期内连续高于转股价格达到某一幅度时,公司会按事先约定的价格买回未转股的可转换公司债券。同样,可转换债券一般也会有回售条款,公司股票价格在一段时期内连续低于转股价格达到某一幅度时,债券持有人可按事先约定的价格将所持债券回卖给发行公司。

基于上述性质,企业发行可转换债券,其方式也可叫作利用衍生金融工具筹资。

3．可转换公司债券的基本要素

可转换债券的基本要素是指构成可转换债券的基本特征的必要因素，它们代表了可转换债券与一般债券的区别。

1) 标的股票

可转换债券转换期权的标的物，就是可转换成的公司股票。标的股票一般是发行公司自己的普通股票，也可以是其他公司的股票，如该公司的上市子公司的股票。

2) 票面利率

可转换债券的票面利率一般低于普通债券的票面利率，有时甚至还低于同期银行存款利率。因为可转换债券的投资收益中，除债券的利息收益外，还附加了股票买入期权的收益部分。在大多数情况下，一个设计合理的可转换债券其股票买入期权的收益足以弥补债券利息收益的差额。

3) 转换价格

转换价格是指可转换债券在转换期间内据以转换为普通股的折算价格，即将可转换债券转换为普通股的每股普通股的价格。如每股20元，即指可转换债券到期时，将债券金额按每股20元转换为相应股数的股票。由于可转换债券在未来可以行权转换成股票，在债券发售时，所确定的转换价格一般比发售日股票市场价格高出一定比例，如高出10%～30%。我国《可转换公司债券管理暂行办法》规定，上市公司发行可转换公司债券，以发行前一个月股票的平均价格为基准，上浮一定幅度作为转换价格。

4) 转换比率

转换比率是指每一份可转换债券在既定的转换价格下能转换为普通股股票的数量。在债券面值和转换价格确定的前提下，转换比率计算公式如下：

$$转换比率 = \frac{债券面值}{转换价格}$$

5) 转换期

转换期是指可转换债券持有人能够行使转换权的有效期限。可转换债券的转换期可以与债券的期限相同，也可以短于债券的期限。转换期间的设定通常有四种情形：债券发行日至到期日；发行日至到期前；发行后某日至到期日；发行后某日至到期前。至于选择哪种，要视公司的资本使用状况、项目情况、投资者要求等而定。由于转换价格高于公司发债时股价，投资者一般不会在发行后立即行使转换权。

6) 赎回条款

赎回条款是指发债公司按事先约定的价格买回未转股债券的条件规定。赎回一般发生在公司股票价格在一段时期内连续高于转股价格达到某一幅度时。赎回条款通常包括不可赎回期间与赎回期、赎回价格（一般高于可转换债券的面值）、赎回条件（分为无条件赎回和有条件赎回）等。

发债公司在赎回债券之前，要向债券持有人发出赎回通知，要求他们在将债券转股与卖回给发债公司之间作出选择。一般情况下，投资者大多会将债券转换为普通股。可见，设置赎回条款最主要的功能是强制债券持有者积极行使转股权，因此又称之为加速条款。同时，也能使发债公司避免在市场利率下降后，继续向债券持有人支付较高的债券利率所蒙受的损失。

7) 回售条款

回售条款是指债券持有人有权按照事前约定的价格将债券卖回给发债公司的条件规定。回售一般发生在公司股票价格在一段时期内连续低于转股价格达到某一幅度时。回售对于投资者而言实际上是一种卖权,有利于降低投资者的持券风险。与赎回一样,回售条款也有回售时间、回售价格和回售条件等规定。

8) 强制性转换调整条款

强制性转换调整条款是指在某些条件具备之后,债券持有人必须将可转换债券转换为股票,无权要求偿还债券本金的规定。可转换债券发行之后,其股票价格可能出现巨大波动。如果股价长期表现不佳,又未设计回售条款,投资者就不会转股。公司可设置强制性转换调整条款,保证可转换债券顺利地转换成股票,预防投资者到期集中挤兑引发公司破产的悲剧。

4．可转换公司债券筹资的优缺点

1) 可转换债券筹资的优点

(1) 有利于减少利息支出。可转换债券的利率低于同一条件下不可转换债券的利率,可减少公司的利息支出。

(2) 有利于资金的筹集。可转换债券一方面给予债券持有人以优惠的价格转换公司股票的好处;另一方面又向其提供了进行债权投资和股权投资的选择权,便于债券的发行和资金的筹集。

(3) 有利于稳定股票价格。可转换债券的转换价格一般高于其发行时的公司股票价格,因此在发行新股票或配股时机不佳时,可以先发行可转换债券,然后通过转换实现较高价位的股权筹资。此外,可转换债券的转换期较长,有利于稳定公司股票市价。

(4) 有利于减少对每股收益的稀释。由于可转换债券的转换价格高于其发行时的股票价格,转换成的股票股数相对较少,有利于降低因增发股票对公司每股收益的稀释度。

(5) 有利于减少有关各方的利益冲突。由于可转换债券持有人中的相当一部分人日后会将其持有的债券转换成普通股,因此发行可转换债券对公司的偿债压力不会太大,一般不会受到其他债权人的反对,受其他债务的限制性约束较少。同时,可转换债券持有人是公司的潜在股东,与公司的利益冲突也较少。

2) 可转换债券筹资的缺点

(1) 存在股价上扬风险。如果在可转换债券的转换时股票价格大幅度上扬,公司只能以较低的固定转换价格换出股票,以致减少公司的筹资额。

(2) 存在财务风险和回售风险。发行可转换债券后,如果公司业绩不佳,股价长期低迷,或虽然公司业绩尚可,但股价随大盘下跌,持券者没有如期转换普通股,则会增加公司偿还债务的压力,加大公司的财务风险。特别是在订有回售条款的情况下,公司短期内集中偿还债务的压力会更明显。

(3) 综合资金成本上升。可转换债券转换成普通股后,其原有的低利息优势不复存在,公司将要承担较高的普通股成本,从而可能导致公司的综合资金成本上升。

【例 3-3】 某 A 股上市公司,2016 年拟分两阶段投资建设甲生产线。该项目第一期计划投资额为 20 亿元,第二期计划投资额为 18 亿元,公司制订了发行分离交易可转换公司债券的融资计划。

2016年2月1日该公司按面值发行了2 000万张、每张面值100元的分离交易可转换公司债券,合计20亿元,债券期限为5年,票面年利率为1%(如果单独按面值发行一般公司债券,票面年利率需要设定为6%),按年计息。同时,每张债券的认购人获得公司派发的15份认股权证,权证总量为30 000万份,该认股权证为欧式认股权证;行权比例为2∶1(即2份认股权证可认购1股A股股票),行权价格为12元/股。认股权证存续期为24个月(即2016年2月1日至2018年2月1日),行权期为认股权证存续期最后5个交易日(行权期间权证停止交易)。假定债券和认股权证发行当日即上市。

公司2016年年末A股总数为20亿股(当年未增资扩股),当年实现净利润9亿元。假定公司2017年上半年实现基本每股收益0.30元,上半年公司股价一直维持在每股10元左右。预计认股权证行权期截止前夕,每股认股权证价格将为1.5元(公司市盈率维持在20倍的水平)。

根据上述资料,计算分析如下:

(1) 发行分离交易的可转换公司债券后,2016年可节约利息支出:

$$20\times(6\%-1\%)\times 11/12=0.92(亿元)$$

(2) 2016年公司基本每股收益为

$$9/20=0.45(元/股)$$

(3) 为实现第二次融资,必须促使权证持有人行权,为此股价应当达到的水平为

$$12+1.5\times 2=15(元)$$

2017年基本每股收益应达到的水平为

$$15/20=0.75(元)$$

(4) 公司发行分离交易可转换公司债券的主要目标是分两阶段融通项目第一期、第二期所需资金,特别是努力促使认股权证持有人行权,以实现发行分离交易可转换公司债券的第二次融资;主要风险是第二次融资时,股价低于行权价格,投资者放弃行权,导致第二次融资失败。

(5) 公司为了实现第二次融资目标,应当采取的具体财务策略主要有两点:

一是最大限度地发挥生产项目的效益,改善经营业绩。

二是改善与投资者的关系及社会公众形象,提升公司股价的市场表现。

3.3.4 融资租赁

1. 融资租赁的含义和确定

租赁是指出租人以收取租金为条件,在契约或合同规定的期限内,将资产租让给承租人使用的一种交易行为。租赁活动由来已久,是解决企业资金来源的一种筹资方式。

融资租赁又称财务租赁,是区别于经营租赁的一种长期租赁形式,也是现代租赁的主要形式。

判断一项租赁是否属于融资租赁,不在于租约,主要在于交易的实质。根据财政部颁布的《企业会计准则——租赁》的规定,满足以下一项或数项标准的租赁可认定为融资租赁(除此以外,都认为是经营租赁):

(1) 在租赁期届满时,租赁资产的所有权转移给承租人。

(2) 承租人有购买租赁资产的选择权,所订立的购价预计将远低于行使选择权时租赁

资产的公允价值,因而在租赁开始日就可以合理确定承租人将会行使这种选择权。这里的"远低于"一般是指购价低于行使选择权时租赁资产的公允价值的 5%(含 5%)。

(3) 租赁期占租赁资产尚可使用年限的大部分(通常为 75%以上,含 75%)。但是,如果租赁资产在开始租赁前已使用年限超过该资产全新时可使用年限的大部分,则该项标准不适用。

(4) 就承租人而言,租赁开始日最低租赁付款额的现值几乎相当于租赁开始日租赁资产的公允价值;就出租人而言,租赁开始日最低租赁收款额的现值几乎相当于租赁开始日租赁资产的公允价值。但是,如果租赁资产在开始租赁前已使用年限超过该资产全新时可使用年限的大部分,则该项标准不适用。这里的"几乎相当于"掌握在 90%以上。

(5) 租赁资产性质特殊,如果不作重新改制,只有承租人才能使用。

2. 融资租赁与经营租赁的区别

企业资产的租赁按其性质有融资租赁和经营租赁(也称营业租赁、短期租赁)两种。融资租赁和经营租赁的区别如表 3-3 所示。

表 3-3 融资租赁和经营租赁的区别对照

项　　目	融资租赁	经营租赁
租赁程序	由承租人向出租人提出正式申请,由出租人融通资金引进承租人所需设备,然后再租给承租人使用	承租人可随时向出租人提出租赁资产要求
租赁期限	租期一般为租赁资产寿命的一半以上	租赁期短,不涉及长期而固定的义务
合同约束	租赁合同稳定。在租期内,承租人必须连续支付租金,非经双方同意,中途不得退租	租赁合同灵活,在合理限制条件范围内,可以解除租赁契约
租赁期满的资产处置	租赁期满后,租赁资产的处置有三种方法可供选择:将设备作价转让给承租人;由出租人收回;延长租期续租	租赁期满后,租赁资产一般要归还给出租人
租赁资产的维修保养	租赁期内,出租人一般不提供维修和保养设备方面的服务	租赁期内,出租人提供设备保养、维修、保险等服务

3. 融资租赁的形式

1) 直接租赁

直接租赁是指承租人直接向出租人租入所需要的资产,并付出租金。直接租赁的出租人主要是制造厂商、租赁公司。除制造厂商外,其他出租人都是从制造厂商购买资产出租给承租人。

2) 售后租回

根据协议,企业将其拥有的某项资产卖给出租人,然后再将其租回使用。资产的售价大致为市价。采用这种租赁形式,出售资产的企业可得到相当于售价的一笔资金,同时仍然可以使用资产。当然,在此期间,该企业要支付租金,并失去了财产所有权。从事售后租回的出租人为租赁公司等金融机构。

3) 杠杆租赁

杠杆租赁涉及承租人、出租人和资金出借者三方当事人。从承租人的角度来看,这种租赁与其他租赁形式并无区别,同样是按合同的规定,在基本租赁期内定期支付定额租金,取得资产的使用权。但对出租人却不同,出租人只出购买资产所需的部分资金(如 30%),作为自己的投资；另外以该资产作为担保向资金出借者借入其余资金（如70%）。因此，它既是出租人又是借款人，同时拥有对资产的所有权，既收取租金又要偿付债务。如果出租人不能按期偿还借款，那么资产的所有权就要转归资金出借者。

4. 融资租赁的基本程序

1）选择租赁公司，提出委托申请

当企业决定采用融资租赁方式以获取某项设备时，需要了解各个租赁公司的经营范围、经营能力、资信情况，了解有关租赁公司的融资条件和租赁费率等，分析比较，选定一家作为承租单位。然后，企业便可向其提出申请，办理委托。这时，筹资企业需填写"租赁申请书"，说明所需设备的具体要求，同时还要提供企业的财务状况文件，包括资产负债表、利润表和现金流量表等。

2）选择设备，探询价格

可以有以下几种做法：①由企业委托租赁公司选择设备、商定价格；②由企业先同设备供应厂商谈判、询价、签署购买合同，然后将合同转给租赁公司，由租赁公司付款，即所谓的"转让"；③经租赁公司指定，由企业代其订购设备，代其付款，货款由租赁公司偿付，即所谓的"代理人付款"；④由租赁公司和承租企业协商合作洽购设备。

3）签订购货协议

由承租企业和租赁公司中的一方或双方，与选定的设备供应厂商进行购买设备的技术谈判和商务谈判，在此基础上与设备供应厂商签订购货协议。

4）签订租赁合同

租赁合同系由承租企业与租赁公司签订，它是租赁业务的重要法律文件。融资租赁合同的内容可分为一般条款和特殊条款两部分。

一是一般条款。一般条款主要包括：①合同说明。主要明确合同的性质、当事人身份、合同签订的日期等。②名词解释。释义合同中重要名词以避免歧义。③租赁设备条款。详细列明租赁设备的名称、规格型号、数量、技术性能、交货地点及使用地点等。④租赁设备交货、验收和税款、费用条款。⑤租期和起租日期条款。⑥租金支付条款。规定租金的构成、支付方式和货币名称。这些内容通常以附表形式列作合同附件。

二是特殊条款。特殊条款主要规定：①购货合同与租赁合同的关系；②租赁设备的所有权；③租期中不得退租；④对出租人免责和对承租人保障；⑤对承租人违约和对出租人补救；⑥设备的使用和保管、维修和保养；⑦保险条款；⑧租赁保证金和担保条款；⑨租赁期满对设备的处理条款等。

5）交货验收

承租企业收到租赁设备，要进行验收。验收合格签发交货及验收证书并提交给租赁公司，租赁公司据以向厂商支付设备价款。

6）设备供应厂商托收贷款，租赁公司承付货款

7）投保

承租企业验货后即向保险公司办理保险事宜。

8）交付租金

承租企业按合同规定的租金数额、支付方式等，向租赁公司支付租金。这也就是承租企业对所筹资金的分期还款。

9) 合同期满处理设备

融资租赁合同期满时,承租企业应按租赁合同的规定,实行退租、续租或留购。租赁期满的设备通常都以低价卖给承租企业或无偿赠送给承租企业。

上述融资租赁的程序(包括各单位之间的关系)如图3-1所示。

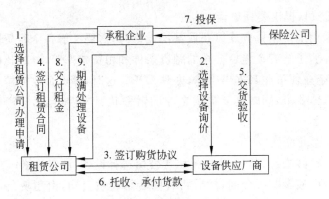

图3-1　融资租赁程序

5. 融资租赁租金的计算

1) 融资租赁租金的构成

Ⅰ. 设备价款

设备价款是租金的主要内容,它由设备的买价、运杂费和途中保险费等构成。

Ⅱ. 融资成本

融资成本是指租赁公司为购买租赁设备所筹资金的成本,即设备租赁期间的利息。

Ⅲ. 租赁手续费

租赁手续费包括租赁公司承办租赁设备的营业费用和一定的盈利。租赁手续费的高低一般无固定标准,可由承租企业与租赁公司协商确定。

2) 租金的计算方法

在我国融资租赁业务中,计算租金的方法一般采用等额年金法。等额年金法是利用年金现值的计算公式经变换后计算每期支付租金的方法。

Ⅰ. 后付租金的计算

承租企业与租赁公司商定的租金支付方式,大多为后付等额租金,即普通年金。根据年资本回收额的计算公式,可确定出后付租金方式下每年年末支付租金数额的计算公式:

$$A = P/(P/A,i,n)$$

【例3-4】　某企业采用融资租赁方式于2016年1月1日从某租赁公司租入设备一台,设备价款为300 000元,租期为5年,到期后设备归企业所有,为了保证租赁公司完全弥补融资成本、相关的手续费并有一定盈利,双方商定采用10%的折现率,试计算该企业每年年末应支付的等额租金。

$$A = 300\,000/(P/A,10\%,5) = 300\,000/3.790\,8 = 79\,138.97(元)$$

Ⅱ. 先付租金的计算

承租企业有时可能会与租赁公司商定,采取先付等额租金的方式支付租金。根据即付年金的现值公式,可得出先付等额租金的计算公式:

或
$$A = P/[(P/A,i,n) \times (1+i)]$$

$$A = P/[(P/A,i,n-1)+1]$$

【例 3-5】 假如上例采用先付等额租金方式,则每年年初支付的租金额可计算如下:
$$A = 300\,000/[(P/A,10\%,5) \times (1+10\%)]$$
$$= 300\,000/[3.790\,8 \times (1+10\%)]$$
$$= 71\,944.17(元)$$

或
$$A = 300\,000/[(P/A,10\%,4)+1] = 300\,000/(3.169\,9+1)$$
$$= 71\,944.17(元)$$

6. 融资租赁筹资的优缺点

1) 融资租赁筹资的优点

(1) 筹资速度快。租赁往往比借款购置设备更迅速、更灵活,因为租赁是筹资与设备购置同时进行,可以缩短设备的购进、安装时间,使企业尽快形成生产能力,有利于企业尽快占领市场,打开销路。

(2) 限制条款少。如前所述,向银行借款都订有相当多的限制条款,虽然类似的限制在租赁公司中也有,但一般比较少。

(3) 设备淘汰风险小。当今,科学技术在迅速发展,固定资产更新周期日趋缩短。企业设备陈旧过时的风险很大,利用租赁集资可减少这一风险。这是因为融资租赁的期限一般为资产使用年限的 75%,不会像自己购买设备那样整个使用期间都承担风险;且多数租赁协议都规定由出租人承担设备陈旧过时的风险。

(4) 财务风险小。租金在整个租期内分摊,不用到期归还大量本金。许多借款都在到期日一次偿还本金,这会给财务基础较弱的公司造成相当大的困难,有时会造成不能偿付的风险。而租赁则把这种风险在整个租期内分摊,可适当减少不能偿付的风险。

(5) 税收负担轻。租金可在税前扣除,具有抵免所得税的效用。

2) 融资租赁筹资的缺点

融资租赁筹资的主要缺点是:租金总额通常高于资产的购买成本,因此租赁筹资成本很高;在企业财务困难时,固定的租金会构成企业较沉重的负担;由于承租人仅取得租赁资产的使用权,如果资产发生增值(如土地、房产等),承租人无法享受这种增值;由于融资租赁期限较长,且租赁契约一般不可撤销,因而可能在资金的运用方面使企业发展受到制约。

3.4 资金需要量的预测

通过前面的介绍,我们已经了解了企业的主要筹资渠道和筹资方式。事实上,企业在筹资之前,应当采用一定的方法预测资金需要数量,只有这样,才能使筹集来的资金既能保证满足生产经营的需要,又不会有太多的闲置。本节将介绍常用的预测资金需要量的方法。

3.4.1 因素分析法

定性预测法是指利用直观的资料,依靠熟悉财务情况和生产经营情况的相关人员的经验,以及分析、判断能力,预测未来资金需要量的方法。这种方法通常在企业缺乏完备、准确的历史资料的情况下采用。

定性预测法尽管十分有用,但它不能揭示资金需要量与有关因素之间的数量关系。例如,预测资金需要量应和企业生产经营规模相联系。生产规模扩大、销售数量增加,会引起资金需求增加;反之,则会使资金需求量减少。

3.4.2 销售百分比法

1. 销售百分比法的基本原理和假定

销售百分比法,是根据销售增长与资产增长之间的关系,预测未来资金需要量的方法。应用销售百分比法预测资金需要量是建立在以下假定基础之上的:

(1) 企业的部分资产和负债与销售额同比例变化;
(2) 企业各项资产、负债与所有者权益结构已达到最优。

2. 销售百分比法的步骤

应用销售百分比法预测资金需要量通常需经过以下步骤:

(1) 预计销售额增长率;
(2) 确定随销售额变动而变动的资产和负债项目;
(3) 确定需要增加的资金数额;
(4) 根据有关财务指标的约束确定对外筹资数额。

【例3-6】 开开公司2015年12月31日的资产负债表如表3-4所示。

表3-4 开开公司资产负债表(简表)

(2015年12月31日) 元

资产		负债和所有者权益	
现金	10 000	应付账款	20 000
应收账款	30 000	应付费用	10 000
存货	60 000	短期借款	50 000
固定资产净值	60 000	公司债券	20 000
		实收资本	40 000
		留存收益	20 000
资产合计	160 000	负债和所有者权益	160 000

已知:开开公司2015年的销售收入为200 000元,现在还有剩余生产能力,即增加收入不需要进行固定资产方面的投资。假定销售净利率为10%,如果2016年的销售收入提高到240 000元(增加20%),那么需要筹集多少资金呢?现应用销售额比率法进行预测。

第一步,将资产负债表中预计随销售变动而变动的项目分离出来。

在开开公司的实例中,资产方除固定资产外都将随销售量的增加而增加,因为较多的销售量需要占用较多的存货,发生较多的应收账款,导致现金需求增加。在负债与所有者权益一方,应付账款和应付费用也会随销售的增加而增加,但短期借款、公司债券、实收资本等不会自动增加。公司的利润如果不全部分配出去，留存收益也会有适当增加。预计随销售增加而自动增加的项目列示在表 3-5 中。

表 3-5 开开公司销售百分比

资 产	占销售收入的百分比/%	负债与所有者权益	占销售收入的百分比/%
现金	5	应付账款	10
应收账款	15	应付费用	5
存货	30	短期借款	不变动
固定资产	不变动	公司债券	不变动
		实收资本	不变动
		留存收益	不变动
合 计	50	合 计	15

应筹集资金占销售收入的百分比：50％－15％＝35％。

在表 3-5 中，不变动是指该项目不随销售的变化而变化。表中的百分比都用表 3-4 中有关项目的数字除以销售收入求得，如现金：10 000/200 000＝5％。

第二步，确定需要增加的资金。

从表 3-5 中可以看出，销售收入每增加 100 元，必须增加 50 元的资金占用，但同时增加 15 元的资金来源。从 50％的资金需求中减去 15％自动产生的资金来源，还剩下 35％的资金需求。因此，每增加 100 元的销售收入，开开公司必须取得 35 元的资金来源。在本例中，销售收入从 200 000 元增加到 240 000 元，增加了 40 000 元，按照 35％的比率预测将增加 14 000 元（40 000×35％）的资金需求。

第三步，确定对外界资金需求的数量。

上述 14 000 元的资金需求有些可通过企业内部来筹集，2016 年的净利润为 24 000 元（240 000×10％），如果公司的利润分配给投资者的比率为 60％，则将有 40％的利润即 9 600 元（24 000×40％）被留存下来，从 14 000 元中减去 9 600 元的留存收益，则还有 4 400 元的资金必须向外界融通。

上述预测过程可用下列公式表示：

$$外界资金的需要量 = \frac{A}{S_1} \cdot \Delta S - \frac{B}{S_1} \cdot \Delta S - P \cdot E \cdot S_2$$

式中，A 表示随销售变化的资产（变动资产）；B 表示随销售变化的负债（变动负债）；S_1 表示基期销售额；S_2 表示预测期销售额；ΔS 表示销售的变动额；P 表示销售净利率；E 表示收益留存比率；A/S_1 表示变动资产占基期销售额的百分比；B/S_1 表示变动负债占基期销售额的百分比。

根据开开公司的资料可求得

对外界资金的需求量＝50％×40 000－15％×40 000－10％×40％×240 000
　　　　　　　　　＝14 000－9 600＝4 400（元）

在此例中，如果开开公司 2016 年的销售预计为 220 000 元（增加 10％），应用上面公式可知：

对外界资金的需求量＝50％×20 000－15％×20 000－10％×40％×220 000
　　　　　　　　　＝7 000－8 800＝－1 800（元）

也就是说,如果公司的销售仅增加10%的话,公司不仅不需要向外界筹资,而且还会有1 800元的剩余资金。在这种情况下,公司的任务就不是规划如何筹资,而应是计划去增加股利、偿还债务或寻找较有利的投资机会。这一实例也说明了正确预测资金需求量,对于公司合理筹资具有举足轻重的作用。

3.4.3 资金习性预测法

资金习性预测法是指根据资金习性预测未来资金需要量的方法。按照资金习性,可以把资金区分为不变资金、变动资金和半变动资金。

不变资金是指在一定的产销量范围内,不受产销量变动的影响而保持固定不变的那部分资金。变动资金是指随产销量的变动而同比例变动的那部分资金。半变动资金是指虽然受产销量变化的影响,但不成同比例变动的资金,如一些辅助材料所占用的资金。半变动资金可采用一定的方法划分为不变资金和变动资金两部分。

资金习性预测法有两种形式。

1. 根据资金占用总额同产销量的关系预测资金需要量

这种方法是根据历史上企业资金占用总额与产销量之间的关系,把资金划分成不变和变动两部分,然后结合预计的销售量来预测资金需要量。

设产销量为自变量 x,资金占用为因变量 y,它们之间关系可用下式表示:

$$y = a + bx$$

式中,a 表示不变资金;b 表示单位产销量所需变动资金。

可见,只要求出 a 和 b,并知道预测期的产销量,就可以用上述公式预测资金需求情况。a 和 b 可用高低点法或回归直线法求出。

1) 高低点法

资金预测的高低点法是指根据企业一定期间资金占用量的历史资料,按照资金习性原理和 $y=a+bx$ 直线方程式,选用最高收入期和最低收入期的资金占用量之差,同这两个收入期的销售额之差进行对比,先求 b 的值,然后再代入原直线方程,求出 a 的值,从而估计推测资金发展趋势。其计算公式为

$$b = \frac{最高收入期资金占用量 - 最低收入期资金占用量}{最高销售收入 - 最低销售收入}$$

$$a = 最高收入期资金占用量 - b \times 最高销售收入$$
$$= 最低收入期资金占用量 - b \times 最低销售收入$$

2) 回归直线法

回归直线法是根据企业若干期业务量和资金占用的历史资料,运用最小平方法原理计算不变资金和单位销售额变动资金的一种资金习性分析方法。其计算公式为

$$a = \frac{\sum x_i^2 \sum y_i - \sum x_i \sum x_i y_i}{n \sum x_i^2 - (\sum x_i)^2}$$

$$b = \frac{n \sum x_i y_i - \sum x_i \sum y_i}{n \sum x_i^2 - (\sum x_i)^2}$$

或者

$$b = \frac{\sum y_i - na}{\sum x_i}$$

式中，y_i 表示第 i 期的资金占用量；x_i 表示第 i 期的产销量。

【例 3-7】 某企业产销量和资金变化情况如表 3-6 所示。2016 年预计销售量 380 万件。销售单价假定历年不变。该企业采用高低点法确定不变资金和变动资金。试计算 2016 年资金需要量。

表 3-6 产销量和资金变化情况

年度	产销量(X)/万件	资金占用(Y)/万元
2010	120	100
2011	110	95
2012	100	90
2013	120	100
2014	130	105
2015	140	110

$$b = \frac{110 - 90}{140 - 100} = 0.50(元)$$

$a = 110 - 0.5 \times 140 = 40(万元) = 90 - 0.5 \times 100 = 40(万元)$

2016 年资金需要量 $= 40 + 0.5 \times 380 = 230(万元)$

2. 采用先分项后汇总的方法预测资金需要量

这种方法是根据资金占用项目（如现金、存货、应收账款、固定资产）同产销量之间的关系，把各项目的资金都分成变动资金和不变资金两部分，然后汇总在一起，求出企业变动资金总额和不变资金总额，进而来预测资金需要量。

【例 3-8】 某企业流动资产、流动负债和固定资产等项目根据历史数据，计算出的变动资金和不变资金资料见表 3-7 所示。假定 2016 年的预计销售收入为 4 000 000 元，试计算 2016 年资金需要量。

表 3-7 资金需要量预测（分项预测） 元

	年度不变资金(a)	每一元销售收入所需变动资金(b)
流动资产		
现金	11 000	0.06
应收账款	62 000	0.15
存货	100 000	0.22
小计	173 000	0.43
减：流动负债		
应付账款及应付费用	82 000	0.12
净资金占用	91 000	0.31
固定资产		
厂房、设备	530 000	0
所需资金合计	621 000	0.31

2016 年资金需要量 $= 621\,000 + 0.31 \times 4\,000\,000 = 1\,861\,000(元)$

从上面的分析可以看出,资金习性预测法考虑到资金需要量与产销量之间的变动关系,是一种比较简单而又准确的预测方法。

本章小结

企业持续的生产经营活动,不断地产生对资金的需求,需要筹措和集中资金;同时,企业因开展对外投资活动和调整资本结构,也需要筹集和融通资金。企业筹措的各种资金的使用成本、风险以及从资金市场上获得的效率,在很大程度上左右着公司的筹资决策。而企业筹资决策能力的大小又影响着企业投资决策的能力。因此,企业在筹集资金时,必须明确筹资的目的,遵循筹资的基本要求,把握筹资的渠道与方式。资金筹资的数量依据是企业资金的需要量,因此,必须科学合理地预测资金的需要量。资金需要量的预测是编制财务计划的基础。

复习与思考题

1. 试分析企业筹集资金的目的与动机。
2. 企业应怎样开拓筹资渠道,充分利用各种筹资方式?
3. 试比较普通股、优先股和负债筹资的区别。
4. 什么是融资租赁?融资租赁有哪些类型?融资租赁筹资有哪些优缺点?
5. 什么是销售百分比法和资金习性预测法?两者的区别是什么?

练习题

【题3-1】 如果蕴祺公司正面对着两家提供不同信用条件的卖方,甲家信用条件为3/10、N/30;乙家信用条件为2/20、N/30,请回答下面两个问题并说明理由。

(1) 若该公司在10~30天内用该笔应付账款有一投资机会,回报率为60%,公司是否应在10天内归还甲家的应付账款,以取得3%的折扣?

(2) 当该公司只能在20~30天内付款,那么应选择哪家供应商?

【题3-2】 某公司发行面值为1 000元,期限为5年,票面利率为8%的定期付息企业债券20 000张。要求计算以下数据:

(1) 若发行时市场利率为10%,债券的发行价格应定为多少?

(2) 若公司以1 041元价格发行,发行时市场利率是多少?

【题3-3】 2016年年初蕴祺公司采用融资租赁方式租入一台设备,价款500 000元,租期5年,租期年利率为8%。

要求:(1) 计算每年年末应支付的租金。

(2) 计算每年年初应支付的租金；
(3) 分析以上两者的关系。

【题 3-4】 申申公司 2015 年资产负债表及有关资料见下表：

资产负债表（简表）

（2015 年 12 月 31 日）   万元

资　　产		负债与所有者权益	
货币资金	2 000	应付票据	4 000
应收账款	3 000	应付账款	2 000
存货	7 000	长期借款	10 000
固定资产净值	9 000	实收资本	4 000
无形资产	1 000	留存收益	2 000
资产合计	22 000	负债与所有者权益合计	22 000

该公司 2015 年销售额为 25 000 万元，销售净利率为 10%，净利润的 70% 分配给投资者。该公司预计 2016 年销售额比上年增长 20%，为实现这一目标，公司需新增一台价值 200 万元的设备。根据历年财务数据分析，该公司流动资产与流动负债随销售额同比率增减。假定该公司 2016 年的销售净利率和利润分配政策与上年保持一致。要求：
(1) 计算 2016 年公司需增加的营运资金；
(2) 预测 2016 年需要对外筹集的资金量。

【题 3-5】 华美公司 2015 年实现销售收入 3 000 万元。该公司近几年销售收入与资产历史情况如下表所示：

万元

年份	销售收入	现金	应收账款	存货	固定资产	流动负债
2012	2 700	1 450	2 100	2 200	1 000	1 400
2013	2 500	1 400	2 200	2 100	1 000	1 300
2014	2 800	1 550	2 450	2 300	1 000	1 450
2015	3 000	1 650	2 600	2 500	1 000	1 500

要求：根据以上资料，采用高低点法建立资金预测模型，预测 2016 年销售收入为 3 600 万元时企业的资金需要量，并计算 2016 年比 2015 年增长的资金数量。

案例 3-1　洛维格的借钱赚钱术

丹尼尔·洛维格 1897 年 6 月出生于密歇根州的一个叫南海温的小地方，高中未毕业，就辍学到码头上找了个工作。洛维格从 19 岁开始经营自己的事业，做些买船、卖船、修理和包租的生意，有时赚钱，有时赔钱，有好几次濒临破产。

后来，年近 40 岁的洛维格打算通过贷款买一条普通的旧货轮，然后把它改装成油轮（运油比运货的利润高）。他找了好几家银行，因没有值钱的担保物，借钱只得告吹。最后他来到纽约大通银行,他提出他有一条可以航行的老油轮,现正包租给一家信誉卓著的石油公司。大通银行可以直接从石油公司收取包船租金作为贷款利息,用不着担惊受怕,只要这条老油轮不沉,石油公司不倒闭,银行就不会亏本。

银行把钱借给了洛维格。洛维格买下了那条想买的老货轮,把它改装成为一条油轮,将它包租了出去。接着,他又用同样的办法拿它作了抵押,又贷了另一笔款,买下了另一条货轮,又把它改装成油轮包租出去。如此这般,他干了许多年。每还清一笔贷款,他就名正言顺地净赚下一条船。包船租金也不再流入银行,而开始落入洛维格的腰包。洛维格由此发财。

案例 3-2 人人网日趋衰落 微博、微信不是主因

近日,人人网公布的数据显示,2014 年其总营收为 8 300 万美元,同比下滑 43.9%;净利润为 6 050 万美元,同比下滑 5%。2011 年 5 月 4 日,在美国纽交所上市的当天,人人网市值便达到了 74.82 亿美元,超越搜狐、分众、优酷、网易、携程、新浪,仅次于腾讯和百度,可谓风光无限。如今,其市值只有 9.55 亿美元,缩水了 87%。

有人指出,人人网的前身是校内网,曾经是校园文化的基地,后改名为人人网,意图转向社会群体,但这样就冲击了微信与微博的领地,这是其战略失误之一。2013 年,人人网想重归校园,但用户已经流失了。此外,人人网陆续收购了糯米、开心、经纬以及 56 网,然而不论是团购,还是在线视频,都耗资巨大、竞争激烈,最终人人网又被迫卖掉了糯米和 56 网,而在线游戏和招聘业务也一直萎靡不振。总体上,与 Facebook 相比,人人网不够专注于社交业务,与微博、微信相比,也缺乏有效的内容生产机制,最终导致其衰落。

但事实上,校内网转向综合性社交是一种必然选择,因为互联网行业追求集中度和规模效应,大多数垂直类社交网站及论坛都只会风靡一时,难以长久,校园社交本来就没有前途。比如,天涯、猫扑论坛曾经是中国网民的聚集地,热闹非凡,如今早已乏人问津;开心网曾在短时间内红遍大江南北,如今早已被人遗忘。此外,新浪微博上线于 2009 年 9 月,微信推出于 2011 年 1 月,而校内网改名的时间是 2009 年 7 月,那个时候根本谈不上进入微博、微信的领地。

那么,假如人人网不去收购那些不太相关的网站,专注于社交领域,能否像 Facebook 那么成功呢?笔者表示并不乐观。

首先,中国的网民数量不足以支撑超大型社交网站。报告显示,截至 2014 年 12 月,我国网民规模达到了 6.49 亿元,但非网民的转化难度进一步加大。美国人口只有 3.15 亿元,但美国社交网站面向全球一百多个国家;数十亿人口,优势明显。目前,新浪微博的注册用户数量为 6 亿元,美国 Twitter 则为 15 亿元,Facebook 在 2014 年 6 月每月活跃用户已突破 13 亿元,注册用户数量更是远高于此,而人人网等国内社交网站的注册人数则普遍低于 2 亿元。

其次,社交网站在社交功能之外,必须具有其他的功能或社会效应,才能获得长期发展。比如,Facebook、Instagram 都以自拍和图片分享为特色,因而在市场竞争中脱颖而出,但中国人过于内敛,以"自我展示"为核心的传统社交网站自然缺乏前景。而微博能够迅速崛起,是由于其兼具社交和资讯两大功能,运营重心由个体的展示和交际转为资讯的发布与互动,因此吸引了大量的政府机构、企业以及名人的进入,而成为一个全国性网络交流平台。微信则是凭借腾讯的用户基础,主打社交、短信及信息发布等功能,成为移动通信界的翘楚。

(资料来源:胡雨. 财会信报,2015-04-06。)

资本成本和资本结构

第 4 章

本章学习目标 通过本章的学习,要求掌握资本成本的内涵、个别资本成本和综合资本成本的估算方法,掌握经营杠杆系数、财务杠杆系数、复合杠杆系数的计算及各种杠杆作用,以及资本结构优化决策;熟悉边际资本成本的测算。

资本成本(cost of capital)　　　　　权益资本成本(cost of equity capital)
债务资本成本(cost of debt/capital)
优先股(资本)成本(cost of preferred stock/capital)
资金筹集费(flotation costs)　　　　杠杆效应(leverage)
经营杠杆(operating leverage)　　　 财务杠杆(financial leverage)
复合杠杆(total/Combined leverage)　资本结构(capital structure)
盈亏平衡点(break-even point)　　　盈亏平衡分析(break-even analysis)
经营杠杆系数(degree of operating leverage,DOL)
财务杠杆系数(degree of financial leverage,DFL)
复合杠杆系数(degree of total leverage,DTL)

 互联网资料

中国人民银行(http：// www.pbc.gov.cn)
上海证券交易所(http：//www. sse. com. cn)
深圳证券交易所(http：//www. szse. cn)

> 资金是财产物资的货币表现。也就是说,资金表现为一系列的货币,而货币代表着一系列的物质。拥有资金就拥有对物的支配权。资金的运动实质上就是物的运动。企业取得资金的使用权是有代价的,即所谓资本成本,又称资本成本。测算资本成本、分析杠杆效应、优化资本结构是企业财务管理的关键环节之一。
>
> 资料来源:宋良荣.现代公司财务管理.北京:百家出版社,2002年,第91页。

4.1 资本成本

企业财务管理的目标在于实现股东财富最大化。在可接受风险水平下,寻求投入成本,包括筹资成本的最低化,是实现财务管理目标的一个重要方面。为此,有必要研究什么是资本成本和如何估算资本成本的问题。

资本成本,通常又称为资金成本。从投资者方面来看,它是投资者提供资金时要求补偿的资金报酬率;从筹资者方面来看,它是企业为获取资金所必须支付的最低代价。尽管在理论上,资本成本的估算并非难事,但在实践中,它却涉及较为复杂的问题。从企业理财的角度来看,资本应包括为购置企业资产所需筹措的全部资金,它体现在资产负债表右方的各个项目上,包括负债(短期负债、长期负债)和股东权益。不同的资金来源项目,其资本成本具有不同的表现形式。

4.1.1 资本成本的概念和意义

资本成本是企业为筹集资金和使用资金而付出的代价。广义地讲,企业筹集和使用任何资金,不论短期的还是长期的,都要付出代价。狭义的资本成本仅指筹集和使用长期资金(包括自有资金和借入长期资金)的成本。本节只介绍长期资金的成本,短期负债的成本将在"营运资金管理"部分介绍。

实际上,资本成本包括资金筹集费和资金占用费两部分。资金筹集费是指在资金筹集过程中支付的各项费用,如发行股票、债券支付的印刷费、发行手续费、律师费、资信评估费、公证费、担保费、广告费等。资金占用费是指占用资金支付的费用,如股票的股息,银行借款、发行债券的利息等。相比之下,资金占用费是筹资企业经常发生的;而资金筹集费通常在筹集资金时一次性发生,因此在计算资本成本时可作为筹资金额的一项扣除。

资本成本是企业财务管理中的重要概念。对于企业筹资来讲,资本成本是选择资金来源、确定筹资方案的重要依据,企业要选择资本成本最低的筹资方式。对于企业投资来讲,资本成本是评价投资项目、投资决策取舍的重要标准,投资项目只有在其投资收益率高于资本成本时才是可接受的,否则将无利可图。资本成本还可作为衡量企业经营成果的尺度,即经营净利润率应高于资本成本,否则表明经营不利、业绩欠佳。

为了便于分析比较,资本成本通常不用绝对数表示,而用资本成本率这样的相对数表示。资本成本率是企业资金占用费与实际筹集资金的比率,用公式表示如下:

$$K = \frac{D}{P-f} \quad \text{或} \quad K = \frac{D}{P(1-F)}$$

式中,K 表示资本成本率;D 表示资金占用费;P 表示筹资金额;f 表示资金筹集费;F 表示筹资费用率,即资金筹集费占筹资金额的比率。

在实际工作中,由于运用的场合不同,资本成本可以有多种形式。在比较各种筹资方式时,使用个别资本成本,包括优先股成本、普通股成本、留存收益成本、长期借款成本、债券成本;在进行资本结构决策时,使用加权平均资本成本;在进行追加筹资决策时,使用边际资本成本。

4.1.2 个别资本成本的估算

个别资本成本是指使用各种长期资金的成本。其中,又分为长期借款成本、债券成本、优先股成本、普通股成本和留存收益成本。

1. 长期借款成本

长期借款成本是指借款利息和筹资费用。由于借款利息计入税前成本费用,可以起到抵税的作用,因此,一次还本、分期付息的长期借款资本成本的计算公式为

$$K_1 = \frac{I_t(1-T)}{L(1-F_1)}$$

式中,K_1 表示长期借款资本成本;I_t 表示长期借款年利息;T 表示所得税率;L 表示长期借款筹资额(借款本金);F_1 表示长期借款筹资费用率。

上列公式也可改为如下形式:

$$K_1 = \frac{R_1(1-T)}{1-F_1}$$

式中,R_1 表示长期借款的利率。

当长期借款的筹资费(主要是借款的手续费)很小时,也可以忽略不计。

【例 4-1】 某企业取得 3 年期长期借款 200 万元,年利率 11%,每年付息一次,到期一次还本,筹资费用率为 0.5%,企业所得税税率的 25%。该项长期借款的资本成本可由下式算得:

$$K_1 = \frac{200 \times 11\% \times (1-25\%)}{200 \times (1-0.5\%)} = 8.29\%$$

或

$$K_1 = \frac{11\% \times (1-25\%)}{1-0.5\%} = 8.29\%$$

上述计算长期借款资本成本的方法比较简单,但缺点在于没有考虑货币的时间价值,因此这种方法的计算结果不是十分精确。如果对资本成本计算结果的精确度要求较高,可采用以下公式计算长期借款的资本成本:

$$L(1-F_1) = \sum_{t=1}^{n} \frac{I_t}{(1+K)^t} + \frac{P}{(1+K)^n}$$

$$K_1 = K(1-T)$$

式中,P 表示第 n 年末应偿还的本金;K 表示所得税前的长期借款资本成本;K_1 表示所得税后的长期借款资本成本。

第一个公式中的等号左边是借款的实际现金流入;等号右边为借款引起的未来现金流出的现值总额,由各年利息支出的年金现值之和加上到期本金的复利现值而得。

2. 债券成本

发行债券的成本主要是指债券利息和筹资费用。债券利息的处理与长期借款利息的处理相同,应以税后的债务成本为计算依据。债券的筹资费用一般比较高,不可在计算资本成本时省略。按照到期一次还本、分期付息的方式,债券资本成本的计算公式为

$$K_b = \frac{I_b(1-T)}{B(1-F_b)}$$

式中，K_b 表示债券资本成本；I_b 表示债券年利息；T 表示所得税率；B 表示债券筹资额；F_b 表示债券筹资费用率。

上列公式也可改为如下形式：

$$K_b = \frac{R_b(1-T)}{1-F_b}$$

式中，R_b 表示债券利率。

【例 4-2】 某公司发行总面额为 500 万元的 10 年期债券，票面利率为 12%，发行费用税率为 5%，公司所得税税率为 25%。该债券的资本成本为

$$K_b = \frac{500 \times 12\% \times (1-25\%)}{500 \times (1-5\%)} = 9.47\%$$

或

$$K_b = \frac{12\% \times (1-25\%)}{1-5\%} = 9.47\%$$

若债券按溢价或折价发行，为了更精确地计算资本成本，应以实际发行价格作为债券筹资额。

【例 4-3】 某公司发行总面额为 500 万元的 10 年期债券，票面利率为 12%，发行费用率为 5%，发行价格为 600 万元，企业所得税税率为 25%。该债券的资本成本为

$$K_b = \frac{500 \times 12\% \times (1-25\%)}{600 \times (1-5\%)} = 7.89\%$$

上述计算债券成本的方法，比较简单易行。如果需要将债券资本成本计算得更为准确，则应当先依据现金流量确定税前的债券成本，再进而计算其税后成本。这样，可采用以下公式计算债券资本成本：

$$B(1-F_b) = \sum_{t=1}^{n} \frac{I_b}{(1+K)^t} + \frac{P}{(1+K)^n}$$

$$K_b = K(1-T)$$

式中，P 表示第 n 年末应偿还的本金；K 表示所得税前的债券成本；K_b 表示所得税后的债券成本。

3. 优先股成本

企业发行优先股股票筹资，与发行长期债券筹资一样，也需支付筹资费用，如注册费、代销费等。优先股的股息率在事先确定，且定期支付股息。但优先股与债券不同的是，优先股的股息是以税后净利润支付的，企业不会因此而少缴所得税。因此，优先股资本成本的计算公式为

$$K_p = \frac{D_p}{P_p(1-F_p)}$$

式中，K_p 表示优先股成本；D_p 表示优先股年股息；P_p 表示优先股股金总额；F_p 表示优先股筹资费率。

【例 4-4】 某公司发行优先股股票 500 万元，筹资费率为 3%，年股息率为 14%，则优先股成本为

$$K_p = \frac{500 \times 14\%}{500 \times (1-3\%)} = 14.43\%$$

4. 普通股成本

普通股成本属权益资本成本。权益资本的资金占用费是向股东分派的股利,而股利是以所得税后净利支付的,不能抵减所得税,所以权益资本成本与前述两种债务资本成本的显著不同,在于计算时不扣除所得税的影响。计算普通股成本,常用的方法有"评价法"和"资本资产定价模型法"。

1) 评价法

评价法又称股利增长模型法。按照此种方法,普通股资本成本的计算公式为

$$K_s = \frac{D_c}{P_c(1-F_c)} + G$$

式中,K_s 表示普通股成本;D_c 表示预期年股利额;P_c 表示普通股筹资额;F_c 表示普通股筹资费用率;G 表示普通股利年增长率。

【例 4-5】 某公司发行普通股共计 800 万元,预计第一年股利率为 14%,以后每年增长 1%,筹资费用率为 3%。该普通股的成本为

$$K_s = \frac{800 \times 14\%}{800 \times (1-3\%)} + 1\% = 15.43\%$$

2) 资本资产定价模型法

按照"资本资产定价模型法"(CAPM),普通股成本的计算公式则为

$$K_s = R_s = R_F + \beta(R_m - R_F)$$

式中,R_F 表示无风险报酬率;β 表示股票的贝他系数;R_m 表示平均风险股票必要报酬率。

上式表明,某公司普通股的资本成本等于无风险报酬率加上适当的风险溢价。而适当的风险溢价则等于经企业按 β 系数调整后的市场风险溢价(平均风险股票必要报酬率减去无风险报酬率)。β 系数作为反映企业股票的收益相对市场上所有股票收益的变动幅度,仅体现不可分散的风险。如 β 为 1.4,它表明,市场收益率增长 10%,企业股票的收益率将增长 14%;反之,如市场收益率降低 10%,企业股票的收益率将下降 14%。即 β 值表示企业股票收入追随市场所有股票收入变动的速度。

【例 4-6】 某期间市场无风险报酬率为 10%,平均风险股票必要报酬率为 14%,某企业普通股的 β 值为 1.2。则该普通股的资本成本为

$$K_s = 10\% + 1.2 \times (14\% - 10\%) = 14.8\%$$

5. 留存收益成本

留存收益是由企业税后利润形成的,其所有权属于股东,实质上相当于股东对企业的追加投资。股东将留存收益留用于企业,是想从中获取投资报酬,所以留存收益也要计算资本成本,它的资本成本是股东失去向外投资的机会成本,因此与普通股成本的计算基本相同,只是不需考虑筹资费用。留存收益成本的计算方法不止一种,按照"股票收益率加增长率"的方法,计算公式为

$$K_r = \frac{D_c}{P_c} + G$$

式中,K_r 表示留存收益资本成本。

4.1.3 综合资本成本

由于受多种因素的制约,企业不可能只使用某种单一的筹资方式,往往需要通过多种方式筹集所需资金。为进行筹资决策,就要计算确定企业全部长期资金的总成本,即综合资本成本。综合资本成本一般是以各种资金占全部资金的比重为权数,对个别资本成本进行加权平均确定的,故又称加权平均资本成本,其计算公式为

$$K_w = \sum_{j=1}^{n} K_j W_j$$

式中,K_w 表示综合资本成本(加权平均资本成本);K_j 表示第 j 种个别资本成本;W_j 表示第 j 种个别资金占全部资金的比重(权数)。

【例 4-7】 某公司账面反映的长期资金共 500 万元,其中长期借款 100 万元,应付长期债券 50 万元,普通股 250 万元,留存收益 100 万元,其成本分别为 6.7%、9.17%、11.26%、11%。该公司的综合资本成本率为

$$K_w = 6.7\% \times \frac{100}{500} + 9.17\% \times \frac{50}{500} + 11.26\% \times \frac{250}{500} + 11\% \times \frac{100}{500} = 10.09\%$$

上述计算中的个别资金占全部资金的比重,是按账面价值确定的,其资料容易取得。但当资金的账面价值与市场价值差别较大时,如股票、债券的市场价格发生较大变动,计算结果会与实际有较大差别,从而贻误筹资决策。为了克服这一缺陷,个别资金占全部资金比重的确定还可以按市场价值或目标价值确定,分别称为市场价值权数、目标价值权数。

市场价值权数指债券、股票以市场价格确定权数。这样计算的综合资本成本能反映企业目前的实际情况。同时,为弥补证券市场价格变动频繁的不便,也可选用平均价格。

目标价值权数指债券、股票以未来预计的目标市场价值确定权数。这种权数能体现期望的资本结构,而不是像账面价值权数和市场价值权数那样只反映过去和现在的资本结构,所以按目标价值权数计算的综合资本成本更适用于企业筹措新资金。然而,企业很难客观、合理地确定证券的目标价值,又使这种计算方法不易推广。

4.1.4 边际资本成本

企业过去筹集的单项资本成本和目前使用的全部资本成本是企业的个别资本成本和平均资本成本。但是如果企业需要追加筹资,不仅要考虑目前所使用资本的成本,还要考虑企业追加筹资的资本成本,即在追加筹资时,需要知道筹资额在什么数额上会引起资本成本怎样的变化,这就要用到边际资本成本的概念。

边际资本成本是指资金每增加一个单位而增加的成本,也是按加权平均计算的,是追加筹资时所使用的加权平均成本。以下举例说明边际资本成本的计算和应用。

【例 4-8】 某公司拥有长期资金 400 万元,其中长期借款 60 万元,长期债券 100 万元,普通股 240 万元。由于扩大经营规模的需要,拟筹集新资金。经分析,认为筹集新资金后仍应保持目前的资本结构,即长期借款占 15%,长期债券占 25%,普通股占 60%,并测算出了随筹资的增加,各种资本成本的变化如表 4-1 所示。

表 4-1　筹资规模与资本成本

资金种类	目标资本结构/%	新筹资额/元	资本成本/%
长期借款	15	<45 000 45 000～90 000 >90 000	3 5 7
长期债券	25	<200 000 200 000～400 000 >400 000	10 11 12
普通股	60	<300 000 300 000～600 000 >600 000	13 14 15

1. 计算筹资突破点

因为花费一定的资本成本率只能筹集到一定限度的资金，超过这一限度多筹集资金就要多花费资本成本，引起原资本成本率的变化，这样，把在保持某资本成本率的条件下可以筹集到的资金总限度称为筹资突破点。在筹资突破点范围内筹资，原来的资本成本率不会改变。一旦筹资额超过筹资突破点，即使维持现有的资本结构，其资本成本率也会增加。筹资突破点的计算公式为

$$筹资突破点 = \frac{可用某一特定成本率筹集到的某种资金额}{该种资金在资本结构中所占的比重}$$

比如，利用表 4-1 中的数据，在花费 3% 的资本成本时取得的长期借款筹资限额为 45 000 元，其筹资突破点便为

$$\frac{45\ 000}{15\%} = 300\ 000(元)$$

而在花费 5% 的资本成本时，取得的长期借款筹资限额为 90 000 元，其筹资突破点为

$$\frac{90\ 000}{15\%} = 600\ 000(元)$$

按照此方法，表 4-1 中各种情况下的筹资突破点的计算结果如表 4-2 所示。

表 4-2　筹资突破点计算表

资金种类	资本结构/%	资本成本/%	新筹资额/元	筹资突破点/元
长期借款	15	3 5 7	<45 000 45 000～90 000 >90 000	300 000 600 000 —
长期债券	25	10 11 12	<200 000 200 000～400 000 >400 000	800 000 1 600 000 —
普通股	60	13 14 15	<300 000 300 000～600 000 >600 000	500 000 1 000 000 —

2. 计算边际资本成本

任何项目的边际成本是该项目增加一个产出量相应增加的成本。例如，目前平均人工成本为 10 元，如果增加 10 人，人工的边际成本可能是每人 15 元；如果增加 100 人，人工的边际

成本可能增加到每人20元。这种现象可能是由于比较难找到愿意从事该项工作的工人所导致的。同样的观念用于筹集资本,企业想筹集更多的资金时每1元的成本也可能会上升。

根据上一步计算出的筹资突破点,可以得到七组筹资总额范围:①30万元以内;②30万~50万元;③50万~60万元;④60万~80万元;⑤80万~100万元;⑥100万~160万元;⑦160万元以上。对以上七组筹资范围分别计算加权平均资本成本,即可得到各种筹资范围的边际资本成本。计算结果如表4-3所示。

表4-3 边际资本成本的计算

筹资总范围/元	资金种类	资本结构/%	资本成本/%	边际资本成本
<300 000	长期借款 长期债券 普通股	15 25 60	3 10 13	3%×15%=0.45% 10%×25%=2.5% } 10.75% 13%×60%=7.8%
300 000~500 000	长期借款 长期债券 普通股	15 25 60	5 10 13	5%×15%=0.75% 10%×25%=2.5% } 11.05% 13%×60%=7.8%
500 000~600 000	长期借款 长期债券 普通股	15 25 60	5 10 14	5%×15%=0.75% 10%×25%=2.5% } 11.65% 14%×60%=8.4%
600 000~800 000	长期借款 长期债券 普通股	15 25 60	7 10 14	7%×15%=1.05% 10%×25%=2.5% } 11.95% 14%×60%=8.4%
800 000~1 000 000	长期借款 长期债券 普通股	15 25 60	7 11 14	7%×15%=1.05% 11%×25%=2.75% } 12.2% 14%×60%=8.4%
1 000 000~1 600 000	长期借款 长期债券 普通股	15 25 60	7 11 15	7%×15%=1.05% 11%×25%=2.75% } 12.8% 15%×60%=9%
>1 600 000	长期借款 长期债券 普通股	15 25 60	7 12 15	7%×15%=1.05% 12%×25%=3% } 13.05% 15%×60%=9%

以上计算结果用图形表达,可以更形象地看出各筹资总额边际资本成本的变化,如图4-1所示,公司可依此作为追加筹资的规划。

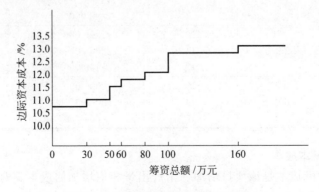

图4-1 边际资本成本变化示意图

4.2 杠杆效应

自然科学的杠杆原理,是指通过杠杆的使用,只用一个较小的力量便可以产生较大的效果。财务管理中的杠杆原理,则是指由于固定费用(包括生产经营方面的固定费用和财务方面的固定费用)的存在,当业务量发生较小的变化时,利润会产生较大的变化。杠杆利益是企业资本结构决策的一个重要因素。筹资风险是指筹资活动中由于筹资的规划而引起的收益变动的风险。资本结构决策需要在杠杆利益与其相关的风险之间进行合理的权衡。

由于成本按习性的分类及相关指标的计算是研究杠杆问题的基础,有必要先介绍成本习性问题,再分别说明经营杠杆、财务杠杆和复合杠杆。

4.2.1 成本按习性的分类与盈亏平衡点的计算

所谓成本习性,是指成本与业务量之间的依存关系。按照成本习性不同,可把成本划分为固定成本、变动成本和混合成本三类。

1. 固定成本

固定成本是指其成本总额在一定时期和一定业务量范围内不受业务量增减变动影响而固定不变的成本。属于固定成本的主要有折旧费、保险费、管理人员工资、办公费等,这些费用每年支出水平基本相同,产销量在一定范围内变动,它们保持固定不变。正是由于这些成本是固定不变的,因而,随着产销量的增加,意味着它将分配给更多数量的产品,也就是说,单位产品负担的固定成本将随产销量的增加而逐渐变小。

当然,固定成本总额只是在一定时期和业务量的一定范围内保持不变。这里所说的一定范围,通常为相关范围。超过了相关范围,固定成本也会发生变动。因此,固定成本必须和一定时期、一定业务量联系起来进行分析。从较长的时间来看,所有的成本都在变化,没有绝对不变的固定成本。

2. 变动成本

变动成本是指其成本总额随着业务量增减变动成正比例增减变动的成本。直接材料、直接人工等都属于变动成本。但从产品的单位成本来看,则恰好相反,产品单位成本中的直接材料、直接人工将保持不变。

与固定成本相同,变动成本也需要研究"相关范围"问题。也就是说,只有在一定范围之内,产量和成本才能完全呈现同比例变化,即完全的线性关系,超过了一定范围,这种关系就不存在了。例如,当一种新产品还是小批量生产时,由于生产还处于不熟练阶段,直接材料和直接人工耗费可能较多。随着产量的增加,工人对生产过程逐渐熟练,可使单位产品的材料和人工费用降低。在这一阶段,变动成本不一定与产量完全成同比例变化,而是表现为小于产量增减幅度。在这以后,生产过程比较稳定,变动成本与产量成同比例变动,这一阶段的产量便是变动成本的相关范围。然而,当产量达到一定程度以后,再大幅度增产可能会出现一些新的不利因素,如工人要求增加工资、津贴等,使成本的增长幅度大于产量的增长幅度。

3. 混合成本

有些成本虽然也是随业务量的变动而变动,但不成同比例变动,不能简单地归入变动成本或固定成本,这类成本称为混合成本。混合成本按其与业务量的关系又可分为半变动成本和半固定成本。

半变动成本是混合成本的基本类型,它通常有一个初始量,类似于固定成本,在这个初始量的基础上随产量的增长而增长,又类似于变动成本。例如,在租用机器设备时,有的租约规定租金同时按以下两种标准计算:①每年支付一定的租金数额(固定部分);②每运转一小时支付一定的租金数额(变动部分)。

半固定成本则随产量的变化呈阶梯形增长,产量在一定限度内,这种成本不变,当产量增长到一定限度后,这种成本就跳跃到一个新水平,如化验员、质量检查人员的工资都属于这类成本。

4. 盈亏平衡点的计算

在计算盈亏平衡点时,必须先理解边际贡献、息税前利润等相关概念。边际贡献是指销售收入减去变动成本以后的差额。其计算公式为

$$M = S - VC = (P - V) \cdot Q$$

式中,M 表示边际贡献总额;S 表示销售收入总额;VC 表示变动成本总额;P 表示产品单位销售价格;V 表示产品单位变动成本;Q 表示产销量。

息前税前利润(简称"息税前利润"),是指支付利息和交纳所得税之前的利润。成本按其习性分类后,息税前利润可用以下公式计算:

$$EBIT = S - VC - F = (P - V) \cdot Q - F$$

式中,$EBIT$ 表示息税前利润;F 表示总的生产经营性固定成本。

盈亏平衡点又称盈亏临界点,是息税前利润等于零时所要求的销售量或销售额。在盈亏平衡点(销售量 Q_{BE})上,$EBIT$ 为零,则

$$0 = Q_{BE}(P - V) - F$$

$$Q_{BE} = \frac{F}{P - V}$$

盈亏平衡点上的销售额则为 PQ_{BE}。

4.2.2 经营风险与经营杠杆

1. 经营风险和经营杠杆的概念

经营风险是指企业因经营状况及环境的变化而导致利润变动的风险,它影响企业按时支付本息的能力。经营风险不仅因行业而异,而且即使同一行业也差别很大。影响企业经营风险的因素很多,主要有:

(1) 产品需求。市场对企业产品的需求越稳定,经营风险越小;反之,经营风险越大。

(2) 产品售价。产品售价变动不大,经营风险则小,否则,经营风险便大。

(3) 产品成本。产品成本是收入的抵减,成本不稳定,会导致利润不稳定。因此产品成本变动大的,经营风险就大;反之,经营风险就小。

(4) 调整价格的能力。当产品成本变动时,若企业具有较强的调整价格的能力,经营风险就小;反之,经营风险越大。

(5) 生产经营性固定成本的比重。在企业全部成本中,固定成本所占比重较大时,单位产品分摊的固定成本额便大。若产品销售量发生变动,单位产品分摊的固定成本会随之变

动,最后导致利润更大幅度的变动,经营风险就大;反之,经营风险就小。

在上述影响企业经营风险的诸多因素中,固定成本比重的影响很重要。在某一固定成本比重下,销售量变动对利润产生的作用,被称为经营杠杆。由于经营杠杆对经营风险的影响最为综合,因此常常被用来衡量经营风险的大小。经营杠杆作用越大的企业,其经营风险也越大,企业的资本成本也就越大。因此,经营风险是决定企业资本结构的一个重要因素。

2. 经营杠杆系数

经营杠杆作用的大小一般用经营杠杆系数表示,它是企业计算利息和所得税之前的盈余(息税前利润)变动率与销售额变动率之间的比率。计算公式为

$$\text{DOL} = \frac{\frac{\Delta \text{EBIT}}{\text{EBIT}}}{\frac{\Delta Q}{Q}}$$

式中,DOL 表示经营杠杆系数;ΔEBIT 表示息税前利润变动额;EBIT 表示变动前息税前利润;ΔQ 表示销售变动量;Q 表示变动前销售量。

假定企业的成本—销售量—利润保持线性关系,那么可变成本在销售收入中所占的比例不变,固定成本也将保持稳定,经营杠杆系数便可通过销售量或销售额来求得。这又有两个公式供使用:

$$\text{DOL}_Q = \frac{Q(P-V)}{Q(P-V)-F} = \frac{Q}{(Q-Q_{\text{BE}})} \tag{4.1}$$

式中,DOL_Q 表示销售量为 Q 时的经营杠杆系数;P 表示产品单位销售价格;V 表示产品单位变动成本;F 表示总的生产经营性固定成本;Q_{BE} 表示保本销售量。

$$\text{DOL}_S = \frac{S-\text{VC}}{S-\text{VC}-F} = \frac{\text{EBIT}+F}{\text{EBIT}} \tag{4.2}$$

式中,DOL_S 表示销售额为 S 时的经营杠杆系数;S 表示销售额;VC 表示变动成本总额。

在实际工作中,式(4-1)可用于计算单一产品的经营杠杆系数,它只需要求出两项信息:Q 和 Q_{BE},这两者都是用"件"等数量单位来表示的;式(4-2)除了用于计算单一产品的经营杠杆系数外,还可用于计算多产品的经营杠杆系数,它也只需要求出两项信息:EBIT 和 F,这两者都是用金额单位来表示的。

【例 4-9】 某企业生产 A 产品,固定成本 60 万元,变动成本率 40%。当企业的销售额分别为 400 万元、200 万元、100 万元时,经营杠杆系数分别为

$$\text{DOL}_{(1)} = \frac{400-400\times 40\%}{400-400\times 40\%-60} = 1.33$$

$$\text{DOL}_{(2)} = \frac{200-200\times 40\%}{200-200\times 40\%-60\%} = 2$$

$$\text{DOL}_{(3)} = \frac{100-100\times 40\%}{100-100\times 40\%-60} \to \infty$$

以上计算结果表明了这样一些问题:

(1) 在固定成本不变的情况下,经营杠杆系数说明了销售额增长(或减少)所引起息税前利润增长(或减少)的幅度。比如,$\text{DOL}_{(1)}$ 说明在销售额为 400 万元时,销售额的增长(或减少)会引起息税前利润 1.33 倍的增长(或减少);$\text{DOL}_{(2)}$ 说明在销售额为 200 万元时,销售额的增长(或减少)将引起息税前利润 2 倍的增长(或减少)。

(2) 在固定成本不变的情况下，销售额越大，经营杠杆系数越小，经营风险也就越小；反之，销售额越小，经营杠杆系数越大，经营风险也就越大。比如，当销售额为 400 万元时，$DOL_{(1)}$ 为 1.33；当销售额为 200 万元时，$DOL_{(2)}$ 为 2。显然，后者利润的不稳定性大于前者，故后者的经营风险大于前者。

(3) 当销售额达到盈亏临界点时，经营杠杆系数趋近于无穷大，如 $DOL_{(3)}$ 的情况。此时企业经营只能保本。若销售额稍有增加，便可出现盈利；若销售额稍有减少，便会发生亏损。

3. 经营杠杆系数与盈亏平衡分析

以下举例说明经营杠杆系数与盈亏平衡点的关系。

【例 4-10】 某企业生产高质量的自行车配件，销售单价为 50 元/件。不论产销多少，企业每年的固定性生产经营成本为 100 000 元，每件产品的变动经营成本为 25 元/件。

在本例中：

(1) 盈亏平衡点的销售量 $Q_{BE}=100\,000\div(50-25)=4\,000$（件）

(2) 当产销量为 5 000 件时，$EBIT=(5\,000-4\,000)\times(50-25)=25\,000$（元），经营杠杆系数 $DOL_{(5\,000件)}=5\,000\div(5\,000-4\,000)=5.00$。

(3) 当产销量为 6 000 件时，$EBIT=(6\,000-4\,000)\times(50-25)=50\,000$（元），经营杠杆系数 $DOL_{(6\,000件)}=6\,000\div(6\,000-4\,000)=3.00$。

其他产销水平下的息税前利润和经营杠杆系数的计算结果见表 4-4。

表 4-4 不同产销水平的息税前利润和经营杠杆系数

产销量(Q)/件	息税前利润(EBIT)/元	经营杠杆系数(DOL)
0	−100 000	0.00
1 000	−75 000	−0.33
2 000	−50 000	−1.00
3 000	−25 000	−3.00
Q_{BE}=4 000	0	无穷大
5 000	25 000	5.00
6 000	50 000	3.00
7 000	75 000	2.33
8 000	100 000	2.00

表 4-4 列出了在不同的产销量水平下的息税前利润和经营杠杆系数。可以看出，离盈亏平衡点越远，企业的息税前利润或亏损的绝对值就越大，而且用经营杠杆系数(DOL)衡量的息税前利润(EBIT)对产销量(Q)变动的敏感性就越低，即经营杠杆系数的绝对值由大变小。

值得进一步讨论的是，经营杠杆系数仅是衡量企业总的经营风险的一个很重要的组成部分。导致经营风险的原因除了固定性生产经营成本外，还包括销售量、单位变动成本、销售价格等因素的不确定性。这样，经营杠杆系数将放大这些其他因素对息税前利润的变化性的影响。当然，经营杠杆系数应当只被看作是对"潜在风险"的衡量，这种潜在风险只有在销售和生产成本的变动性存在的条件下才会被"激活"。因此，企业一般可以通过增加销售金额、降低产品单位变动成本、降低固定成本比重等措施来使经营杠杆系数下降，降低经营风险。但这往往要受到多种非主观因素的制约。

4.2.3 财务风险与财务杠杆

1. 财务风险和财务杠杆的概念

一般来说,企业在经营中总会发生借入资金。企业负债经营,不论利润多少,债务利息是不变的。于是,当息税前利润(EBIT)增大时,每一元息税前利润所负担的利息就会相应地减少,从而给投资者收益带来更大幅度的提高。这种债务对投资者收益的影响称作财务杠杆。

财务风险是指全部资本中债务资本比率的变化带来的风险,它是财务杠杆作用的结果。当债务资本比率较高时,投资者将负担较多的债务成本,并经受较多的财务杠杆作用所引起的收益变动的冲击,从而加大财务风险;反之,当债务资本比率较低时,财务风险就小。

2. 财务杠杆系数

与经营杠杆作用的表示方式类似,财务杠杆作用的大小通常用财务杠杆系数表示。财务杠杆系数越大,表明财务杠杆作用越大,财务风险也就越大;财务杠杆系数越小,表明财务杠杆作用越小,财务风险也就越小。财务杠杆系数的计算公式为

$$\mathrm{DFL} = \frac{\dfrac{\Delta \mathrm{EPS}}{\mathrm{EPS}}}{\dfrac{\Delta \mathrm{EBIT}}{\mathrm{EBIT}}}$$

式中,DFL 表示财务杠杆系数;ΔEPS 表示普通股每股收益变动额;EPS 表示变动前的普通股每股收益;ΔEBIT 表示息税前利润变动额;EBIT 表示变动前的息税前利润。

企业在不存在优先股的情况下,上述公式还可以推导为

$$\mathrm{DFL} = \frac{\mathrm{EBIT}}{\mathrm{EBIT} - I}$$

式中,I 表示债务年利息。

【例 4-11】 A、B、C 为三家经营业务相同的公司,它们的有关情况如表 4-5 所示。

表 4-5 债务规模不同的公司的每股收益与财务杠杆系数

项 目	A公司	B公司	C公司
普通股本(面值 100 元)/元	2 000 000	1 500 000	1 000 000
发行股数(N)/股	20 000	15 000	10 000
债务(利率 8%)/元	0	500 000	1 000 000
资本总额/元	2 000 000	2 000 000	2 000 000
息税前利润(EBIT)/元	200 000	200 000	200 000
债息利息(I)/元	0	40 000	80 000
税前利润(EBIT-I)/元	200 000	160 000	120 000
所得税(税率 25%)/元	50 000	40 000	30 000
税后利润/元	150 000	120 000	90 000
财务杠杆系数(DFL)	1	1.25	1.67
每股普通股收益/元	7.50	8.00	9.00
息税前利润增加(ΔEBIT)/元	200 000	200 000	200 000
(EBIT+ΔEBIT)/元	400 000	400 000	400 000
债务利息(I)/元	0	40 000	80 000
税前利润/元	400 000	360 000	320 000
所得税(税率 25%)/元	100 000	90 000	80 000
税后利润/元	300 000	270 000	240 000
每股普通股收益/元	15.00	18.00	24.00

表 4-5 说明：

(1) 财务杠杆系数(DFL)表明的是息税前利润(EBIT)增长所引起的每股收益(EPS)的增长幅度。比如，A 公司的息税前利润增长 1 倍时，其每股收益也增长 1 倍(15.00÷7.50－1)；B 公司的息税前利润增长 1 倍时，其每股收益增长 1.25 倍(18.00÷8.00－1)；C 公司的息税前利润增长 1 倍时，其每股收益增长 1.67 倍(24.00÷9.00－1)。

(2) 在资本总额、息税前利润相同的情况下，负债比率越高，财务杠杆系数越高，财务风险越大，但预期每股收益(投资者收益)也越大。比如，B 公司比起 A 公司来，负债比率高(B 公司资本负债率为 500 000÷2 000 000×100％＝25％，A 公司资本负债率为 0)，财务杠杆系数高(B 公司为 1.25，A 公司为 1)，财务风险大，但每股收益也高(B 公司为 8.00 元，A 公司为 7.50 元)。C 公司与 B 公司相比，情况类似。

可见，在其他条件不变的情况下，财务杠杆的运用(适当地举债)会使企业每股收益超过未运用财务杠杆的企业。这种财务杠杆的运用对企业每股收益会产生有利的影响，通常称为"正财务杠杆"。运用财务杠杆可能产生有利影响的原因在于：①运用财务杠杆尽管企业增加了利息负担，并导致税后利润下降，但由于税后利润下降的幅度小于普通股发行数下降的幅度，因而使得每股收益上升；②总资本营业利润率高于举债成本，每股收益必定上升，正财务杠杆必然出现。

与上述相反，在其他条件不变的情况下，财务杠杆对企业每股收益也可能产生不利的影响，这种现象通常称为"负财务杠杆"，即财务杠杆的运用将导致企业每股收益低于未运用财务杠杆的企业。

不管怎样，负债比率是可以控制的。企业可以通过合理安排资本结构，适度负债，使财务杠杆利益抵消风险增大所带来的不利影响。

4.2.4　复合杠杆作用与复合杠杆系数

由以上的介绍可知，经营杠杆通过扩大销售(Q)影响息税前利润(EBIT)，而财务杠杆通过扩大息税前利润(EBIT)影响每股收益(EPS)。如果两种杠杆共同起作用，那么销售量(Q)或销售额($P \cdot Q$)稍有变动就会使每股收益(EPS)产生更大的变动。通常把这两种杠杆的连锁作用称为复合杠杆作用，又称综合杠杆作用或总杠杆作用。它们的作用过程如图 4-2 所示。

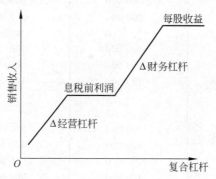

图 4-2　复合杠杆作用

复合杠杆作用的程度，可用复合杠杆系数(DCL)表示。所谓复合杠杆系数，是指每股收益变动率相当于产销量(或额)变动率的倍数。其计算公式为

$$\text{DCL} = \frac{\dfrac{\Delta \text{EPS}}{\text{EPS}}}{\dfrac{\Delta S}{S}}$$

【例 4-12】某企业两年的资料如表 4-6 所示。

表 4-6 某企业财务资料

项　目	2015 年	2016 年	
销售收入(S)/元	1 500 000	2 000 000	
固定成本(F)/元	600 000	600 000	经营杠杆
变动成本(VC)/元	500 000	666 667	
息税前利润(EBIT)/元	400 000	733 333	
利息(I)/元	120 000	120 000	
税前利润/元	280 000	613 333	
所得税/元	84 000	184 000	财务杠杆
净利润/元	196 000	429 333	
普通股票股数(N)/股	10 000	10 000	
每股收益(EPS)/元	19.60	42.93	

根据表 4-6，求得：
（1）每股收益增长率(ΔEPS/EPS) = (42.93 − 19.6)÷19.6×100% = 119.03%
（2）销售收入增长率($\Delta S/S$) = (2 000 000 − 1 500 000)÷1 500 000×100% = 33.33%
（3）复合杠杆系数(DCL) = 119.03%÷33.33% = 3.57
复合杠杆系数 3.57，它表示每股收益变动是销售收入变动的 3.57 倍。
复合杠杆系数也可以用经营杠杆系数和财务杠杆系数的乘积来表示，其计算公式为

$$\text{DCL} = \text{DOL} \cdot \text{DFL} = \frac{Q(P-V)}{Q(P-V)-F-I}$$

或

$$\text{DCL} = \frac{S-VC}{S-VC-F-I}$$

【例 4-13】根据表 4-6 中的资料，求得：
（1）经营杠杆系数(DOL) = (400 000 + 600 000)÷400 000 = 2.5
（2）财务杠杆系数(DFL) = (400 000)÷(400 000 − 120 000) = 1.428 6
（3）复合杠杆系数(DCL) = 2.5×1.428 6 = 3.57

复合杠杆作用的意义，首先，在于能够估计出销售额变动对每股收益造成的影响。比如，上例中销售额每增加（或减少）1 倍，就会造成每股收益增长（或减少）3.57 倍。其次，它使我们看到了经营杠杆与财务杠杆之间的相互关系，即为了达到某一复合杠杆系数，经营杠杆和财务杠杆可以有很多不同的组合。比如，经营杠杆系数较高的企业可以在较低的程度上使用财务杠杆；经营杠杆系数较低的企业可以在较高的程度上使用财务杠杆，等等。这有待企业在考虑了各有关的具体因素后作出选择。

4.3　资本结构

资本结构是指企业各种长期资金筹集来源的构成和比例关系。短期资金的需要量和筹

集是经常变化的,在整个资金总量中所占的比重不稳定,因此不列入资本结构管理范围,而作为营运资金管理。在通常情况下,企业的资本结构由长期债务资金和权益资金构成,资金比例关系指的就是长期债务资金和权益资金各占多大比例。资本结构的管理包括以下两个方面的内容。

4.3.1 筹资的每股收益分析

资本结构合理与否,可以通过分析每股收益的变化来衡量,即能提高每股收益的资本结构是合理的;反之,则是不够合理的。由此前的分析已经知道,每股收益的高低不仅受资本结构(由长期负债筹资和权益筹资构成)的影响,还受销售水平的影响。处理以上三者的关系,可以运用筹资的每股收益分析的方法。

每股收益分析是利用每股收益的无差别点进行的。所谓每股收益的无差别点,是指每股收益不受筹资方式影响的销售水平(或息税前利润水平)。根据每股收益无差别点,可以分析判断在什么样的销售水平(或利润水平)下适合于采用何种资本结构。

每股收益无差别点可以通过计算得出。

每股收益 EPS 的计算为

$$EPS = \frac{(S-VC-F-I)(1-T)}{N} = \frac{(EBIT-I)(1-T)}{N}$$

式中,T 表示所得税率;N 表示流通在外的普通股股数。

在销售水平较低时,运用股票筹资(权益筹资)的每股收益高;在销售水平较高时,运用负债筹资的每股收益高。因此,会存在一个特定的销售额(或 EBIT),无论是用股票筹资还是负债筹资,其每股收益都相等,这就是每股收益无差别点。若以 EPS_1 代表负债筹资,EPS_2 代表股票筹资,在每股收益无差别点上这两个筹资方案的每股收益相等,则有

$$EPS_1 = EPS_2$$

$$\frac{(S_1-VC_1-F_1-I_1)(1-T)}{N1} = \frac{(S_2-VC_2-F_2-I_2)(1-T)}{N_2}$$

在每股收益无差别点上 $S_1=S_2=S$,则

$$\frac{(S-VC_1-F_1-I_1)(1-T)}{N_1} = \frac{(S-VC_2-F_2-I_2)(1-T)}{N_2}$$

能使得上述条件公式成立的销售额(S)为每股收益无差别点销售额。

【例 4-14】 某公司原有资本 700 万元,其中债务资本 200 万元(每年负担利息 24 万元),普通股资本 500 万元(发行普通股 10 万股,每股面值 50 元)。由于扩大业务,需追加筹资 300 万元,其筹资方式有以下两种:

(1) 全部发行普通股:增发 6 万股,每股面值 50 元。

(2) 全部筹借长期债务:债务利率仍为 12%,利息 36 万元。

公司的变动成本率为 60%,固定成本为 180 万元,所得税税率为 25%。

将上述资料中的有关数据代入条件公式:

$$\frac{(S-S\times 60\%-180-24)(1-25\%)}{10+6} = \frac{(S-S\times 60\%-180-24-36)(1-25\%)}{10}$$

$$S = 750(万元)$$

此时的每股收益为

$$\text{EPS} = \frac{(750 - 750 \times 60\% - 180 - 24)(1 - 25\%)}{16} = 4.50(元/股)$$

以上每股收益无差别分析,可描绘成如图 4-3 所示的情形。

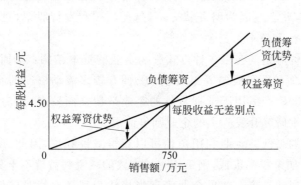

图 4-3 每股收益无差别点分析

从图 4-3 可以看出,当销售额高于 750 万元(每股收益无差别点的销售额)时,运用负债筹资可获得较高的每股收益;当销售额低于 750 万元时,运用权益筹资可获得较高的每股收益。

4.3.2 最佳资本结构

在实际工作中,准确地确定最佳资本结构几乎是不可能的。财务管理人员通常是同时运用定性分析和定量分析,综合考虑影响资本结构的各种因素来确定一个合理的资本结构。

1. 影响资本结构的因素分析

影响企业资本结构的基本因素主要有:

(1) 企业销售的增长情况。预计未来销售的增长率,决定财务杠杆在多大程度上扩大每股收益。如果销售以较快的速度增长,使用具有固定利息费用的债务筹资,就会增加普通股的每股收益。销售的稳定性对资本结构也有重要影响。如果企业的销售比较稳定,则可较多地负担固定的利息费用;如果销售和盈利有周期性,则负担固定的利息费用将冒较大的财务风险。

(2) 企业所有者和管理人员的态度。企业资本结构的决策最终是由股东和管理当局作出的,一个企业的股票如果被众多股东所持有,谁也没有绝对的控制权,这个企业可能会更多地采用发行股票的方式来筹集资金,因为企业股东并不担心控制权的旁落;反之,有的企业被少数股东所控制,股东们很重视控制权问题,企业为了保证少数股东的绝对控制权,一般尽量避免普通股筹资,而是采用优先股或负债方式筹资。

管理当局对待风险的态度,也是影响资本结构的重要因素。如果管理当局喜欢冒险,可能会安排比较高的负债比例;反之,一些持稳健态度的管理人员则会只使用较少的债务。

(3) 贷款人和信用评级机构的影响。一般而言,企业管理当局往往会与贷款人和信用评级机构商讨企业的财务结构,并充分尊重他们的意见。大部分贷款人(债权人)都不希望企业的负债比例太大。如果企业坚持使用过多的债务,则贷款人可能拒绝贷款。同样,如果企业债务太多,信用评级机构可能会降低企业的信用等级,这样会影响企业的筹资能力,提高企业的资本成本。

（4）企业的财务状况。获利能力越强、财务状况越好、变现能力越强的企业，就越有能力负担财务上的风险。因而，随着企业变现能力、财务状况和盈利能力的增进，举债筹资就越有吸引力。当然，有些企业因为财务状况不好，无法顺利发行股票，只好以高利率发行债券来筹集资金或根本就筹集不到资金。

（5）资产结构。资产结构会以多种方式影响企业的资本结构：①拥有大量固定资产的企业主要通过长期负债和发行股票筹集资金；②拥有较多流动资产的企业，更多地依赖流动负债来筹集资金；③资产适用于抵押贷款的企业举债金额较多，如房地产企业的抵押贷款就相当多；④以技术研究开发为主的企业则负债很少。

（6）所得税税率的高低。企业利用负债可以获得减税利益，因此，所得税税率越高，负债的好处越多；反之，如果税率很低，则采用举债方式的减税利益就不十分明显。

（7）利率水平的变动趋势。如果企业管理当局认为利息率暂时较低，但不久的将来有可能上升，便会大量发行长期债券，从而在以后的若干年内把利率固定在较低水平上。

另外，企业所在的行业不同和企业规模的大小，也会影响企业的资本结构。企业管理当局，特别是财务管理人员应在认真分析以上各种因素对企业资本结构影响的基础上，根据经验来确定企业的资本结构。

2. 最佳资本结构的定量分析

以上我们以每股收益的高低作为衡量标准对筹资方式进行了选择。这种方法的缺陷在于没有考虑风险因素。从根本上讲，财务管理目标的核心和基础在于追求股东财富最大化，对上市公司而言就是股价最大化。然而，只有在风险不变的情况下，每股收益的增长才会直接导致股价上升。实际上，经常是随着每股收益的增长，风险也加大。如果每股收益的增长不足以补偿风险增加所需的报酬，尽管每股收益增加了，股价仍然会下降。所以说到底，企业的最佳资本结构应当是可使企业的总价值最高，而不一定是每股收益最大的资本结构。同时，在企业总价值最大的资本结构下企业的资本成本也是最低的。

企业的市场总价值 V 应该等于其股票的总价值 S 加上债券的价值 B，即

$$V = S + B \tag{4.3}$$

为简化起见，设债券的市场价值等于它的面值。股票的市场价值可通过下式计算：

$$S = \frac{(\text{EBIT} - I)(1 - T)}{K_S} \tag{4.4}$$

式中，K_S 表示权益资本成本。K_S 采用资本资产定价模型计算：

$$K_S = R_S = R_F + \beta(R_m - R_F)$$

而企业的资本成本，则应采用综合资本成本 K_w 来表示，公式为

$$K_w = K_b \left(\frac{B}{V}\right)(1 - T) + K_S \left(\frac{S}{V}\right) \tag{4.5}$$

式中，K_b 表示税前的债务资本成本。

【例 4-15】 某公司年息税前利润为 500 万元，资金全部由普通股资金组成，股票账面价值 2 000 万元，假设所得税税率为 40%。该公司认为目前的资本结构不够合理，准备用发行债券购回部分股票的办法予以调整。经咨询调查，目前的债务利率和权益资金的成本情况如表 4-7 所示。

表 4-7 不同债务水平对企业债务资本成本和权益资本成本的影响

债券的市场价值 B/百万元	税前债务资本成本 K_b/%	股票 β 值	无风险报酬率 R_F/%	平均风险股票必要报酬率 R_m/%	权益资金的成本 K_S/%
0	—	1.20	10	14	14.8
2	10	1.25	10	14	15
4	10	1.30	10	14	15.2
6	12	1.40	10	14	15.6
8	14	1.55	10	14	16.2
10	16	2.10	10	14	18.4

根据表 4-7 中的资料,运用式(4.3)~式(4.5)即可算出筹借不同金额的债务时公司的价值和资本成本,如表 4-8 所示。

表 4-8 公司市场价值和资本成本

债券的市场价值 B/百万元	股票的市场价值 S/百万元	公司的市场价值 V/百万元	税前债务资本成本 K_b/%	权益资本成本 K_S/%	综合资本成本 K_W/%
0	20.27	20.27	—	14.8	14.80
2	19.20	21.20	10	15	14.15
4	18.16	22.16	10	15.2	13.54
6	16.46	22.46	12	15.6	13.36
8	14.37	22.37	14	16.2	13.41
10	11.09	21.09	16	18.4	14.23

从表 4-8 中可以看到,在没有债务的情况下,公司的总价值就是其原有股票的市场价值。当公司用债务资金部分地替换权益资金时,刚开始公司总价值上升,综合资本成本下降。在债务达到 600 万元时,公司总价值最高,综合资本成本最低。债务超过 600 万元后,公司总价值下降,综合资本成本上升。因此,债务为 600 万元时的资本结构是该公司的最佳资本结构。

本章小结

资本成本是企业筹集和使用资金而付出的代价,包括资金筹集费和资金占用费两部分。在实际工作中,由于运用的场合不同,资本成本可以有多种形式:①在比较各种筹资方式时,使用个别资本成本,包括优先股成本、普通股成本、留存收益成本、长期借款成本、长期债券成本;②在进行资本结构决策时,使用加权平均资本成本;③在进行追加筹资决策时,使用边际资本成本。

杠杆利益是企业资本结构决策的一个重要因素,资本结构决策需要在杠杆利益与其相关的风险之间进行合理的权衡。为了达到一定程度的复合杠杆作用,经营杠杆和财务杠杆可以有很多不同的组合:①经营杠杆系数较高的企业可以在较低的程度上使用财务杠杆;②经营杠杆系数较低的企业可以在较高的程度上使用财务杠杆。

资本结构是企业各种长期资金筹集来源的构成和比例关系,它由长期债务资金和所有者权益资金构成。资本结构的合理性和最优化判断是通过分析每股收益与资本成本的变化来衡量的。

复习与思考题

1. 什么是资本成本？资本成本包括哪两部分？它有何意义？
2. 简述长期资金的资本成本的估算方法。
3. 什么是经营杠杆？经营杠杆与经营风险的关系是什么？
4. 什么是财务杠杆？财务杠杆与财务风险的关系是什么？
5. 什么是复合杠杆？经营杠杆与财务杠杆是怎样发挥综合作用的？
6. 企业的每股收益最大是否说明企业的资本结构最优？为什么？
7. 企业价值最大化与企业最优资本结构的关系是什么？
8. 综合资本成本与边际资本成本有何区别？在企业达到最优资本结构时，它们各自具有什么特征？

 练习题

【题 4-1】 某企业发行一笔期限为 8 年的债券，债券面值为 2 000 元，溢价发行，实际发行价格为面值的 110％，票面利率为 12％，每年年末支付一次利息，筹资费用率为 3％，所得税税率为 25％。

要求：计算该债券的资本成本。

【题 4-2】 某企业共有资金 200 万元，其中债券 80 万元，普通股 80 万元，留存收益 40 万元。各种资金的成本分别为 10％、15％、14.8％。

要求：计算该企业的加权平均资本成本。

【题 4-3】 新中大公司拟筹资 1 000 万元，现有两个备选方案。有关资料见下表：

筹资方式	甲 方 案		乙 方 案	
	筹资额/万元	资本成本/％	筹资额/万元	资本成本/％
长期借款	150	9	200	9
债券	350	10	200	10
普通股	500	12	600	12
合　　计	1 000		1 000	

要求：确定该公司的最佳筹资结构。

【题 4-4】 太阳能公司 2015 年度的利润表有关资料如下：

销售收入　　　　　　　　4 000 万元

变动成本　　　　　　　　2 400 万元

固定成本　　　　　　　　1 000 万元

息税前利润　　　　　　　600 万元

利息	200 万元
所得税	200 万元

要求：

(1) 计算经营杠杆系数、财务杠杆系数和复合杠杆系数。

(2) 若 2016 年销售收入增长 30%，息税前利润与净利润增长的百分比各是多少？

【题 4-5】 海滨公司目前的资金来源包括每股面值 1 元的普通股 800 万股和平均利率为 10% 的 3 000 万元债券。该公司拟投产新产品，该项目需要资金 4 000 万元，预期投产后每年可增加息税前利润 400 万元。有两个筹资方案：

一是按 11% 的利率发行债券；

二是按 20 元/股的价格增发普通股。

该公司目前的息税前利润为 1 600 万元，公司适用的所得税税率为 25%，证券发行费忽略不计。

要求：

(1) 计算两个筹资方案的每股收益。

(2) 计算两个筹资方案的每股收益无差别点。

(3) 计算筹资前、后的财务杠杆系数。

(4) 分析公司应选择哪种筹资方案？为什么？

案例分析

案例 4-1　财务风险程度的比较分析

Aberez 公司和 Vorlas Vactor 公司的财务特征如下：

项　目	Aberez 公司		Vorlas Vactor 公司	
	本公司	行业平均数	本公司	行业平均数
债务股本比	1.10	1.43	0.78	0.47
债券评级	Aa	A	Ba	Baa
利息保障倍数	6.10	5.70	7.30	7.10
现金和有价证券占总资产比例	0.08	0.07	0.10	0.13

由以上资料可知，Aberez 公司的债务比率低于行业平均水平，Vorlas Vactor 公司的债务比率则高于行业平均水平，两家公司的利息保障倍数都较大地超过了行业平均水平。Vorlas Vactor 公司所在行业较低的债务对权益比率和较高的利息保障倍数表明它的经营风险可能要比 Aberez 公司所在行业高。Aberez 公司的流动比率高于行业平均水平，而 Vorlas Vactor 公司，则低于行业平均水平。显然，对于所有三个财务比率 Vorlas Vactor 公司都要比 Aberez 公司好，但它们都比行业平均水平低。最后，Aberez 公司的债券评级要比 Vorlas Vactor 公司好，为 Aa 级，并且高于行业平均水平；Vorlas Vactor 公司的债券评级是投资债券最低级别的下一级，这一级别也低于行业内一般公司的评级。如果行业平均水平

能够合理地代表基本的经营风险和财务风险,我们就将说 Vorlas Vactor 公司的风险程度更高。

案例 4-2　没有永远的标王

秦池酒厂是山东省临朐县的一家生产"秦池"白酒的企业。1995 年以 6 666 万元的价格夺得中央电视台第二届黄金时段广告"标王",秦池酒厂一夜成名,秦池白酒身价倍增。1996 年秦池酒厂又以 3.2 亿元人民币的"天价",连任两届"标王"。

然而,好景不长,2000 年 7 月,一家金属酒瓶帽的供应商指控秦池拖欠 300 万元货款,地区中级人民法院判决秦池酒厂败诉,并裁定拍卖"秦池"注册商标。

秦池酒厂缘何昙花一现?从财务管理的角度来说,秦池酒厂盛衰的启示和教训:

一是巨额广告支出是一项固定性费用,由此使企业的经营杠杆效应增大,同时也带来了更大的经营风险。

二是秦池酒厂在成名之前作为一个县级企业,其总资产规模和生产能力有限。面对"标王"之后滚滚而来的订单,需投入资金,提高企业生产能力,但这种做法受到资金制约和生产周期的制约。

三是巨额广告支出和固定资产上的投资所需资金必须通过银行贷款解决。秦池酒厂在扩大生产规模的同时,降低了企业资金的流动性。当年内到期的巨额银行短期贷款要求偿还时,秦池酒厂陷入财务困境。

曾几何时,一举亿元何等豪放,转眼风云变幻世事沧桑,不免令人感慨万千。

项目投资管理

第 5 章

本章学习目标 通过本章的学习,要求掌握项目投资的含义、特点与程序,掌握项目投资的现金流量测算技术以及净现值法、净现值率法、现值指数法、内含报酬率法等项目投资决策的贴现评价法及其应用;熟悉静态投资回收期法和会计收益率法等非贴现评价法。

机会成本(opportunity cost)　　　　资本性支出(capitalized expenditures)
已贴现现金流量(discounted cash flow)　回收期(payback period)
内部收益率(internal rate of return)　　插值(interpolate)
最低报酬率(hurdle rate)　　　　　　　净现值(net present value)
盈利指数(profitability index)　　　　独立项目(independent project)
相关项目(depedent/contigent project)　互斥项目(mutually exclusive project)

 互联网资料

国家开发银行(http://www.cdb.com.cn)
中国建设银行(http://www.ccb.com)
毕马威国际(http://www.kpmg.com)

对于创造价值而言,投资决策是三项决策中最重要的决策。筹资的目的是投资,投资决定了筹资的规模和时间。投资决定了购置的资产类别,不同的生产经营活动需要不同的资产。因此,投资决定了日常经营活动的特点和方式。

投资决策决定着企业的前景,以至于提出投资方案和评价方案的工作已经不是财务人员能单独完成的,需要所有经理人员的共同努力。

资料来源:中国注册会计师协会.财务成本管理.北京:中国财政经济出版社,2011年,第191页。

5.1 项目投资概述

广义的投资,是指为了将来获得更多的现金流入而现在付出现金的行为。从特定企业的角度看,投资是企业为获取收益而向一定对象投放资金的经济行为。按照投资行为的介入程度,投资可以分为直接投资和间接投资。直接投资,是指由投资人直接介入投资行为,即将货币资金直接投入投资项目,形成实物资产或者购买现有企业资产的一种投资,也称为项目投资。其特点是,投资行为可以直接将投资者与投资对象联系在一起。间接投资,是指投资者以其资本购买公债、公司债券、金融债券或公司股票等,以预期获取一定收益的投资,也称为证券投资。本章仅讨论项目投资,证券投资将在第6章讨论。

5.1.1 项目投资的特点

从性质上看,项目投资是企业直接的、生产性的对内实物投资,通常包括固定资产投资、无形资产投资和流动资金投资等内容。与其他形式的投资相比,项目投资具有以下主要特点。

1. 投资金额大

项目投资,特别是战略性的扩大生产能力投资一般都需要较多的资金,其投资额往往是企业及其投资人多年的资金积累,在企业总资产中占有相当大的比重。因此,项目投资对企业未来的现金流量和财务状况都将产生深远的影响。

2. 影响时间长

项目投资的投资期及发挥作用的时间都较长,对企业未来的生产经营活动和长期经营活动将产生重大影响。

3. 变现能力差

项目投资一般不准备在一年或一个营业周期内变现,而且即使在短期内变现,其变现能力也较差。因为,项目投资一旦完成,要想改变是相当困难的,不是无法实现,就是代价太大。

4. 投资风险大

影响项目投资未来收益的因素特别多,加上投资额大、影响的时间长和变现能力差,必然造成其投资风险比其他投资大,对企业未来的命运产生决定性影响。无数事例证明,一旦项目投资决策失败,会给企业带来先天性的、无法逆转的损失。

在制造性企业,投资项目主要可分为以新增生产能力为目的的新建项目和以恢复或改善生产能力为目的的更新改造项目两大类。新建项目按其涉及内容不同,还可进一步细分为单纯固定资产投资项目和完整工业投资项目。单纯固定资产投资项目简称固定资产投资,其特点在于:在投资中只包括为取得固定资产而发生的垫支资本投入而不涉及周转资本的投入;完整工业投资项目则不仅包括固定资产投资,而且还涉及流动资金投资,甚至包括其他长期资产项目(如无形资产)的投资。因此,不能将项目投资简单地等同于固定资产投资。出于篇幅的考虑,本章主要阐述固定资产投资决策分析。

5.1.2 项目投资的程序

项目投资的程序主要包括以下环节:

1. 项目提出

这是项目投资程序的第一步,是根据企业的长远发展战略、中长期投资计划和投资环境的变化,在把握良好投资机会的情况下提出的。它可以由企业管理当局或企业高层管理人员提出,也可以由企业的各级管理部门和相关部门的领导提出。

2. 项目评价

这一步骤主要涉及如下几项工作:①对提出的投资项目进行适当分类,为分析评价做好准备;②计算有关项目的建设周期,测算有关项目投产后的收入、费用和经济效益,预测有关项目的现金流入和现金流出;③运用各种投资评价指标,把各项投资按可行程度进行排序;④写出详细的评价报告。

3. 项目决策

投资项目评价后,应按分权管理的决策权限由企业高层管理人员或相关部门经理作最后决策。投资额小的战术性项目投资或维持性项目投资,一般由部门经理作出,特别重大的项目投资还需要报董事会或股东大会批准。不管由谁最后决策,其结论一般都可以分成以下三种:①接受这个投资项目,可以进行投资;②拒绝这个项目,不能进行投资;③返还给项目提出的部门,重新论证后,再行处理。

4. 项目执行

决定对某项目进行投资后,要积极筹措资金,实施项目投资。在投资项目的执行过程中,要对工程进度、工程质量、施工成本和工程概算进行监督、控制和审核,防止工程建设中的舞弊行为,确保工程质量,保证按时完成。

5. 项目再评价

项目再评价,即对投资项目进行跟踪审计,应注意原来作出的投资决策是否合理、是否正确。一旦出现新的情况,就要随时根据变化的情况作出新的评价。如果情况发生重大变化,原来投资决策变得不合理,那么就要进行是否终止投资或怎样终止投资的决策,以避免更大的损失。

5.1.3 项目计算期的构成和项目投资的内容

1. 项目计算期的构成

项目计算期是指投资项目从投资建设开始到最终清理结束整个过程的全部时间,即该项目的有效持续期间。完整的项目计算期包括建设期和生产经营期。其中,建设期的第一年年初(通常记作第 0 年)称为建设起点;建设期的最后一年年末称为投产日;项目计算期的最后一年年末(通常记作第 n 年)称为终结点;从投产日到终结点之间的时间间隔称为生产经营期,而生产经营期又包括试产期和达产期(完全达到设计生产能力)。

2. 项目投资的内容

从项目投资的角度看,原始投资(又称初始投资)是企业为使项目完全达到设计生产能力、开展正常经营而投入的全部现实资金,包括建设投资和流动资金投资两项内容。

建设投资是指在建设期内按一定生产经营规模和建设内容进行的投资,包括:

(1) 固定资产投资。这是项目用于购置或安装固定资产应当发生的投资。固定资产原值与固定资产投资之间的关系是:固定资产原值＝固定资产投资＋建设期资本化借款利息。

(2) 无形资产投资。这是指项目用于取得无形资产而发生的投资。

(3) 其他资产投资。这是建设投资中除固定资产投资和无形资产投资以外的投资,包括生产准备和开办费投资。

流动资金投资是指项目投产前后分次或一次投放于流动资产项目的投资增加额,又称垫支流动资金或营运资金投资。

项目总投资是一个反映项目投资总体规模的价值指标,它等于原始投资与建设期资本化利息之和。其中,建设期资本化利息是指在建设期发生的与购建项目所需的固定资产、无形资产等长期资产有关的借款利息。

5.1.4 项目投资资金的投入方式

从时间特征上看,投资主体将原始投资注入具体项目的投入方式包括一次投入和分次投入两种形式。一次投入方式是指投资行为集中一次发生在项目计算期第一个年度的年初或年末;如果投资行为涉及两个或两个以上年度,或虽然只涉及一个年度但同时在该年的年初和年末发生,则属于分次投入方式。

资金投入方式与项目计算期的构成情况有关,同时也受到投资项目具体内容的制约。建设投资既可以采用年初预付的方式,也可以采用年末结算的方式,因此该项投资必须在建设期内一次或分次投入。就单纯固定资产投资项目而言,如果建设期等于零,说明固定资产投资的投资方式是一次投入;如果固定资产投资是分次投入的,则意味着该项目的建设期一般大于一年。

流动资金投资必须采取预付的方式,因此其首次投资最迟必须在建设期末(即投产日)完成,也可在试产期内有关年份的年初分次追加投入。

5.2 现金流量测算

在项目投资决策的各个步骤中,估计投资项目的预期现金流量是项目投资评价的首要环节,也是最重要、最困难的步骤之一。

5.2.1 现金流量的概念

针对某个具体的固定资产项目,现金流量是指一个项目在其计算期内因资本循环而可能或应该发生的现金流入量与现金流出量的统称。这时的"现金"与现金流量表中的现金概念有所区别,它不仅包括各种货币资金,而且包括项目需要投入企业拥有的非货币资源的变现价值。例如,一个项目需要使用原有的厂房、设备和材料等,则相关的现金流量是指它们的变现价值,而不是其账面成本。

一个项目产生的现金流量包括现金流入量、现金流出量和现金净流量三个具体概念。

1. 现金流入量

一个方案的现金流入量,是指该方案所引起的企业现金收入的增加额。例如,企业购置一条生产线,通常会引起下列现金流入:

(1) 营业现金流入。购置生产线扩大了企业的生产能力,使企业营业收入增加。扣除有关的付现成本增量后的余额,是该生产线引起的一项现金流入。

$$营业现金流入 = 营业收入 - 付现成本$$

付现成本是指需要每年支付现金的成本。成本中不需要每年支付现金的部分称为非付现成本,其中主要是折旧费。所以,付现成本可以用成本减折旧来估算。

$$付现成本 = 营业成本 - 折旧$$

如果从每年现金流动的结果来看,增加的现金流入来自两部分:一部分是利润造成的货币增加;另一部分是以货币形式回收的折旧。即

$$营业现金流入 = 营业收入 - 付现成本 = 营业收入 - (营业成本 - 折旧)$$
$$= 利润 + 折旧$$

(2) 回收固定资产余值。是指所投资的生产线在报废清理时或中途变价转让处理时所收回的价值。

(3) 回收流动资金。是指生产线报废(转让)时,因不再发生新的替代投资而回收的原垫付的全部流动资金投资额。

2. 现金流出量

一个方案的现金流出量,是指该方案引起的企业现金支出的增加额。例如,企业购置一条生产线,通常会引起以下现金流出:

(1) 购置生产线的价款。这是购置固定资产发生的主要现金流出,可能是一次性支出,也可能是几次支出。

(2) 垫支流动资金。由于该生产线扩大了企业的生产能力,引起对流动资产的需求增加。企业需要追加的流动资金,也是购置该生产线引起的,因此应列入该方案的现金流出量。

3. 现金净流量

现金净流量是指一定期间现金流入量和现金流出量的差额。这里所说的"一定期间",有时是指一年内,有时是指投资项目持续的整个年限内。流入量大于流出量时,净流量为正值;反之,净流量为负值。

5.2.2 现金流量的估计

估计投资方案所需的资本支出,以及该方案每年能产生的现金净流量,会涉及很多变量,并且需要企业有关部门的参与。诸如,销售部门负责预测产品的售价和销量,涉及产品价格弹性、广告效果、竞争者动向等;产品开发和技术部门负责估计投资方案的资本支出,涉及研制费用、设备购置、厂房建筑等;生产和成本部门负责估计制造成本,涉及原材料采购价格、生产工艺安排、产品成本等。财务人员的主要任务是:为销售、生产等部门的预测建立共同的基本假设条件,如物价水平、贴现率、可供资源的限制条件等;协调参与预测的各部门人员的工作,使之能相互衔接与配合;防止预测者因个人偏好或部门利益而高估或低估收入

和成本。

在确定投资方案的相关现金流量时,应遵循的最基本原则是:只有增量现金流量才是与项目相关的现金流量。所谓增量现金流量,是指接受或拒绝某个投资方案后,企业总现金流量因此发生的变动。只有那些由于采纳某个项目而引起的现金支出增加额,才是该项目的现金流出;只有那些由于采纳某个项目而引起的现金流入增加额,才是该项目的现金流入。

为了正确计算投资方案的增量现金流量,需要正确判断哪些支出会引起企业总现金流量的变动,哪些支出不会引起企业总现金流量的变动。在进行这种判断时,要注意以下四个问题:

1. 区分相关成本和非相关成本

相关成本是指与特定决策有关的、在分析评价时必须加以考虑的成本。例如,差额成本、未来成本、重置成本、机会成本等都属于相关成本。与此相反,与特定决策无关的、在分析评价时不必加以考虑的成本是非相关成本。例如,沉没成本、过去成本、账面成本等往往是非相关成本。如果将非相关成本纳入投资方案的总成本,则一个有利的方案可能因此变得不利,一个较好的方案可能变为较差的方案,从而造成决策错误。

2. 不要忽视机会成本

在投资方案的选择中,如果选择了一个投资方案,则必须放弃投资于其他途径的机会。其他投资机会可能取得的收益是实行本方案的一种代价,称为这项投资方案的机会成本。注意,机会成本不是我们通常意义上的"成本",它不是一种支出或费用,而是失去的收益。这种收益不是实际发生的,而是潜在的。机会成本总是针对具体方案的,离开被放弃的方案就无从计量确定。

3. 要考虑投资方案对企业其他部门的影响

当我们采纳一个新的项目后,该项目可能对企业的其他部门造成有利或不利的影响。例如,若新建车间生产的产品上市后,原有其他产品的销路可能减少,而且整个企业的销售额也许不增加甚至减少。有时也可能发生相反的情况。当然,这类影响事实上是很难准确计量的,但决策时仍要将其考虑在内。

4. 对净营运资金的影响

一般情况下,当企业开办一项新业务并使销售额扩大后,对存货、应收账款等流动资产的需求也会增加,企业必须筹措新的资金以满足这种额外需求;与此同时,企业扩充的结果,应付账款和一些应付费用等流动负债也会同时增加,从而降低企业流动资金的实际需要。所谓净营运资金的需要,是指增加的流动资产与增加的流动负债之间的差额。通常,在进行投资分析时,假定开始投资时筹措的净营运资金在项目结束时将被收回。

5.2.3 利润与现金流量

在会计核算时,利润是按照权责发生制确定的,而现金净流量是根据收付实现制确定的,两者既有联系又有区别。在投资决策中,研究的重点是现金流量,而把利润的研究放在次要地位,理由是:

(1)整个投资有效年限内,利润总计与现金净流量总计是相等的。由于传统的财务会计核算以持续经营和会计分期为前提,坚持权责发生制原则,致使企业在某个特定会计期间内的利润与现金净流量可能不一致,但在整个持续经营期内利润与现金净流量是相等的。就某一个具体的项目而言,也是如此。所以,现金净流量可以取代利润作为评价净收益的指标。

(2) 利润在各年的分布受折旧方法、摊销方法、资产减值损失提取等人为因素的影响,而现金流量的分布不受这些人为因素的影响,可以保证评价的客观性。在特定的会计期间,采用不同的折旧方法、存货计价方法、成本计算方法等,得出的经营利润指标是不同的,但它们的经营现金流量却是相同的。

(3) 在投资分析中,现金流动状况比盈亏状况更重要。有利润的年份不一定能产生多余的现金用来进行其他项目的再投资。一个项目能否维持下去,不取决于一定期间是否盈利,而取决于有没有现金用于各种支付。

5.2.4 所得税与折旧对现金流量的影响

由于所得税是企业的一种现金流出,其大小取决于利润的大小和税率的高低,而利润的大小受折旧方法的影响,因此,讨论所得税对现金流量的影响必然会涉及折旧问题。折旧影响现金流量,从而影响投资决策,实际上是所得税的存在引起的。

1. 税后成本和税后收入

对企业来说,绝大部分费用项目都可以抵减所得税,所以支付的各项费用应以税后的基础来观察。凡是可以减免税负的项目,实际支付额并不是企业真正的成本,而应将因此减少的所得税考虑进去。扣除了所得税影响以后的费用净额,称为税后成本。

【例 5-1】 某企业目前月份的损益情况如表 5-1 所示。该企业正在考虑一项广告计划,每月支付 4 000 元,假设所得税的税率为 40%,该项广告的税后成本是多少?

表 5-1 某企业目前月份的损益情况　　　　　　　　　　元

项　　目	目前月份(不做广告)	做广告方案
销售收入	30 000	30 000
成本和费用	10 000	10 000
新增广告费用		4 000
税前利润	20 000	16 000
所得税(40%)	8 000	6 400
税后净利	12 000	9 600
新增广告税后成本	2 400	

从表 5-1 可以看出,该项广告的税后成本为每月 2 400 元,两个方案(不做广告与做广告)的唯一差别是广告费 4 000 元,对净利润的影响为 2 400 元(12 000－9 600)。税后成本的计算公式为

$$税后成本 = 支出金额 \times (1 - 税率)$$

据此,该项广告的税后成本为

$$税后成本 = 4 000 \times (1 - 40\%) = 2 400(元)$$

与税后成本相对应的概念是税后收入。由于所得税的作用,企业的营业收入会有一部分流出企业,企业实际得到的现金流入是税后收益:

$$税后收益 = 收入金额 \times (1 - 税率)$$

2. 折旧的抵税作用

我们知道,加大成本必然会减少利润,从而使所得税减少。如果不计提折旧,企业的所得税将会增加许多。折旧可以起到减少税负的作用,这种作用称为"折旧抵税"或"税收挡板"。

【**例 5-2**】 现有 A 和 B 两家企业,全年销售收入、付现费用均相同,假设所得税税率为 40%。两者的区别是:A 企业有一项可计提折旧的资产,每年折旧额相同;而 B 企业没有可计提折旧的资产。两家企业的现金流量如表 5-2 所示。

表 5-2 折旧对税负的影响 元

项　　目	A 企业	B 企业
销售收入	40 000	40 000
费用:		
付现营业费用	20 000	20 000
折旧	6 000	0
合计	26 000	20 000
税前利润	14 000	20 000
所得税(40%)	5 600	8 000
税后净利	8 400	12 000
营业现金流入:		
净利	8 400	12 000
折旧	6 000	0
合计	14 400	12 000
A 企业比 B 企业拥有较多现金	2 400	

从表 5-2 可以看出,A 企业利润虽然比 B 企业少 3 600 元,但现金净流入却多出 2 400 元,其原因在于有 6 000 元的折旧计入成本,使应纳税所得额减少 6 000 元,从而少纳税 2 400 元(6 000×40%)。这笔现金保留在企业,不必缴出。折旧对税负的影响可按以下方法计算:

$$税负减少额 = 折旧额 \times 税率 = 6\ 000 \times 40\% = 2\ 400(元)$$

3. 税后现金流量

考虑所得税因素以后,现金流量的计算有以下三种方法:

(1) 根据现金流量的定义计算。根据现金流量的定义,所得税是一种现金支付,应当作为每年营业现金流量的一个减项。计算公式为

$$营业现金流量 = 营业收入 - 付现成本 - 所得税$$

(2) 根据年末营业结果来计算。企业每年现金增加来自两个主要方面,一是当年增加的净利润;二是计提的折旧,以现金形式从销售收入中扣回,留在企业里。计算公式为

$$\begin{aligned}营业现金流量 &= 营业收入 - 付现成本 - 所得税 \\ &= 营业收入 - (营业成本 - 折旧) - 所得税 \\ &= 营业利润 + 折旧 - 所得税 = 税后净利润 + 折旧\end{aligned}$$

(3) 根据所得税对收入和折旧的影响计算。由于所得税的影响,现金流量并不等于项目名义上的收支金额,可以通过税后成本、税后收入和折旧抵税三要素来计算营业现金流

量,其计算公式为

营业现金流量 = 税后净利润 + 折旧 = (营业收入 − 营业成本) × (1 − 税率) + 折旧
　　　　　　 = [营业收入 − (付现成本 + 折旧)](1 − 税率) + 折旧
　　　　　　 = 营业收入 × (1 − 税率) − 付现成本 × (1 − 税率) + 折旧 × 税率
　　　　　　 = 税后收入 − 税后付现成本 + 折旧抵税

以上计算营业现金流量的三种方法,在进行项目投资决策分析时需要根据已知条件选择使用。例如,在决定某个项目是否投资时,往往使用差额分析法确定现金流量,并不知道整个企业的利润,这样使用第三种计算方法就比较方便。

5.3 投资决策评价方法

投资优劣的评价标准,应以资本成本为基础,其基本原理是:投资项目的收益率超过资本成本时,企业的价值将增加;投资项目的收益率小于资本成本时,企业的价值将减少。对项目投资的评价,通常使用两类指标:一类是贴现指标,即考虑了货币时间价值因素的指标,主要包括净现值、净现值率、现值指数、内含报酬率等;另一类是非贴现指标,即没有考虑货币时间价值因素的指标,主要包括投资回收期、会计收益率等。根据分析评价指标的类别,项目投资评价方法相应地分为贴现评价法和非贴现评价法两种。

5.3.1 贴现评价法

这是考虑货币时间价值的分析评价方法,亦称为贴现现金流量分析技术。

1. 净现值法

这种方法使用净现值作为评价投资方案优劣的指标。所谓净现值,是指特定投资方案未来现金流入的现值与未来现金流出的现值之间的差额,记作 NPV。净现值的基本计算公式为

$$\text{净现值(NPV)} = \sum_{t=0}^{n} \frac{I_t}{(1+i)^t} - \sum_{t=0}^{n} \frac{O_t}{(1+i)^t}$$

式中,n 表示投资涉及的年限;I_t 表示第 t 年的现金流入量;O_t 表示第 t 年的现金流出量;i 表示预定的贴现率。

按照这种方法:①如 NPV 大于零,即贴现后现金流入大于贴现后现金流出,说明该投资项目的报酬率大于预定的贴现率;②如 NPV 等于零,即贴现后现金流入等于贴现后现金流出,说明该投资项目的报酬率相当于预定的贴现率;③如 NPV 小于零,即贴现后现金流入小于贴现后现金流出,说明该投资项目的报酬率小于预定的贴现率。

【**例 5-3**】 设贴现率为 10%,有三个投资方案。有关现金流量的数据如表 5-3 所示。

表 5-3　三个投资方案的现金流量　　　　　　　　　　　　　　　元

期间	A 方案	B 方案	C 方案
0	−20 000	−9 000	−12 000
1	11 800	1 200	4 600
2	13 240	6 000	4 600
3		6 000	4 600

NPV(A) = (11 800×0.909 1+13 240×0.826 4)−20 000 = 1 669(元)
NPV(B) = (1 200×0.909 1+6 000×0.826 4+6 000×0.751 3)−9 000
       = 1 557(元)
NPV(C) = 4 600×2.487−12 000 = −560(元)

A、B两个方案的净现值大于零,说明这两个方案的报酬率超过10%。如果企业的资本成本率或要求的最低投资报酬率是10%,则这两个方案都是可以接受的。若C方案净现值为负数,说明该方案的报酬率达不到10%,因而应予放弃。如果资金供应不受限制,A和B相比,A方案更好些。

应当指出的是,在项目评价中,正确地选择贴现率至关重要,它直接影响项目评价的结论。如果选择的贴现率过低,则会导致一些经济效益较差的项目得以通过,从而浪费了有限的社会资源;如果选择的贴现率过高,则会导致一些效益较好的项目不能通过,从而使有限的社会资源不能充分发挥作用。在实务中,一般有以下几种方法可以用来确定项目的贴现率:①以投资项目的资本成本作为贴现率;②以投资的机会成本作为贴现率;③根据不同阶段采用不同的贴现率,例如,在计算项目建设期净现金流量现值时,以贷款的实际利率作为贴现率,而在计算项目经营期净现金流量时,以全社会资金平均收益率作为贴现率;④以行业平均收益率作为项目贴现率。

净现值是正指标,采用净现值法的决策标准是:如果投资方案的净现值大于或等于零,该方案为可行方案;如果投资方案的净现值小于零,该方案为不可行方案;如果几个方案的投资额相同,且净现值均大于零,那么净现值最大的方案为最优方案。

净现值法的优点是:①考虑了资金的时间价值,增强了投资经济性的评价;②考虑了项目计算期的全部净现金流量,体现了流动性与收益性的统一;③考虑了投资的风险性,因为贴现率的大小与风险大小有关,风险越大,贴现率就越高。但净现值法也存在明显的缺点:①不能从动态的角度直接反映投资项目的实际收益率水平,当各项目投资额不等时,仅用净现值无法确定投资方案的优劣;②净现金流量的测定和贴现率的确定比较困难,而它们的正确性对计算净现值有着重要影响;③净现值法计算麻烦,且较难理解和掌握。

2. 净现值率法

净现值率是指投资项目的净现值占原始投资现值总和的百分比指标,记作NPVR。计算公式为

$$\text{净现值率(NPVR)} = \frac{\sum_{t=0}^{n}\frac{I_t}{(1+i)^t} - \sum_{t=0}^{n}\frac{O_t}{(1+i)^t}}{\sum_{t=0}^{n}\frac{O_t}{(1+i)^t}}$$

【例5-4】 根据例5.3的资料,A、B、C三个方案的净现值率计算如表5-4所示。

表5-4 三个方案的净现值率计算情况

项　　目	A方案	B方案	C方案
投资项目净现值/元	1 669	1 557	−560
原始投资现值/元	20 000	9 000	12 000
净现值率(NPVR)	0.083 5	0.173	−0.046 7

净现值率是一个贴现的相对量评价指标,其优点在于可以从动态的角度反映项目投资

的资金投入与净产出之间的关系,比其他动态相对数指标更容易计算;其缺点与净现值指标相似,同样无法直接反映投资项目的实际收益率。

3. 现值指数法

现值指数又称为获利指数,是指未来现金流入现值与现金流出现值的比率,记作 PI。其计算公式为

$$现值指数(PI) = \frac{\sum_{t=0}^{n}\frac{I_t}{(1+i)^t}}{\sum_{t=0}^{n}\frac{O_t}{(1+i)^t}}$$

【例 5-5】 根据例 5.3 资料,A、B、C 三个方案的现值指数计算如表 5-5 所示。

表 5-5 三个方案的现值指数计算情况

项　　目	A 方案	B 方案	C 方案
未来现金流入现值/元	21 669	10 557	11 440
现金流出现值/元	20 000	9 000	12 000
现值指数(PI)	1.08	1.17	0.95

A、B 两个投资方案的现值指数大于 1,说明其收益超过成本,即投资报酬率超过预定的贴现率。C 方案的现值指数小于 1,说明其报酬率没有达到预定的贴现率。如果现值指数为 1,说明贴现后现金流入等于现金流出,投资的报酬率与预定贴现率相同。

现值指数可以看成是 1 元原始投资可望获得的现值净收益,是项目投资评价的一个指标。它和净现值率都是属于相对数指标,反映投资的效率,它们之间有如下关系:

$$现值指数(PI)=1+净现值率(NPVR)$$

利用现值指数法进行投资项目决策的标准是:如果投资方案的现值指数大于或等于 1,该方案为可行方案;如果投资方案的现值指数小于 1,该方案为不可行方案;如果几个方案的现值指数均大于 1,那么获利指数越大,投资方案越好。但在采用现值指数法进行互斥方案的选择时,其正确的选择原则不是选择现值指数最大的方案,而是在保证现值指数大于 1 的条件下,使追加投资所得的追加收入最大化。例如,在以上例 5-3 至例 5-5 中,A 方案的净现值是 1 669 元,B 方案的净现值是 1 557 元。如果这两个方案之间是互斥的,当然 A 方案较好。如果两者是独立的,哪一个应优先给予考虑,可以根据现值指数来选择。B 方案的现值指数为 1.17,大于 A 方案的 1.08,所以 B 优于 A。

现值指数法的优缺点与净现值法的基本相同,但有一个重要的区别是,现值指数法可以从动态的角度反映项目投资的资金投入与总产出之间的关系,可以弥补净现值法在投资额不同方案之间不能比较的缺陷,使投资方案之间可直接用现值指数进行对比。

4. 内含报酬率法

内含报酬率法是根据投资方案本身的内含报酬率来评价方案优劣的一种方法。所谓内含报酬率(记作 IRR),是指能够使未来现金流入量现值等于未来现金流出量现值的贴现率,或者说是使投资方案净现值为零的贴现率。其计算公式为

$$\sum_{t=0}^{n}\frac{I_t}{(1+IRR)^t} - \sum_{t=0}^{n}\frac{O_t}{(1+IRR)^t} = 0$$

净现值法和现值指数法虽然考虑了货币的时间价值,可以说明投资方案高于或低于某一特定的投资报酬率,但没有揭示方案本身可以达到的具体的报酬率是多少。内含报酬率是根据方案的现金流量计算的,是方案本身的投资报酬率。

内含报酬率的计算,通常需要采用"逐步测试法"。首先估计一个贴现率,用它来计算方案的净现值。如果净现值为正数,说明方案本身的报酬率超过估计的贴现率,应提高贴现率后进一步测试;如果净现值为负数,说明方案本身的报酬率低于估计的贴现率,应降低贴现率后进一步测试。经过多次测试,寻找出使净现值接近于零的贴现值,即为方案本身的内含报酬率。如果对测试结果的精确度不满意,还可以使用"内插法"来改善。

【例 5-6】 某投资项目在建设起点一次性投资 254 979 元,当年完工并投产,经营期为 15 年,每年可获净现金流量 50 000 元。根据内含报酬率的定义有以下表达式:

$$50\,000 \times (P/A, IRR, 15) - 254\,979 = 0$$
$$(P/A, IRR, 15) = 254\,979/50\,000 = 5.091\,58$$

查年金现值系数表,发现:

$$(P/A, 18\%, 15) = 5.091\,58$$

因此,该项目的 IRR=18%。

【例 5-7】 某企业拟建一项固定资产,需投资 100 万元,按平均年限法计提折旧,使用寿命 10 年,期后无残值。该项工程于当年投产,预计投产后每年可获净利 10 万元。可计算该方案的内含报酬率如下:

$$每年的现金流入净额 = 净利 + 折旧 = 10 + 100/10 = 20(万元)$$
$$(P/A, IRR, 10) = 100/20 = 5.000\,0$$

查年金现值系数表,有

$$(P/A, 14\%, 10) = 5.216\,1 > 5.000\,0$$
$$(P/A, 16\%, 10) = 4.833\,2 < 5.000\,0$$

可见,14%<IRR<16%,应使用内插法。

$$IRR = 14\% + \frac{5.216\,1 - 5.000\,0}{5.216\,1 - 4.833\,2} \times (16\% - 14\%) = 15.13\%$$

内含报酬率是一个贴现的相对量正指标,采用这一指标的决策标准是:将所测算的各方案的内含报酬率与其资本成本对比,如果方案的内含报酬率大于其资本成本,则该方案为可行方案;如果方案的内含报酬率小于其资本成本,则该方案为不可行方案。如果几个投资方案的内含报酬率都大于其资本成本,且各方案的投资额相同,那么内含报酬率与资本成本之间差异最大的方案最好;如果几个方案的内含报酬率均大于其资本成本,但各方案的原始投资额不等,其决策标准应是以"投资额×(内含报酬率-资本成本)"最大的方案为最优方案。

内含报酬率的优点是非常注重货币时间价值,能从动态的角度直接反映投资项目的实际收益水平,且不受行业基准收益率高低的影响,比较客观。但该指标的计算过程十分麻烦,当经营期大量追加投资时,又有可能导致出现多个 IRR,或偏高偏低,缺乏实际意义。

5. 贴现指标之间的关系

如果 i_c 为某企业的行业基准贴现率,净现值 NPV、净现值率 NPVR、现值指数 PI 和内含报酬率 IRR 各指标之间存在以下数量关系,即当 NPV>0 时，NPVR>0，PI>1，IRR>i_c；
当 NPV=0 时，NPVR=0，PI=1，IRR=i_c；
当 NPV<0 时，NPVR<0，PI<1，IRR<i_c。

此外，净现值率 NPVR 的计算需要在已知净现值 NPV 的基础上进行，内含报酬率 IRR 在计算时也需要利用净现值 NPV 的计算技巧或形式。这些指标都会受到建设期的长短、投资方式，以及各年净现金流量数量特征的影响。所不同的是，NPV 为绝对量指标，其余为相对数指标，计算 NPV、NPVR、PI 所依据的贴现率都是事先已知的 i_c，而 IRR 的计算本身与 i_c 的高低无关。

5.3.2 非贴现评价法

非贴现评价法不考虑资金的时间价值，把不同时间的资金收支看成是等效的。这类方法在项目投资决策分析时只起辅助性作用。

1. 静态投资回收期法

静态投资回收期又称全部投资回收期，简称回收期，是指以投资项目经营净现金流量抵偿原始总投资所需要的全部时间。其计算方法分以下两种情况：

(1) 在原始投资额(BI)一次支出，每年现金净流入量(NCF)相等时：

$$回收期 = \frac{原始投资额}{每年现金净流入量} = \frac{BI}{NCF}$$

(2) 如果现金流入量(NCF)每年不等，或原始投资(BI)是分 m 年投入的，则可使下式成立的 n 为回收期：

$$\sum_{K=0}^{m} BI_K = \sum_{J=0}^{n} NCF_J$$

式中，BI_K 表示第 K 年的投资额；NCF_J 表示第 J 年的现金净流入量。

【例 5-8】 某企业准备投资一个项目，其预计现金流量如表 5-6 所示。

表 5-6 预计现金流量　　　　　　　　元

项　　目	现金流量	回收额	未回收额
原始投资	−10 000		
第一年现金流入	1 500	1 500	8 500
第二年现金流入	5 800	5 800	2 700
第三年现金流入	6 200	2 700	0

回收期=2+(2 700÷6 200)=2.44(年)

从以上的分析可知，静态投资回收期是一个非贴现的绝对量反指标。在评价投资方案的可行性时，进行决策的标准是：投资回收期最短的方案为最佳方案。因为投资回收期越短，投资风险越小。

回收期能够直观地反映原始总投资的返本期限，便于理解，计算也简便。其缺点在于不仅忽视货币时间价值，而且没有考虑回收期以后的收益。事实上，有战略意义的长期投资往往早期收益较低，而中后期收益较高。回收期法优先考虑急功近利的项目，可能导致放弃长期成功的方案，因此，该方法只作为辅助性方法使用，主要用来测定投资项目的流动性而非营利性。

2. 会计收益率法

这种方法计算简便、应用范围较广。会计收益率又称投资利润率,它在计算时使用会计报表上的数据,以及普通会计的收益和成本观念。

$$会计收益率(ROI) = \frac{年平均净收益}{原始投资额} \times 100\%$$

在计算"年平均净收益"时,如使用不包括"建设期"的"经营期"年数,其最终结果称为"经营期会计收益率"。

【例 5-9】 已知某项目的建设期为 2 年,经营期为 8 年。预计固定资产投资额为 100 万元,资本化利息为 10 万元,经营期平均每年的净收益为 10 万元。该项目的会计收益率为

$$会计收益率 = 10 \div (100+10) \times 100\% \approx 9.09\%$$

会计收益率法的决策标准是:投资项目的会计收益率越高越好,低于无风险投资利润率的方案为不可行方案。

会计收益率指标的优点是简单、明了、易于掌握,且该指标不受建设期的长短、投资方式、回收额有无以及净现金流量大小等条件的影响,能够说明各投资方案的收益水平。该指标也存在以下缺点:①没有考虑货币时间价值因素,不能正确反映建设期长短及投资方式不同对项目的影响;②该指标的计算无法直接利用净现金流量信息;③该指标的分子与分母在时间上口径不一致,因而影响指标的可比性。

5.4 投资决策评价方法的应用

研究项目评价方法的目的,是为项目投资决策提供方法论指导。由于评价指标的运用范围不同,评价指标的自身特征不同,评价指标之间的关系比较复杂,因此,必须根据具体运用范围确定如何运用评价指标。

5.4.1 单一的独立投资项目的财务可行性评价

在只有一个投资项目可供选择的条件下,需要利用评价指标考查该独立项目是否具有财务可行性,从而做出接受或拒绝该项目的决策。当有关正指标大于或等于某些特定数值,反指标小于特定数值,则该项目具有财务可行性;反之,则不具备财务可行性。利用 NPV、NPVR、PI 和 IRR 四个指标对同一独立项目进行评价,会得出完全相同的结论。在实际应用时,要注意以下各要点:

(1) 如果某投资项目的评价指标同时满足下列条件,则可以断定该投资项目无论从哪个方面看都具备财务可行性,应当接受此投资方案。这些条件是:①NPV≥0;②NPVR≥0;③PI≥1;④IRR≥i_c;⑤包括建设期的静态投资回收期≤项目计算期(建设期+经营期)的一半;⑥不包括建设期的静态投资回收期≤经营期的一半;⑦会计收益率 ROI≥基准投资利润率 i(事先给定)。

(2) 如果某投资项目的评价指标同时发生以下情况:①NPV<0;②NPVR<0;③PI<1;④IRR<i_c;⑤包括建设期的静态投资回收期>项目计算期(建设期+经营期)的一半;⑥不包括建设期的静态投资回收期>经营期的一半;⑦ROI<i,就可以断定该投资项目无论从哪个方面看都不具备财务可行性,应当放弃该投资方案。

(3) 当静态投资回收期(次要指标)或会计收益率(辅助指标)的评价结论与净现值等主要指标的评价结论发生矛盾时,应当以主要指标的结论为准。例如,如果在评价过程中发现某项目的主要指标 NPV≥0、NPVR≥0、PI≥1、IRR≥i_c,但包括建设期的静态投资回收期＞项目计算期(建设期＋经营期)的一半,不包括建设期的静态投资回收期＞经营期的一半或 ROI＜i,可以断定该项目基本上具有财务可行性;相反,如果出现 NPV＜0、NPVR＜0、PI＜1、IRR＜i_c 的情况,即使包括建设期的静态投资回收期≤项目计算期(建设期＋经营期)的一半,不包括建设期的静态投资回收期≤经营期的一半或 ROI≥i,也可以基本断定该项目不具有财务可行性。

【例 5-10】 某项目第一年年初投资 20 000 元,第一年年末、第二年年末的现金净流量分别为 11 800 元、13 240 元,第一年度、第二年度的净收益分别为 1 800 元、3 240 元。假设行业基准贴现率为 10%,基准会计收益率为 9.8%。有关投资决策评价指标根据前面的公式分别计算为:NPV＝1 669 元,NPVR＝0.08,PI＝1.08,IRR＝16%＞10%;静态投资回收期＝1.62 年＞1 年,ROI＝12.6%＞9.8%。从主要指标看,可以断定该项目具有财务可行性(因经营期较短,静态投资回收期指标显得不重要)。

5.4.2 多个互斥方案的比较与优选

项目投资评价中的互斥方案是指在决策时涉及的多个指标相互排斥、不能同时并存的投资方案。互斥方案评价过程就是在每一个入选方案已具备财务可行性的前提下,利用具体决策方法比较各个方案的优劣,利用评价指标从各个备选方案中最终筛选出一个最优方案的过程。

在项目投资的多方案比较评价理论中,将利用某一特定评价指标作为评价标准或依据的方法称为以该项指标命名的方法。例如,以净现值作为互斥方案择优依据的方法就是所谓净现值法,同样,还有净现值率法、差额投资内部收益率法、年等额净回收额法等。

1. 净现值法和净现值率法

净现值法和净现值率法,适用于原始投资相同且项目计算期相等的多方案比较决策,即可以选择净现值或净现值率大的方案作为最优方案。

【例 5-11】 某个固定资产投资项目需要原始投资 1 000 万元,有 A、B、C、D 四个相互排斥的备选方案可供选择,各方案的净现值指标分别为 228.91 万元、117.19 万元、206.62 万元和 162.65 万元。按净现值法进行比较决策如下:

这四个备选方案的 NPV 均大于零,因此均具有财务可行性。但 228.91＞206.62＞162.65＞117.19,可见,A 方案最优,其次为 C 方案,再次为 D 方案,最差为 B 方案。

2. 差额投资内部收益率法

差额投资内部收益率法,是指在两个原始投资额不同方案的差量净现金流量 ΔNCF 的基础上,计算出差额内部收益率 ΔIRR,并据以判断方案孰优孰劣的方法。它适用于原始投资额不等的多方案比较。在这种方法下,当差额内部收益率指标大于或等于基准收益率或设定贴现率时,原始投资额大的方案较优;反之,则原始投资额小的方案为优。ΔIRR 的计算过程同 IRR 一样,只是所依据的是 ΔNCF。该方法还经常被用于更新改造项目的投资决策中,当该项目的 ΔIRR 大于或等于基准收益率或设定贴现率时,应当进行更新改造,否则,就不应当进行此项更新改造。

【例 5-12】 某项固定资产如果在 2016 年 1 月 1 日投入 100 000 元用于更新改造,在 2016—2020 年连续 5 年年末将增加现金净流入 26 700 元。要求就以下两种不相关的情况做出是否更新改造的决策:①该企业的行业基准贴现率 i_c 为 8%;②该企业的行业基准贴现率 i_c 为 12%。

ΔIRR 的求解方法如下:

$(P/A,\Delta IRR,5) = 100\,000/26\,700 = 3.745\,3$

$(P/A,12\%,5) = 3.604\,8 < 3.745\,3$

$(P/A,10\%,5) = 3.790\,8 > 3.745\,3$

可见,10%<ΔIRR<12%,应用内插法得:ΔIRR≈10.49%。在①的情况下,ΔIRR=10.49%>8%,应当更新改造;在②的情况下,ΔIRR=10.49%<12%,则不应该进行更新改造。

3. 年等额净回收额法

年等额净回收额法,是指根据所有投资方案的年等额净回收额指标的大小来选择最优方案的评价方法。它适用于原始投资额不相同的多方案比较,尤其适用于项目计算期不同的多方案比较决策。某方案的年等额净回收额等于该方案的净现值与相关的资本回收系数(年金现值系数的倒数)的乘积。若某方案净现值为 NPV,设定贴现率或基准收益率为 i_c,项目计算期为 n,则年等额净回收额(A)可按下式计算:

$$A = NPV \cdot (A/P, i_c, n)$$

式中,$(A/P,i_c,n)$ 表示 n 年贴现率为 i_c 的资本回收系数。

在这种方法下,在所有方案中,年等额净回收额最大的方案为最优。

【例 5-13】 某企业拟投资新建一条生产线,现有三个方案可供选择:甲方案的原始投资为 125 万元,项目计算期为 11 年,净现值为 95.87 万元;乙方案的原始投资为 110 万元,项目计算期为 10 年,净现值为 92 万元;丙方案的原始投资为 100 万元,项目计算期为 9 年,净现值为 -2.68 万元。行业基准贴现率为 10%。按年等额净回收额法进行投资评价如下:

甲方案和乙方案的净现值均大于零,这两个方案具有财务可行性;丙方案的净现值小于零,因此该方案不具有财务可行性。

甲方案的年等额净回收额如下:

$A(甲) = NPV(甲) \times [1/(P/A,10\%,11)] = 95.87 \times [1/6.495\,2] \approx 14.76(万元)$

乙方案的年等额净回收额如下:

$A(乙) = NPV(乙) \times [1/(P/A,10\%,10)] = 92 \times [1/6.144\,5] \approx 14.97(万元)$

$A(乙) > A(甲)$,因此乙方案优于甲方案。

5.4.3 多个投资方案组合的决策

这类决策涉及的多个项目之间不是相互排斥的关系,它们之间可以实现任意组合,又分两种情况。

1. 在资金总量不受限制时

在资金总量不受限制的情况下,可按每一项目的净现值 NPV 大小排队,确定优先考虑的项目顺序。

2. 在资金总量受到限制时

在资金总量受到限制时,则需按净现值率 NPVR 的大小,结合净现值 NPV 进行各种组合排队,从中选出能使 $\sum$NPV 最大的最优组合。具体程序如下:

(1) 以各个方案的净现值率 NPVR 的高低为序,逐项计算累计投资额,并与限定投资总额进行比较。

(2) 当截止到某项投资项目(假定为第 j 项)的累计投资额恰好达到限定的投资总额时,则第 1 项至第 j 项的项目组合为最优的投资组合。

(3) 若在排序过程中未能直接找到最优组合,必须进行必要的修正,修正方法包括经验法和运筹建模法。

总之,在主要考虑投资效益的条件下,多方案比较决策的主要依据,就是能否保证在充分利用资金的前提下,获得尽可能多的净现值总量。

【**例 5-14**】 设有 A、B、C、D、E 五个投资项目,有关原始投资、净现值、净现值率和内含报酬率数据如表 5-7 所示。

表 5-7 五个投资项目的财务数据

项目	原始投资/万元	净现值/万元	净现值率/%	内含报酬率/%
A	300	120	40	18
B	200	40	20	21
C	200	100	50	40
D	100	22	22	19
E	100	30	30	35

要求:

分别就以下不相关情况作出方案组合决策:

(1) 投资总额不受限制;

(2) 投资总额受到限制,分别为 200 万元、300 万元、400 万元、450 万元、500 万元、600 万元、700 万元、800 万元和 900 万元。

首先,按各方案净现值率的大小排序,并计算累计原始投资额和累计净现值的数据。其结果如表 5-8 所示。

表 5-8 各方案累计原始投资额和累计净现值数据　　　　　万元

顺序	项目	原始投资	累计原始投资	净现值	累计净现值
1	C	200	200	100	100
2	A	300	500	120	220
3	E	100	600	30	250
4	D	100	700	22	272
5	B	200	900	40	312

再根据表 5-8 中的数据按投资组合决策原则作如下决策:

(1) 当投资总额不受限制或限制大于或等于 900 万元时,最优投资组合方案为 A＋C＋B＋E＋D。

（2）当限定投资总额为 200 万元时,只能投资 C 项目,可获 100 万元净现值,大于另一组合(E+D)的净现值合计 52 万元。

（3）当限定投资总额为 300 万元时,最优投资组合为(C+E),净现值为 130 万元,大于其他组合：A、(C+D)、(E+B)和(D+B)。

（4）当限定投资总额为 400 万元时,最优投资组合为(C+E+D)。

（5）当限定投资总额分别为 500 万元、600 万元和 700 万元时,最优的投资组合分别为(C+A)、(C+A+E)、(C+A+E+D)。

（6）当限定投资总额为 800 万元时,最优的投资组合为(C+A+E+B),获得净现值 290 万元,大于(C+A+E+D)组合的净现值 282 万元。

（7）当限定投资总额为 450 万元时,最优组合仍为(C+E+D),此时累计投资总额为(200+100+100)=400 万元<450 万元,但实现的净现值大于所有其他组合。

本章小结

项目投资通常包括固定资产投资、无形资产投资、其他资产投资和流动资金投资等内容，与其他形式的投资相比，项目投资具有投资金额大、影响时间长、变现能力差和投资风险大的特点。项目投资的程序包括项目提出、项目评价、项目决策、项目执行和项目再评价等几个环节。科学地进行项目投资决策除了要选择恰当的投资决策方法外，还必须正确确定项目的计算期、资金构成及资金的投入方式。

现金流量的测算是项目投资决策的关键一步，一个项目产生的现金流量包括现金流入量、现金流出量和现金净流量三个概念。在测算特定项目的现金流量时，应区分相关成本和非相关成本，不应忽视机会成本，还应考虑项目投资方案对企业其他部门和净营运资金的影响。另外，企业所得税会导致现金流出增加，折旧则具有抵税作用。

投资优劣的评价标准，应以资本成本为基础。项目投资评价的一般方法包括贴现方法和非贴现方法两大类。贴现方法则考虑了货币的时间价值，主要包括净现值法、净现值率法、现值指数法、内含报酬率法等；非贴现方法的特点是没有考虑货币时间价值，主要包括静态投资回收期法、会计收益率法等。

复习与思考题

1. 项目投资的现金流入量和现金流出量分别包括哪些内容？
2. 如何进行项目投资的现金流量估计？
3. 利润与现金流量有何联系与区别？
4. 所得税与折旧对项目投资的现金流量有什么影响？
5. 项目投资评价的一般方法有哪些？
6. 如何应用项目投资评价的各种方法？

练习题

【题 5-1】 某公司生产中需要一台机床,如自己购买,买价为 150 000 元,可用 5 年,期末无残值,用直线法计提折旧;如租赁,每年年末付租赁费 40 000 元,租赁期为 5 年。假设贴现率为 10%,所得税税率为 25%。

要求:对购置或租赁该机床作出决策。

【题 5-2】 为了生产某产品,有甲、乙两种投资方案可供选择。投资总额为 120 000 元。每年的现金流量如下表所示:

年次	甲方案		乙方案	
	现金流入量	现金流出量	现金流入量	现金流出量
0		120 000		120 000
1	32 000		50 000	
2	32 000		40 000	
3	32 000		30 000	
4	32 000		20 000	
5	32 000		20 000	
合计	160 000		160 000	

要求:设该公司的资本成本率为 10%,分别计算甲、乙两种方案的净现值,并判断应选择哪个方案?

【题 5-3】 某公司有一台旧设备,现在考虑更新设备,资料如下:

(1) 旧设备账面净值为 45 000 元,还可使用 4 年,4 年后报废残值为 5 000 元;

(2) 购买新设备需投资 80 000 元,可使用 4 年,4 年后有残值 18 000 元;

(3) 使用新设备每年可增加销售收入 8 000 元,降低经营成本 3 000 元;

(4) 若现在出售旧设备可得价款 43 000 元,另外,由于出售设备损失可抵减所得税 500 元;

(5) 假设所得税税率为 25%,资本成本为 10%。

要求:试作出是否更新设备的决策。

【题 5-4】 公司现有一台旧设备,尚可继续使用 4 年,预计 4 年后残值为 3 000 元,目前出售可获得 30 000 元。使用该设备每年可获得营业收入 600 000 元,经营成本为 400 000 元。市场上有一新型设备,价值 100 000 元,预计 4 年后残值为 6 000 元。使用新设备将使每年经营成本减少 30 000 元。假设公司所得税税率为 25%,基准贴现率为 19%。

要求:

(1) 确定新、旧设备的原始投资及其差额。

(2) 计算新、旧设备的每年折旧额及其差额。

(3) 计算新、旧设备的每年净利润及其差额。

(4) 计算新、旧设备残值的差额。

(5) 计算新、旧设备各年的净现金流量 NCF。

(6) 请对该公司是否更新设备作出决策。

【题 5-5】 某公司现有甲、乙、丙、丁四个投资项目,有关资料如下表所示:

项目	原始投资/万元	净现值/万元	净现值率/%
甲	300	90	30
乙	200	70	35
丙	200	50	25
丁	100	40	40

要求:
(1) 在投资总额不受限制时,请作出方案组合决策;
(2) 在投资总额限制在 300 万元或 600 万元时,请分别作出方案组合决策。

【题 5-6】 某公司拟购置一台新设备替换旧设备。旧设备原值 97 000 元,年折旧额 10 000 元,估计还可用 6 年,6 年后残值为 7 000 元,若现在变卖可获 40 000 元现金(使用该设备每年营业收入为 100 000 元,经营成本为 70 000 元)。新设备买价计 130 000 元,可用 6 年,报废时残值为 10 000 元,年折旧额为 20 000 元。使用新设备不会增加收入,但可使每年经营成本降低 28 000 元。假设所得税税率为 25%,行业基准贴现率为 12%。

要求:
(1) 运用差额投资内部收益率法,对公司的更新改造方案进行决策;
(2) 运用年等额净回收额法,对公司的更新改造方案进行决策。

案例分析

案例 5-1 翻修方案可行吗

某公园拥有多艘游船,其中一艘已陈旧,财务经理向总经理提出淘汰旧船购置新船的建议。新船的买价为 40 000 元,可望运行 10 年,该船每年的运行成本为 12 000 元,估计 5 年后需大修一次,其成本为 2 500 元,10 年结束时,估计该船的残值为 5 000 元。

业务经理不同意财务经理的意见,凭他多年的工作经验,认为该船虽属陈旧,但通过全面翻新,尚能继续发挥其运行效益。所以,他向总经理提出了翻修旧船的方案。据该方案预算,立即翻修的成本为 20 000 元,估计 5 年后还需大修一次,其成本为 8 000 元。如这些修理计划得到实施,该船可望运行的期限也将是 10 年。10 年内该船每年的运行成本为 16 000 元。10 年后其残值也将是 5 000 元。

根据当前的市场情况,该旧船的现时折让价格为 7 000 元,年利率为 10%。

这两个方案报给总经理,假如您是总经理,应该选择哪一个方案呢? 为什么?

评析:

方法 1 购船方案与翻修方案的比较

若购置新船	第几年/年	年现金流量/元	现值系数(10%)	现值/元
节约运行成本	1~10	4 000(16 000-12 000)	6.144 6	24 578
节约大修成本	5	5 500(8 000-2 500)	0.620 9	3 415
节约总数				27 993
投资支出(增量投资)	1	-13 000	1	-13 000
净现值		(40 000-20 000-7 000)		14 993

根据方法1计算,应选择购船。

方法2 分别计算购船和翻修成本

若购置新船	第几年/年	年现金流量/元	现值系数(10%)	现值/元
投资支出	1	−33 000	1	−33 000
大修理成本	5	−2 500	0.620 9	−1 552
运行成本	1～10	每年−12 000	6.144 6	−73 735
残值	10	5 000	0.385 5	1 928
现金流出净现值				−106 359

若翻修旧船	第几年/年	年现金流量/元	现值系数(10%)	现值/元
投资支出	1	−20 000	1	−20 000
大修理成本	5	−8 000	0.620 9	−4 967
运行成本	1～10	每年−16 000	6.144 6	−98 314
残值	10	5 000	0.385 5	1 928
现金流出净现值				−121 353

购置新船比翻修旧船节约支出:

$$(-106\ 359)-(-121\ 353)=14\ 994(元)$$

两种方法计算结果一样,所以采用购船方案比翻修方案好。

案例 5-2 1979 年:可口可乐,开放的标签

开放前的中国,在后来的可口可乐中国有限公司董事长陈奇伟眼中只有四种颜色——"蓝色和绿色的衣服,橙色的橘子水,再就是鲜艳的红旗"。而如今,除了红旗之外,其他所有的东西都变得缤纷多彩了。是变化带来了缤纷。在中国开放刚刚破题的1979年,一个引人注目的变化就是,被认为代表"西方资本主义生活方式"的可口可乐进入中国。

1972年,中国恢复了联合国的合法席位,同年,可口可乐公司在北京设立了临时办事处。1976年佟志广(后曾任外经贸部副部长,以及中国"入世"第二任首席谈判代表)在中国驻美联络处工作。一天,当时的可口可乐总裁来到驻美联络处商务处,向佟志广表达了一个愿望,希望向中国出口可口可乐,并且希望能在中国建立可口可乐灌装厂。1977年佟志广回到国内,进入中国粮油进出口总公司工作,国内通过他了解到可口可乐想要重回中国的设想(新中国成立前可口可乐在上海等地可以见到,1949年可口可乐退出中国市场)。可口可乐总裁访问北京,佟志广与他再次见面。佟志广问他:"你认为中国人能接受你的可口可乐吗?"佟志广得到这样的答复:"我在中国设厂,并不是首先针对中国消费者,主要是针对国外消费者——到中国来旅游的外国人,特别是欧洲人和美国人。因为可口可乐差不多已经有80年的历史,现在这代美国人的爸爸、爷爷都是喝可口可乐长大的,欧美人已经习惯了它。美国年轻人不管到哪儿去,都只想喝可口可乐,有旅游者的地方就应该有它。欧洲大部分国家都有可口可乐工厂,20世纪50年代以后,非洲、亚洲也有很多我们的工厂,那里很多年轻人也都习惯喝可口可乐,因此哪儿有需要,我们就会到哪儿,因为我是商人。"佟志广又问:"可口可乐有股药味,为什么还有人喜欢?"对方答曰:"实话告诉你,你说的那股药味就是中国的味道。可乐里面有中国的桂油!你说的近似止咳糖浆的味道,是桂油的味道。没有桂油,可口可乐就不是这个味道了。"

于是谈判开始了。最终经过层层的不断请示，1978年12月31日，中粮总公司与可口可乐公司达成协议，采用补偿贸易方式或其他支付方法，可口可乐向中国主要城市和游览区提供可口可乐制罐及装罐、装瓶设备，在中国设专厂灌装并销售。在可口可乐瓶装厂尚未建立起来之前，从1979年年底起，用寄售的方式由中粮总公司安排销售。可口可乐当时的销售对象严格限制在来华工作、旅游的外国人当中，销售地点主要是友谊商店。

可口可乐重回中国的消息一出来，舆论普遍感到惊讶。当时试图进入中国市场的企业不在少数。根据美国媒体当年的报道，麦当劳曾经看到"曙光"，因为中国当时的领导人希望劳动者发扬艰苦创业的精神，减少中午吃饭时间，增加劳动时间，为国家经济复苏做贡献，这就需要很多快餐食品。麦当劳得到这一消息后，认为自己作为一种快餐，进入中国的最佳时机到了。但是，最终还是可口可乐第一个吃了"螃蟹"。

（资料来源：经济观察报.开放中国：改革的30年记忆.北京：中信出版社，2008年。）

证券投资管理　　第6章

本章学习目标　通过本章的学习,掌握企业证券投资的目的、种类、特点与估价方法;掌握证券投资的风险与收益率;了解影响证券投资决策的因素;了解效率市场假说;了解基金投资和认股权证的意义及运作。

证券（security）　　　　　　　　证券投资（security investments）
公募证券（publicly issued securities）　　私募证券（privately issued securities）
证券市场（security market）
效率市场假说（efficiency market hypothesis）
流动性风险（liquidity risk）　　　　利率风险（interest rate risk）
违约风险（default risk）　　　　　　市盈率（price-earning ratio）
股票估价（stock evaluation）　　　　投资基金（investment fund）
债券估价（bond evaluation）　　　　债券价值（bond value）
股票价值（stock value）　　　　　　认股权证（warrant）

 互联网资料

中国证券监督管理委员会（http://www.csrc.gov.cn）
证券之星（http://www.stockstar.com）
信诚证券（http://www.pru.com.hk）

　　有这样一个成为亿万富翁的算法。假定有一位年轻人,从现在起每年定期存款 1.4 万元,享受平均 5% 的利率,如此持续 40 年,他可以积累的财富为 1.4 万元×（F/A,5%,40）＝169 万元。但是,如果这位年轻人将每年应存的钱全部投资到股票或房地产市场,并假定能获得年均 20% 的投资报酬率,则 40 年后,他能积累的财富为 1.4 万元×（F/A,20%,40）＝1.028 1 亿元！试试将这个天文数字与前述平均投资报酬率仅为 5% 的定期存款相比,你会发现两者收益的差距达 70 余倍之巨,多么令人惊讶！尽管这个算法听来很是悬乎——一个 25 岁的上班族,若依此方式投资到 65 岁退休,就能成为亿万富翁。如此,全世界阔佬将遍地都是,一抓一大把。相信这种情景出现的概率不高,因为一般情况下,没有多少人会将之进行到底。毕竟漫长的 40 年里,会发生多少不可预料之事。显然,这个算法是告诉人们投资理财并无什么复杂技巧,最重要的乃是观念。每个理财致富的人,只不过是养成了一般人不喜欢且无法做到的习惯而已,即投资理财的能力。

(资料来源:www.jrj.com.cn.2011-05-19.本书略作修改)

6.1 证券投资概述

6.1.1 证券与有价证券

1. 证券的基本概念和特征

证券是指各类记载并代表一定权利的法律凭证。它用以证明持券人有权依其所持证券记载的内容而取得应有的权益。

证券具备两个最基本的特征:一是法律特征。即它反映的是某种法律行为的结果,本身必须具有合法性,同时,它所包含的特定内容具有法律效力。二是书面特征。即必须采取书面形式或与书面形式有同等效力的形式,并且必须按照特定的格式进行书写或制作,载明有关法规规定的全部必要事项。凡同时具备上述两个特征的书面凭证才可称为证券。

2. 有价证券的基本概念和类别

有价证券是指持有票面金额,证明持有人有权按期取得一定收入并可自由转让和买卖的所有权或债权凭证。这类证券本身没有价值,但由于它代表着一定量的财产权利,持有者可凭以直接取得一定量的商品、货币,或是取得利息、股息等收入,因而可以在证券市场上买卖和流通,客观上具有了交易价格。

有价证券可以按不同的标准进行分类,现介绍几种常见的分类。

1) 按证券的概念划分

按证券概念的不同,可将其分为广义有价证券与狭义有价证券。

广义的有价证券包括商品证券、货币证券和资本证券。

商品证券是证明持有人有商品所有权或使用权的凭证。取得这种证券就等于取得这种商品的所有权,持有者对这种证券所代表的商品所有权受法律保护;属于商品证券的有提货单、运货单、仓库栈单等。

货币证券是指本身能使持有人或第三者取得货币索取权的有价证券。货币证券主要包括两大类:一类是商业证券,主要包括商业汇票和商业本票;另一类是银行证券,主要包括银行汇票、银行本票和支票。

资本证券是指由证券投资或与证券投资有直接联系的活动而产生的证券。持有人对发行人有一定的收入请求权。它包括股票、债券及其衍生品种如基金证券、可转换证券等。

资本证券是有价证券的主要形式,狭义的有价证券即指资本证券。在日常生活中,人们通常把狭义的有价证券——资本证券直接称为有价证券乃至证券。本书即在此种意义上使用这一概念。

2) 按证券的发行主体划分

按证券发行主体不同,可将其分为政府证券、金融证券和公司证券。

政府证券是指中央政府或地方政府为筹集资金而发行的证券。金融证券则是指银行或其他金融机构为筹措资金而发行的证券。公司证券又称企业证券,是指工商企业为筹集资金而发行的证券。政府证券的风险较小,金融证券次之,公司证券的风险则视企业的规模、财务状况和其他情况而定。

3) 按证券体现的权益关系划分

按证券体现的权益关系的不同,可将其分为所有权证券和债权证券。

所有权证券是指证券的持有人便是证券发行单位的所有者的证券,这种证券的持有人一般对发行单位都有一定的管理和控制权。股票是典型的所有权证券,股东便是发行股票的企业的所有者。债权证券是指证券的持有人是发行单位的债权人的证券。这种证券的持有人一般无权对发行单位进行管理和控制。当一个发行单位破产时,债权证券要优先清偿;而所有权证券要在最后清偿,所以所有权证券一般都要承担比较大的风险。

4) 按证券到期日的长短划分

按证券到期日的长短分为短期证券和长期证券。

短期证券是指到期日短于一年的证券,如国库券、商业票据、银行承兑汇票等。一般而言,短期证券的风险小,变现能力强,但收益率相对较低。长期证券是指到期日长于一年的证券,如股票、债券等。长期证券的收益一般较高,但时间长,风险大。

5) 按证券是否在证券交易所挂牌交易划分

按证券是否在证券交易所挂牌交易分为上市证券和非上市证券。

上市证券又称挂牌证券,是指经证券主管机关核准,并在证券交易所注册登记,获得在交易所内公开买卖资格的证券。非上市证券是指未申请上市或不符合证券交易所挂牌交易条件的证券。

6) 按证券的募集方式划分

按证券的募集方式分为公募证券和私募证券。

公募证券又称公开发行证券,是指发行人向不特定的社会公众广泛发售的证券。在公募发行情况下,所有合法的社会投资者都可以参加认购。采用公募方式发行证券的有利之处在于:①公募以众多的投资者为发行对象,筹集资金潜力大;②公募发行投资者范围大,可避免囤积证券或被少数人操纵;③只有公开发行的证券方可申请在交易所上市,因此这种发行方式可增强证券的流动性,有利于提高发行人的社会信誉。公募方式也存在某些缺点,如发行过程比较复杂,登记核准所需时间较长,发行费用也较高。

私募证券又称不公开发行证券或内部发行证券,是指面向少数特定投资者发行的证券。私募证券的持有者主要有两类:一类是个人投资者,如公司老股东或发行机构自己的员工;另一类是机构投资者,如大的金融机构或与发行人有密切往来关系的企业等。私募发行的优势是发行手续简单,可以节省发行时间和费用;不足之处是投资者数量有限,流通性较差,而且也不利于提高发行人的社会信誉。

6.1.2 证券市场

1. 证券市场的定义

证券市场是股票、债券、投资基金券等有价证券发行和交易的场所。资金的供求矛盾是社会再生产的重要矛盾,一方面,社会上存在着大量的闲置资金,需要寻找投资机会,以实现资金的增值,它们形成资金的供给;另一方面,经济的发展又需要有更多新增的资金投入,需要向社会筹集更多的资金,它们形成资金的需求。证券市场就是为解决资金的供求矛盾而产生的市场,是经济发展到一定阶段的产物,证券市场实现了投资需求和筹资需求的对接,从而有效地化解了资金的供求矛盾。

2. 证券市场的特征

证券市场具有以下三个显著的特征。

1) 证券市场是价值直接交换的场所

有价证券都是价值的直接代表,它们本质上只是价值的一种直接表现形式。虽然证券交易的对象是各种各样的有价证券,但由于它们是价值的直接表现形式,所以证券市场本质上是价值的直接交换场所。

2) 证券市场是财产权利直接交换的场所

证券市场上的交易对象是作为经济权益凭证的股票、债券、投资基金券等有价证券,它们本身仅是一定量财产权利的代表,所以,证券市场实际上是财产权利的直接交换场所。

3) 证券市场是风险直接交换的场所

有价证券既是一定收益权利的代表,又是一定风险的代表。有价证券的交换在转让出一定收益权的同时,也把该有价证券所特有的风险转让出去。所以,从风险的角度分析,证券市场也是风险的直接交换场所。

3. 证券市场的结构

证券市场的结构是指证券市场的构成及其关系。证券市场的结构可以有许多种,但最基本的有两种。

1) 纵向结构关系

这是一种按证券已进入市场的顺序关系划分,按这种顺序关系划分,证券市场可分为发行市场和交易市场。证券发行市场又称"一级市场"或"初级市场",是发行人以筹集资金为目的,按照一定的法律规定和发行程序,向投资者出售新证券所形成的市场。

证券交易市场又称"二级市场"或"次级市场",是已发行的证券通过交易实现流通转让的场所。

2) 横向结构关系

这是依有价证券的品种而形成的结构关系。这种结构关系的构成主要有股票市场、债券市场、基金市场等。

(1) 股票市场是股票发行和买卖交易的场所。股票市场的发行人为股份有限公司。股份有限公司通过发行股票募集公司的股本,或是在公司营运过程中通过发行股票扩大公司的股本。

(2) 债券市场是债券发行和买卖交易的场所。债券发行人有中央政府、地方政府、金融机构、公司和企业。债券发行人通过发行债券筹集的资金一般都有期限,债券到期时债务人必须按时归还本金并支付约定的利息。

(3) 基金市场是基金证券发行和流通的场所。封闭式基金在证券交易所挂牌交易,开放式基金通过投资者向基金管理公司申购和赎回以实现流通。

4. 证券市场的基本功能

1) 筹资功能

证券市场的筹资功能是指证券市场上为资金需求者筹集资金的功能。这一功能的另一作用是为资金供给者提供投资对象。在证券市场上交易的任何证券,既是筹资的工具,也是投资的工具。在经济运行过程中,既有资金盈余者,又有资金短缺者。资金盈余者为了使自己的资金价值增值,就必须寻找投资对象。在证券市场上,资金盈余者可以通过买入证券而实现投资;而资金短缺者为了发展自己的业务,就要向社会寻找资金。为了筹集资金,资金短缺者就可以通过发行各种证券来达到筹资的目的。

2) 资本定价

证券市场的第二个基本功能就是为资本定价。证券是资本的存在形式,所以,证券的价格实际上是证券所代表的资本的价格。证券的价格是证券市场上证券供求双方共同作用的结果。证券市场的运行形成了证券需求者竞争和证券供给者竞争的关系,这种竞争的结果是:能产生高投资回报的资本,市场的需求就大,其相应证券价格就高;反之,证券的价格就低。因此,证券市场是资本的合理定价机制。

3) 资本配置

证券市场的资本配置功能是指通过证券价格引导资本的流动而实现资本的合理配置的功能。在证券市场上,证券价格的高低是由该证券所能提供的预期报酬率的高低来决定的。证券价格的高低实际上是该证券筹资能力的反映。而能提供高报酬率的证券一般来自于那些经营好、发展潜力巨大的企业,或者是来自于新兴行业的企业。由于这些证券的预期报酬率高,因而其市场价格也就相应高,从而其筹资能力就强。这样,证券市场就引导资本流向其能产生高报酬率的企业或行业,从而使资本产生尽可能高的效率,进而实现资本的合理配置。

6.1.3 效率市场假说

效率市场假说是关于证券市场价格对相关信息反映程度的假定。证券投资风险与收益的确定和证券投资决策是以效率市场假说为前提的。

1. 有效资本市场假设的含义

有效资本市场假设理论认为,在一个有效的资本市场上,有关某个资本产品的全部信息都能够迅速、完整和准确地被某个关注它的投资者所得到,进而该资本产品的购买者能够根据这些信息明确地判断出该资本产品的价值,从而以符合价值的价格购买到该资本产品。

将有效资本市场假设理论应用于证券市场,就可以得到这样一个结论:在一个有效的证券市场上,证券价格曲线上任意一点的价格均最真实、最准确地反映该证券及其发行人在该时点的全部信息。所谓"有效"是指价格对信息的反映具有很高的效率,这一高效率不仅是指价格对信息反映的速度,即及时性,而且包括价格对信息反映的充分性和准确性。

2. 有效资本市场的前提条件与现实约束

要使有效的市场在现实中得以建立,需要具备四个条件:

(1) 信息公开的有效性;

(2) 信息从被公开到被接收的有效性;

(3) 投资者对信息做出判断的有效性；

(4) 投资者实施投资决策的有效性。

以上第一个条件是以发行者为主体的主观条件，第二个条件主要受各种客观因素的影响，第三个条件以投资者个人为主体的主观条件，第四个条件主要受投资者在实施投资决策过程中各种客观因素的影响。

3. 有效资本市场的形式

在现实的经济生活中，能够完全满足有效资本市场四个条件的情况几乎是不存在的。根据这四个条件被满足的程度不同，可以把资本市场的有效性划分成三个不同的层次。

1) 强式有效市场

在强式有效市场上，有关资本产品的任何信息一经产生，就得以及时公开，一经公开就能得到及时处理，一经处理，就能在市场上得到反馈。也就是说，信息的产生、公开、处理和反馈几乎是同时的。结果，在强式有效市场上，每一位交易者都可以掌握有关资本产品的所有信息，而且每一位交易者所占有的信息都是一样的。同时，每一位交易者对该资本产品的价值判断都是一致的，并且都能将自己的投资方案不折不扣地付诸实施。也就是说，证券的价格反映了所有即时信息所包含的价值。

2) 次强式有效市场

在该市场上，一方面，关于资本产品的信息在其产生到被公开的过程中受到了某种程度的损害，也就是说信息公开的有效性受到破坏。另一方面，在该市场上，所有投资者所占有的公开信息都是相同的。在次强式有效资本市场上，存在着两类信息：公开信息和"内幕信息"。极少数人控制着"内幕信息"，而大部分人只能获得公开信息。

强式和次强式有效市场的区别在于信息公开的有效性是否被破坏，也就是说是否存在未公开的"内幕信息"。强式和次强式有效市场的共同点是：这两个市场都满足有效资本市场的第二、第三个和第四个条件。

3) 弱式有效市场

在这一市场上，不仅仅是信息从产生到被公开的有效性受到损害，即存在"内幕信息"，而且，投资者对信息进行价值判断的有效性也受到损害。在一个弱式有效市场上，存在着两类信息：公开信息和"内幕信息"；三类投资者：掌握"内幕信息"和全部公开信息并能正确解读这些信息的投资者、只能解读全部公开信息的投资者、不能解读全部公开信息但至少能够解读历史价格信息的投资者。因此，在弱式有效资本市场上，极少数人控制着"内幕信息"，大部分人只能获得公开信息。

如果允许少数掌握"内幕信息"的投资者也参加交易，那么，市场价格的变化将更加复杂，存在基于"内幕信息"形成的"内幕交易价格"和基于对公开信息解读程度不同而形成的不断变化着的市场价格。

弱式有效市场与强式、次强式有效市场的区别在于，在一个弱式有效市场上，除了信息的公开程度存在着差别之外，投资者对公开信息的理解和判断也存在着专业性和非专业性的区别。结果在弱式有效市场上，除了通过掌握"内幕信息"可以获得超额利润之外，那些专业性的投资者就可以利用他们在信息分析上的专业优势获得额外的利润。弱式有效市场与强式、次强式有效市场的共同点在于，这三种市场都能满足关于有效资本市场的第二个和第四个条件。

4. 无效市场

在这一市场上,不仅仅是信息从产生到被公开的有效性和投资者对信息进行价值判断的有效性受到损害,即存在着利用"内幕信息"和"专业知识"赚取超额利润的可能性,而且,投资者接收信息的有效性和投资者实施其投资决策的有效性都可能受到损害。由于并非每一位投资者都能及时接收到所有公开的信息,而且投资者在实施其投资决策的效果上存在着差异。因此,一个无效的证券市场可能出现以下情况:

(1) 信息源在公开信息时就存在着某种不完全性;

(2) 被公开的信息在由信息源向信息接收者传输时发生渗漏损失,没能为每一位投资者所全部接收;

(3) 投资者在对所得到的信息进行解读时存在误差,由此导致不完整的反馈信息;

(4) 投资者的反馈信息在向市场传输时出现某种时滞,使得反馈信息不能及时地被市场吸收。

结果,市场价格不仅不能及时反映投资者的投资决策,而且不能完整地反映所有的公开信息,更不能反映包括公开信息和"内幕信息"在内的全部信息。

从无效市场到弱式有效市场,再到次强式有效市场,最后到强式有效市场,体现了证券市场的四个发展阶段。这个发展过程表明信息从开始到最终反映到市场价格中,其有效性逐渐提高。

6.1.4 证券投资的风险与报酬

投资者在进行证券投资时,应对欲投资的证券风险进行充分估计,对期望报酬率进行谨慎测算。

1. 证券投资的风险

1) 违约风险

违约风险是指证券发行人无法按时支付利息或偿还本金的风险。一般而言,政府发行的证券由于有政府作担保,违约风险小。

2) 流动性风险

流动性风险是指无法在短期内以合理的价格出售所持有的证券的风险。如果一种证券能在较短期内按市价大量出售,则是流动性较高的证券,这种证券的流动性风险较小;反之,流动性风险较大。例如,某公司购买一冷门债券,当它想在短期内出售时,就只好折价。如果该公司当初买的是国库券,国库券有一个活跃的市场,就可以在极短的时间里以合理的市价将其售出。

3) 破产风险

破产风险是在证券发行者破产清算时,投资者无法收回应得权益的风险。当证券发行者由于经营管理不善而持续亏损、现金周转不畅而无力清偿债务或其他原因导致难以持续经营时,他可能会申请破产保护。破产保护会导致债务清偿的豁免,使得投资者无法取得应得的投资收益,甚至无法收回投资的本金。

以上三种风险属于非系统风险。

4) 利率风险

证券的利率风险是指由于利率变动而使投资者遭受损失的风险。不同期限的证券,利率风险不一样,期限越长,风险越大。即使几乎没有违约风险的国库券,也会有利率风险。

【例 6-1】 某企业某年按面值购进国库券 100 万元,年利率 6%,3 年期。购进后一年,如果市场利率上升到 8%,则这批国库券的价格将下降到约 101.16 万元,损失 4.84 万元。具体计算过程如下:

国库券到期值 = 100 × (1 + 3 × 6%) = 118(万元)

一年后的现值 = 118 × (P/F, 8%, 2) = 101.16(万元)

一年后的本利和 = 100 × (1 + 6%) = 106(万元)

损失 = 106 − 101.16 = 4.84(万元)

5) 购买力风险

购买力风险是指由于通货膨胀而使货币购买力下降的风险。一般而言,随着通货膨胀的发生,变动收益的证券比固定收益的证券更好。因此,普通股票被认为比公司债券和其他有固定收入的证券能更好地避免购买力风险。

6) 再投资风险

再投资风险是由于市场利率下降而造成的无法通过再投资而实现预期收益的风险。根据流动性偏好理论,长期投资的收益率应当高于短期利率。为了避免市场利率变动的利率风险,投资者可能会投资于短期证券,但短期证券又会面临着市场利率下降的再投资风险,即无法按预定收益率进行再投资而实现所要求的预期收益。例如,长期债券的利率 8%,短期债券的利率 6%,为减少利率风险投资者购买了短期债券。在短期债券到期收回现金时,如果利率降低到 4%,投资者此时只能找到报酬率大约 4% 的投资机会,不如当初买长期债券,现在仍可获 8% 的收益。

以上三种风险属于系统风险。

2. 证券投资的报酬

证券投资报酬包括投资的利息收益和投资的资本利得收益两部分。

证券投资报酬,既可以用相对数表示,也可以用绝对数表示,而在企业财务管理中通常使用相对数,即用投资报酬率来反映,其计算公式如下:

$$证券投资报酬率 = \frac{利息收益 + 资本利得收益}{证券投资成本} \times \frac{360 天}{证券持有天数}$$

其中,利息收益是证券投资人按期从证券发行人手里取得的资金使用费收入,如债券的利息、股票的股利等;资本利得收益是证券卖出价与买入价之差;证券投资成本指证券买入价;证券持有天数指从证券买入日起至证券卖出日止的天数。

6.2 债券投资

6.2.1 债券投资的目的和特点

企业债券投资若按投资的时间划分,可分为短期债券投资和长期债券投资两类。

企业进行短期债券投资的目的主要是为了合理利用暂时闲置资金,调节现金余额,获得收益。企业进行长期债券投资的目的主要是为了获得长期稳定的收益。

债券投资具有以下特点。

1. 安全性

与其他有价证券比较,债券投资风险较小。其原因是:债券的利率固定,债务人必须按约定的期限和利率向投资人支付利息,期满归还本金,债券利率不受市场利率变动影响;债券的本息偿还有法律保障,有相应的单位所担保;对发行人有严格的规定和要求,一般只有信誉较高的筹资人才能获准发行债券,且发行量受到控制。

2. 流动性

债券具有较强的变现能力,在期满前可以在市场上转让变为现金,也可用于在银行作为抵押以获得相应余额的贷款。

3. 收益性

债券的收益性主要体现在两个方面:一是债券可以获得固定的、高于储蓄存款利率的利息;二是债券可以在市场上进行买卖,可以获得比到期时更高的收益。

6.2.2 债券的价值

债券作为一种投资,现金流出是其购买价格,现金流入是利息和归还的本金,或者出售时得到的现金。债券未来现金流入的现值,称为债券的价值或债券的内在价值。只有债券的价值大于购买价格时,才值得购买。债券价值是债券投资决策时使用的主要指标之一。

1. 债券估价的基本模型

债券估价的基本模型类似于债券发行价格的计算方法。

【例 6-2】 甲种债券面值 2 000 元,票面利率为 8%,期限为 5 年,每年付息,到期还本。某企业拟购买这种债券,当前的市场利率为 10%,债券目前的市价是 1 800 元,企业是否可以购买该债券?

$$甲种债券的价值 PV = 2\,000 \times 8\% \times (P/A, 10\%, 5) + 2\,000 \times (P/F, 10\%, 5)$$
$$= 160 \times 3.791 + 2\,000 \times 0.621 = 606.56 + 1\,242$$
$$= 1\,848.56(元)$$

由于债券的内在价值大于市价,如不考虑风险问题,购买此债券是合算的,它可获得大于 10% 的收益。

【例 6-3】 甲种债券面值 2 000 元,票面利率为 8%,期限为 5 年,到期一次还本付息。某企业拟购买这种债券,当前的市场利率为 10%,不计复利,债券目前的市价是 1 800 元,企业是否可以购买该债券?

$$甲种债券的价值 PV = (2\,000 + 2\,000 \times 8\% \times 5) \times (P/F, 10\%, 5)$$
$$= 2\,800 \times 0.621 = 1\,738.8(元)$$

由于债券的内在价值小于市价,购买此债券不合算,不应购买。

2. 债券价值与必要报酬率

债券价值与必要报酬率有密切的关系。债券定价的基本原则是:必要报酬率等于债券利率时,债券价值就是其面值。如果必要报酬率高于债券利率,债券的价值就低于面值;如果必要报酬率低于债券利率,债券的价值就高于面值。对于所有类型的债券估价,都必须遵循这一原理。

【例 6-4】 如果在例 6-2 中,必要报酬率是 8%,则债券价值为

$$PV = 2\,000 \times 8\% \times (P/A, 8\%, 5) + 2\,000 \times (P/F, 8\%, 5)$$
$$= 160 \times 3.992\,7 + 2\,000 \times 0.680\,6$$
$$= 638.80 + 1\,361.20$$
$$= 2\,000(元)$$

【例 6-5】 如果在例 6-2 中,必要报酬率是 6%,则债券价值为

$$PV = 2\,000 \times 8\% \times (P/A, 6\%, 5) + 2\,000 \times (P/F, 6\%, 5)$$
$$= 160 \times 4.212\,4 + 2\,000 \times 0.747\,3 = 673.98 + 1\,494.60$$
$$= 2\,168.58(元)$$

3. 债券价值与到期时间

债券价值不仅受必要报酬率的影响,而且受债券到期时间的影响。债券的到期时间,是指当前日至债券到期日之间的时间间隔。随着时间的延续,债券的到期时间逐渐缩短,至到期日时该间隔为零。

在必要报酬率一直保持不变的情况下,不管它高于或低于票面利率,债券价值随到期时间的缩短逐渐向债券面值靠近,至到期日债券价值等于债券面值。这种变化情况如图 6-1 所示。

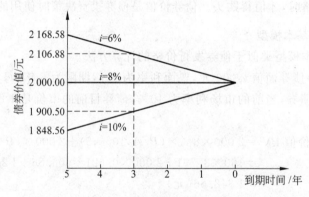

图 6-1 债券价值与到期时间

从图 6-1 中可以看出,当必要报酬率高于票面利率时,随着时间向到期日靠近,债券价值逐渐提高,最终等于债券面值;当必要报酬率等于票面利率时,债券价值一直等于票面价值;当必要报酬率低于票面利率时,随着时间向到期日靠近,债券价值逐渐下降,最终等于债券面值。

【例 6-6】 在例 6-2 中,如果到期时间缩短至 3 年,在必要报酬率等于 10% 的情况下,债券价值为

$$PV = 2\,000 \times 8\% \times (P/A, 10\%, 3) + 2\,000 \times (P/F, 10\%, 3)$$
$$= 160 \times 2.486\,9 + 2\,000 \times 0.751\,3 = 397.90 + 1\,502.60$$
$$= 1\,900.50(元)$$

在必要报酬率维持不变(10%)的情况下,到期时间为 5 年时债券价值为 1 848.56 元,到期时间为 3 年时债券价值上升至 1 900.50 元,向面值 2 000 元靠近了。

【例 6-7】 在例 6-5 中,如果到期时间缩短至 3 年,在必要报酬率是 6% 的情况下,则债券价值为

$$PV = 2\,000 \times 8\% \times (P/A, 6\%, 3) + 2\,000 \times (P/F, 6\%)$$
$$= 160 \times 2.673\,0 + 2\,000 \times 0.839\,6 = 427.68 + 1\,679.20$$
$$= 2\,106.88(元)$$

在必要报酬率维持不变(6%)的情况下,到期时间为 5 年时债券价值为 2 168.58 元,到期时间为 3 年时债券价值下降至 2 106.88 元,向面值 2 000 元靠近了。

【例 6-8】 在例 6-4 中,如果到期时间缩短至 3 年,在必要报酬率是 8% 的情况下,则债券价值为

$$PV = 2\,000 \times 8\% \times (P/A, 8\%, 3) + 2\,000 \times (P/F, 8\%, 3)$$
$$= 160 \times 2.577\,1 + 2\,000 \times 0.793\,8 = 412.34 + 1\,587.60$$
$$= 2\,000(元)$$

可见,在必要报酬率等于票面利率时,到期时间的缩短对债券价值没有影响。

综上所述,当必要报酬率一直保持至到期日不变时,随着到期时间的缩短,债券价值逐渐接近其票面价值。

如果必要报酬率在债券发行后发生变动,债券价值也会因此而变动。随着到期时间的缩短,必要报酬率变动对债券价值的影响越来越小。这就是说,债券价值对必要报酬率特定变化的反映越来越不灵敏。

从上述计算中可以看出,在例 6-2 中如果必要报酬率从 8% 上升到 10%,债券价值从 2 000 元降至 1 848.56 元,下降了 7.57%。在到期时间为 3 年时,必要报酬率从 8% 上升至 10%,债券价值从 2 000 元降至 1 900.50 元,仅下降 4.98%。

4. 债券价值与利息支付频率

前面的讨论均假设债券发行人每年支付一次利息,实际上利息支付的方式有许多种。不同的利息支付频率会对债券的价值产生影响。下面介绍三种常见的利息支付方式。

1) 纯贴现债券

纯贴现债券是指发行人承诺在未来某一确定日期作某一单笔支付的债券。这种债券在到期日前购买者不会得到任何支付的现金,因此也称为"零息债券"。纯贴现债券的价值计算公式为

$$PV = \frac{F}{(1+K)^n} = F \times (P/F, K, n)$$

式中,PV 表示债券价值;F 表示到期日取得的收入;n 表示到期时间的年数;K 表示每年的必要报酬率。

【例 6-9】 乙债券为纯贴现债券,面值 10 000 元,10 年期。假设必要报酬率为 9%,其价值为

$$PV = 10\,000 \times (P/F, 9\%, 10) = 10\,000 \times 0.422\,4 = 4\,224(元)$$

【例 6-10】 如果例 6-9 中乙债券票面利率为 10%,单利计息,到期时一次还本付息。必要报酬率仍为 9%,其价值为

$$PV = 10\,000 \times (1 + 10\% \times 10) \times (P/F, 9\%, 10)$$
$$= 20\,000 \times 0.422\,4 = 8\,448(元)$$

在到期日一次还本付息债券,实际上也是一种纯贴现债券,只不过到期日不是按票面额支付而是按本利和作单笔支付。

2) 平息债券

平息债券是指利息在到期时间内平均支付的债券。支付的频率可能是一年一次、半年一次或每季度一次等。

平息债券价值的计算公式如下:

$$PV = \sum_{t=1}^{mn} \frac{\frac{I}{m}}{\left(1+\frac{K}{m}\right)^t} + \frac{M}{\left(1+\frac{K}{m}\right)^{mn}}$$

式中,m 表示年付利息次数;n 表示到期时间的年数;K 表示每年的必要报酬率;I 表示年付利息;M 表示面值或到期日支付额。

【例 6-11】 如果例 6-2 中甲债券改为每半年支付一次利息,则该债券的价值为

$$PV = 2\,000 \times 4\% \times (P/A, 5\%, 10) + 2\,000 \times (P/F, 5\%, 10)$$
$$= 80 \times 7.721\,7 + 2\,000 \times 0.613\,9 = 617.74 + 1\,227.80$$
$$= 1\,845.54(元)$$

上式中,每半年计息时票面利率为 4%(8%/2),必要报酬率为 5%(10%/2)计息次数为 10 次(5×2)。计算结果表明该债券的价值比每年付息一次时的价值(1 848.56 元)降低了。债券付息期越短其价值越小的现象,仅出现在债券折价出售的情况。如果债券溢价出售,则情况正好相反。

3) 永久债券

永久债券是指没有到期日,永不停止定期支付利息的债券。英国和美国都发行过这种公债。对于永久公债,通常政府都保留了回购债券的权力。优先股实际上也是一种永久债券,如果公司的股利支付没有问题,将会持续地支付固定的优先股息。

永久债券的价值计算公式如下:

$$PV = \frac{I}{K}$$

式中的符号含义如前。

【例 6-12】 某公司发行优先股,承诺每年支付优先股息 240 元。假设必要报酬率为 12%,则其价值为

$$PV = \frac{I}{K} = \frac{240}{12\%} = 2\,000(元)$$

5. 流通债券的价值

流通债券是指已发行并在二级市场上流通的债券。它们不同于新发债券,已经在市场上流通了一段时间,在估价时需要考虑现在至下一次利息支付的时间因素。

1) 流通债券的特点

(1) 到期时间小于债券发行在外的时间;

(2) 估价的时点不在发行日,可以是任何时点,会产生"非整数计息期"问题。

新发行债券,总是在发行日估计现值的,到期时间等于发行在外时间。

2) 流通债券的估价方法

(1) 以现在为折算时间点,历年现金流量按非整数计息期折现。

(2) 以最近一次付息时间(或最后一次付息时间)为折算时间点,计算历次现金流量现值,然后将其折算到现在时点。

无论哪种方法,都需要计算非整数期的折现系数。

【例 6-13】 有一面值为 1 000 元的债券,票面利率为 8%,每年支付一次利息,2012 年 9 月 1 日发行,2017 年 9 月 1 日到期。现在是 2015 年 8 月 1 日,假设投资的必要报酬率为 10%,问该债券的价值是多少?

第一种估价办法:

流通债券估价时必须注意付息日,分别对每期利息和最后的本金折现。本例中在 2015 年 8 月 1 日后的 2 年零 1 个月的剩余期限中,有三个付息日,发生三次利息收入,因此要计算三次利息。

现分别计算 2015 年 8 月 1 日以后现金流入的现值,然后求和。计息期数不是整数,分别为 1/12(2015 年 9 月 1 日)、13/12(2016 年 9 月 1 日)、25/12(2017 年 9 月 1 日)。

2015 年 9 月 1 日利息的现值为

$$PV_{(2015I)} = \frac{1\,000 \times 8\%}{(1+10\%)^{\frac{1}{12}}} = \frac{80}{1.007\,97} = 79.367\,4(元)$$

2016 年 9 月 1 日利息的现值为

$$PV_{(2016I)} = \frac{1\,000 \times 8\%}{(1+10\%)^{1\frac{1}{12}}} = \frac{80}{1.108\,77} = 72.151\,9(元)$$

2017 年 9 月 1 日利息的现值为

$$PV_{(2017I)} = \frac{1\,000 \times 8\%}{(1+10\%)^{2\frac{1}{12}}} = \frac{80}{1.219\,6} = 65.595\,3(元)$$

2017 年 9 月 1 日本金的现值为

$$PV_{(2017M)} = \frac{1\,000}{(1+10\%)^{2\frac{1}{12}}} = \frac{1\,000}{1.219\,6} = 819.941\,0(元)$$

该债券 2015 年 8 月 1 日的现值为

$$PV = 79.367\,4 + 72.151\,9 + 65.595\,3 + 819.941\,0 \approx 1\,037.06(元)$$

第二种估价办法:

先计算 2015 年 9 月 1 日的债券价值,然后将其折现到 2015 年 8 月 1 日。

2015 年 9 月 1 日债券的价值为

$$PV = 1\,000 \times 8\% \times (P/A,10\%,2) + 1\,000 \times 8\% + 1\,000 \times (P/F,10\%,2)$$
$$= 80 \times 1.735\,5 + 80 + 1\,000 \times 0.826\,4$$
$$= 1\,045.24(元)$$

2015 年 8 月 1 日债券的价值为

$$PV = \frac{1\,045.24}{(1+10\%)^{\frac{1}{12}}} \approx 1\,037(元)$$

流通债券的价值在两个付息日之间呈周期性变动。对于平价发行债券来说,发行后价值逐渐升高,在付息日由于割息而价值下降,然后又逐渐上升。总的趋势是波动上升。越临近付息日,利息的现值越大,债券的价值有可能超过面值。付息日后债券的价值下降,会低于其面值。

6.2.3 债券的收益率

债券收益率有票面收益率、直接收益率、持有期收益率和到期收益率等多种,这些收益率分别反映投资者在不同买卖价格和持有年限下的不同收益水平。本节介绍到期收益率。

到期收益率是指以特定价格购买债券并持有至到期日所能获得的收益率。它是使未来现金流量等于债券购入价格的折现率。计算到期收益率的方法是求解含有贴现率的方程。

【例 6-14】 已知华美公司于 2016 年 1 月 1 日以 5 000 元价格购买了 A 公司于 2016 年 1 月 1 日发行的面值为 5 000 元的债券,票面利率为 9%,8 年期。A 公司每年付息一次。假定华美公司持有该债券至到期日,计算其到期收益率。

$$5\,000 = 5\,000 \times 9\% \times (P/A, i, 8) + 5\,000 \times (P/F, i, 8)$$

解该方程要用"试误法"。

用 $i = 9\%$ 试算:

$$5\,000 \times 9\% \times (P/A, 9\%, 8) + 5\,000 \times (P/F, 9\%, 8) = 5\,000(元)$$

可见,按面值购买的每年付息一次,到期还本的债券,其到期收益率等于票面利率。

【例 6-15】 假定例 6-14 中,华美公司以 5 800 元的价格购入 A 公司债券,则其到期收益率的计算如下:

$$5\,800 = 5\,000 \times 9\% \times (P/A, i, 8) + 5\,000 \times (P/F, i, 8)$$

通过例 6-14 的计算已知,$i = 9\%$ 时等式右边为 5 000 元,小于 5 800 元,就此可判断到期收益率必定低于 9%。现降低贴现率试算。

用 $i = 7\%$ 试算:

$$5\,000 \times 9\% \times (P/A, 7\%, 8) + 5\,000 \times (P/F, 7\%, 8)$$
$$= 450 \times 5.971\,3 + 5\,000 \times 0.582\,0 = 2\,687 + 2\,910 = 5\,597(元)$$

由于贴现率仍小于 5 800 元,还应继续降低贴现率。

用 $i = 5\%$ 试算:

$$5\,000 \times 9\% \times (P/A, 5\%, 8) + 5\,000 \times (P/F, 5\%, 8)$$
$$= 450 \times 6.463\,2 + 5\,000 \times 0.676\,8 = 2\,908 + 3\,384 = 6\,292(元)$$

贴现结果高于 5 800 元,可以判定,收益率高于 5%。用内插法计算近似值。

$$i = 5\% + \frac{6\,292 - 5\,800}{6\,292 - 5\,597} \times (7\% - 5\%) = 6.42\%$$

用试误法比较麻烦,在实务中可用下面简便算法求得近似结果:

$$i = \frac{I + (M - P) \div N}{(M + P) \div 2}$$

式中,I 表示每年的利息;M 表示到期归还的本金;P 表示买价;N 表示年数。

式中的分母是平均的资金占用,分子是每年平均收益,将数据代入例 6-15,则到期收益率计算如下:

$$i = \frac{5\,000 \times 9\% + \dfrac{5\,000 - 5\,800}{8}}{\dfrac{5\,000 + 5\,800}{2}} = 6.48\%$$

从此例可以看出,如果买价和面值不等,则收益率和票面利率不同。

到期收益率是指导选购债券的标准,它可以反映债券投资按复利计算的真实收益率。如果到期收益率高于投资人要求的报酬率,则应买进该债券,否则就放弃。其结论和计算债券的内在价值相同。如上例,若华美公司期望收益率为5%,该债券到期收益率高于投资人的要求,因此,可以买入该债券;若华美公司期望收益率为8%,则不宜买进。

需要说明的是,在实务中,债券收益率的计算除考虑购买价格外,还要考虑交易费用、通货膨胀和税收等因素,需要对上述计算公式作相应的调整。

6.3 股票投资

6.3.1 股票投资的目的和特点

企业进行股票投资的目的一是为了获利,即作为一般的证券投资,获取股利收入及股票买卖差价;二是为了控股,即通过购买某一企业的大量股票达到控制该企业的目的。

与债券投资相比,股票投资一般具有以下特点。

1. 股票投资是权益性投资

股票是代表所有权的凭证,投资者购买了股票就成为发行公司的股东,可以参与公司的经营决策,有选举权和表决权。

2. 股票投资的风险较大

投资者购买股票之后,不能要求股份公司偿还本金,只能在证券市场上转让。股票投资的收益主要取决于股票发行公司的经营状况和股票市场的行情。如果公司经营状况较好,盈利能力强,股票价格就会上涨,投资者的收益就大;反之,股票价格就会下跌,投资者就会遭受较大的损失。一旦公司破产,股东的求偿权位于债权人之后,因此,股东可能部分甚至全部不能收回投资。

3. 股票投资的收益不稳定

股票投资的收益稳定性较差。股东获得的股利的多少直接与公司的业绩相关,公司盈利多,就可能多发放股利,公司的盈利少,就可能少发或不发股利;股票转让的价差收益主要取决于股票市场的行情,股市行情好,出售股票就可以得到较大的价差收益,股市低迷时,出售股票不仅得不到价差收益,反而会遭受损失。

4. 股票价格的起伏较大

股票价格受多种因素影响,波动性极大,自从有股市以来,股价暴涨暴跌的例子屡见不鲜。这一特点决定了股票市场具有极大的投机性,投资者既可以在这个市场上赚取高额利润,也可能会损失惨重,甚至血本无归。

6.3.2 影响股票价格的因素

股票价格此起彼伏的变化是受相关因素影响的结果,影响股票价格的因素既有公司内在的基本因素,也有公司外部的市场行为因素,归纳起来主要有以下几个方面。

1. 宏观经济走势

股票市场是"经济晴雨表",它提前反映经济发展周期。当经济增长刚刚启动时,敏感的投资者就会对经济发展和公司的前景持有好的预期,从而开始购买股票,使股票价格上涨;在经济发展繁荣景气时期,更多的投资者都普遍看好经济发展趋势,股市的大牛市就会到来;当经济增长到达顶峰,并开始走向衰退时,明智的投资者就会退出股市,股票价格将下跌。因此,经济发展周期在股市上会得到充分的反映,它直接影响股市发展的大趋势。

2. 通货膨胀

一般而言,适度的通货膨胀不会对经济发展产生破坏作用,对证券市场的发展也是有利的,但过度的通货膨胀必然会恶化经济环境,对经济发展有极大的破坏作用,从而对证券市场也是不利的。

3. 利率和汇率的变化

一般来说,利率上升既会增加公司的成本,从而减少利润,又会提高投资者的预期收益率,因此往往使股票价格下跌;反之,会使股票价格上涨。汇率的变化也会影响股票价格,如果本国货币贬值,可能会导致资本流出本国,从而使股票价格下跌,但汇率变化对国际性程度低的证券市场影响较小,而对国际性程度较高的证券市场的影响就较大。

4. 经济政策

对股市比较敏感的经济政策主要有货币政策、财政政策和产业政策等。货币政策和财政政策都是调节宏观经济的重要手段。货币政策直接影响到货币供给量,一般而言,紧缩的货币政策往往会使股票价格下跌。财政政策可以通过增减政府收支规模、税率等手段来调节经济发展速度,当政府通过降低税率增加财政支出、刺激经济发展时,企业的利润就会上升,社会就业增加,公众收入也增加,会使股市行情上升。政府的产业政策主要对各个行业有不同的影响,优先扶持的行业,企业的发展前景较好,利润将会有望增加,其股票价格会上涨。

5. 公司状况

公司状况主要包括公司的行业发展前景、市场占有率、公司经营状况、公司财务状况、盈利能力、股利政策等因素。这一因素主要影响某一特定公司股票价格。对公司因素的了解,可以通过对该公司公布的年度财务报告分析来获得。

6. 市场环境

市场环境的影响是指股票市场本身的组织、运作及市场参与者的活动对股市的影响。市场因素一般包括证券主管机构对证券市场的干预程度、市场的成熟程度、市场的投机操作行为、投资者的素质高低、市场效率等。

7. 政治因素

股票价格除受经济的、技术的等因素影响外,还受政治因素的影响。如国内外政治形势的变化、国家重要领导人的更迭、国家法律与政策的变化、国际关系的改变等。政治因素对股市的影响是全局的和敏感的,有时会使股市暴涨暴跌,这在国内外的股市上,不乏其例。

6.3.3 股票价值的评估

同进行债券投资一样,企业进行股票投资,也必须知道股票价值的计算方法,现介绍几个最常见的股票估价模型。

1. 短期持有股票、未来准备出售的股票估价模型

在一般情况下,投资者投资于股票,不仅希望得到股利收入,还希望在未来出售股票时从股票价格的上涨中获得好处。此时的股票估价模型为

$$V = \sum_{t=1}^{n} \frac{D_t}{(1+K)^t} + \frac{V_n}{(1+K)^n}$$

$$= \sum_{t=1}^{n} D \times (P/A, K, n) + V_n \times (P/F, K, n)$$

式中,V 表示股票的内在价值;V_n 表示未来出售时预计的股票价格;K 表示投资人要求的资金收益率;D 表示预期股利;D_t 表示第 t 期的预期股利;n 表示预计持有股票的期数。

【例 6-16】 某企业准备购入 A 公司股票,目前市场价格每股为 25 元,预计每年可获得股利 3 元/股,准备 2 年后出售,预计出售价格 30 元/股,预期报酬率为 15%,是否值得投资?

股票价值 = 3 × (P/A, 15%, 2) + 30 × (P/F, 15%, 2)
= 3 × 1.625 7 + 30 × 0.756 1 = 27.56(元)

该股票的内在价值大于目前市场价格,因此值得购买。但是股票的价格在很大程度上受市场经济环境和利息率变化的影响,投资者还必须对此作风险分析。

2. 长期持有股票,股利稳定不变的股票估价模型

在每年股利稳定不变,投资人持有期间很长的情况下的估价模型可简化为

$$V = \frac{D}{K}$$

式中符号同前。

【例 6-17】 某种股票预计每年分配股利 3 元,最低报酬率为 15%,则

$$V = \frac{3}{15\%} = 20(元)$$

这就是说,该股票每年给你带来 3 元的收益,在市场利率为 15% 的条件下,它相当于 20 元资本的收益,所以其价值是 20 元。

当然,市场上的股价不一定就是 20 元,还要看投资人对风险的态度,可能高于或低于 20 元。

如果当时的市价不等于股票价值,例如市价为 16 元,每年固定股利是 3 元,则其预期报酬率为

$$K = \frac{3}{16} = 18.75\%$$

可见,当市价低于股票价值时,预期报酬率高于最低报酬率。

3. 长期持有股票,股利固定增长的股票估价模型

如果一个公司的股利不断增长,投资人的投资期限又非常长,则股票的估价就更困难了,只能计算近似数。设上年股利为 D_0,第 1 年的股利为 D_1,每年股利比上年增长率为 g,则

$$V = \frac{D_0(1+g)}{K-g} = \frac{D_1}{K-g}$$

【例6-18】 某企业准备投资购买相城股份有限公司的股票,该股票上年每股股利为3元,预计以后每年以5%的增长率增长,某企业经分析后,认为必须得到12%的报酬率,才能购买相城股份有限公司的股票,则该种股票的内在价值应为

$$V = \frac{3 \times (1+5\%)}{12\% - 5\%} = 45(元)$$

即相城公司的股票价格在45元以下时能购买。

4. 长期持有股票,股利非固定增长的股票估价模型

在现实生活中,有的公司股利是不固定的。例如,在一段时间里高速成长,在另一段时间里正常固定成长或固定不变。在这种情况下,就要分段计算,才能确定股票的价值。

【例6-19】 某企业持有东方公司的股票,它的投资最低报酬率为15%。预计东方公司未来3年股利将高速增长,成长率为20%。在此以后转为正常增长,增长率为12%。东方公司最近支付的股利是2元。东方公司股票的价值是多少?

第一步,计算非正常增长期的股利现值:

年份	股利	现值系数(15%)	现值
1	2×1.2=2.4	0.870	2.088
2	2.4×1.2=2.88	0.756	2.177
3	2.88×1.2=3.456	0.658	2.274
合计			6.539

第二步,计算第3年年底的普通股内在价值:

$$V_3 = D_3(1+g)/(K-g) = D_4/(K-g) = 3.456 \times 1.12/(15\% - 12\%)$$
$$= 129.02(元)$$

其现值为:$129.02 \times (P/F, 15\%, 3) = 129.02 \times 0.658 = 84.90(元)$

第三步,计算股票目前的内在价值:

$$V = 6.539 + 84.90 = 91.439(元)$$

6.3.4 股票的收益率

前面我们主要讨论如何估计股票的价值,以判断某种股票被市场高估或低估。现在,我们假设股票价格是公平的市场价格,股票的期望收益率等于其必要的收益率。

根据固定增长股利模型,我们知道

$$V = \frac{D_1}{K-g}$$

如果将该公式移项整理,求K,可以得到

$$K = \frac{D_1}{V} + g$$

这个公式告诉我们,股票的总收益率可以分为两个部分:第一部分是D_1/V,叫做股利收益率,它是根据预期现金股利除以当前股价计算出来的。第二部分是增长率g,叫做股利增长率。由于股利的增长速度也就是股价的增长速度,因此可以解释为股价增长率或资本利得增长率。g的数值可以根据公司的可持续增长率估计。V是股票市场形成的价格,只要能预计出下一期的股利,我们就可以估计出股东预期报酬率,在有效市场中它就是与该股

票风险相适应的必要报酬率。

【例 6-20】 某股票的价格为 30 元,预计下一期的股利是 3 元,该股利将以大约 6% 的速度持续增长。该股票的预期报酬率为

$$K = \frac{3}{30} + 6\% = 16\%$$

如果用 16% 作为必要报酬率,则一年后的股价为

$$V = \frac{3 \times (1+6\%)}{16\% - 6\%} = 31.8(元)$$

这就是说,如果你现在用 30 元购买该股票,年末你将收到 3 元股利,并且得到 1.8 元 (31.8−30) 的资本利得。

$$总报酬率 = 股利收益率 + 资本利得收益率$$
$$= 3/30 + 1.8/30 = 10\% + 6\% = 16\%$$

这个例子使我们验证了股票期望报酬率模型的正确性。该模型可以用来计算特定公司风险情况下投资人要求的必要报酬率,也就是公司的权益资金成本。这就是说投资者希望或者说要求公司赚取 16% 的收益。如果投资者的要求大于 16%,他就不会去购买该股票;反之,则会去争购该股票,使得价格升上去。既然投资者接受了 30 元的价格,就表明他们要求的报酬率就是 16%。

6.3.5 股票投资分析

1. 股票投资的基本分析法

股票投资的基本分析法是证券市场分析方法的基础。对于投资者而言,基本分析法比技术分析法及现代数学模型分析法重要得多。在既定环境下进行股票投资的基本分析,应重点关注微观层次的公司分析,这是基本分析法的重点和难点。财务分析是基本分析法中的一种具体方法;运用资本定价模型等理论进行公司分析,在股票投资中是常见的做法。

2. 股票投资的技术分析法

1) 技术分析法的含义

技术分析法是从市场行为本身出发,运用数理统计和心理学等理论和方法,根据证券市场已有的价格、成交量等历史资料来分析价格变动趋势的方法。

在成熟的证券市场中,股票的投资价值一般能从其价格、成交量等方面反映出来,因此,技术分析法实际上是对市场一段时间的价、量关系作出分析,以预测其未来走势的一系列方法,其最终分析的对象是价格、成交量、时间、空间。其中,价格反映了股票市场变化方向;成交量反映了市场对价格变化方向的认同程度;时间是指一种行情或者走势持续的时间跨度;空间是指某一趋势可能达到的高点或者低点,股市行情在高点或者低点很可能变盘。时空分析的目的是寻找买卖时机。

2) 技术分析法的理论基础

技术分析法的理论基础主要包括三个假设:①市场行为包含一切信息;②价格沿趋势运动;③历史会重演。

3) 技术分析法的内容

(1) 指标法。指标法是根据市场行为的各种情况建立数学模型,按照一定的数学计算

公式,得到一个体现股票市场某个方面内在实质的数字,即指标值。指标的具体数值和相互关系直接反映了股市所处的状态,为具体操作提供方向性指导。指标反映的东西大多是从股市行情报表中不能直接看到的。

(2) K线法。K线法的研究侧重于若干条K线的组合情况,通过推测股票市场多空双方力量的对比来判断股票市场多空双方谁占优势,是暂时的还是决定性的。K线图是进行各种技术分析的最重要图表。

(3) 形态法。形态法是指根据价格图表中过去一段时间价格轨迹的形态来预测股价的未来趋势的方法。

(4) 波浪法。波浪法把股价的上下变动和不同时期的持续上涨、下降看成是波浪的上下起伏。股票的价格也遵循波浪起伏的规律。

4) 技术分析法和基本分析法的区别

(1) 技术分析法着重于分析股票市价的运动规律,基本分析法的主要目的在于分析股票的内在投资价值。

(2) 技术分析法直接从股票市场入手,根据股票的供求、市场价格和交易量等市场因素进行分析;基本分析法则是从股票市场的外部决定因素入手,并从这些外部因素与股票市场相互关系的角度进行分析。

(3) 技术分析法是短期性质的,它只关心市场上股票价格的波动和如何获得股票投资的短期收益,很少涉及股票市场及外在因素分析;基本分析则不仅研究整个证券市场的情况,而且研究单个证券的投资价值;不仅关心证券的收益,而且关心证券的升值。

(4) 技术分析法通过对股票市场价格的波动形式、股票的成交量和投资心理等因素的分析,可以帮助投资者选择适当的投资机会和投资方法;基本分析法通过对宏观形势的分析,帮助投资者了解股票市场的发展状况和股票的投资价值。

3. 市盈率分析法

前述股票价值和收益率的计算方法,在理论上比较健全,计算结果使用也很方便,但未来股利的预计很复杂并且要求比较高,一般投资者往往很难办到。有一种粗略衡量股票价值的方法,就是市盈率分析。它易于掌握,被许多投资者使用。

1) 用市盈率估计股价高低

市盈率是股票市价和每股盈利之比,以股价是每股盈利的倍数表示。市盈率可以粗略反映股价的高低,表明投资人愿意用盈利的多少倍的货币来购买这种股票,是市场对该股票的评价。

因为

$$市盈率 = \frac{股票市价}{每股盈利}$$

所以,

股票价格 = 该股票市盈率 × 该股票每股盈利

股票价值 = 行业平均市盈率 × 该股票每股盈利

根据证券机构或刊物提供的同类股票过去若干年的平均市盈率,乘以当前的每股盈利,可以得出股票的公平价值。用它和当前市价比较,可以看出所付价格是否合理。

【例6-21】 若相城公司的股票每股盈利是5元,市盈率是12,行业类似股票的平均市盈

率是 15,则

$$股票价格 = 12 \times 5 = 60(元)$$
$$价值 = 15 \times 5 = 75(元)$$

说明市场对该股票的评价略低,股价基本正常,有一定吸引力。

2) 用市盈率估计股票风险

一般认为,股票的市盈率比较高,表明投资者对公司的未来充满信任,愿意为每1元盈利多付买价。这种股票的风险比较小。但是,当股市受到不正常因素干扰时,某些股票的市价就会被哄抬到不应有的高度。通常认为,超过20市盈率是不正常的,很可能是股价下跌的前兆,风险相当大。

股票的市盈率比较低,表明投资者对公司的未来缺乏信心,不愿意为每1元盈利多付买价。这种股票的风险也比较大。通常认为市盈率在5以下的股票,其前景比较悲观。

过高或过低的市盈率都不是好兆头,平均的市盈率为10~11,市盈率为5~20是比较正常的。应研究拟投资股票市盈率的长期变化,估计其正常值,作为分析的基础。

各行业的正常值有区别,预期将发生通货膨胀或提高利率时市盈率会下降,预期企业利润增长时市盈率会上升,债务比重大的公司市盈率较低。

6.4 基金投资

6.4.1 投资基金的概念

1. 投资基金的含义

投资基金,是一种利益共享、风险共担的集合投资方式,即投资者将资金交给专业机构(基金管理人)管理,这些专业机构根据法律、法规、基金契约规定的投资原则和投资组合的原理,进行分散投资,趋利避险,以达到兼顾资金的流动性和安全性而获利的目的。对于那些资金不多,或没有时间和精力,或缺少证券投资专门知识的投资者而言,是甚佳的投资选择。

投资基金是一种大众化的信托投资工具,各国对其称谓不尽相同,如美国称"共同基金",英国和中国香港地区称"单位信托基金",日本和中国台湾地区则称"证券投资信托基金"等。尽管称谓各异,但投资基金的组建框架及操作过程基本上都是相同的。

2. 投资基金的组织与运作

一般来说,投资基金的组织与运作包括如下几个方面的内容:

第一,由投资基金的发起人设计、组织各种类型的投资基金。通过向社会发行基金受益凭证或基金股份,将社会上众多投资者的零散资金聚集成一定规模的数额,设立基金。

第二,基金的份额用"基金单位"来表达,基金单位也称为受益权单位,它是确定投资者在某一投资基金中所持份额的尺度。将初次发行的基金总额分成若干等额的整数份,每一份即为一个基金单位,表明认购基金所要求达到的最低投资金额。例如,某基金发行时要求以100元的整倍数认购,表明该基金的单位是100元,投资2 000元即拥有20个基金单位。一个基金单位与股份公司一股的含义基本上是相同的。

第三,由指定的信托机构保管和处分基金资产,专款存储以防止基金资产被挪作他用。

基金保管机构称为基金保管公司,它接受基金管理人的指令,负责基金的投资操作,处理基金投资的资金拨付、证券交割和过户、利润分配及本金偿付等事项。

第四,由指定的基金经理公司(也称为基金管理公司)负责基金的投资运作。基金经理公司负责设计基金品种,制订基金投资计划,确定基金的投资目标和投资策略,以基金的名义购买证券资产或其他资产,向基金保管人发出投资操作指令。

3. 投资基金与股票、债券的区别

1) 反映的关系不同

股票反映的是所有权关系,债券反映的是债权债务关系,而基金反映的则是基金投资者和基金管理人之间的一种委托代理关系。

2) 筹集资金的投向不同

股票和债券是融资工具,筹集的资金主要是投向实业,而基金主要是投向其他有价证券等金融工具。

3) 风险水平不同

股票的直接收益取决于发行公司的经营效益,不确定性强,投资于股票有较大的风险。债券的直接收益取决于债券利率,而债券利率一般是事先确定的,投资风险较小。基金主要投资于有价证券,而且其投资选择相当灵活多样,从而使基金的收益有可能高于债券,投资风险又可能小于股票。因此,基金能满足那些不能或不宜于直接参与股票、债券投资的个人或机构的需要。

6.4.2 投资基金的种类

1. 根据组织形态的不同分类

1) 契约型基金

契约型基金又称为单位信托基金,是指把受益人(投资者)、管理人、托管人三者作为基金的当事人,由管理人与信托人通过签订信托契约的形式发行受益凭证而设立的一种基金。契约型基金是基于基金契约原理而组织起来的代理投资行为。通过信托契约来规范三方当事人的行为。基金管理人负责基金的管理操作;基金托管人作为基金资产的名义持有人,负责基金资产的保管和处置,对基金管理人的运作实行监督。

2) 公司型基金

公司型基金是按照《中华人民共和国公司法》以公司形态组成的,该基金公司以发行股份的方式募集资金,一般投资者购买该公司的股份即为认购基金,也就成为该公司的股东,凭其持有的基金份额依法享有投资收益。

契约型基金与公司型基金的不同点有以下几个方面:

(1) 资金的性质不同。契约型基金的资金是信托财产,公司型基金的资金为公司法人的资本。

(2) 投资者的地位不同。契约型基金的投资者购买受益凭证后成为基金契约的当事人之一,即受益人;公司型基金的投资者购买基金公司的股票后成为该公司的股东,以股息或红利形式取得收益。因此,契约型基金的投资者没有管理基金资产的权力,而公司型基金的股东通过股东大会和董事会享有管理基金公司的权力。

(3) 基金的运营依据不同。契约型基金依据基金契约运营基金,公司型基金依据基金

公司章程运营基金。

2. 根据变现方式的不同分类

1) 封闭式基金

封闭式基金是指基金的发起人在设立基金时,限定了基金单位的发行总额,筹集到这个总额后,基金即宣告成立,并进行封闭,在一定时期内不再接受新的投资。基金单位的流通采取在交易所上市的办法,投资者以后要买卖基金单位都必须经过证券经纪商,在二级市场上进行竞价交易。封闭式基金的期限是指基金的存续期,即基金从成立之日起到结束之日止的整个时间。

2) 开放式基金

开放式基金是指基金发起人在设立基金时,基金单位的总数是不固定的,可视经营策略和发展需要追加发行。投资者也可根据市场状况和各自的投资决策,或者要求发行机构按现期净资产值扣除手续费后赎回股份或受益凭证,或者再买入股份或受益凭证,增加基金单位份额的持有比例。

封闭式基金与开放式基金的区别是:

(1) 期限不同。封闭式基金通常有固定的封闭期,而开放式基金没有固定期限,投资者可随时向基金管理人赎回。

(2) 基金单位的发行规模要求不同。封闭式基金在招募说明书中列明其基金规模,开放式基金没有发行规模限制。

(3) 基金单位转让方式不同。封闭式基金的基金单位在封闭期限内不能要求基金公司赎回,只能寻求在证券交易场所出售或柜台市场上出售给第三者。开放式基金的投资者则可以在首次发行结束一段时间(多为 3 个月)后,随时向基金管理人或中介机构提出购买或赎回申请。

(4) 基金单位的交易价格计算标准不同。封闭式基金的买卖价格受市场供求关系的影响,并不必然反映公司的净资产值。开放式基金的交易价格则取决于基金的每单位资产净值的大小,其卖出价一般是基金单位资产净值加 5% 左右的首次购买费,买入价即赎回价是基金券所代表的资产净值减去一定的赎回费,基本不受市场供求影响。

(5) 投资策略不同。封闭式基金的基金单位数不变,资本不会减少,因此基金可进行长期投资,基金资产的投资组合能有效地在预定计划内进行。开放式基金因基金单位可随时赎回,为应付投资者随时赎回兑现,基金资产不能全部用来投资,更不能把全部资本用来进行长线投资,必须保持基金资产的流动性,在投资组合上需保留一部分现金和可随时兑现的金融商品。

3. 根据投资标的不同分类

1) 股票基金

股票基金是指投资于股票的投资基金,其投资对象通常包括普通股和优先股,其风险程度较个人投资股票市场要低得多,且具有较强的变现性和流动性,因此它也是一种比较受欢迎的基金类型。

2) 债券基金

债券基金是指投资于政府债券、市政公债、企业债券等各类债券品种的投资基金。债券基金一般情况下定期派息，其风险和收益水平通常较股票基金低。

3）货币基金

货币基金是指由货币存款构成投资组合，协助投资者参与外汇市场投资，赚取较高利息的投资基金。其投资工具包括银行短期存款、国库券、政府公债、公司债券、银行承兑票据及商业票据等。这类基金的投资风险小、投资成本低、安全性和流动性较高，在整个基金市场上属于低风险的安全基金。

4）期货基金

期货基金是指投资于期货市场以获取较高投资回报的投资基金。由于期货市场具有高风险和高回报的特点，因此投资期货基金既可能获得较高的投资收益，同时投资者也面临着较大的投资风险。

5）期权基金

期权基金就是以期权作为主要投资对象的基金。期权是一种选择权，是买卖期货合约的选择权利。期权交易就是期权购买者向期权出售者支付一定费用后，取得在规定时期内的任何时候，以事先确定好的协定价格，向期权出售者购买或出售一定数量的某种商品合约的权利的一种买卖。

6）认股权证基金

认股权证基金就是指以认股权证为主要投资对象的基金。认股权证是指由股份有限公司发行的、能够按照特定的价格，在特定的时间内购买一定数量该公司股票的选择权凭证。由于认股权证的价格是由公司的股价决定的，一般来说，认股权证的投资风险较通常的股票要大得多，因此，认股权证基金也属于高风险基金。

7）专门基金

专门基金由股票基金发展演化而成，属于分类行业股票基金或次级股票基金，它包括黄金基金、资源基金、科技基金、地产基金等，这类基金的投资风险较大，收益水平较易受到市场行情的影响。

6.4.3 投资基金的价值

投资基金也是一种证券，与其他证券一样，基金的内在价值也是指在基金投资上所能带来的现金净流量。但是，基金内在价值的具体确定依据与股票、债券等其他证券又有很大的区别。

1. 投资基金价值的内涵

基金的价值取决于基金净资产的现在价值，其原因在于：股票的未来收益是可以预测的，而投资基金的未来收益是不可预测的。由于投资基金不断变换投资组合对象，再加上资本利得是投资基金收益的主要来源，变幻莫测的证券价格波动，使得对投资基金未来收益的预计变得不大现实。既然未来不可预测，投资者把握的就是"现在"，即基金资产的现有市场价值。

2. 基金单位净值

基金的单位净值，也称为单位净资产值或单位资产净值。基金的价值取决于基金净资产的现在价值，因此基金单位净值是评价基金业绩最基本和最直观的指标，也是开放型基金申购价格、赎回价格以及封闭型基金上市交易价格确定的重要依据。

基金单位净值是在某一时点每一基金单位(或基金股份)所具有的市场价值,计算公式为

$$基金单位净值 = \frac{基金净资产价值总额}{基金单位总份额}$$

其中,

$$基金净资产价值总额 = 基金资产总额 - 基金负债总额$$

在基金净资产价值的计算中,基金的负债除了以基金名义对外的融资借款以外,还包括应付投资者的分红、基金应付给基金经理公司的首次认购费、经理费用等各项基金费用。相对来说,基金的负债金额是固定的,基金净资产的价值主要取决于基金总资产的价值。这里,基金总资产的价值并不是指资产总额的账面价值,而是指资产总额的市场价值。

【例 6-22】 假设有一投资基金,管理着价值 2.5 亿元的资产组合,该基金欠其投资顾问 800 万元,并欠租金,应付工资及杂费 220 万元,该基金发行在外的份额合计 11 000 万股。
基金单位净值 = (25 000 - 800 - 220) ÷ 11 000 = 2.18(元/股)

3. 基金的报价

从理论上说,基金的价值决定了基金的价格,基金的交易价格是以基金单位值为基础的,基金单位净值高,基金的交易价格也高。封闭型基金在二级市场上竞价交易,其交易价格由供求关系和基金业绩决定,围绕着基金单位净值上下波动。开放型基金的柜台交易价格则完全以基金单位净值为基础,通常采用两种报价形式:认购价(卖出价)和赎回价(买入价)。

开放型基金柜台交易价格的计算方式为

$$基金认购价 = 基金单位净值 + 首次认购费$$
$$基金赎回价 = 基金单位净值 - 基金赎回价$$

基金认购价也就是基金经理公司的卖出价,卖出价中的首次认购费是支付给基金经理公司的发行佣金。基金赎回价也就是基金经理公司的买入价,赎回价低于基金单位净值是由于抵扣了基金赎回费,以此提高赎回成本,防止投资者的赎回,保持基金资产的稳定性。收取首次认购费的基金,一般不再收取赎回费。

6.4.4 投资基金的收益率

基金收益率用以反映基金增值的情况,它通过基金净资产的价值变化来衡量。基金净资产的价值是以市价计量的,基金资产的市场价值增加,意味着基金的投资收益增加,基金投资者的权益也随之增加。基金收益率的计算公式为

$$基金收益率 = \frac{年末持有份数 \times 年末基金单位净值 - 年初持有份数 \times 年初基金单位净值}{年初持有份数 \times 年初基金单位净值}$$

式中,持有份数是指基金单位的持有份数。如果年末和年初基金单位的持有份数相同,基金收益率就简化为基金单位值在本年内的变化幅度。

年初的基金单位净值相当于是购买基金的本金投资,基金收益率也就相当于一种简便的投资报酬率。

【例 6-23】 某封闭型基金年初单位净值为 12 元,年末时单位净值等于 12.10 元。在年

初时基金按单位净值的 2% 的溢价售出，年末时按单位净值的 5% 的折价售出。基金支付年终收入分配 1.5 元。该年度基金投资者的收益率是多少？在该年度持有与该基金管理人相同证券组合的投资者的收益率是多少？

$$基金的年初价格 = 12.00 \times 1.02 = 12.24(元)$$
$$基金的年末价格 = 12.10 \times 0.95 = 11.495(元)$$
$$基金投资者的年收益率 = (11.495 - 12.24 + 1.5)/12.24 = 6.2\%$$

持有与该基金管理人相同证券组合的投资者的收益率为：$(12.10 - 12 + 1.5)/12 = 13.33\%$。

6.4.5 基金投资的优缺点

基金投资的最大优点是能够在不承担太大风险的情况下获得较高收益。这是因为投资基金具有专家理财优势，其次投资基金具有资金规模优势。

基金投资的最大缺点是无法获得很高的投资收益，其次，在大盘整体大幅度下跌的情况下，投资人将承担较大风险。

6.5 衍生金融资产投资

6.5.1 期权投资

1. 期权的概念

期权也称选择权，是一种合约，该合约赋予持有人在某一特定日期或该日之前的任何时间以固定价格购进或售出一种资产的权利。

例如，张小姐于 2015 年 8 月以 160 万元的价格购入一处房产，同时与房地产商甲签订了一项期权合约。合约赋予张小姐享有在 2017 年 10 月 10 日或者此前的任何时间，以 190 万元的价格将该房产出售给甲的权利。如果在到期日之前该房产的市场价格高于 185 万元，张小姐则不会执行期权，而选择在市场上出售或者继续持有。如果该房产的市价在到期日之前低于 185 万元，则张小姐可以选择执行期权，将房产出售给甲并获得 185 万元现金。

期权概念的要点如下。

1) 期权是一种权利

期权合约至少涉及购买人和出售人两方。获得期权的一方称为期权购买人，出售期权的一方称为期权出售人。交易完成后，购买人成为期权持有人。

期权赋予持有人做某件事的权利，但他不承担必须履行的义务，可以选择执行或者不执行该权利。持有人仅在执行期权有利时才会利用它，否则该期权将被放弃。从这种意义上说期权是一种"特权"，因为持有人只享有权利而不承担相应的义务。

期权合约不同于远期合约和期货合约。在远期和期货合约中，双方的权利和义务是对等的，双方互相承担责任，各自具有要求对方履约的权益。当然，与此相适应，投资人签订远期或期货合约时不需要向对方支付任何费用，而投资人购买期权合约必须支付期权费，作为不承担义务的代价。

2) 期权的标的资产

期权的标的资产是指选择购买或出售的资产。它包括股票、政府债券、货币、股票指数、商品期货等。期权是这些标的物"衍生"的，因此被称为衍生金融工具。

值得注意的是，期权出售人不一定拥有标的资产。例如，出售 IBM 公司股票期权的人，不一定是 IBM 公司本身，他也未必持有 IBM 的股票，期权是可以"卖空"的。期权购买人也不一定真的想购买标的资产。因此，期权到期时双方不一定进行标的物的实物交割，而只需按价差补足价款即可。

一个公司的股票期权在市场上被交易，该期权的源生股票发行公司并不能影响期权市场，该公司并不从期权市场上筹集资金。期权持有人没有选举公司董事、决定公司重大事项的投票权，也不能获得该公司的股利。

3) 到期日

双方约定的期权到期的那一天称为"到期日"。在那一天之后，期权失效。

按照期权执行时间分为欧式期权和美式期权。如果该期权只能在到期日执行，则称为欧式期权。如果该期权可以在到期日或到期日之前的任何时间执行，则称为美式期权。

4) 期权的执行

依据期权合约购进或售出标的资产的行为称为"执行"。在期权合约中约定的、期权持有人据以购进或售出标的资产的固定价格，称为"执行价格"。

2. 期权的种类

按照合约授予期权持有人权利的类别，期权分为看涨期权和看跌期权两大类。

1) 看涨期权

看涨期权也叫认购期权，是指期权赋予持有人在到期日或到期日之前，以固定价格购买标的资产的权利。其授予权利的特征是"购买"，因此也可以称为"买入期权"或"买权"。

例如，一股每股执行价格为 80 元的 ABC 公司股票的 3 个月后到期的看涨期权，允许其持有人在到期日之前的任意一天，包括到期日当天，以 80 元的价格购入 ABC 公司的股票。如果 ABC 公司的股票超过 80 元时，期权持有人有可能以执行价格购买标的资产。如果标的股票的价格一直低于 80 元，持有人则不会执行期权。他并不被要求必须执行该期权。期权未被执行，过期后不再具有价值。

看涨期权的执行净收入，被称为看涨期权到期日价值，它等于股票价格减去执行价格的价差。看涨期权的到期日价值，随标的资产价值上升而上升，如果在到期日股票价格低于执行价格，则看涨期权没有价值。期权到期日价值没有考虑当初购买期权的成本。期权的购买成本称为期权费（或权利金），是指看涨期权购买人为获得在对自己有利时执行期权的权利而必须支付的补偿费用。期权到期日价值减去期权费后的剩余，称为期权购买人的"损益"。

2) 看跌期权

看跌期权也叫认售期权，是指期权赋予持有人在到期日或到期日之前，以固定价格出售标的资产的权利。其授予权利的特征是"出售"，因此也可以称为"卖出期权"或"卖权"。

例如，一股每股执行价格为 80 元的 ABC 公司股票的 7 月份看跌期权，允许其持有人在到期日之前的任意一天，包括到期日当天，以 80 元的价格出售 ABC 公司的股票。当 ABC

公司的股票低于80元时,看跌期权持有人会要求以执行价格出售标的资产,看跌期权的出售方必须接受。如果标的股票的价格一直高于80元,持有人则不会执行期权。他并不被要求必须执行该期权。期权未被执行,过期后不再具有价值。

看跌期权的执行净收入,被称为看跌期权到期日价值,它等于执行价格减去股票价格的价差。看跌期权的到期日价值,随标的资产价值下降而上升,如果在到期日股票价格高于执行价格,则看跌期权没有价值。看跌期权到期日价值没有考虑当初购买期权的成本。看跌期权的到期日价值减去期权费后的剩余,称为期权购买人的"损益"。

6.5.2 认股权证

1. 认股权证的概念

认股权证全称为股票认购授权证,是一种由上市公司发行的证明文件,持有人有权在一定时间内以约定价格认购该公司发行的一定数量的股票。广义的权证(warrant),是一种持有人有权于某一特定期间或到期日,按约定的价格,认购或沽出一定数量的标的资产的期权。按买或卖的不同权利,权证可分为认购权证和认沽权证,又称为看涨权证和看跌权证。本书仅介绍认购权证,即认股权证。

2. 认股权证的基本性质

1)证券期权性

认股权证本质上是一种股票期权,属于衍生金融工具,具有实现融资和股票期入权激励的双重功能。但认股权证本身是一种认购普通股的期权,它没有普通股的红利收,也没有普通股相应的投票权。

2)认股权证是一种投资工具

投资者可以通过购买认股权证获得市场价与认购价之间的股票差价收益,因此它是一种具有内在价值的投资工具。

3. 认股权证的理论价值

认股权证的价值有理论价值与实际价值之分。认股权证的理论价值可用下式计算:

$$V = \max[(P-E) \cdot N, 0]$$

式中,V表示认股权证理论价值;P表示普通股市价;E表示认购价格;N表示每一认股权可认购的普通股股数。

影响认股权证理论价值的主要因素是:

(1) 换股比率;

(2) 普通股市价;

(3) 执行价格;

(4) 剩余有效期间。

认股权证的实际价值是由市场供求关系所决定的。由于套利行为的存在,认股权证的实际价值通常高于其理论价值。

【例6-24】 某公司发行认股权证进行筹资,规定每份认股权证可按15元认购1股普通股股票。若公司当前的普通股市价为16.7元,该公司发行的每份认股权证的理论价值计算如下:

$$理论价值 = (普通股市价 - 执行价格) \times 换股比率$$
$$= (16.7 - 15) \times 1 = 1.7(元)$$

4. 认股权证的种类

1) 美式认股证与欧式认股证

美式认股证是指权证持有人在到期日前,可以随时提出履约要求,买进约定数量的标的股票。而欧式认股证是指权证持有人只能于到期日当天,才可买进标的股票。无论股证属欧式还是美式,投资者均可在到期日前在市场出售转让其持有的认股权证。事实上,只有小部分权证持有人会选择行权,大部分投资者均会在到期前沽出权证。

2) 短期认股权证与长期认股权证

短期认股权证的认股期限一般在 90 天以内;而认股权期限超过 90 天的,为长期认股权证。

6.5.3 优先认股权

1. 优先认股权的概念

优先认股权又称股票先买权,是普通股股东的一种特权,在我国习惯上称为配股权证。它是指当股份公司为增加公司资本而决定增加发行新的股票时,原普通股股东享有的按其持股比例,以低于市价的某一特定价格优先认购一定数量新发行股票的权利。

2. 优先认股权的价值

优先认股权的价值应分别从附权优先认股权和除权优先认股权两种情况考虑。

1) 附权优先认股权

这种认股权通常在某一股权登记日前颁发,在此之前购买的股东享有优先认股权,或说此时的股票的市场价格含有分享新发行股票的优先权,因此称为"附权优先认股权",其价值可由下式求得

$$M_1 - (R \cdot N + S) = R$$

式中,M_1 表示附权股票的市价;R 表示附权优先认股权的价值;N 表示购买 1 股股票所需的认股权数;S 表示新股票的认购价。

也就是说,投资者在股权登记日前购买 1 股股票,应该付出市价 M_1,同时,也获得 1 个优先认股权;投资者也可购买申购 1 股新股所需的若干认股权,付出的代价为 $R \cdot N$,并且付出新股每股认购价 S。这两种选择都可获得 1 股股票,唯一的差别在于,前一种选择多获得 1 个认股权。因此,这两种选择的成本差额必然等于股权价值,即

$$M_1 - (R \cdot N + S) = R$$

2) 除权优先认股权

在股权登记日以后的股票不再包含新发行股票的认购权,其优先认股权的价值也相应下降,此时就被称为"除权优先认股权"。其计算公式为:

$$M_2 - (R \cdot N + S) = 0$$

式中,M_2 表示除权股票的市价;R 表示附权优先认股权的价值;N 表示购买 1 股股票所需的认股权数;S 表示新股票的认购价。

也就是说,投资者付出成本 M_2,可在公开市场购买 1 股股票;也可以花费 $R \cdot S$ 购买申

购 1 股股票所需的认股权,同时付出 1 股股票的认购金额 S,其总成本为 $R \cdot N + S$。这两种选择完全相同,都是为投资者提供 1 股股票,因此成本应是相同的,其差额为 0,即

$$M_2 - (R \cdot N + S) = 0$$

【例 6-25】 假定某上市公司分配给现有股东的新发行股票与原有股票的比例为 1∶5,每股认购价格为 30 元,原有股票每股市价为 40 元,则股权登记日前附权优先认股权的价值、无优先认股权的股票价格以及除权后认股权的价值计算如下:

股权登记日前附权优先认股权的价值 $=(40-30)/(5+1)=1.667$(元)

无优先认股权的股票价格 $=40-1.67=38.33$(元)

除权后认股权的价值 $=(38.33-30)/5=1.666$(元)

本章小结

证券投资是投资者准备持有证券以期获利的投资方式,包括债券投资、股票投资和基金投资等主要形式。债券投资者持有的是一种固定收益证券,反映投资者与被投资企业的债权债务关系;股票投资者的收益不固定,反映投资者对被投资企业的所有权关系。投资基金是通过发行基金股份等有价证券,聚集众多投资者的出资,交由专业投资机构经营运作的证券投资方式;期权,是一种合约,该合约赋予持有人在某一特定日期或该日之前的任何时间以固定价格购进或售出一种资产的权利。

证券投资和项目投资的区别是:项目投资是购买固定资产等实物资产,直接投资于生产活动,属于直接投资;证券投资是购买金融资产,这些资金转移到企业手中后再投入生产活动,因此又叫间接投资。项目投资需要事先创造出备选方案,然后进行项目分析,研究其可行性和优劣次序,从中选择行动方案。证券投资分析则是从证券市场中选择合适的证券,并组成证券组合,作为投资方案。科学地进行证券投资分析与管理,能增加企业收益,降低风险,有利于财务管理目标的实现。

复习与思考题

1. 什么是效率市场假设?建立有效资本市场的前提条件是什么?
2. 债券定价的基本原则是什么?债券价值与到期时间的关系是什么?它与利息支付频率又有什么关系?
3. 常见的股票价值评估的模型有哪些?股票投资的收益率如何计算?
4. 什么是投资基金?投资基金与股票、债券的区别是什么?
5. 什么是看涨期权和看跌期权?

练习题

【题 6-1】 甲公司持有 A、B 两种股票,投资额分别为 50 万元和 250 万元,期望收益率

分别为10%和20%，β系数分别为1.2和0.35，公司拟将B证券投资额缩减50万元，另追加150万元用于C股票（期望收益率为15%，β系数为1.57）。问这种调整是否有利？

【题6-2】 开开公司准备对股利固定增长的永泰公司普通股股票进行长期投资。该股票基年股利为8元，估计年股利增长率为5.4%，永泰公司股票的平均必要收益率为16%，国库券收益率为12%，β系数为1.08。现市场上永泰公司股票价格为80元。

要求：
（1）计算永泰公司股票的预期收益率。
（2）计算永泰公司股票价值。
（3）分析是否可以购买永泰公司股票。

【题6-3】 假定开开公司有关资料如下：
（1）公司本年年初"利润分配——未分配利润"科目贷方余额为250万元，本年息税前利润为1 000万元。适用的所得税税率为25%。
（2）公司流通在外的普通股为90万股，每股面值1元，每股发行价格15元，发行费率2%。公司负债总额300万元，均为长期负债，平均年利率为10%，其中公司发行的5年期债券共1万张，每张面值为200元，该债券每年末付息一次，到期还本，票面利率为10%，当前的市场利率为12%，筹资费率忽略不计。
（3）公司股东大会决定本年度按10%的比例计提法定公积金，按5%的比例计提任意公积金。本年按可供投资者分配利润的20%向普通股股东发放现金股利，预计现金股利以后每年增长4%。
（4）据投资者分析，该公司股票的β系数为1.4，无风险收益率为8%，市场上所有股票的平均收益率为12%。

要求：
（1）计算开开公司本年度净利润。
（2）计算开开公司本年度应计提的法定公积金和任意公积金。
（3）计算开开公司本年末可供投资者分配的利润。
（4）计算开开公司每股支付的现金股利。
（5）计算普通股资本成本和长期债券资金成本。
（6）计算开开公司现有资本结构下的财务杠杆系数和利息保障倍数。
（7）计算开开公司股票的风险收益率和投资者要求的必要投资收益率。
（8）利用债券估价模型按复利方式计算开开公司债券发行价格。
（9）利用股票估价模型计算开开公司股票价格为多少时投资者才愿意购买？

【题6-4】 已知：A公司拟购买某公司债权作为长期投资（打算持有至到期日），要求的必要收益率为6%。

现已有三家公司同时发行5年期，面值均为1 000元的债券。其中：甲公司债券的票面利率为8%，每年付息一次，到期还本，债券发行价格为1 041元；乙公司债券的票面利率为8%，单利计息，到期一次还本付息，债券发行价格为1 050元；丙公司债券的票面利率为零，债券发行价格为750元，到期按面值还本。

要求：
（1）计算A公司购入甲公司债券的价值和收益率。

(2) 计算 A 公司购入乙公司债券的价值和收益率。

(3) 计算 A 公司购入丙公司债券的价值。

(4) 根据上述计算结果,评价甲、乙、丙三种公司的债券是否具有投资价值,并为 A 公司作出购买何种债券的决策。

(5) 若 A 公司购买并持有甲公司债券,1 年后将其以 1 050 元的价格出售,计算该项投资收益率。

【题 6-5】 某公司年初股票价格为 100 元,总股份为 100 万股。公司董事会为激励公司经理,给予了经理 3 万份认股权证。规定经理在今后的 3 年内每年末可以执行认股权证的 1/3,在上一年度未执行的可以累计到下一年度执行;在第一年年末执行时,经理可以使用每份认购权证按照 110 元的价格购买 1 股普通股票,以后每年年末执行价格递增 5%。假设该公司经理决定只要每年年末执行当年认股权证能获利便立即执行,此后 3 年的股价分别为 115 元、105 元、125 元。

要求:计算该公司经理执行认股权证的获利情况。

案例分析

案例 6-1　股票投资的基本分析法

某公司 2015 年每股营业收入 30 元,每股净利 6 元,每股营业流动资产为 10 元,每股资本支出 4 元,每股折旧与摊销 1.82 元。资本结构中负债占 40%,今后可以保持此目标资本结构不变。

预计 2016—2020 年的营业收入增长率保持在 10% 的水平上。该公司的资本支出、折旧与摊销、净利润与营业收入同比例增长,每股营业流动资产占收入的 20%(可以持续保持 5 年)。到 2021 年及以后股权自由现金流量将会保持 5% 的固定增长速度。

2016—2020 年该公司的 β 值为 1.5,2021 年及以后年度的 β 值为 2,长期国库券的利率为 6%,市场组合的收益率为 10%。

那么,该公司股票的每股价值是多少?若企业以每股 50 元的价格购入该公司股票,请判断是否合算?

【解析】

计算各年每股股权现金流量(单位:元):

年　　度	2016 年	2017 年	2018 年	2019 年	2020 年
每股净利	6.6	7.26	7.99	8.79	9.67
每股收入	33	36.3	39.93	43.92	48.31
每股营业流动资产	6.6	7.26	7.99	8.79	9.67
每股营业流动资产增加	−3.4	0.66	0.73	0.80	0.88
每股资本支出	4.4	4.84	5.32	5.85	6.44
减:每股折旧与摊销	2	2.2	2.42	2.66	2.93
每股净投资	−1	3.3	3.61	3.99	4.39
每股股权净投资	−0.6	1.96	2.17	2.39	2.63
每股股权现金流量	7.2	5.28	5.82	6.4	7.04

2016—2020年该公司的股权资本成本＝6%＋1.5×(10%－6%)＝12%

2021年以后年度该公司的股权资本成本＝6%＋2×(10%－6%)＝14%

每股股票价值＝7.2×(P/F,12%,3)＋5.28×(P/F,12%,2)＋5.82×(P/F,12%,3)＋6.4×(P/F,12%,4)＋7.04×(P/F,12%,5)＋[7.04×(1＋5%)/(14%－5%)]×(P/F,12%,5)＝69.44(元)

因为该公司每股股票的价值为69.44元,大于每股50元的购买价,因此购买股票是合算的。

案例6-2 巴菲特证券投资要诀

巴菲特1930年出生于美国,11岁开始购买股票,27岁创建自己的帝国。巴菲特在股票市场上的非凡业绩和惊人的盈利,甚至使市场专家和华尔街的经纪人都感到不可思议。那么,在变幻莫测的股票市场上,巴菲特制胜的要诀是什么呢?

制胜要诀一:从小购进廉价股票

20世纪50年代早期,他带着孩童般的执着读厚重的穆迪手册,在里面寻找线索。终于他发现了一些无人问津又非常便宜的股票,如西部保险公司和GEICO股票等,于是他投资了8000美元——几乎是他当时积蓄的2/3到GEICO上。后来,股票在不到两年的时间里翻了整整两倍。

有一次,一个经纪商以15美元一股的价格提供给他一种名不见经传的保险股票,但没有关于它的公开资料,于是巴菲特就跑到州保险办公室收集数据。他看到的信息足以说明这种股票绝对是便宜货,就买进了一些,一段时间以后,它就上升到370美元一股。巴菲特终日忙于阅读和分析一个个公司的年度报表和商业刊物,把每一份财务报表牢记在心,逐渐地,在他的心目中建立起了对华尔街的整个详细轮廓,他对现有的所有股票和债券都了如指掌,并相信没有任何人能分析得比他好。

制胜要诀二:牛市退、熊市进

每当巴菲特看到一种股票时,他不仅仅看资产的静止现象,而是将其作为一个有着独特动力和潜能的活生生的正在运作的企业来看待。1963年,巴菲特开始研究一种与以往他买的任何股票都不相同的股票,它没有工厂,也没有硬件资产,它最有价值的商品就是它的名字。当时美国捷运公司有成千上万的票据在市场上流通,像货币一样被人们接受。但这年11月,捷运公司遇到麻烦,其股价从每股60美元跌至1964年年初的每股35美元。当华尔街的证券商齐声高喊"卖!"时,巴菲特将自己1/4的资产投在这只股票上。

1967年夏天,道琼斯指数回升到900点左右,而且自20世纪60年代以来第一次出现成交量居高不下的情况,华尔街洋溢着空前的喜悦,证券商迅速地下着越来越多的赌注。巴菲特确信这种游戏非常有赚头,股票还会继续上涨,但他也"确信"自己不能把这些股票做好,于是他把击败道琼斯指数的目标降低了10个百分点,即从现在起每年盈利9%或超过道琼斯指数5个百分点。而事实上,这一年他盈利了30%,比道琼斯指数多出了17个百分点,其中大部分来自美国捷运公司,它已狂涨到每股180美元。

1987年10月19日,星期一,美国股市在持续牛了数年之后终于崩溃了。除了三种永久股票外,巴菲特早在10月12日左右就把所有的股票都抛掉了。

第 7 章　营运资金管理

本章学习目标　通过本章的学习,要求掌握营运资金的含义与特点,掌握现金、应收账款、存货等流动资产项目的管理,掌握银行短期借款、应付账款等流动负债项目的管理;熟悉企业的营运资金政策。

营运资金(working capital)　　　　　自然融资(spontaneous financing)
永久性营运资本(permanent working capital)
临时性营运资本(temporary working capital)
银行存款箱制度(lock box)　　　　　现金集中(cash concentration)
补偿性余额(compensating balance)　　信用标准(credit standard)
信用期间(credit period)　　　　　　现金折扣(cash discount)
现金折扣期间(cash discount period)　信用限额(line of credit)
经济订货量(economic order quantity,EOQ)　订货点(order point)
存货控制的 ABC 法(ABC method of inventory control)

汇丰理财中心(http://www.hsbc.com.cn)
财会月刊(http://www.CKYK.cn)
金融会计(http://www.fa.net.cn)

　　营运资金即通常所称的营运资本,营运资本管理是一个越来越受到重视的领域。由于竞争加剧和环境动荡,营运资本管理对于企业盈利能力以及生存能力的影响越来越大。财务经理的大部分时间被用于营运资本管理,而不是长期决策。营运资本管理比较复杂,涉及企业的所有部门,尤其需要采购、生产、销售和信息处理等部门的配合与努力。

　　资料来源:中国注册会计师协会.财务成本管理.北京:中国财政经济出版社,2014年,第356页。

7.1 营运资金的含义和特点

7.1.1 营运资金的含义

营运资金又称营运资本,是指流动资产减去流动负债后的余额。流动资产包括现金(货币资金)、有价证券、应收账款、存货等,是指可以在一年或超过一年的一个营业周期内变现或使用的资产,即总营运资本。流动负债包括银行短期借款、应付账款、应付票据、预收账款、应计费用等,是指在一年或超过一年的一个营业周期内必须清偿的债务。如果流动资产等于流动负债,则占用在流动资产上的资金是由流动负债融资;如果流动资产大于流动负债,则与此相对应的"净流动资产"要以长期负债或股东权益的一定份额为其资金来源。

从有效管理的角度出发,企业应以一定量的营运资金为基础从事生产经营活动。这是因为,在商业信用高度发达的条件下,企业的流动资产可转化为现金,构成现金流入之源;企业偿还流动负债需支付现金,构成现金流出之源。虽然流动资产各项目的流动性不尽相同,但相对来说,持有流动资产越多,企业的偿债能力就越强。

企业持有一定数量营运资金的另一个原因是现金流入量与现金流出量的非同步性和不确定性。这主要表现在:企业支付材料货款在先,取得现金收入(产品销售)在后;未来经营活动的不确定性,使现金流量预测难以准确。在理财实务中,大多数企业的现金流入与现金流出无法在时间上相互匹配,因此保持一定数量的营运资金,以备偿付到期债务和支付当期费用具有重要意义。

企业营运资金的大小还可用以衡量经营风险的大小。在一般情况下,营运资金越多,企业违约风险就越小,举债融资能力就越强。因此,许多贷款契约都要求借款企业保持一定数量的营运资金,或保持最低的流动比率。

7.1.2 营运资金的特点

营运资金的特点可以从流动资产和流动负债两个方面分别理解。

1. 流动资产的特点

流动资产投资又称经营性投资,与固定资产相比,有如下特点。

1) 投资回收期短

投资于流动资产的资金一般在一年或一个营业周期内收回,对企业影响的时间比较短。因此,流动资产投资所需要的资金一般可通过商业信用、短期银行借款等加以解决。

2) 流动性强

流动资产在循环周转过程中,经过供应、生产、销售三个阶段,其占用形态不断变化,即按现金→材料→在产品→产成品→应收账款→现金的顺序转化。这种转化循环往复、川流不息。流动性使流动资产的变现能力较强,如遇意外情况,可迅速变卖流动资产,以获取现金。这对于财务上满足临时性资金需求具有重要意义。

3) 并存性

在流动资产的周转过程中,每天不断有资金流入,也有资金流出,流入和流出总要占用一定的时间,从供、产、销的某一瞬间看,各种不同形态的流动资产同时存在。因此,合理地配置流动资产各项目的比例,是保证流动资产得以顺利周转的必要条件。

4) 波动性

占用在流动资产的投资并非一个常数,随着供产销的变化,其资金占用时高时低、起伏不定,季节性企业如此,非季节性企业也如此。随着流动资产占用量的变动,流动负债的数量也会相应地变化。

2. 流动负债的特点

与长期负债融资相比,流动负债融资具有如下特点。

1) 速度快

申请短期借款往往比申请长期借款更容易、更便捷,通常在较短时间内便可获得。长期借款的借贷时间长、贷款方风险大,贷款人需要对企业的财务状况评估后方能作出决定。因此,当企业急需资金时,往往首先寻求短期借款。

2) 弹性大

与长期债务相比,短期贷款给债务人更大的灵活性。长期债务债权人为了保护自己的利益,往往要在债务契约中对债务人的行为加以种种限制,使债务人丧失某些经营决策权。而短期借款契约中的限制条款比较少,使企业有更大的行动自由。对于季节性企业,短期借款比长期借款具有更大的灵活性。

3) 成本低

在正常情况下,短期负债筹资所发生的利息支出低于长期负债筹资的利息支出。而某些"自然融资"(如应交税费、应计费用等)则没有利息负担。

4) 风险大

尽管短期债务的成本低于长期债务,但对于债务人来说,其风险却大于长期债务。这主要表现在:①长期债务的利息相对比较稳定,即在相当长一段时间内保持不变。而短期债务的借款利率则随市场利率的变化而变化,时高时低,使企业难以适应。②如果企业过多地筹措短期债务,当债务到期时,企业不得不在短期内筹措大量资金还债,这极易导致企业财务状况恶化,甚至会使企业因无法及时还债而破产。

7.2 流动资金的管理

7.2.1 现金管理

现金是指在生产经营过程中暂时停留在货币形态的资金。它是可以立即投入流动的交换媒介,其首要特点是普遍的可接受性,即可以有效地立即用来购买商品、货物、劳务或偿还债务。因此,现金是企业中流动性最强的资产。属于现金内容的项目,包括库存现金,以及各种形式的银行存款、银行本票、银行汇票等。拥有足够的现金对于降低企业的风险、增强企业资产的流动性和债务的可清偿性有着重要的意义。

但是,现金属于非营利性资产,即使是银行存款,其利率也非常低。现金持有量过多,它所提供的流动性边际效益便会随之下降,从而使企业的收益水平降低。因此,企业必须合理地确定现金持有量,使现金收支不但在数量上,而且在时间上相互衔接,以便在保证企业经营活动所需现金的同时,尽量减少企业闲置的现金数量,提高资金收益率。

1. 现金的持有动机

经济学家凯恩斯认为,个人持有现金是出于三种需求的作用:交易性需求、预防性需求和投机性需求。沿着凯恩斯的思路,我们也可以解释企业持有一定数量现金的动机主要包括以下三个方面。

1)交易性动机

企业在正常生产经营过程中应保持一定的现金支付能力,即企业为了维持日常周转及正常经营活动,必须保持的现金余额数,用于购买原材料、支付工资、缴纳税款、偿付到期债务、派发现金股利等。企业每日都在发生许多支出和收入,这些支出和收入在数量上的不相等和在时间上的不匹配,使企业需要持有一定数量的现金来调节,以使生产经营活动能继续进行。

一般来说,企业为了满足交易动机所持有的现金余额主要取决于企业销售水平。企业销售扩大,销售额增加,所需现金余额也随之增加。特别地,企业业务的季节性,使企业逐渐增加存货,以期待季节性的销售高潮。这时,一般会发生季节性的现金支出,企业现金余额下降,随后又随着销售高潮到来,存货减少,而现金又逐渐恢复到原来水平。

2)预防性动机

即企业为应付紧急情况(突发事件)而需要保持的现金支付能力。由于市场情况的瞬息万变和其他各种不测因素(如自然灾害、大客户违约等)的存在,企业通常难以对未来现金流入量与现金流出量作出准确的估计和预期。一旦企业对未来现金流量的预期与实际情况发生偏离,会使原本很好的财务计划失去效果。因此,企业为了应付紧急情况,有必要在正常业务活动现金需要量的基础上,追加一定数量的现金余额。

3)投机性动机

即置存现金是用于不寻常的购买机会,比如,遇有廉价原材料或其他资产供应的机会,便可用手头现金大量购入;在适当时机购入价格有利的股票和其他有价证券,等等。当然,除金融机构和投资企业外,一般来说,其他经济组织(如企业)专为投机性动机而特别置存现金的不多见。有时,遇到不寻常的购买机会,企业也会设法临时筹集资金,但拥有相当数量现金的企业,往往会发生投机性的大批量采购。投机性动机只是企业确定现金余额时所需考虑的次要因素之一,其持有量的大小往往与企业在金融市场的投资机会及企业对待风险的态度有关。

企业除以上三项原因持有现金外,也会基于满足将来某一特定要求或者为在银行维持补偿性余额等其他原因而持有现金。企业在确定现金余额时,一般应综合考虑各方面的持有动机。但需要注意的是,由于各种动机所需的现金可以调节使用,企业持有的现金总额并不等于各种动机所需现金余额的简单相加,前者通常小于后者。另外,上述各种动机所需保持的现金,并不要求必须是货币形态,也可以是能够随时变现的有价证券以及能够随时融入现金的其他各种存在形态,如可随时借入的银行信贷资金等。

2. 最佳现金持有量

基于交易、预防、投机等动机的需要,企业必须保持一定数量的现金余额,即控制好现金持有规模,确定适当的现金持有量。下面是确定最佳现金持有量的几种方法。

1)成本分析模式

成本分析模式是通过分析持有现金的成本,寻求持有成本最低的现金持有量。在成本分析模式中,需要考虑三种成本:①机会成本。现金作为企业的一项资金占用是有代价的,这种代价就是它的机会成本。假定某企业的资金成本为10%,年均持有50万元的现金,则该企业每年现金的成本为5万元(50×10%)。现金持有额越大,机会成本就越高。企业为了经营业务,需要拥有一定的现金,但现金拥有量过多,导致机会成本代价大幅度上升,那就不合算了。②管理成本。企业拥有现金,会发生管理费用,如管理人员工资、安全措施费等,这些费用就是现金的管理成本。管理成本是一种固定成本,与现金持有量之间无明显的比例关系。③短缺成本。现金的短缺成本是因为缺乏必要的现金,不能应付业务开支所需,而使企业蒙受损失或为此付出的代价。现金短缺成本在内容上大致包括丧失购买机会造成停工损失、造成信用损失和得不到现金折扣等。其中,失去信用而造成的损失难以准确计量,但其影响往往很大,甚至导致供货方拒绝或拖延供货,债权人要求清算等。现金的短缺成本随现金持有量的增加而下降,随现金持有量的减少而上升。

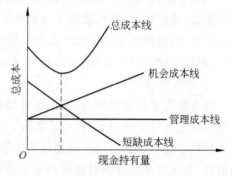

图 7-1 现金成本分析

上述三项成本之和最小的现金持有量,就是最佳现金持有量,可以用图7-1表示。在该图中,机会成本线向右上方倾斜,短缺成本线向右下方倾斜,管理成本线为平行于横轴的平行线,总成本线便是一条抛物线,该抛物线的最低点即为持有现金的最低总成本。超过这一点,机会成本上升的代价又会大于短缺成本下降的好处;在这一点之前,短缺成本上升的代价又会大于机会成本下降的好处。这一点在横轴上对应的量,即是最佳现金持有量。

最佳现金持有量的具体计算,可以先分别计算出各种方案的机会成本、管理成本、短缺成本之和,再从中选出总成本之和最低的现金持有量,即为最佳现金持有量。

【例 7-1】 某企业有四种现金持有方案,它们各自的机会成本、管理成本、短缺成本如表7-1所示。

表 7-1 四种方案的机会成本、管理成本、短缺成本等 元

项 目	甲	乙	丙	丁
现金持有量	30 000	60 000	90 000	120 000
机会成本	2 000	4 000	6 000	8 000
管理成本	10 000	10 000	10 000	10 000
短缺成本	12 000	6 750	2 500	0

这四种方案的总成本计算结果如表7-2所示。

表 7-2 四种方案的总成本计算结果 元

项 目	甲	乙	丙	丁
机会成本	2 000	4 000	6 000	8 000
管理成本	10 000	10 000	10 000	10 000
短缺成本	12 000	6 750	2 500	0
总成本	24 000	20 750	18 500	18 000

将以上各方案的总成本加以比较可知,丁方案的总成本最低。也就是说,当企业持有 120 000 元现金时,各方面的总代价最低,对企业最合算,故 120 000 元是该企业的最佳现金持有量。

2) 存货模式

存货模式又称 Baumol Model,它是由美国经济学家 William J. Baumol 首先提出的。他认为企业现金持有量在许多方面与存货相似,存货经济订货批量模型可用于确定目标现金持有量,并以此为出发点,建立了 Baumol 模型。

存货模式的着眼点也是现金有关成本最低。在这些成本中,最相关的是现金持有机会成本和转换成本。机会成本如前所述,转换成本则是指企业用现金购入有价证券以及转让有价证券换取现金时付出的交易费用,即现金与有价证券之间相互转换的成本,如委托买卖佣金、委托手续费、证券过户费、实物交割手续费等。证券转换成本与现金持有量的关系是:在现金需要量既定的前提下,每次现金持有量即有价证券变现额的多少,必然会对有价证券的变现次数产生影响,即现金持有量越少,进行证券变现的次数越多,相应的转换成本就越大;反之,现金持有量越多,证券变现的次数就越少,需要的转换成本也就越小。因此,现金持有量的不同必然通过证券变现次数的多少而对转换成本产生影响。

在存货模式中,只对机会成本和转换成本进行考虑,它们随着现金持有量的变动而呈现出相反的变动趋向:现金持有量增加,持有机会成本增加,而转换成本减少。这就要求企业必须对现金和有价证券的分割比例进行合理安排,从而使机会成本与转换成本保持最佳组合。换言之,能够使现金管理的机会成本与转换成本之和保持最低的现金持有量,即为最佳现金持有量。

运用存货模式确定最佳现金持有量时,是以下列假设为前提的:①企业所需的现金可以通过证券变现取得,且证券变现的不确定性很小;②企业预算期内现金需要总量可以预测;③现金的支出过程比较稳定、波动较小,而且每当现金余额降至零时,均可通过部分证券变现得以补足;④证券的利率或报酬率以及每次固定性交易费用可以获悉。如果这些条件基本得到满足,企业便可以利用存货模式来确定现金的最佳持有量。

设 T 为一个周期内现金总需求量,F 为每次转换有价证券的固定成本,Q 为最佳现金持有量(每次证券变现的数量),K 为有价证券利息率(机会成本),TC 为现金管理总成本,则有如下计算式

$$现金管理总成本 = 持有机会成本 + 转换成本$$

即

$$TC = (Q/2) \times K + (T/Q) \times F$$

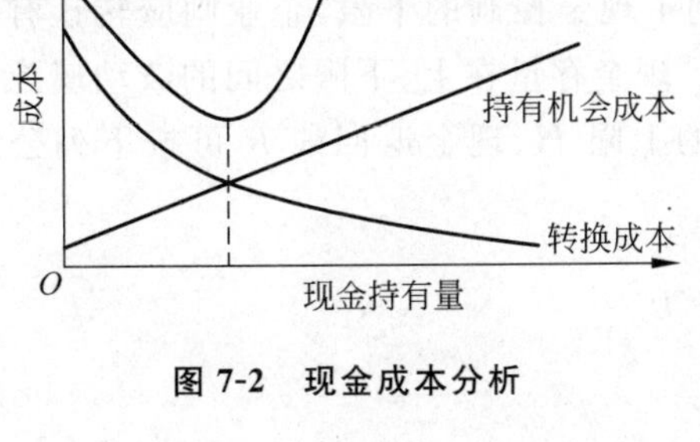

现金管理总成本与持有机会成本、转换成本的关系如图 7-2 所示。

从图 7-2 可以看出,现金管理的总成本与现金持有量呈凹形曲线关系。持有现金的机会成本与证券变现的交易成本相等时,现金管理的总成本最低,此时的现金持有量为最佳现金持有量,即

$$Q = \sqrt{\frac{2T \times F}{K}}$$

图 7-2 现金成本分析

于是,可以推导出最佳现金管理总成本为

$$TC=\sqrt{2T\times F\times K}$$

【例 7-2】 长城企业的现金收支状况比较稳定,预计全年(按 360 天计算)需要现金 200 000 元,现金与有价证券的转换成本为每次 400 元,有价证券的年利息率为 10%,则

(1) 最佳现金持有量: $Q=\sqrt{\dfrac{2\times 200\,000\times 400}{10\%}}=40\,000$(元)

(2) 最低现金管理成本: $TC=\sqrt{2\times 200\,000\times 400\times 10\%}=4\,000$(元)

(3) 转换成本 $=(200\,000\div 40\,000)\times 400=2\,000$(元)

(4) 持有机会成本 $=(40\,000\div 2)\times 10\%=2\,000$(元)

(5) 有价证券交易次数(T/Q)$=200\,000/40\,000=5$(次)

(6) 有价证券交易间隔期 $=360\div 5=72$(天)

3) 随机模式

随机模式是在现金需求量难以预料的情况下,对现金持有量进行控制的一种方法。对企业来讲,现金需求量往往波动大且难以预料,但企业可以根据历史经验和现实需要,测算出一个现金持有量的控制范围,即制定出现金持有量的上限和下限,将现金持有量控制在上、下限之内。当现金量达到控制上限时,用现金购入有价证券,使现金持有量下降;当现金量降到控制下限时,则抛售有价证券换回现金,使现金持有量回升。若现金量在控制的上、下限之内,便不必进行现金与有价证券的转换,保持它们各自的现有存量。这种对现金持有量的控制,如图 7-3 所示。

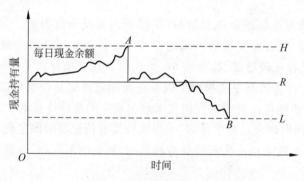

图 7-3 随机模式

在图 7-3 中,虚线 H 为现金存量的上限,虚线 L 为现金存量的下限,实线 R 为最优现金返回线。从图中可以看出,企业的现金存量(表现为现金每日余额)是随机波动的,当其达到 A 点时,即达到了现金控制的上限,企业应当用现金购买有价证券,使现金量回落到现金返回线(R 线)的水平;当现金存量降至 B 点时,即达到了现金控制的下限,企业则应转让有价证券换回现金,使其存量回升至现金返回线的水平。现金存量在上、下限之间的波动属控制范围内的变化,是合理的,不予理会。以上关系中的上限 H、现金返回线 R 可按下列公式计算:

$$R=\sqrt[3]{\dfrac{3b\delta^2}{4i}}+L$$

$$H=3R-2L$$

式中，b 表示每次有价证券的固定转换成本；i 表示有价证券的日利息率；δ 表示预期每日现金余额变化的标准差（可根据历史资料测算）。

而下限 L 的确定，则要受到企业每日的最低现金需要、管理人员的风险承受倾向等因素的影响。

【例 7-3】 沪江公司有价证券的年利率为 9%，每次固定转换成本为 50 元，公司认为任何时候其银行活期存款及现金余额均不低于 1 000 元，又根据以往经验测算出现金余额波动的标准差为 800 元。即

(1) 有价证券日利率＝9%÷360＝0.025%

(2) 最优现金返回线：$R = \sqrt[3]{\dfrac{3 \times 50 \times 800^2}{4 \times 0.025\%}} + 1\,000 = 5\,579$（元）

(3) 现金控制上限：$H = 3R - 2L = 3 \times 5\,579 - 2 \times 1\,000 = 14\,737$（元）

这样，当沪江公司的现金余额达到 14 737 元时，即应以 9 158 元（14 737－5 579）的现金去投资于有价证券，使现金持有量回落到 5 579 元；当现金余额降至 1 000 元时，则应转让 4 579 元（5 579－1 000）的有价证券，使现金持有量回升为 5 579 元。

4) 现金周转期模式

现金周转期模式是从现金周转的角度出发，根据现金的周转速度来确定最佳现金持有量。利用这一模式确定最佳现金持有量，包括以下三个步骤：

第一步，计算现金周转期。现金周转期是指企业从购买材料支付现金到销售商品收回现金的时间。

【例 7-4】 江南公司的原材料购买和产品销售均采取赊销方式，应付账款的平均付款天数为 35 天，应收账款的收款天数为 60 天。假设平均存货期限即公司从原材料购买到产成品销售的期限为 80 天，则该公司的现金周转期为

现金周转期＝应收账款周转期－应付账款周转期＋存货周转期
＝60－35＋80＝105（天）

第二步，计算现金周转率。现金周转率是指一年中现金的周转次数，则

现金周转率＝日历天数/现金周转天数＝360/105＝3.43（次）

现金周转次数越多，企业的现金需求就越少。

第三步，计算目标现金持有量。其计算方法为

目标现金持有量＝年现金需求额÷现金周转率

假设江南公司每年现金需求额为 320 万元，则目标现金持有量为 93.29 万元（320/3.43）。也就是说，如果年初企业持有 93.29 万元现金，它将有足够的现金支付到期债务，不必另外筹集现金。

3. **现金日常管理**

企业在确定了最佳现金持有量后，还应采取各种措施，加强现金的日常管理，以保证现金的安全、完整，最大程度地发挥其效用。为达到这一目标，应当注意做好以下几个方面的工作：

(1) 力争现金流量同步。如果企业能尽量使它的现金流入与现金流出发生的时间趋于一致，就可以使其所持有的交易性现金余额降到最低水平。这就是所谓的现金流量同步。

(2) 合理利用现金"浮游量"。从企业开出支票,收票人收到支票并存入银行,至银行将款项划出企业账户,中间需要一段时间。在这段时间内占用的现金称为现金"浮游量"。在这段时间里,尽管企业已开出了支票,却仍可动用在活期存款账户上的这笔资金。需要注意的是,在使用现金"浮游量"时,一定要控制好使用时间,否则会发生银行存款的透支。

(3) 尽可能地采用汇票付款。在使用支票付款时,尽管存在可利用的现金"浮游量",但只要受票人将支票存入银行,付款人就要无条件地付款。但汇票不一定是"见票即付"的付款方式,这样就有可能合法地延期付款。

(4) 加速收款。这主要是指缩短应收账款的时间。发生应收账款会增加企业的资金占用,但它又是必要的,因为应收账款可以扩大销售规模,增加销售收入。问题在于如何既利用应收账款吸引顾客,又缩短收款时间。这需要在两者之间找到适当的平衡点,并实施妥善的收账策略。

(5) 适当推迟应付款的支付。即企业在不影响自己信誉的前提下,尽可能地推迟应付款的支付期,充分运用供货方所提供的信用优惠。如遇企业急需现金,甚至可以放弃供货方的折扣优惠,在信用期的最后一天支付款项。当然,这要权衡折扣优惠与急需现金之间的利弊得失而定。

7.2.2 应收账款管理

应收账款是企业因对外赊销产品、材料、供应劳务等而应向购货或接受劳务单位收取的款项。在市场经济时代,商品与劳务的赊销是一种普遍的现象。虽然大多数企业更希望现销而不是赊销,但竞争的压力迫使许多企业提供信用业务即赊销,以便稳定自己的销售渠道。实行赊销的结果,一方面可以扩大产品销路,增加销售收入;另一方面又形成了一定的应收账款,增加了企业的经营风险。因此,在应收账款管理中,最重要的就是正确衡量信用成本和信用风险,合理确定信用政策,及时收回账款。

1. 应收账款的功能与成本

1) 应收账款的功能

概括起来,应收账款在企业的生产经营中主要具有两个方面的功能:

(1) 促进销售的功能。在竞争日益激烈的市场环境中,企业单纯地依赖现销方式往往是难以行得通的。由于在赊销方式下,企业在销售产品的同时,向购买方提供了可以在一定期限内无偿使用的资金,这对于购买方来说具有极大的吸引力。因此,赊销是一种重要的促销手段,对于企业销售产品、开拓并占领市场具有重要意义。

(2) 减少存货的功能。赊销可以加速产品销售的实现、加快产成品向销售收入的转化速度,从而对降低存货中的产成品数额有着积极的影响。这有利于缩短产成品的库存时间,降低产成品存货的管理费用、仓储费用和保险费用等各方面的支出。

2) 应收账款的成本

企业在采取赊销方式促进销售的同时,会因持有应收账款而付出一定的代价,这种代价就是应收账款的成本。其内容包括:

(1) 机会成本。是指因资金投放在应收账款上所丧失的其他收入,如投资于有价证券便会有利息收入。这一成本的大小通常与企业维持赊销业务所需的资金数量、资金成本率

或有价证券利息率有关。其计算公式为

$$应收账款机会成本=维持赊销业务所需要的资金\times 资金成本率$$

其中,维持赊销业务所需要的资金=应收账款平均余额×变动成本率;资金成本率一般可按有价证券利息率计算。

【例7-5】 某零售企业预测2016年度的赊销收入净额为36 000 000元,应收账款周转期(或收账天数)为60天,变动成本率为75%,资金成本率为10%,则应收账款机会成本可计算如下:

$$应收账款周转率=360/60=6(次)$$

$$应收账款平均余额=36\ 000\ 000/6=6\ 000\ 000(元)$$

$$维持赊销业务所需要的资金=6\ 000\ 000\times 75\%=4\ 500\ 000(元)$$

$$应收账款机会成本=4\ 500\ 000\times 10\%=450\ 000(元)$$

上述计算表明,企业投放4 500 000元的资金可维持36 000 000元的赊销业务,相当于垫支资金的8倍之多。这一较高的倍数在很大程度上取决于应收账款的周转速度。在正常情况下,应收账款周转率越高,一定数量资金所维持的赊销额就越大;应收账款周转率越低,维持相同赊销额所需要的资金数量就越大。而应收账款机会成本在很大程度上取决于企业维持赊销业务所需要资金的多少。

(2) 管理成本。即企业对应收账款进行管理而耗费的开支,是应收账款成本的重要组成部分,主要包括对客户的资信调查费用、应收账款账簿记录费用、收账费用以及其他费用。

(3) 坏账成本。应收账款基于商业信用而产生,存在无法收回的可能性,由此而给应收账款持有企业带来的损失,即为坏账成本。这种成本一般同应收账款数量成正比,即应收账款越多,坏账成本也越多。

2. 信用政策

应收账款赊销的效果好坏,依赖于企业的信用政策。所谓信用政策即应收账款的管理政策,是指企业为对应收账款进行规划与控制而确立的基本原则与行为规范,包括信用标准、信用条件和收账政策。

1) 信用标准

信用标准,是指顾客获得企业的交易信用所应具备的条件。如果顾客达不到信用标准,便不能享受企业的信用或只能享受较低的信用优惠。企业在设定某一顾客的信用标准时,往往先要评估它赖账的可能性。这可以通过"5C"系统来进行。所谓"5C"系统,是对顾客以下五个方面的信用品质进行定性评估:

(1) 品质(character)。是指顾客的信誉,即履行偿债义务的可能性。企业必须设法了解顾客过去的付款记录,看其是否有按期如数付款的一贯做法,以及与其他供货单位的关系是否良好。这一点经常被视为评价顾客信用的首要因素。

(2) 能力(capacity)。是指顾客的偿债能力,即顾客持有的流动资产的数量和质量以及与流动负债的比例。顾客的流动资产越多,其转换为现金支付款项的能力越强。同时,还应注意顾客流动资产的质量,看是否有存货过多、过时或质量下降,影响其变现能力和支付能力的情况。

(3) 资本(capital)。是指顾客的财务实力和财务状况，表明顾客可能偿还债务的背景。这是顾客偿付债务的最终保证。

(4) 抵押(collateral)。是指顾客拒付款项或无力支付款项时能被用作抵押的资产。这对于不知底细或信用状况有争议的顾客尤为重要。一旦收不到这些顾客的款项，便以抵押品抵补。如果这些顾客提供足够的抵押，就可以考虑向他们提供相应的信用。

(5) 条件(conditions)。是指可能影响顾客付款能力的经济环境。比如，万一出现经济不景气，会对顾客的付款产生什么影响，顾客会怎样做，等等，这需要了解顾客在过去困难时期的付款历史。

对信用标准也可以进行定量分析，旨在解决两个问题：一是确定客户拒付账款的风险，即坏账损失率；二是具体确定客户的信用等级，以此作为给予或拒绝信用的依据。但由于实际情况错综复杂，不同客户的同一指标往往存在着很大差异，难以按照统一的标准进行衡量。因此，对定量分析的结果必须结合以往的经验，对各项指标进行具体分析、判断，而不能机械地遵循。

2) 信用条件

一旦企业决定给予客户信用优惠时，就需要考虑具体的信用条件。因此，所谓信用条件就是指企业接受客户信用订单时所提出的付款要求，主要包括信用期限、折扣期限及现金折扣等。信用条件的基本表现方式如"2/20, N/60"，意思是：若客户能够在发票开出后的20日内付款，可以享受2%的现金折扣；若放弃折扣优惠，则全部款项必须在60日内付清。在此，60天为信用期限，20天为折扣期限，2%为现金折扣（率）。

(1) 信用期限。是指企业允许客户从购货到支付货款的时间限定。企业产品销售量与信用期限之间存在着一定的依存关系。通常，延长信用期限，可以在一定程度上扩大销售量，增加毛利。但不适当地延长信用期限，会给企业带来不良后果：①使平均收账期延长，占用在应收账款上的资金相应增加，引起机会成本增加；②引起坏账损失和收账费用的增加。因此，企业应否给客户延长信用期限，应视延长信用期限增加的边际收入是否大于增加的边际成本而定。

(2) 现金折扣和折扣期限。延长信用期限会增加应收账款占用的时间和金额。因此，许多企业为了加速资金周转、及时收回货款、减少坏账损失，往往在延长信用期限的同时，采用一定的优惠措施。即在规定的时间内提前偿付货款的客户可按销售收入的一定比率享受折扣。例如，企业提供"2/10, N/45"的信用条件，表示赊销期为45天，若客户在10天内付款，可享受2%的折扣。现金折扣实际上是产品售价的扣减，企业决定是否提供以及提供多大程度的现金折扣，着重考虑的是提供折扣后所得的收益是否大于现金折扣的成本。

【例7-6】假日批发企业预测的年度赊销收入净额为2 400万元，其信用条件是：N/30，变动成本率为65%，资金成本率（或有价证券利息率）为20%。假设该企业收账政策不变，固定成本总额不变。该企业准备了三个信用条件的备选方案，A：维持N/30的信用条件；B：将信用条件放宽到N/60；C：将信用条件放宽到N/90。各备选方案估计的赊销水平、坏账百分比和收账费用等有关数据如表7-3所示。

表 7-3　信用条件备选方案

项　　目	A(N/30)	B(N/60)	C(N/90)
年赊销额/万元	2 400	2 640	2 800
应收账款周转率/次	12	6	4
应收账款平均余额/万元	2 400/12＝200	2 640/6＝440	2 800/4＝700
维持赊销业务所需资金/万元	200×65％＝130	440×65％＝286	700×65％＝455
坏账损失/年赊销额	0.02	0.03	0.05
坏账损失/万元	2 400×2％＝48	2 640×3％＝79.2	2 800×5％＝140
收账费用/万元	24	40	56

根据表 7-3 中的资料,可计算有关指标如表 7-4 所示。

表 7-4　信用条件分析评价　　　　　　　　　　　　　万元

项　　目	A(N/30)	B(N/60)	C(N/90)
年赊销额	2 400.0	2 640.0	2 800.0
变动成本	2 400×65％＝1 560.0	2 640×65％＝1 716.0	2 800×65％＝1 820.0
信用成本前收益	840.0	924.0	980.0
信用成本:			
应收账款机会成本	130×20％＝26.0	286×20％＝57.2	455×20％＝91.0
坏账损失	48.0	79.2	140.0
收账费用	24.0	40.0	56.0
小计	98.0	176.4	287.0
信用成本后收益	742.0	747.6	693.0

根据表 7-4 中的资料,在 A、B、C 三个方案中,B 方案(N/60)的获利最大,它比 A 方案(N/30)增加收益 5.6 万元(747.6－742.0),比 C 方案(N/90)增加收益 54.6 万元(747.6－693.0)。因此,在其他条件不变的情况下,B 方案最佳。

【例 7-7】　仍按例 7-6 的资料,如果假日批发企业选择了 B 方案,但为了加速应收账款的回收,决定将赊销条件改为"2/10,1/20,N/60"(D 方案),估计约有 60％的客户(按赊销额计算)会利用 2％的折扣,15％的客户会利用 1％的折扣。坏账损失降为 2％,收账费用降为 30 万元。根据上述资料,有关指标可计算如下:

　　　　　应收账款周转期＝60％×10＋15％×20＋25％×60＝24(天)

　　　　　应收账款周转率＝360/24＝15(次)

　　　　　应收账款平均余额＝2 640/15＝176(万元)

　　　　　维持赊销业务所需要的资金＝176×65％＝114.4(万元)

　　　　　应收账款机会成本＝114.4×20％＝22.88(万元)

　　　　　坏账损失＝2 640×2％＝52.8(万元)

　　　　　现金折扣＝2 640×(2％×60％＋1％×15％)＝35.64(万元)

根据以上资料,进行信用条件分析决策,如表 7-5 所示。

从表 7-5 可知,实行现金折扣后,企业的收益增加 35.08 万元(782.68－747.60)。因此,企业最终应选择 D 方案(2/10,1/20,N/60)作为最佳方案。

表 7-5　信用条件分析决策表　　　　　　　　　　　　万元

项　　目	B(N/60)	D(2/10,1/20,N/60)
年赊销额	2 640.00	2 640.00
减：现金折扣	—	35.64
年赊销净额	2 640.00	2 604.36
减：变动成本	1 716.00	1 716.00
信用成本前收益	924.00	888.36
减：信用成本		
应收账款机会成本	57.20	22.88
坏账损失	79.20	52.80
收账费用	40.00	30.00
小计	176.40	105.68
信用成本后收益	747.60	782.68

3) 收账政策

收账政策亦称收账方针,是指当客户违反信用条件,拖欠甚至拒付款项时企业所采取的收账策略与措施。企业在向客户提供商业信用时,必须考虑三个问题:

(1) 客户是否会拖欠或拒付账款,程度如何;

(2) 怎样最大限度地防止客户拖欠账款;

(3) 一旦账款遭到拖欠甚至拒付,企业应采取怎样的对策。

前两个问题主要靠信用调查和严格信用审批制度,第三个问题则必须通过制定完善的收账方针,采取有效的收账措施予以解决。

企业对各种不同过期账款应有不同的催收方式,比如,对过期较短的顾客,不要过多地打扰,以免将来失去这一市场;对过期稍长的顾客,可措辞婉转地写信催收;对过期较长的顾客,频繁地信件催款并电话催询;对过期很长的顾客,可在催款时措辞严厉,必要时提请有关部门仲裁或提请诉讼等。

催收账款要发生费用,某些催款方式的费用还会很高(如诉讼费)。一般来说,收账的花费越大,收账措施越有力,可收回的账款应越大,坏账损失也就越小。因此,制定收账政策,又要在收账费用和减少坏账损失之间进行权衡。

3. 应收账款的日常管理

对于已经发生的应收账款,企业还应进一步强化日常管理工作,采取有力的措施进行分析、控制,及时发现问题,提前采取对策。这些措施主要包括以下四个方面。

1) 应收账款追踪分析

应收账款一旦为客户所欠,企业就必须考虑如何按期足额收回的问题。要达到这一目的,企业就必须在收账之前,对该项应收账款的运行过程进行追踪分析。由于应收账款是存货变现过程的中间环节,对应收账款实施追踪分析的重点应放在赊销商品的销售与变现方面。一般来说,客户能否严格地履行信用条件取决于两个因素:①客户的信用品质;②客户现金的持有量与调剂程度(如现金用途的约束性、其他短期债务偿还对现金的要求等)。如果客户的信用品质良好,持有一定的现金余额,且现金支出的约束性较小,可调剂程度较大,客户大多是不愿以损失市场信誉为代价而拖欠货款的。如果客户信用品质不佳,或者现金匮乏,或者现金的可调剂程度低下,那么企业的账款遭受拖欠也就在所难免。

当然,企业不可能也没有必要对全部的应收账款都实施追踪分析。通常情况下,企业主要应以那些金额大或信用品质较差的客户的欠款作为考察的重点。如果有必要并且可能的话,企业亦可对客户(赊购者)的信用品质与偿债能力进行延伸性调查和分析。

2) 应收账款账龄分析

企业已发生的应收账款时间有长有短,有的尚未超过收款期,有的则超过了收款期。一般来讲,拖欠时间越长,款项收回的可能性越小,形成坏账的可能性越大。对此,企业应实施严密的监督,随时掌握回收情况。实施对应收账款回收情况的监督,可以通过编制账龄分析表进行。

【例 7-8】 某企业 2016 年 12 月 31 日的账龄分析表如表 7-6 所示。

表 7-6 账龄分析表

应收账款账龄	账户数量	金额/千元	百分率/%
信用期内	200	80	40
超过信用期 1～20 天	100	40	20
超过信用期 21～40 天	50	20	10
超过信用期 41～60 天	30	20	10
超过信用期 61～80 天	20	20	10
超过信用期 81～100 天	15	10	5
超过信用期 100 天以上	5	10	5
合计	420	200	100

利用表 7-6 中的资料,企业可以了解到以下情况:

(1) 有多少欠款尚在信用期内。表 7-6 显示,有价值 80 000 元的应收账款处在信用期内,占全部应收账款的 40%。这些款项未到偿付期,欠款是正常的;但到期后能否收回,还要待时再定,故及时的监督仍是必要的。

(2) 有多少欠款超过了信用期,超过时间长短的款项各占多少,有多少欠款会因拖欠时间太久而可能成为坏账。表 7-6 显示,有价值 120 000 元的应收账款已超过了信用期,占全部应收账款的 60%。其中,拖欠时间较短的(20 天内)有 40 000 元,占全部应收账款的 20%,这部分欠款收回的可能性很大;拖欠时间较长的(21～100 天)有 70 000 元,占全部应收账款的 35%,这部分欠款的回收有一定难度;拖欠时间很长的(100 天以上)有 10 000 元,占全部应收账款的 5%,这部分欠款有可能成为坏账。对不同拖欠时间的欠款,企业应采取不同的收账方法,制定出经济、可行的收账政策;对可能发生的坏账损失,则应提前作出准备,充分估计这一因素对损益的影响。

3) 应收账款收现保证率分析

由于企业当期现金支付需要量与当期应收账款收现额之间存在着非对称性矛盾,并呈现出预付性与滞后性的差异特征(如企业必须用现金支付与赊销收入有关的增值税和所得税,弥补应收账款资金占用等),这就决定了企业必须对应收账款收现水平制定一个必要的控制标准,即应收账款收现保证率。

应收账款收现保证率(ROA)是为了适应企业现金收支匹配关系的需要,所确定出的有效收现的账款应占全部应收账款的百分比,是二者应当保持的最低比例。公式为

$$ROA = \frac{MC - OC}{AR}$$

式中，MC表示当期必要现金支付总额；OC表示当期其他稳定可靠的现金流入总量；AR表示当期应收账款总计金额。

其他稳定可靠现金流入总额是指从应收账款收现以外的途径可以取得的各种稳定可靠的现金流入数额，包括短期有价证券变现净额、可随时取得的银行贷款额等。

应收账款收现保证率指标反映了企业既定会计期间预期现金支付数量扣除各种可靠、稳定性来源后的差额，必须通过应收款项有效收现予以弥补的最低保证程度，其意义在于：应收款项未来是否可能发生坏账损失对企业来说并非最为重要，更为关键的是实际收现的账项能否满足同期必需的现金支付要求，特别是满足具有刚性约束的纳税债务及偿付不得展期或调换的到期债务的需要。

4）应收账款坏账准备制度

无论企业采取怎样严格的信用政策，只要存在着商业信用行为，坏账损失的发生总是不可避免的。一般来说，确定坏账损失的标准主要有两条：

（1）因债务人破产或死亡，以其破产财产或遗产清偿后，仍不能收回的应收账款；

（2）债务人逾期未履行偿债义务，且有明显特征表明无法收回。

企业的应收账款只要符合上述任何一个条件，均可作为坏账损失处理。需要注意的是，当企业的应收账款按照第二个条件已经作为坏账损失处理后，并非意味着企业放弃了对该项应收账款的索取权。实际上，企业仍然拥有继续收款的法定权力，企业与欠款人之间的债权债务关系不会因为企业已作坏账处理而解除。

既然应收账款的坏账损失无法避免，因此，遵循谨慎性原则，对坏账损失的可能性预先进行估计，并建立弥补坏账损失的准备制度，即提取坏账准备金就显得极为必要。

7.2.3 存货管理

存货是指企业在生产经营过程中为生产和销售而储备的物资。存货控制或管理效率的高低，直接反映并决定着企业收益、风险、流动性的综合水平，因而在整个投资决策中居于举足轻重的地位。

1. 存货的功能与成本

1）存货功能

存货功能是指存货在企业生产经营过程中所具有的作用，主要表现在以下几个方面：

（1）防止停工待料。适量的原材料存货和在产品、半成品存货是企业生产正常进行的前提和保障。就企业外部而言，供货方的生产和销售往往会因某些原因而暂停或推迟，从而影响企业材料的及时采购、入库和投产。就企业内部而言，有适量的半成品储备，能使各生产环节的生产调度更加合理，各生产工序步调更为协调、联系更为紧密，不至于因等待半成品而影响生产。可见，适量的存货能有效地防止停工待料事件的发生，维持生产的连续性。

（2）适应市场变化。存货储备能增强企业在生产和销售方面的机动性以及适应市场变化的能力。企业有了足够的库存产成品，能有效地供应市场，满足顾客的需要。相反，若某种畅销产品库存不足，将会坐失目前或未来的推销良机，并有可能因此而失去顾客。在通货膨胀时,适当地储存原材料存货,能使企业获得市场物价上涨带来的好处。

(3) 降低进货成本。很多企业为扩大销售规模,对购货方提供较优厚的商业折扣待遇,即购货达到一定数量时,便在价格上给予相应的折扣优惠。企业采取批量集中进货,可获得较多的商业折扣。此外,通过增加每次购货数量,减少购货次数,可以降低采购费用支出。即便在推崇以零存货为管理目标的今天,仍有不少企业采取大批量购货方式,原因就在于这种方式有助于降低购货成本,只要购货成本的降低额大于因存货增加而导致的储存等各项费用的增加额,便是可行的。

(4) 维持均衡生产。对于那些所生产产品属于季节性产品,生产所需材料的供应具有季节性的企业,为实现均衡生产,降低生产成本,就必须适当储备一定的半成品存货或保持一定的原材料存货,否则,这些企业若按照季节变动组织生产活动,难免会产生忙时超负荷运转、闲时生产能力得不到充分利用的情形,这也会导致生产成本的提高。其他企业在生产过程中,同样会因为各种原因导致生产水平的高低变化,拥有合理的存货可以缓冲这种变化对企业生产活动及获利能力的影响。

2) 存货成本

为充分发挥存货的固有功能,企业必须储备一定的存货,但也会由此而发生各项支出,这就是存货成本。与储备存货有关的成本,包括以下三种:

(1) 取得成本。是指为取得某种存货而支出的成本,通常用 TC_a 来表示,包括订货成本和购置成本两部分。

第一,订货成本是指取得订单的成本,如办公费、差旅费、邮资、电报电话费等支出。订货成本中有一部分与订货次数无关,如常设采购机构的基本开支等,称为订货的固定成本(F_1);另一部分与订货的次数有关,如差旅费、邮资等,称为订货的变动成本。每次订货的变动成本用 K 表示;订货次数等于存货年需要量 D 与每次进货量 Q 之商。因此,订货成本的计算公式为

$$订货成本 = F_1 + \frac{D}{Q}K$$

第二,购置成本是指存货本身的价值,经常用数量与单价的乘积来确定。年需要量用 D 表示,单价用 U 表示,于是购置成本为 DU。

订货成本加上购置成本,就等于存货的取得成本。其公式可表达为

$$TC_a = F_1 + \frac{D}{Q}K + DU$$

(2) 储存成本。是指为保持存货而发生的成本,包括存货占用资金所应计的利息(若企业用现有现金购买存货,便失去了现金存放银行或投资于证券本应取得的利息,是为"放弃利息";若企业借款购买存货,便要支付利息费用,是为"付出利息")、仓库费用、保险费用、存货破损和变质损失等,通常用 TC_c 来表示。储存成本也分为固定成本和变动成本。固定成本(F_2)与存货数量的多少无关,如仓库折旧、仓库职工的固定月工资等;变动成本与存货的数量有关,如存货资金的应计利息、存货的破损和变质损失、存货的保险费用等,单位成本用 K_c 来表示。因此,储存成本的计算公式为

$$TC_c = F_2 + K_c \frac{Q}{2}$$

(3) 缺货成本。是指由于存货供应中断而造成的损失,包括材料供应中断造成的停工

损失、产成品库存缺货造成的拖欠发货损失和丧失销售机会的损失(还应包括需要主观估计的商誉损失)。若生产企业以紧急采购代用材料解决库存材料中断之急,那么缺货成本表现为紧急额外购入成本(紧急额外购入的开支会大于正常采购的开支)。缺货成本用 TC_s 表示。

如果以 TC 来表示储存存货的总成本,它的计算公式为

$$TC = TC_a + TC_c + TC_s = F_1 + \frac{D}{Q}K + DU + F_2 + K_c\frac{Q}{2} + TC_s$$

企业存货的最优化,即是使上式 TC 值最小。

2. 存货控制方法

实现存货管理的目标,关键在于确定一个最佳的存货数量,对存货数量加以控制。在企业存货管理和控制的实践过程中,逐步形成了一些有效的存货控制方法,主要包括存货经济批量模型、存货储存期控制、存货 ABC 分类控制等。

1) 经济订货量基本模型

经济订货量基本模型需要设立的假设条件是:

(1) 企业能够及时补充存货,即需要订货时便可立即取得存货;

(2) 能集中到货,而不是陆续入库;

(3) 不允许缺货,即无缺货成本,TC_s 为零,这是因为良好的存货管理本来就不应该出现缺货成本;

(4) 需求量稳定,并且能预测,即 D 为已知常量;

(5) 存货单价不变,不考虑现金折扣,即 D 为已知常量;

(6) 企业现金充足,不会因现金短缺而影响进货;

(7) 所需存货市场供应充足,不会因买不到需要的存货而影响其他。

设立了上述假设后,存货总成本的公式可以简化为

$$TC = F_1 + \frac{D}{Q}K + DU + F_2 + K_c\frac{Q}{2}$$

当 F_1、K、D、U、F_2、K_c 为常数量时,TC 的大小取决于 Q。为了求出 TC 的极小值,对其进行求导演算,可得出下列公式:

$$Q^* = \sqrt{\frac{2KD}{K_c}}$$

这一公式称为经济订货量基本模型,求出的每次订货批量,可使 TC 达到最小值。这一基本模型还可以演变为其他形式。

(1) 每年最佳订货次数公式:

$$N^* = \frac{D}{Q^*} = \frac{D}{\sqrt{\frac{2KD}{K_c}}} = \sqrt{\frac{DK_c}{2K}}$$

(2) 与批量有关的存货总成本公式:

$$TC_{(Q^*)} = \frac{KD}{\sqrt{\frac{2KD}{K_c}}} + \frac{\sqrt{\frac{2KD}{K_c}}}{2} \cdot K_c = \sqrt{2KDK_c}$$

(3) 最佳订货周期(天数)公式：

$$t^* = \frac{360}{N^*} = \frac{1}{\sqrt{\frac{DK_c}{2K}}}$$

(4) 经济订货量占用资金：

$$I^* = \frac{Q^*}{2} \cdot U = \frac{\sqrt{\frac{2KD}{K_c}}}{2} \cdot U = \sqrt{\frac{KD}{2K_c}} \cdot U$$

【例7-9】 某企业每年耗用某种材料3 600kg，该材料单位成本10元，单位存储成本为2元，一次订货成本25元。则

$$Q^* = \sqrt{\frac{2DK}{K_c}} = \sqrt{\frac{2 \times 3\,600 \times 25}{2}} = 300(\text{kg})$$

$$N^* = \frac{D}{Q^*} = \frac{3\,600}{300} = 12(\text{次})$$

$$TC_{(Q^*)} = \sqrt{2KDK_c} = \sqrt{2 \times 25 \times 3\,600 \times 2} = 600(\text{元})$$

$$t^* = \frac{360}{N^*} = \frac{360}{12} = 30(\text{天})$$

$$I^* = \frac{Q^*}{2} \cdot U = \frac{300}{2} \times 10 = 1\,500(\text{元})$$

需要指出的是，实际工作中，通常还存在着数量优惠(即商业折扣或称价格折扣)的情形等，因此企业必须灵活地运用经济订货量基本模型。为了鼓励客户购买更多的商品，销售企业通常会给予不同程度的价格优惠，即实行商业折扣或称价格折扣。购买越多，所获得的价格优惠越大。此时，进货企业对经济进货批量的确定，除了考虑进货费用与储存成本外，还应考虑存货的进价成本，因为此时的存货进价成本已经与进货数量的大小有了直接的联系，属于决策的相关成本。

【例7-10】 某企业甲材料的年需要量为4 000kg，每千克标准价为20元。销货方规定：客户每批购买量不足1 000kg的，按照标准价格计算；每批购买量1 000kg以上，2 000kg以下的，价格优惠2%；每批购买量2 000kg以上的，价格优惠3%。

以下是存在商业折扣时最佳经济进货批量的计算方法：

(1) 按照基本模型确定无商业折扣情况下的经济进货批量及其总成本：

$$\text{最佳进货批量} = \sqrt{\frac{2 \times 4\,000 \times 60}{3}} = 400(\text{kg})$$

$$\text{存货成本总额} = 4\,000 \times 20 + \frac{4\,000}{400} \times 60 + \frac{400}{2} \times 3 = 81\,200(\text{元})$$

(2) 考虑不同批量的进价成本差异因素，确定有商业折扣时的经济进货批量：进货批量为1 000～1 999kg，可以享受2%的价格优惠。逐项计算可以发现，越是接近价格优惠的进货批量，成本总额就越低，这是一个规律。所以，在可享受2%的价格优惠的批量范围内，成本总额最低批量是1 000件，总成本=4 000×20×(1-2%)+4 000÷1 000×60+1 000÷2×3=80 140(元)。同理，在享受3%价格优惠的进货批量(即进货2 000件以上)范围内，成本总额最低的进货批量为2 000件，总成本=4 000×20×(1-3%)+4 000÷2 000×60+2 000÷2×3=80 720(元)。

通过比较可以发现，在各种价格条件下的批量范围内，成本总额最低的进货批量为 1 000 件。当然这一结论是建立在基本经济进货模式其他各种假设条件均具备的前提上的。

2) 存货储存期控制

无论是商品流通企业还是生产制造企业，其商品产品一旦入库，便面临着如何尽快销售出去的问题。暂且不考虑未来市场供求关系的不确定性，仅是存货储存本身就会给企业造成较多的资金占用费（如利息成本或机会成本）和仓储管理费。因此，尽量缩短存货储存时间，加速存货周转，是节约资金占用、降低成本费用、提高企业获利水平的重要保证。

企业进行存货投资所发生的费用支出，按照与储存时间的关系可以分为固定储存费用与变动储存费用两类。前者数额的大小与存货储存期的长短无直接联系，如各项进货费用、管理费用等。后者即变动储存费用则随着存货储存期的延长或缩短成正比例地增减变动，如存货资金占用费（贷款购置存货的利息或现金购置存货的机会成本）、存货仓储管理费、仓储耗费等。

基于上述分析，可以将"本-量-利"的平衡关系式调整为

利润＝毛利－固定储存费－销售税金及附加－变动储存费×储存天数

可见，存货的储存成本之所以会不断增加，主要是由于变动储存费随着存货储存期的延长而不断增加的结果，所以，利润与费用之间此增彼减的关系实际上是利润与变动储存费用之间此增彼减的关系。这样，随着存货储存期的延长，利润将日渐减少。当"毛利－固定储存费－销售税金及附加"的余额被变动储存费抵消到恰好等于企业目标利润时，表明存货已经到了保利期。当它完全被变动储存费抵消时，便意味着存货已经到了保本期。无疑，存货如果能够在保利期内售出，所获得的利润便会超过目标值；反之，将难以实现既定的利润目标。若存货不能在保本期内售出，企业便会蒙受损失。具体计算公式如下：

$$存货保本储存天数 = \frac{毛利－固定储存费－销售税金及附加}{每日变动储存费}$$

$$存货保利储存天数 = \frac{毛利－固定储存费－销售税金及附加－目标利润}{每日变动储存费}$$

以批进批出（即存货整批购进又整批卖出）方式经销某批存货，其获利（或亏损）额＝变动储存费×（保本储存天数－实际储存天数），即较保本期每提前一天售出，就可以节约一天的变动储存费，即取得一个相当于变动储存费的利润额。

【例 7-11】 江北物品批发企业购进甲商品 1 000 件，单位进价（不含增值税）100 元，单位售价 120 元（不含增值税），经销该批商品的一次性费用为 10 000 元。若货款均来自银行贷款，年利率为 10.8%，该批存货的月保管费用率为 3‰，销售税金及附加 800 元。

该批存货的保本储存期计算如下：

每日变动储存费 $= 100 \times 1\,000 \times (10.8\% \div 360 + 3‰ \div 30) = 40$（元/日）；

$$保本储存天数 = \frac{(120-100) \times 1\,000 - 10\,000 - 800}{40} = 230（天）$$

若企业要求获得 3% 的投资利润率，则保利期的计算如下：

$$保利储存天数 = \frac{(120-100) \times 1\,000 - 10\,000 - 800 - 100 \times 1\,000 \times 3\%}{40} = 155（天）$$

若该批存货实际储存了 200 天，问能否实现 3% 的目标投资利润率？差额是多少？可以

作如下分析：

批进批出经销该批商品实际获利额＝40×(230－200)＝1 200(元)

利润差额＝实际利润－目标利润＝1 200－100×1 000×3％＝－1 800(元)

若该批存货亏损了2 000元,则实际储存的天数计算如下：

$$实际储存天数 = 230 + \frac{2\ 000}{40} = 280(天)$$

可见,通过对存货储存期的分析与控制,可以及时地将企业存货的信息传输给经营决策部门,了解有多少存货已过保本期或保利期、金额多大、比重多高。这样,决策者就可以针对不同的情况,采取相应的措施。一般而言,凡是已过保本期的商品大多属于积压呆滞的存货,企业应对此积极推销,压缩库存,将损失降至最低限度。对超过保利期但未超过保本期的存货,应当首先检查销售状况,查明原因,是人为所致,还是市场行情已经逆转,有无沦为过期积压存货的可能。若有,需尽早采取措施。至于那些尚未超过保利期的存货,企业亦应密切监督、控制,以防发生过期损失。

从财务管理方面,需要分析哪些存货基本能在保利期内销售出去,哪些存货介于保利期与保本期之间售出,哪些存货直至保本期已过才能售出或根本就没有市场需求。通过分析,财务部门应当通过调整资金供应政策,促使经营部门调整产品结构和投资方向,推动企业存货结构的优化,提高存货的投资效率。

值得注意的是,在企业存货经销的实际工作中,批进批出只是一种偶然现象,普遍的情形是存货大批量购进、小批量售出或批进零售,此时若仍然按照批进批出的假设测算批进零售存货经销的保利期或保本期,必然与实际产生很大的出入。为此,有必要对以上存货储存期控制模式结合实际情况加以修正。

3) 存货ABC分类管理

企业存货品种繁多,尤其是大中型企业的存货往往多达上万种甚至数十万种。实际上,不同的存货对企业财务目标的实现具有不同的作用。有的存货尽管品种数量很少,但金额巨大,如果管理不善,将给企业造成极大的损失。相反,有的存货虽然品种数量较多,但金额微小,即使管理当中出现一些问题,也不致于对企业产生较大的影响。因此,无论是从能力还是经济角度,企业均不可能也没有必要对所有存货不分巨细地严加管理。ABC分类管理正是基于这一考虑提出的,其目的在于使企业分清主次、突出重点,以提高存货资金管理的整体效果。

所谓ABC分类管理就是按照一定的标准,将企业的存货划分为A、B、C三类,分别实行分品种重点管理、分类别一般控制和按总额灵活掌握的存货管理方法。分类的标准主要有两个：一是金额标准；二是品种数量标准。其中,金额标准是最基本的,品种数量标准仅作为参考。A类存货的特点是金额巨大,但品种数量较少；B类存货的金额一般,品种数量相对较多；C类存货品种数量繁多,但价值金额却很少。

【例7-12】 滨江百货公司拥有2 000余种商品,其中,家用电器、高档皮货、家具、摩托车、大型健身器械等商品的品种数量并不很多,只有近200种,占所有品种数的比重不足10％,但价值额却相当大,占所有商品价值的70％多,企业管理当局把此类存货划归为A类,按品种重点管理；大众化的服装、鞋帽、床上用品、布匹、文具用具等商品品种数量比较多,有400多种,占20％多,但价值额相对A类商品要小得多,只占全部商品价值的20％,企业管理当局把此类存货划归为B类,按类别进行一般控制。至于各种小百货,如针线、纽扣、日常卫生用品等,品种数量非常多,达到近1 500种,占所有品种数的70%多,但所占金额却很小,不到全部商品价值的10%,于是管理当局把此类存货划归为C类,按总额灵活控制。

一般而言,三类存货的金额比重大致为 A:B:C=0.7:0.2:0.1,而品种数量比重大致为 A:B:C=0.1:0.2:0.7。可见,由于A类存货占用着企业绝大多数的资金,只要能够控制好A类存货,基本上也就不会出现较大的问题。同时,由于A类存货品种数量较少,企业完全有能力按照每一个品种进行管理。B类存货金额相对较少,企业不必像对待A类存货那样花费太多的精力。同时,由于B类存货的品种数量远远多于A类存货,企业通常没有能力对每一具体品种进行控制,因此可以通过划分类别的方式进行管理。C类存货尽管品种数量较多,但其所占金额却很少,对此,企业只要把握一个总金额也就完全可以了。

7.3 流动负债的管理

流动负债包括短期借款、应付账款、应付票据等,是企业日常周转资金的主要来源。由于这类资金的使用期限一般不超过一年,是企业的短期筹资,因此具有筹资速度快、筹资弹性大、筹资成本低等特点。

7.3.1 短期借款

企业根据生产经营的需要经常要向银行或其他金融机构借入一定的资金。凡是借入期限在一年以内的借款都属于短期借款。

1. 短期借款的种类

我国目前的短期借款按照目的和用途的不同分为若干种,主要有生产周转借款、临时借款、结算借款等。按照国际通行的分类方法,短期借款还可依偿还方式的不同,分为一次性偿还借款和分期偿还借款;依利息支付方法的不同,分为收款法借款、贴现法借款和加息法借款;依有无担保,分为抵押借款和信用借款。

2. 短期借款的信用条件

根据国际通行的做法,银行或其他金融机构发放短期借款往往带有一些信用条件,其中包括信贷限额、周转信贷协定、补偿性余额、借款抵押等。

1) 信贷限额

信贷限额是银行对借款人规定的无担保贷款的最高额。信贷限额的有效期限通常为一年,但根据情况也可延期一年。银行可根据企业生产经营状况的好坏核准或调整信贷限额。通常在信贷期限内,企业可随时向银行申请借款。例如,银行核定某企业某一年内的信贷限额为280万元,那么该企业在这一年内如需要资金,可在限额内向银行申请借款,但累计的借款数额不能超过核准的信贷限额280万元。但是,银行并不承担提供全部信贷限额的义务,如果企业信誉恶化,经济效益下降,即使银行曾同意过按信贷限额提供借款,企业实际也可能得不到借款。这时,银行并不承担法律责任。

2) 周转信贷协定

周转信贷协定是指银行与企业签订的具有法律义务,承诺提供不超过某一最高限额的贷款的协定。它是一种正式的信贷限额,银行作出的这种协定,往往具有法律效力。在协定规定的期限内,借款人可以自由地使用其信贷额,只要企业的借款总额未超过最高限额,银行就必须满足企业任何时期提出的借款要求。借款人需要对其使用的信贷限额支付一定的费用,即对在规定的期限内对未使用信贷额度要向银行支付一定比例的费用,以补偿银行所作出的承诺,故又称为"承诺费"。

【例7-13】 银行正式核准某企业在2016年内最高周转信贷额度为1 500万元,该企业在本年度只使用了900万元,假设银行的承诺费率为5‰,则该企业应向银行支付的承诺费用为

$$(1\ 500 - 900) \times 5‰ = 3(万元)$$

3)补偿性余额

补偿性余额是指银行要求借款企业在银行中保持按借款限额或实际借用额的一定百分比计算最低存款余额。银行这样做的目的是降低贷款的损失,而对借款企业来讲,补偿性余额则提高了企业借款的实际利率。

【例7-14】 某企业按年利率8%向银行借款120万元,银行要求维持贷款限额的15%作为补偿性余额,则企业实际可用的借款余额为

$$120 \times (1 - 15\%) = 102(万元)$$

4)借款抵押

银行向财务风险较大、信誉不好的企业发放贷款,往往需要有抵押品担保,以减少自己蒙受损失的风险。借款的抵押品通常是借款企业的办公楼、厂房等。

5)偿还条件

无论何种借款,银行一般都会规定还款的期限。根据我国金融制度的规定,贷款到期后仍无能力偿还的,视为逾期贷款,银行要照章加收逾期罚息。

6)以实际交易为贷款条件

当企业发生经营性临时资金需求,向银行申请贷款以求解决时,银行则以企业将要进行的实际交易为贷款基础,单独立项,单独审批,最后作出决定并确定贷款的相应条件和信用保证。

3. 借款利息的支付方式

企业借款的形式不同,利息支付的方式不同,往往会导致名义利率与实际利率存在很大差异。因此,企业在考虑借款的成本时,仅仅考虑名义利率是不够的,必须重视实际利率。借款利息的支付方式主要有以下几种。

1)收款法

收款法又称利随本清法,是在借款到期时向银行支付利息的方法。银行向工商企业发放的贷款大都采用这种方法收息。采用这种方法,借款的名义利率等于其实际利率。

2)贴现法

贴现法是银行向企业发放贷款时,先从本金中扣除利息部分,而到期时借款企业要偿还贷款全部本金的一种计息方法。采用这种方法,企业可利用的贷款额只有本金减去利息部分后的差额,因此贷款的实际利率高于名义利率。其计算公式为

$$实际借款利率 = \frac{利息费用}{借款金额 - 预扣利息费用}$$

或

$$\text{实际借款利率} = \frac{\text{名义借款利率}}{1-\text{名义借款利率}} \times 100\%$$

【例 7-15】 某企业从银行以贴现的方式取得利率为 8% 的一年期借款 100 万元,则其实际利率为

$$\text{实际利率} = \frac{100 \times 8\%}{100 - 100 \times 8\%} = 8.70\%$$

或

$$\text{实际利率} = \frac{8\%}{1-8\%} \times 100\% = 8.70\%$$

3)加息法

这是银行发放分期等额偿还贷款时采用的利息收取方法。在分期等额偿还贷款的情况下,银行要将根据名义利率计算的利息加到贷款本金上,计算出贷款的本息和,要求企业在贷款期限内分期偿还本息和的金额。由于借款企业实际上只平均使用了贷款本金的半数,而利息并不减少,因此借款企业实际负担的利息率便高于名义利率大约 1 倍。

$$\text{实际借款利率} = \frac{\text{利息费用}}{\text{借款总额}/2} \times 100\%$$

例如,某企业向银行借得名义利率为 8%、期限一年的短期借款 100 万元,银行要求采用分期偿还方式,每月等额归还本息和,则其借款的实际利率为

$$\frac{100 \times 8\%}{100/2} \times 100\% = 16\%$$

7.3.2 商业信用

商业信用是指在商品交易中由于延期付款或预收货款而形成的企业间的借贷关系。商业信用产生于商品交换之中,是所谓的"自发性筹资"。它运用广泛,在短期负债筹资中占有相当大的比重。商业信用的具体形式有应付账款、应付票据、预收账款等。

1. 应付账款

在商品交易中,许多企业通常以赊购的方式从其他企业进货,议定于若干天内付款。对于购货企业而言,这笔业务形成了一项负债,记录为应付账款。它是最常用的商业信用形式。

1)应付账款的信用形式

应付账款按其是否支付代价,可以分为免费信用、有代价信用和展期信用三种形式。

(1)免费信用。是指企业无须支付任何代价而取得的信用。一般包括法定付款期限和销货方允许的折扣期限。前者如银行结算办法规定允许有 3 天或 10 天的付款期限,即付款人可从收到付款通知的 3 天或 10 天内享受免费信用;后者为一定信用条件的折扣期内享受免费信用。为了促使购货企业按期付款,甚至提前付款,销货企业往往规定一定的信用条件,如常见的信用条件"2/10,N/30"等。

(2)有代价信用。是指企业需要支付一定的代价而取得的信用。在带有折扣的条件下,购货企业若想取得商业信用,则须放弃折扣,而所放弃的折扣就是取得此种信用所付出的代价。如前面所讲,购货企业要取得延期 20 天付款的信用,则必须付全额货款,即丧失了优惠,这种信用就是有代价信用。因此,企业在选择是否延期付款时,应该认真分析其资金

成本的高低，以便决定取舍。

(3) 展期信用。是指购货企业在销货企业提供的信用期限届满后，以拖延付款的方式强行取得的信用。展期信用隐含着两种成本：一是企业放弃现金折扣的机会成本，这与有代价信用相同；二是企业信誉可能受到损害的成本。企业若过度拖延时间付款而出现严重拖欠，则会降低其信用等级，给今后的各种筹资造成不利的影响。

2) 应付账款的成本

应付账款的成本取决于信用期限和现金折扣。信用期限就是赊销商品的最后付款时间。延长信用期限，可提高企业商品的竞争能力，增加销售量。信用期限长，表示企业给顾客的信用条件优越，可以吸引老顾客增加购货量和招揽新的顾客，从而增加企业的销售收入。一般根据企业的性质、商品的特征及购货双方的财力情况来加以确定。

现金折扣是销货企业提供给购货企业的一种优惠。销货企业为了加速资金周转，及早收回货款，减少可能的坏账损失，往往在延长信用期限的同时，规定顾客提前偿付货款的折扣率和折扣期限。一般情况下，现金折扣平均为2%～3%，折扣期多数为10～30天。

利用应付账款筹资在两种情况下是没有成本的，即享受免费信用：一是没有现金折扣的商业信用；二是有现金折扣但企业已享受了现金折扣即在折扣期内付款。若销货企业提供了现金折扣，但购货企业没有加以利用，从而丧失了少支付货款的优惠条件。这部分多支付的货款就是购货企业利用应付账款筹资的机会成本，可定义为隐含利息成本或放弃现金折扣成本。

$$隐含利息成本 = \frac{现金折扣率}{1-现金折扣率} \times \frac{360}{信用期-折扣期}$$

即

$$R = \frac{C \times 360}{D \times (1-C)}$$

式中，C表示现金折扣率；D表示额外使用销货企业资金的天数；R表示隐含利息成本。

【例7-16】 某企业按"2/10，N/20"的条件购入商品，价款100万元，试计算该企业享受现金折扣的付款金额和放弃现金折扣的机会成本。

若该企业在折扣期内付款，则所付金额为

$$100 \times (1-2\%) = 98(万元)$$

若超过折扣期付款，则应付账款的机会成本为

$$\frac{2\%}{1-2\%} \times \frac{360}{20-10} = 73.47\%$$

从上述计算中可以看到，放弃现金折扣的机会成本与折扣率的大小、折扣期限的长短同方向变化，与信用期限的长短成反方向变化。若购货企业放弃现金折扣而获得有代价信用，其代价即隐含利息成本是很高的。利用上述公式计算出的各种不同条件下的隐含利息成本如表7-7所示。

表7-7 各种不同条件下的隐含利息成本

信用条件	隐含利息成本/%	信用条件	隐含利息成本/%
1/10，N/20	36.36	2/10，N/20	73.47
1/10，N/30	18.18	2/10，N/30	36.73

从表 7-7 可以看出,购货企业如果放弃现金折扣,则其付出的成本是非常高的,这种成本比短期借款的成本高出许多。因此,一些企业只要可能,宁可向银行或其他机构借款,也要保证在折扣期限内付款。而且通常情况下,一个企业随便放弃现金折扣的优惠,往往说明该企业的财务状况不佳,对它的信用会带来不利的影响。

2. 应付票据

应付票据是企业进行延期付款商品交易时开具的反映债权债务关系的票据。根据承兑人的不同,应付票据可分为商业承兑汇票和银行承兑汇票两种,支付期最长不超过 6 个月。应付票据可以带息,也可以不带息。应付票据的利息率一般比银行借款的利息率低,且不用保持相应的补偿余额和支付协议费,所以应付票据的筹资成本低于银行借款成本。但是,应付票据到期必须归还。如果延期,便要交付罚金,因而风险较大。

3. 预收账款

这是一种企业在销售商品时,要求买方在卖方发出货物之前支付部分或全部货款的信用形式。一般用于以下两种情况:一是企业已知买方的信用欠佳;二是销售生产周期长、售价高的产品。在这种信用条件下,销货单位可以得到暂时的资金来源,购货单位则要预先垫支一笔资金。

此外,企业往往还存在一些在非商品交易中产生,也属于自发性筹资的应付费用,如应付职工薪酬、应交税费、其他应付款等。这些应付费用在一定程度上缓解了企业的资金需要,而且通常不需花费代价,但由于支付期限具有强制性,不能由企业自由斟酌使用。

7.4 营运资金政策

营运资金政策包括营运资金持有政策和营运资金筹集政策,它们分别研究企业应如何确定营运资金持有量和如何筹集营运资金两个方面的问题。

7.4.1 营运资金持有政策

营运资金概念包括流动资产和流动负债两部分,是企业日常财务管理的重要内容。流动资产随企业业务量的变化而变化,业务量越大,其所需的流动资产越多。但它们之间并非线性关系。由于规模经济、使用效率等原因的作用,流动资产以递减的比率随业务量增长。这样就产生了如何把握流动资产投资量的问题。

营运资金持有量的高低,影响着企业的收益和风险。较高的营运资金持有量,意味着在固定资产、流动负债和业务量一定的情况下,流动资产额较高,即企业拥有较多的现金、有价证券和保险储备量较高的存货。这会使企业有较大把握按时支付到期债务,及时供应生产用材料和准时向客户提供产品,从而保证经营活动平稳地进行,风险性较小。但是,由于流动资产的收益性一般低于固定资产,所以较高的总资产拥有量和较高的流动资产比重会降低企业的收益性。而较低的营运资金持有量带来的后果正好相反。此时,因为较低的总资产拥有量和较低的流动资产比重,会使企业的收益率较高;但较少的现金、有价证券量和较低的存货保险储备量却会降低偿债能力和采购的支付能力,可能造成信用损失、材料供应中断和生产阻塞;还将由于不能准时向购买方供货而失去客户。这些都会加大企业的风险。

通过以上分析可以看出,营运资金持有量的确定,就是在收益和风险之间进行权衡。可以将持有较高的营运资金称为宽松的营运资金政策,而将持有较低的营运资金称为紧缩的营运资金政策。前者的收益、风险均较低,后者的收益、风险均较高。介于两者之间的是适中的营运资金政策。在适中的营运资金政策下,营运资金的持有量不过高也不过低,恰好使现金足够支付之需,存货足够满足生产和销售所用,除非利息高于资金成本(这种情况不大可能发生),否则一般企业不保留有价证券。也就是说,适中的营运资金政策对于投资者财富最大化来讲理论上是最佳的。然而,我们却难以量化地描述适中政策的营运资金持有量。这是因为这一营运资金水平是多种因素共同作用的结果,包括销售水平、存货和应收账款的周转速度等。所以,各家企业应当根据自身的具体情况和环境条件,按照适中的营运资金政策的原则,确定适当的营运资金持有量。

7.4.2 营运资金筹集政策

营运资金筹集政策,是营运资金政策的研究重点。研究营运资金的筹资政策,需要先对构成营运资金的两要素:流动资产和流动负债作进一步的分析,然后再考虑两者间的匹配。

一般来说,我们经常按照周转时间的长短对企业的资金进行分类,即周转时间在一年以下的为流动资产,周转时间在一年以上的为长期资产。对于流动资产,如果按照用途再作区分,则可分为临时性流动资产和永久性流动资产。临时性流动资产是指那些受季节性、周期性影响的流动资产,如季节性存货、销售和经营旺季(如零售业的销售旺季在春节期间等)的应收账款;永久性流动资产则是指那些即使企业处于经营低谷也仍然需要保留的、用于满足企业长期稳定需要的流动资产。

企业的负债则按照债务时间的长短,以一年为界限,分为短期负债和长期负债。与流动资产按照用途划分的方法相对应,流动负债也可以分为临时性负债和自发性负债。临时性负债是指为了满足临时性流动资金需要所发生的负债,如商业零售企业春节前为满足节日销售需要,超量购入货物而举借的债务。自发性负债是指直接产生于企业持续经营中的负债,如商业信用筹资和日常运营中产生的其他应付款,以及应付职工薪酬、应付利息、应付税费等。

如何对流动资产和流动负债进行配合,即形成企业的营运资金筹集政策,主要是就如何安排临时性流动资产和永久性流动资产的资金来源而言的。一般可以分为三种筹资政策。

1. 配合型筹资政策

配合型筹资政策又称平稳型(或称中庸型)筹资政策,其特点是:对于临时性流动资产,运用临时性负债筹集资金满足其资金需要;对于永久性流动资产和固定资产(统称为"永久性资产"),运用长期负债、自发性负债和权益资本筹集资金满足其资金需要。这种筹资政策要求企业临时负债筹资计划严密,实现现金流动与预期安排相一致。在季节性低谷时,企业应当除自发性负债外没有其他流动负债。只有在临时性流动资产的需求高峰期,企业才举借各种临时性债务。可见,配合型筹资政策的基本思想是将资产与负债的期间相配合,以降低企业不能偿还到期债务的风险和尽可能地降低债务的资金成本。但是,事实上由于资产使用寿命的不确定性,往往达不到资产与负债的完全配合。因此,配合型筹资政策是一种理想的、对企业有着较高资金使用要求的营运资金筹集政策。

2. 激进型筹资政策

激进型筹资政策又称积极型筹资政策,其特点是:临时性负债不但融通临时性流动资产的资金需要,还解决部分永久性资产的资金需要,即在激进型筹资政策下临时性负债在企业全部资金来源中所占比重大于配合型筹资政策。由于临时性负债(如短期银行借款)的资金成本一般低于长期负债和权益资本的资金成本,而激进型筹资政策下临时性负债所占比重较大,所以该政策下企业的资金成本较低。但另一方面,为了满足永久性资产的长期资金需要,企业必然要在临时性负债到期后重新举债或申请债务展期,这样企业便会更为经常地举债和还债,从而加大筹资困难和风险,还可能面临由于短期负债利率的变动而增加企业资金成本的风险。所以,激进型筹资政策是一种收益性和风险性均较高的营运资金筹资政策。

3. 稳健型筹资政策

稳健型筹资政策又称保守型筹资政策,其特点是:临时性负债只融通部分临时性流动资产的资金需要,另一部分临时性流动资产和永久性资产,则由长期负债、自发性负债和权益资本作为资金来源。与配合型筹资政策相比,稳健型筹资政策下临时性负债占企业全部资金来源的比例较小,即企业无法偿还到期债务的风险较低,同时蒙受短期利率变动损失的风险也较低。然而,另一方面,却会因长期负债资金成本高于临时性负债的资金成本,以及经营淡季时仍需负担长期负债利息,从而降低企业的收益。所以,稳健型筹资政策是一种风险性和收益性均较低的营运资金筹集政策。

一般来说,如果企业能够驾驭资金的使用,采用收益和风险配合得较为适中的配合型筹资政策是有利的。

本章小结

营运资金是流动资产减去流动负债之后的余额,因此,营运资金的管理包括流动资产管理和流动负债管理两个方面。

流动资金的管理主要包括现金、应收账款和存货的管理。企业持有现金的动机主要有交易性动机、预防性动机和投机性动机,确定最佳现金持有量的方法有成本分析模式、存货模式、随机模式和现金周转期模式。企业的应收账款具有促销和减少存货的功能,但也会发生机会成本、管理成本和坏账成本,在应收账款的管理过程中要合理制定信用政策,加强日常管理。企业的存货则具有防止停工待料、适应市场变化、降低进货成本和维持均衡生产的功能,存货管理主要包括经济订货量的确定、存货储存期控制和ABC分类管理。

流动负债的管理主要包括短期借款和商业信用的管理。企业的短期借款方式按照借款的目的和用途的不同分为若干种,主要有生产周转借款、临时借款、结算借款等,企业应该选择适当的方法计算各种借款方式取得的短期借款成本。应付账款是企业的一种免费信用,在有现金折扣优惠时企业则会面临机会成本。

企业的营运资金政策包括营运资金持有政策和营运资金筹集政策。企业的营运资金持有政策是在收益和风险之间进行权衡的基础上,根据营运资金持有量确定的。将持有较高的营运资金称为宽松的营运资金政策,而将持有较低的营运资金称为紧缩的营运资金政策,而介于两者之间的,是适中的营运资金政策。根据如何安排临时性流动资产和永久性流动资产的资金来源,营运资金筹资政策可分为配合型筹资政策、激进型筹资政策和稳健型筹资政策。

复习与思考题

1. 什么是营运资金?流动资产和流动负债分别有何特点?
2. 企业持有现金的动机是什么?怎样确定现金的最佳持有量?
3. 应收账款有何功能?其成本有哪些?
4. 企业的信用政策包括哪些内容?怎样进行应收账款的日常管理?
5. 存货有何功能和成本?存货控制的方法有哪些?
6. 短期借款通常包括哪几种方式?发放短期借款一般带有哪些信用条件?
7. 怎样确定短期借款和应付账款的成本?
8. 企业营运资金的持有政策和筹集政策包括哪些内容?

练习题

【题 7-1】 已知,某企业现金收支平稳,预计全年现金需要量为 400 000 元,现金与有价证券转换成本每次为 200 元,有价证券利率为 10%。

要求:

(1) 计算最佳现金持有量。

(2) 计算最低现金管理成本、转换成本、持有机会成本。

(3) 计算有价证券交易次数、有价证券交易间隔期。

【题 7-2】 已知某企业的应收账款的平均收款期为 90 天,应付账款的平均付款期为 60 天,从原材料购买到产品销售的期限平均为 70 天。

要求:

(1) 计算该企业的现金周转期。

(2) 计算该企业的现金周转率(次数)。

(3) 若该企业年现金需求总量为 342 万元,则最佳现金持有量为多少?

【题 7-3】 已知某商品流通企业购买甲产品 200 件,不含增值税单位进价为 150 元,单位售价 200 元(不含增值税),经销该批商品的固定费用为 7 500 元。若购货款来自银行贷款,年利率为 10%,该批存货的月保管费用率为 0.3%,销售税金及附加费为 600 元。

要求:

(1) 计算该批存货的保本储存天数。

(2) 若该企业欲获 5% 的投资报酬率,试计算保利储存天数。
(3) 若该批存货亏损 500 元,则实际储存了多少天?
(4) 若该批存货实际储存 67.7 天,问能否实现 6% 的投资利润率? 差额是多少?

【题 7-4】 某企业计划年度销售收入 7 200 万元,全部采用商业信用方式销售,客户在 10 天内付款折扣 2%,超过 10 天但在 20 天内付款折扣 1%,超过 20 天但在 30 天内付款,按全价付款。预计客户在 10 天内付款的比率为 50%,20 天内付款的比率为 30%,超过 20 天但在 30 天内付款的比率为 20%。同期有价证券年利率为 10%。

要求:
(1) 计算该企业收款平均间隔天数。
(2) 计算每日信用销售额。
(3) 计算应收账款余额。
(4) 计算应收账款机会成本。

【题 7-5】 已知某企业原信用标准为只对预计坏账损失率在 10% 以下的顾客赊销,其销售利润率为 20%,同时有价证券利息率为 15%。企业拟改变信用标准,现有两个改变信用标准的方案:①甲方案,只对预计坏账损失率为 6% 以下的客户赊销,将会使销售收入减少 50 000 元,平均付款期限为 60 天,管理成本将减少 300 元,减少赊销额的预计坏账损失率为 9%。②乙方案,只对预计坏账损失率为 15% 以下的客户赊销,将会使销售收入增加 80 000 元,平均付款期限为 75 天,管理成本将增加 500 元,增加赊销额的预计坏账损失率为 12.5%。

要求:
(1) 计算改变信用标准后的利润额。
(2) 计算改变信用标准后的成本额。
(3) 计算改变信用标准后的综合影响。
(4) 根据计算结果,判断该企业是否应改变信用标准? 若改变信用标准,应采用哪个方案?

【题 7-6】 请计算下列各小题:
(1) 假定信用条件为"1/10,N/30",同时,企业可以从金融机构取得年利率为 10% 的短期借款,试确定该企业应该放弃折扣还是向金融机构借款在折扣期内付款?
(2) 某企业购进某种原材料有两条渠道:甲供应商提供的信用条件为"2/10,N/30",乙供应商提供的信用条件为"1/20,N/30"。问该企业应选择哪家供应商?
(3) 某企业向银行举借贴现利率贷款 1 000 万元,年利率为 10%,借款期限为一年,试计算企业贴现贷款的实际利率。

案例 7-1 支付控制的一些方法

有时候小而快速成长的企业模仿大企业的财务措施是有意义的,有时候却不是。以限额支付账户为例,大企业大约在十几年前就开始使用它。

位于新泽西州西奥兰治市的一家财务咨询企业 Sagner/Marks 的合伙人之一,Jim Sagner 说:"概念十分简单,提供这一账户的银行每天在上午 10 点或 10:30 以前能准确地告诉企业客户他们今天需要多少资金以结算支票。由于其他银行是全天候的存款结算,他们的企业客户为防止资金不足支付支票,每天就需要保持更多的存款余额。"这听起来似乎很不错。

但这一账户更令人心动的是,大银行正积极寻求小企业做它们的客户。但据 Sagner 所说,限额支票账户对绝大多数小企业来说成本都太高。"保持一个账户通常需要 50 美元到 100 美元,此外还有额外收费,比如每张申请支付的支票要收 20~30 美分,电子通汇在资金调拨时也要收费,等等。"他说道。

Sagner 认为,对小企业而言一个更好的计划可能是"在位于同一银行中的现金账户和支票账户之间作一个更简单的流动安排,这样可使成本降低"。当然,这类账户也是要收费的,在作出决策之前最好是将两种服务方式的成本进行对比。许多小银行开始介入小企业市场,它们可能在限额支付账户上能提供更好的服务。

案例 7-2　中国企业信用缺失代价惊人

商务部提供的数据显示,我国企业每年因信用缺失而导致的直接经济损失和间接经济损失高达 6 000 亿元,其中因产品质量低劣、制假售假、合同欺诈造成的各种损失达 2 000 亿元。在诚信成本太高,而失信又几乎没什么成本的情况下,违约、造假、欺诈的故事几乎每天都在上演。巨额的信用成本,如同扼住企业喉咙的那只手,在残酷地剥夺着中国企业尤其是中小企业本就狭小的生存空间。

科法斯企业信用管理调查结果显示,有 67.4% 受访企业曾于 2010 年遭遇国内买家拖欠付款。而据有关机构的调查,2009 年,我国逾期账款平均超过 60 天的企业占 33%,较 2008 年同期增长了 50%。企业的坏账率高达 1%~2%,且呈逐年增长势头,而相比之下,成熟市场经济国家企业坏账率通常为 0.25%~0.5%。另外,我国商业诚信环境之差还体现为合同履约率低。据调查,目前我国每年签订约 40 亿份合同中,履约率只有 50%。

"中国的很多企业只有法律底线,没有行业底线和道德底线。在我们经手过的商账追收案子中,最后能成功帮企业追回账款的不到一半。"多年从事"商账追收"业务的某公司总经理李先生向记者讲述起一个他经手过的案子:

"商账追收"的委托方是一家生产麦芽糖的企业,这家企业此前和河北省邯郸市的一家县级生产啤酒的工厂合作,为其供应生产啤酒所需要的麦芽糖。"生产麦芽糖的企业在和啤酒厂合作之前,去当地考察过啤酒厂的厂房,而且在合作的最初阶段,啤酒厂每期都按时付款,第一期 20 万元,第二期 30 万元,第三期 50 万元,期期不落。所以,当啤酒厂第四次提出要其供应 400 万元的货时,这家企业立即就同意了。"

不过,这家企业等来的不是 400 万元大单所带来的滚滚利润,而是一场到现在都没醒来的噩梦。在这批 400 万元的货供应之后,这家之前"信用良好"的啤酒厂忽然没了动静,每次打电话过去催收账款,得到的回答都是"目前资金紧张,没有钱还"。再后来,索性就音信全无。不久之后,两个消息几乎同时传来:一是这家啤酒厂因资金问题倒闭了;二是这家啤酒厂的所有者的哥哥在当地注册成立了一家新的公司,做的还是啤酒生意。直到此时,这家生产麦芽糖的企业才如梦初醒——它掉进了骗子精心挖的坑里,前面的那些20万元、30万元乃至50万元都是"诱饵"。

　　李先生直言,在中国,之所以有这么多欺诈、造假、毁约的事件发生,根源就在于中国的信用体系极其不完善。企业失信的代价太低,而诚信的成本又太高。好多企业就是"滚刀肉",多次恶意欠款,但什么也不怕,该做生意照做生意,而且还会有企业继续上当。

　　而这类企业要是放在信用体系成熟的发达国家,根本就寸步难行,因为企业良好的诚信纪录一旦被破坏,该企业将难以生存,立即会被市场自动淘汰。

(资料来源:《经济参考报》,2011-05-04.)

收益分配管理

第 8 章

本章学习目标 通过本章的学习,掌握收益分配的程序和收益分配应考虑的因素;掌握各种股利分配政策的基本原理、优缺点及适用范围;熟悉股份公司的股利分配形式;了解股票分割和股票回购的意义;了解股份公司股利支付程序。

收益分配（profit distribution）　　　资本保全（capital maintenance）
股利（dividend）　　　　　　　　　　股利政策（dividend policy）
剩余股利政策（residual dividend policy）　固定股利政策（fixed dividend policy）
股票股利（stock dividend）　　　　　　现金股利（cash dividend）
股票分割（stock split）　　　　　　　　股票回购（stock buyback）
留存收益（retained earnings）　　　　　盈余公积（surplus）
固定股利支付率政策（constant dividend payout ratio policy）

信诚证券(http：//www.pru.com.hk)
证券之星(http：//www.stockstar.com)
中国窗(http：//www.hkcd.com.hk)

　　沪、深两市上市公司 2010 年年报已公布完毕,共有 1 377 家公司实施或公布了分红预案,实施分红的公司和现金分红力度都比往年大幅增加,这迎合了市场的期望,但高分红、低股息率的情况也普遍存在。今年上市公司分红的一个特点在于,推出高送配方案的上市公司比较密集,10 送 10 以上不再像以往一样"稀缺"。但是,今年投资者态度却出现了明显的变化,不仅那些长期不分红的公司不受欢迎,一批热衷于高分红的创业板、中小板公司也没有得到过多的青睐。"很明显,以往对高送转概念上市公司的追捧热情在消减。"业内人士分析,高送配方案背后的股息率都不高,即使是分红力度很大的贵州茅台,参照 3 月 23 日的股价 186.54 元每股,股息率仅 1.23%,低于目前 3% 的一年期整存整取定期存款利率。股息率是衡量上市公司是否具有高回报的重要指标,这也是投资者透过表面分红现象而分析得更深入的体现。

　　资料来源:中国新闻网. 2011.5.4.本书略作修改。

8.1 收益分配概述

企业的收益分配有广义的收益分配和狭义的收益分配两种。广义的收益分配是指对企业收入和净收益进行分配的过程,狭义的收益分配则是指对企业净收益的分配。本章所指收益分配是指对企业净收益的分配。

8.1.1 制定收益分配政策应考虑的因素

一个企业的收益分配不仅会影响企业的筹资和投资决策,而且涉及国家、企业、投资者、职工等多方面的利益关系,涉及企业长远利益与近期利益、整体利益与局部利益等关系的处理与协调。企业在制定收益分配政策时会受到各方面因素的影响,一般来说,应考虑以下几个方面。

1. 法律方面

为了保护债权人和股东的利益,国家有关法规如《公司法》对企业收益分配予以一定的硬性限制。这些限制主要体现为以下几个方面。

1) 资本保全约束

即企业不能用原始投资(或股本)发放股利或分红,只能用企业当期获得的利润或留存收益发放股利或分红。

2) 资本积累约束

即企业在分配收益时,必须按一定的比例和基数提取各种公积金,同时遵循"无利不分"原则。

3) 偿债能力约束

即当企业支付现金股利后会影响债务偿还和正常经营时,企业发放现金股利的数额就要受到限制。

4) 超额累积利润约束

由于股利收入的所得税高于交易的资本利得税,因此许多企业通过积累利润使股价上涨方式来帮助股东避税。西方许多国家在法律上明确规定公司不得超额累积利润,一旦企业留存收益超过法律认可的水平,将被加征额外税款。我国法律目前对此尚未作出规定。

2. 股东方面

股东出于对自身利益的考虑,一般会对公司的收益分配提出不同意见。

1) 限制股利支付

(1) 防止控制权旁落。企业的股利支付率高,必然导致保留盈余减少,将来发行新股的可能性加大,导致企业的控制权稀释。因此,企业的老股东往往主张限制股利的支付,以防止控制权旁落。

(2) 合理避税。一些高收入的股东出于避税考虑,往往要求限制股利的支付,以便从股价上涨中获利。

2) 要求多分股利

(1) 获取稳定收入。有些股东靠定期的股利维持生活,因此他们希望公司能经常支付稳定的股利。

（2）规避风险。由于通过增加留存收益引起股价上涨而获得的资本利得是有风险的，而现在所得股利即便较少也是确定的，因此，有些股东往往要求公司更多地支付股利。

3．企业方面

企业出于长期发展与短期经营考虑，往往需要综合考虑以下因素，并最终制定出切实可行的分配政策。

1) 举债能力

如果一个企业举债能力强，能够及时地从资金市场筹措到所需的资金，则有可能采取较为宽松的收益分配政策；反之，则宜保留较多的盈余。

2) 投资机会

当企业预期未来有较好的投资机会，且预期投资收益率大于投资者期望收益率时，企业经营者会首先考虑将实现的收益用于再投资，减少用于分配的收益金额。

3) 盈余状况

盈余相对稳定的企业由于对未来取得盈余的把握性大，因此有可能比盈余不稳定的企业支付较高的股利。而盈余不稳定的企业由于对未来盈余的把握小，则往往采取少分政策。

4) 资产流动性

支付现金红利，会减少企业的现金持有量，使资产的流动性降低。因此，如果企业的资产流动性差，即使收益可观，也不宜采取多分政策。

5) 筹资成本

一般而言，将税后利润用于再投资，有利于降低筹资的外在成本。因此，很多企业在负债资金较多、资本结构欠佳时，往往将企业的净利润作为筹资的第一选择渠道。

6) 其他因素

例如，企业可通过支付较高股利，刺激股价上扬，以使已发行的可转换债券尽快转换，达到调节资本结构的目的，或达到兼并、反收购目的，等等。

另外，企业的债务合同，特别是长期债务合同，为保护债权人的利益，往往有限制企业现金支付程度的条款。通货膨胀等也会影响企业的收益分配政策。

8.1.2 股利分配的实质

股利分配是指公司制企业向股东分派股利，是企业收益分配的一部分。股利分配涉及的方面很多，如股利支付程序中各日期的确定、股利支付比率的确定、股利支付形式的确定、支付现金股利所需资金的筹集方式的确定等。其中最主要的是确定股利的支付比率，即用多少盈余发放股利，多少盈余为公司所留用（称为内部筹资），因为这可能会对公司股票的价格产生影响。换句话说，股利分配的实质就是在股票吸引力与公司财务负担之间寻求一种合理的均衡，即探寻股利与留存收益之间的比例关系。它们的基本关系如下：

$$税后利润-留存收益=股利$$

从上式中可以看出，当税后利润一定时，问题的焦点就在于留存收益与股利之间比例的确定上。

股利是反映股利水平的绝对数。不同类型公司的每股股利的多少是不相同的，缺乏可比性。因此应运用股利支付率指标,即每股股利占每股利润的份额,它是反映股利水平的相对数。通过股利支付率指标,不同公司之间的股利水平就具有一定的可比性。

【例 8-1】 表 8-1 列出了甲、乙两个公司的股利支付情况。从表中可以看出,两个公司每股股利的绝对数相差很多,但它们的股利支付率相等,都是 40%,说明它们的股利水平实质上是相同的。

表 8-1 甲、乙两个公司的股利支付情况

项　目	甲公司	乙公司
每股股利/元	0.8	2
每股收益/元	2	5
股利支付率	0.4	0.4

8.1.3　股利理论

股利理论是研究股利分配政策对公司股价或公司价值有无影响问题的有关理论。股利理论是指导决策人员选择股利政策的基础。然而,迄今为止,有关股利政策的理论还不是很成熟,存在不同观点。

1. 股利无关论

1) 股利无关理论的基本假设

股利无关论认为股利分配对公司的市场价值(或股票价格)不会产生影响。这一理论是建立在下列四个假设基础之上的:

(1) 不存在个人或公司所得税;

(2) 不存在股票的发行和交易费用;

(3) 公司的投资决策与股利决策彼此独立;

(4) 公司的投资者和管理当局可相同地获得关于未来投资机会的信息。

上述假设描述的是一种完美无缺的市场,因而股利无关论又称为完全市场理论。

2) 股利无关论的观点

(1) 投资者并不关心公司股利分配政策。从理论上来说,公司发不发股利、发多少股利,对股东来说,结果都是一样的。因为若本年度公司不支付股利,那么全部税后利润将以留存收益的形式转为资本,股票价格因此就会提高,股东未得到的股利将包含在股票价格上涨中。如果下一年度公司还是不发放股利,而股东又急于获取现金,那么,他可以将股票出售,这时的股票出售肯定是按溢价形式进行的,其中的溢价额部分就包含有公司两年未付的股利。若公司发放较多的股利,股票价格下降,投资者可以用现金再买入一些股票以扩大投资。也就是说,投资者对股利和资本利得并无偏好。

(2) 股利的支付比率不影响公司的价值。既然投资者不关心股利的分配,公司的价值就完全由其投资的获利能力所决定,公司的盈余在股利和保留盈余之间的分配并不影响公司的价值(即使公司有理想的投资机会而又支付了高额股利,也可以募集新股,新投资者会认可公司的投资机会)。

【例 8-2】 A 公司的资产负债表(市场价值)如表 8-2 所示。

表 8-2　A 公司的资产负债表　　　　　　　　　　　　　　　　　　万元

资产		负债与所有者权益	
用于投资的现金	1 000	公司债	0
固定资产	9 000	股东权益	10 000
投资项目净现值	NPV		
资产总计	10 000+NPV	负债与所有者权益总计	10 000+NPV

该公司现有现金 1 000 万元,供投资于某项目,其净现值为 NPV。则该投资的价值为 1 000+NPV。假如这 1 000 万元是该年税后净利润,又设 NPV 为 2 000 万元,老股东股数为 1 000 万股。如果公司当局将 1 000 万元利润全部用于投资而不发放股利,则公司价值为 10 000+NPV=12 000(万元),股票价格=12 000 万元/1 000 万股=12 元/股。

如果公司决定发放 1 000 万元股利,公司就需要发行价值 1 000 万元的新股票,以筹集发放股利的现金。由于公司的投资决策和财务杠杆均无变化,故发行新股不会影响公司的价值,仍为 1 000+NPV。这时:

老股东的股票价值=公司价值-新发行的股票价值
=(10 000+2 000)-1 000=11 000(万元)

发行新股后股票价格=11 000 万元/1 000 万股=11(元/股)

老股东得到 1 000 万元的股利,同时也失去了 1 000 万元的权益。股东每股获得 1 元的股利,股票价格也相应下降 1 元。

2. 股利相关论

股利相关论认为公司的股利分配对公司市场价值有影响。在现实生活中,不存在无关论提出的假定前提,公司的股利分配是在种种制约因素下进行的。股利支付的多少对投资者非常重要。股利相关论的主要观点有以下几个方面。

1)"在手之鸟"理论

"在手之鸟"一词源自于谚语"百鸟在林不如一鸟在手"。而"在手之鸟"理论的核心就是:已经得到的现实价值比未得到的有风险的预期价值要高。

"在手之鸟"理论的基础是对投资者心理状态的分析。其主要论点就是:由于投资者对风险有天生的反感,而且认为风险将随时间延长而增大,所以宁愿目前收到较少的股利,也不愿意等到将来再收回不肯定的较大的股利或较高的股票出售价格。这样,只有较高的股利支付率,才能有效地吸引股东购买公司发行的股票,因而公司要定期地向股东支付较高水平的股利。

2)信号传递理论

该理论认为,在信息不对称的情况下,公司可以通过股利政策向市场传递有关公司未来盈利能力的信息。一般来说,预期未来盈利能力强的公司往往愿意通过相对较高的股利支付率,把自己同预期盈利能力差的公司区别开来,以吸引更多的投资者。对市场上的投资者来说,股利政策的差异或许是反映公司预期盈利能力差异的极有价值的信号。如果公司连续保持较为稳定的股利支付率,那么投资者就可能对公司未来的盈利能力与现金流量抱有较为乐观的预期。

3)交易成本理论

该理论认为,市场上有相当一部分投资者出于消费等原因,希望从投资中定期获得稳定的现金流量。对于这类投资者来说,选择稳定派现的股票也许是达到上述目的最廉价的方式。这是因为:倘若投资者以出售所持股票的方式来套现,就可能因时机选择不当而蒙受损失。况且,选择在何时以何种价位出售股票还需要投入许多时间和精力,这些交易成本的存在使得投资者更加偏好现金股利。

4) 制度约束理论

该理论认为,公司之所以选择支付现金股利,是由于"谨慎人"所起的作用。所谓"谨慎人",是指信托基金、保险基金、养老基金等机构投资者,出于降低风险的考虑,法律通常要求这些机构投资者只能持有支付现金股利的股票,并获得股利收入。如果公司不派现,则这种股票就会被排除在机构投资者的投资对象之外。

5) 代理理论

该理论认为,股利政策有助于减缓管理者与股东之间,以及股东与债权人之间的代理冲突。也就是说,股利政策相当于是协调股东与管理者之间代理关系的一种约束机制。股利政策对管理者的这种约束体现在两个方面:一方面,从投资角度看,当企业存在大量自由现金时,管理者通过股利发放不仅减少了因过度投资而浪费资源,而且有助于减少管理者潜在的代理成本,从而增加企业价值(这样可解释股利增加宣告与股价变动正相关的现象);另一方面,从融资角度看,企业发放股利减少了内部融资,导致进入资本市场寻求外部融资,从而可以经常接受资本市场的有效监督,这样可通过加强资本市场的监督而减少代理成本(这一分析有助于解释公司保持稳定股利政策的现象)。因此,高水平股利支付政策将有助于降低企业的代理成本,但同时也增加了企业的外部融资成本。因此最优的股利政策应使两种成本之和最小化。

6) 税收效应理论

由于对股利和资本收益征收不同税率,因此股利支付水平高的股票要比支付水平低的股票有更高的税前收益。在存在差别税赋的前提下,公司选择不同的股利支付方式,不仅会对公司的市场价值产生不同的影响,而且也会使公司(及个人)的税收负担出现差异。此外,继续持有股票可延缓资本收益的获得而推迟资本收益的纳税时间。考虑到纳税的影响,投资者对具有较高收益的股票要求的税前收益要高于低股利收益的股票。即股利政策不仅与股价相关,而且由于税赋的影响,企业应采用低股利政策。

8.2 股利政策

8.2.1 常见的股利政策

股利政策是指在法律允许的范围内,可供企业管理当局选择的,有关净收益分配事项的方针及对策。由于股利政策受多种因素的影响,因此不同的公司在不同的时期结合自身的具体情况所制定的股利政策是各不相同的。实践中,常见的股利政策主要有以下几种。

1. 剩余股利政策

1) 股利分配方案的确定

剩余股利政策,是指公司生产经营所获得的税后利润首先应较多地考虑满足公司有利可图的投资项目的需要,即增加资本或公积金,只有当增加的资本额达到预定的目标资本结构(最佳资本结构)后,如果有剩余,再派发股利;如果没有剩余,则不派发股利。剩余股利政策的依据是股利无关理论。

采用剩余股利政策时,其操作流程如下:

(1) 根据投资机会确定目标资本结构;
(2) 利用最优资本结构比例,预计确定企业投资项目的权益资金需要额;
(3) 尽可能地使用留存收益来满足投资所需的权益资本数额;
(4) 留存收益在满足投资需要后尚有剩余时,再向股东派发现金股利。

【例 8-3】 某公司 2015 年度净利润为 11 000 万元,2016 年度投资计划所需资金 15 000 万元,公司的目标资本结构为自有资金占 60%,借入资金 40%。公司采用剩余股利政策,则公司 2016 年度股利分配情况如下:

公司投资方案所需的自有资金数额 = 15 000 × 60% = 9 000(万元)

公司 2016 年度可向投资者分红的数额 = 11 000 − 9 000 = 2 000(万元)

2) 剩余股利政策的优缺点

采用剩余股利政策,意味着公司只将剩余的盈余用于发放股利。这样做的结果能够保持理想的资本结构,使加权平均资本成本最低,实现企业价值的长期最大化。如上例,如果公司不按剩余股利政策发放股利,将可向股东分配的 1 100 万元全部留用于投资(这样当年将不发放股利),或全部作为股利发放给股东,然后再去筹借债务,这两种做法都会破坏目标资本结构,导致加权平均资本成本的提高,不利于提高公司的价值。

剩余股利政策的不足之处是:完全遵照执行剩余股利政策,将使股利发放额每年随投资机会和盈利水平的波动而波动,不利于投资者安排收入与支出,也不利于公司树立良好的形象。

一般来说,剩余股利政策适用于公司初创阶段。

2. 固定股利政策

1) 股利分配方案的确定

固定股利政策是公司将每年派发的股利额固定在某一特定水平上,然后在一段时间内不论公司的盈利情况和财务状况如何,派发的股利额均保持不变。只有当企业对未来利润增长确有把握,并且这种增长被认为是不会发生逆转时,才增加每股股利额。采用该政策的依据是股利相关理论。

2) 固定股利政策的优缺点

采用固定股利政策的主要目的是避免出现由于经营不善而削减股利的情况。采用这种股利政策的优点是:

(1) 稳定的股利向市场传递着公司正常发展的信息,有利于树立公司良好形象,增强投资者对公司的信心,稳定股票的价格。

(2) 稳定的股利额有利于投资者安排股利收入和支出,特别是那些对股利有着很高依赖性的股东更是如此。而股利忽高忽低的股票,则不会受这些股东的欢迎,股票价格会因此而下降。

该股利政策的主要缺陷表现为:

(1) 公司股利支付与公司盈利相脱节,造成投资的风险与投资的收益不对称。

(2) 由于公司盈利较低时仍要支付较高的股利,容易引起公司资金短缺,导致财务状况恶化,甚至侵蚀公司留存收益和公司资本。

一般来说,固定股利政策适用于经营比较稳定或正处于成长期、信誉一般的公司,但该政策很难被长期采用。

3. 固定股利支付率政策

1）股利分配方案的确定

固定股利支付率政策,是指公司确定一个股利占盈余的比率,长期按此比率支付股利的政策。在这一股利政策下,各年股利额随公司经营的好坏而上下波动,获得较多盈余的年份股利额高,获得盈余少的年份股利额低。固定股利支付率政策的理论依据是股利相关理论。

2）固定股利支付率政策的优缺点

采用固定股利支付率政策的优点是：

（1）能使股利分配与企业盈余紧密地结合,以体现多盈多分、少盈少分、不盈不分的原则,真正公平地对待了每一位股东。

（2）由于公司的盈利能力在年度间是经常变动的,因此每年的股利随着公司收益的变动而变动,保持股利与利润间的一定比例关系,体现了投资风险与收益的对等关系。

固定股利支付率政策的缺点是：

（1）由于各年股利波动较大,容易使外界产生公司经营不稳定的感觉,公司财务压力较大,不利于股票价格的稳定与上涨。

（2）公司每年按固定比例从净利润中支付股利,缺乏财务弹性。

（3）确定合理的固定股利支付率难度很大。

一般来说,固定股利支付率政策只能适用于稳定发展的公司和公司财务状况较稳定的阶段。

4. 低正常股利加额外股利政策

1）股利分配方案的确定

低正常股利加额外股利政策,是指公司一般情况下每年只支付固定的、数额较低的股利；在盈余多的年份,再根据实际情况向股东发放额外股利。但额外股利并不固定化,不意味着公司永久地提高规定的股利率。低正常股利加额外股利政策的依据是股利相关理论。

2）低正常股利加额外股利政策的优缺点

低正常股利加额外股利政策的优点是：

（1）这种股利政策具有较大的灵活性。当公司盈余较少或投资需用较多资金时,可维持设定的较低但正常的股利,股东不会有股利跌落感；而当盈余有较大幅度增加时,则可适度增发股利,把经济繁荣的部分利益分配给股东,使他们增强对公司的信心,这有利于稳定股票的价格。

（2）这种股利政策既可以在一定程度上维持股利的稳定性,又有利于企业的资本结构达到目标资本结构,使灵活性与稳定性较好地相结合,因而为许多企业所采用。

（3）这种股利政策可使那些依靠股利度日的股东每年至少可以得到虽然较低,但比较稳定的股利收入,从而吸引住这部分股东。

低正常股利加额外股利政策的缺点是：

(1) 股利派发仍然缺乏稳定性，额外股利随盈利的变化而变化，时有时无，给人漂浮不定的印象。

(2) 如果公司较长时期一直发放额外股利，股东就会误认为这是正常股利，一旦取消，极易造成公司"财务状况"逆转的负面影响，股价下跌在所难免。

8.2.2 股利政策的选择

企业在进行收益分配时，应充分考虑上述各种股利政策的利弊和企业的实际情况，选择适宜的股利分配政策。通常，企业在选择股利政策时应考虑的因素有：企业所处的成长与发展阶段；企业支付能力的稳定情况；企业获利能力的稳定情况；目前的投资机会；投资者的态度；企业的信誉状况。

企业在不同成长与发展阶段所采用的股利分配政策一般可用表 8-3 来描述。

表 8-3 公司股利分配政策的选择

公司发展阶段	特　　点	适用的股利政策
公司初创阶段	公司经营风险高，有投资需求且融资能力差	剩余股利政策
公司快速发展阶段	产品销售急剧上升，投资需求大	低正常股利加额外股利政策
公司稳定增长阶段	产品销售收入稳定增长，公司的市场竞争力增强，行业地位已经巩固，公司扩张的投资需求减少，净现金流入量稳步增长，每股净收益呈上升态势	固定股利政策
公司成熟阶段	盈利水平稳定，公司通常已积累了相当的盈余和资金	固定支付率股利政策
公司衰退阶段	产品销售收入锐减，公司获利能力和现金获得能力下降	剩余股利政策

8.2.3 目标股利支付比率的确定

确定目标股利支付比率是为公司制定和选择股利政策提供进一步的参照依据。

在确定目标股利支付率时，除了需要考虑上文所提到的影响利润分配的相关因素外，应能够大致规定公司可以支付股利的法定界限和其他界限，提出一个合理的股利支付比率的范围，即确定一个符合本公司状况的目标股利支付比率。

一般来说，若公司考虑到其股利政策的稳定性时，涉及的时间应至少为 5 年左右。下面通过案例介绍目标股利支付比率的决策过程。

【例 8-4】 开开公司的财务小组编制了一个由董事会暂订的 5 年计划，表 8-4 列示了一些财务变量在 5 年计划中的预测值。

(1) 确定未来剩余资金。

在开开公司 5 年的投资计划中，2016 年投资额为 45 万元，2017 年为 54 万元，2018 年为 74 万元，2019 年为 72 万元，2020 年为 90 万元。因而公司未来 5 年中需投资于净现值为正数的项目总支出为 335 万元，而 5 年中可供再投资或分配的资金总额为 450 万元，所以开开公司的预期剩余资金总额为 115 万元。

表 8-4　开开公司 5 年计划

项　目	期初数额	预计数额 2016 年	2017 年	2018 年	2019 年	2020 年	总计
普通股每股盈余/(元/股)	4.8	5	6	7.2	8.5	10	
普通股股数/万股		10	10	10	10	10	
可以向股东分配的盈余/万元		50	60	72	85	100	367
折旧及其他非现金支出/万元		12	14	16	19	22	83
可供再投资或分配的资金/万元		62	74	88	104	122	450
资本投资需求/万元		45	54	74	72	90	335
剩余资金/万元		17	20	14	32	32	115
假定股利不变:每股股利/(元/股)	1.44	1.44	1.44	1.44	1.44	1.44	
股利支付比率/%	30	29	24	20	17	14	
股利支出/万元		14.4	14.4	14.4	14.4	14.4	72
现金余(缺)/万元		2.6	5.6	(0.4)	17.6	17.6	43

(2) 确定目标股利支付比率。

公司 5 年的预期盈利为 367 万元,而剩余资金为 115 万元,这表明公司预期盈利中大约有 1/3 可以作为股利向普通股股东进行分配。详细分析开开公司的股东构成、公司状况之后,开开公司认为应该执行比较稳定的中等程度的股利支付率政策。

此外,开开公司分析了同行业 10 个竞争者的股利政策,这些公司的股利支付率为 15%~50%,平均为 35%。进行对比及综合考虑后开开公司认为,其股利支付比率应略低于行业平均水平,因为自 2018 年起公司就有大量的资本预算支出,但又不得明显低于公司过去的股利支付(公司过去 5 年中平均的股利支付率为 30%),因此股利支付比率为 25%~35% 比较合适。

8.3　收益分配的程序和方案

8.3.1　公司制企业的收益分配程序

支付股利是一项税后利润的分配,但不是收益分配的全部。根据我国《公司法》的规定,公司进行收益分配涉及的项目包括盈余公积和股利两部分。公司收益分配应按照一定的顺序进行。

1. 弥补企业以前年度亏损

公司的法定公积金不足以弥补以前年度亏损的,在提取法定公积金之前,应当先用当年利润弥补亏损。

2. 提取法定盈余公积金

根据《中华人民共和国公司法》的规定,法定盈余公积的提取比例为当年税后利润(弥补亏损后)的 10%。法定盈余公积金已达注册资本的 50% 时可不再提取。法定盈余公积可用于弥补亏损、扩大公司生产经营或转增资本,但企业用盈余公积金转增资本后,法定盈余公积金的余额不得低于转增前公司注册资本的 25%。

3. 提取任意盈余公积金

根据《中华人民共和国公司法》的规定,公司从税后利润中提取法定公积金后,经股东会或者股东大会决议,还可以从税后利润中提取任意盈余公积金。

4. 向股东(投资者)分配股利(利润)

根据《中华人民共和国公司法》的规定,公司弥补亏损和提取公积金后所余税后利润,可以向股东(投资者)分配股利(利润),其中有限责任公司股东按照实缴的出资比例分取红利,全体股东约定不按照出资比例分取红利的除外;股份有限公司按照股东持有的股份比例分配,但股份有限公司章程规定不按持股比例分配的除外。

【例 8-5】 某股份有限公司 2015 年有关资料如下:

2015 年度实现利润总额 5 000 万元,所得税税率 25%;公司前两年累计亏损 1 200 万元;法定盈余公积提取比例为 10%,任意盈余公积金的提取比率为 10%;支付 2 000 万股普通股股利,每股 0.8 元。

根据上述资料,该公司利润分配的程序如下:

(1) 弥补亏损、计缴所得税后的净利润 = (5 000 − 1 200) × (1 − 25%) = 2 850(万元)
(2) 提取法定盈余公积金 = 2 850 × 10% = 285(万元)
(3) 提取任意盈余公积金 = 2 850 × 10% = 285(万元)
(4) 可用于支付股利的利润 = 2 850 − 285 − 285 = 2 280(万元)
(5) 实际支付普通股股利 = 2 000 × 0.8 = 1 600(万元)
(6) 年末未分配利润 = 2 280 − 1 600 = 680(万元)

8.3.2 股利支付形式

股利支付的基本形式有多种,常见的有以下几种。

1. 现金股利形式

现金股利是以现金支付的股利,它是股利支付的主要方式。公司支付现金股利除了要有足够留存收益(特殊情况下可用弥补亏损后的盈余公积金支付)外,还要有足够的现金,而现金充足与否往往会成为公司发放现金股利的主要制约因素。

中国证券监督管理委员于 2008 年 10 月 9 日颁布实施的《关于修改上市公司现金分红若干规定的决定》强调了股利分配中现金分红的重要性,要求上市公司应当在章程中明确现金分红政策,利润分配政策应当保持连续性和稳定性。此外,作为上市公司申请公开增发或配股的重要前提条件,还强调公司最近三年以现金方式累计分配的利润不少于最近三年实现的年均可分配利润的 30%。

2. 财产股利形式

财产股利是以现金以外的资产支付的股利,主要是以公司所拥有的其他企业的有价证券,如债券、股票,作为股利支付给股东。

3. 负债股利

负债股利是以负债方式支付的股利,通常以公司的应付票据支付给股东,在不得已的情况下也有发行公司债券抵付股利的。

财产股利和负债股利实际上都是现金股利的替代方式。这两种股利方式目前在我国公司实务中很少使用。

4. 股票股利

股票股利是公司以增发的股票作为股利的支付方式。当公司注册资本尚未足额投入时，公司可以以股东认购的股票作为股利支付；也可以是发行新股支付股利。实际操作过程中，有的公司增资发行新股时，预先扣除当年应分配股利，减价配售给老股东；也有的发行新股时进行无偿增资配股，即股东不需缴纳任何现金和实物，即可取得公司发行的股票。发放股票股利又称为送股或送红股，详细内容将在本章 8.4 节讨论。

8.3.3 股利发放日期

公司发行股票之后，股票就可以在二级市场上不断地流通，因而其持有者也在不断地发生着变化。原股东转让了股票之后就不再是公司的股东，股票购买者成为了新股东。那么究竟是新股东还是老股东拥有获取本期股利的权利呢？为了解决这一问题，公司对股利发放必须有一套严格的程序安排，以确保股利的正常发放，确保股利能到达应该领取股利的股东手里。

公司向股东支付股利，要经历一定的流程，这一流程是用一些特定的日期来表示的。制定股利政策时必须明确这些日期界限。

1. 股利宣告日

股份公司分配股利的法定程序是，先由董事会提出分配预案，然后提交股东大会审议，股东大会决议通过分配预案之后，向股东宣布发放股利的方案。公司董事会将股利支付情况予以公告的日期，叫做股利宣告日。公告中宣布每股股利、股权登记日、除息日和股利支付日等事项。我国的股份公司通常一年派发一次股利，也有在年中派发中期股利的。

2. 股权登记日

从公司宣布发放股利到实际支付股东股利还有一定的时间间隔。在这段时间内，由于公司的股票可以在股市上自由交易，因此公司股东经常变换，不确定性强。为明确股利的归属，公司在宣告发放股利时，往往规定股权登记日，即有权领取本次股利的股东资格登记截止日期。只有在股权登记日前在公司股东名册上有名的股东，才有权分享股利。证券交易所的中央清算登记系统为股权登记提供了很大的方便，一般在营业结束的当天即可打印出股东名册。

3. 除息日

即除去股息（股利）的日期，也称除权日。当公司对股东发放股利时，就要对股价进行除息处理，并规定一个除息日。除息日之前购入股票的股东享有领取本期股利的权利，而在除息日当天或以后购买股票的股东将无权领取本期的股利。换句话说，除息日就是领取股利的权利与股票相互分离的日期。在除息日前，股利权从属于股票，除息日后，股利权与股票相分离。

公司之所以规定除息日，是由于股票从委托成交到交割过户需要一段时间，为了使公司有一定时间办理过户手续和改写股东名册，也为了使投资者有充裕的时间过户，需要在股权登记日之前进行除息处理。通常除息日对公司的股价有明显影响。当股市上其他条件不变时,除息日之后的股价将会下降,因为这时股价中不再包含应得的股利收入。

4. 股利支付日

即公司按照公布的分红方案向股权登记日在册的股东正式支付股利的日期。

【例 8-6】 假定相城公司 2015 年 3 月 18 日发布公告:"本公司董事会在 2015 年 3 月 18 日的会议上决定,2014 年度发放每股为 3 元的股利;本公司将于 2015 年 5 月 12 日将上述股利支付给已在 2015 年 5 月 5 日登记为本公司股东的人士。"

上例中,2015 年 3 月 18 日为相城公司的股利宣告日;2015 年 5 月 5 日为其股权登记日;2015 年 5 月 12 日则为其股利支付日。

8.4 股票股利与股票分割和回购

8.4.1 股票股利

1. 股票股利的意义

股票股利是指公司以增加发行一定数量的股票作为股利的支付方式。发放股票股利不会直接增加股东的财富,不会导致公司资产的流出或负债的增加,因而不是公司资金的使用,同时也并不因此而增加公司的财产,但会引起所有者权益各项目的结构发生变化。

【例 8-7】 开开公司在发放股票股利前,股东权益情况见表 8-5。

表 8-5 发放股票股利前股东权益　　　　　　　　　　　　元

普通股(面额 2 元,已发行 200 000 股)	400 000
资本公积	500 000
未分配利润	2 000 000
股东权益合计	2 900 000

假定该公司宣布发放 10% 的股票股利,即发放 20 000 股普通股股票,并规定现有股东每持 10 股可得 1 股新发放股票。若该股票当时市价 15 元,随着股票股利的发放,需从"未分配利润"项目划转出的资金为

$$15 \times 200\,000 \times 10\% = 300\,000(元)$$

由于股票面额(2 元)不变,新发放 20 000 股,普通股只应增加"普通股"项目 40 000 元,其余的 260 000 元(300 000 − 40 000)应作为股票溢价转至"资本公积"项目,而公司股东权益总额保持不变。发放股票股利后,公司股东权益各项目见表 8-6。

表 8-6 发放股票股利后股东权益　　　　　　　　　　　　元

普通股(面额 2 元,已发行 220 000 股)	440 000
资本公积	760 000
未分配利润	1 700 000
股东权益合计	2 900 000

可见,发放股票股利,不会对公司股东权益总额产生影响,但会发生资金在各股东权益项目间的再分配。需要指出的是,上例中以市价计算股票股利价格的做法,是很多西方国家所通行的。除此之外,也有的按股票面值计算股票股利价格,如我国目前即采用这种

做法。

发放股票股利后,如果盈利总额不变,会由于普通股股数增加而引起每股收益和每股市价的下降;但又由于股东所持股份的比例不变,每位股东所持股票的市场价值总额仍保持不变。

【例 8-8】 假定开开公司本年盈余为 960 000 元,某股东持有 30 000 股普通股,发放股票股利对该股东的影响见表 8-7。

表 8-7 股票股利对股东的影响

项 目	发放前	发放后
每股收益(EPS)/元	960 000/200 000=4.8	960 000/220 000=4.363 6
每股市价/(元/股)	15	15/(1+10%)=13.636 4
持股比例	30 000/200 000=15%	33 000/220 000=15%
所持股总价值/元	15×30 000=450 000	13.636×33 000=450 000

发放股票股利对每股收益和每股市价的影响,可以通过对每股收益、每股市价的调整直接算出:

$$发放股票股利后的每股收益=\frac{发放股票股利前的每股收益}{1+股票股利发放率}$$

$$发放股票股利后的每股市价=\frac{股利分配权转移日的每股市价}{1+股票股利发放率}$$

依上例资料:

$$发放股票股利后的每股收益=\frac{4.8}{1+10\%}=4.363\ 6(元)$$

$$发放股票股利后的每股市价=\frac{15}{1+10\%}=13.636\ 4(元)$$

尽管股票股利不直接增加股东的财富,也不增加公司的价值,但对股东和公司都有特殊意义。

2. 股票股利对股东的意义

(1) 事实上,有时公司发放股票股利后其股价并不成比例下降;一般在发放少量股票股利(如 2%～3%)后,大体不会引起股价的立即变化。这可使股东得到股票价值相对上升的好处。

(2) 发放股票股利通常由成长中的公司所为,因此投资者往往认为发放股票股利预示着公司将会有较大发展,利润将大幅度增长,足以抵消增发股票带来的消极影响。这种心理会稳定住股价甚至反而略有上升。

(3) 在股东需要现金时,还可以将分得的股票股利出售,有些国家税法规定出售股票所需缴纳的资本利得(价值增值部分)税率比收到现金股利所需交纳的所得税税率低,这使得股东可以从中获得纳税上的好处。

3. 股票股利对公司的意义

(1) 发放股票股利可使股东分享公司的盈余而无须分配现金,这使公司留存了大量现金,便于进行再投资,有利于公司长期发展。

(2) 在盈余和现金股利不变的情况下,发放股票股利可以降低每股股价值,从而吸引更多的投资者。

（3）发放股票股利往往会向社会传递公司将会继续发展的信息，从而提高投资者对公司的信心，在一定程度上稳定股票价格。

（4）发放股票股利的费用比发放现金股利的费用大，会增加公司的负担。

4．发放股票股利的消极作用

发放股票股利也会产生消极作用，这主要反映在两个方面：一是发放股票股利产生的费用比现金股利高；二是有些公司在经营状况不佳时，发放股票股利会给股东传递资金周转不灵的信息，不利于稳定公司的股票市值。因此，结合股票股利的特点，公司在发放股票股利时要配合现金股利，否则，连续多次发放股票股利的行为有可能导致公司的股票市值超跌。

8.4.2 股票分割

1．股票分割的概念

股票分割又称拆股，即将一股股票拆分成多股股票的行为。股票分割不属于某种股利方式，但其所产生的效果与发放股票股利近似，所以一般要根据证券管理部门的具体规定对二者加以区分。按国际惯例，发放 25% 以下股票股利界定为股票股利，而发放 25% 以上股票股利则界定为股票分割。

股票分割对公司的资本结构和股东权益不会产生任何影响，一般只会使发行在外的股票总数增加，每股面值降低，并由此引起每股收益和每股市价下跌，而资产负债表中股东权益各项目的余额都保持不变，股东权益的总额也维持不变。因此，股票分割与发放股票股利时的情况有相同之处，但又有不同之处。

【例 8-9】 假定开开公司原发行面额 2 元的普通股 200 000 股，若按 1 股换成 2 股的比例进行股票分割，分割前、后的股东权益项目见表 8-8。

表 8-8　股票分割前、后的股东权益　　　　　　　　　　　　　元

项　　目	分　割　前	分　割　后
普通股	400 000（面额 2 元，已发行 200 000 股）	400 000（面额 1 元，发行 400 000 股）
资本公积	500 000	500 000
未分配利润	2 000 000	2 000 000
股东权益合计	2 900 000	2 900 000

股票分割前、后的每股盈余计算如下：

假定公司本年净利润 960 000 元，那么股票分割前的每股收益为 4.8 元(960 000/200 000)。假定股票分割后公司净利润不变，分割后的每股收益为 2.4 元(960 000/400 000)，每股市价也会因此而下降。

2．股票分割对公司的意义

实行股票分割，虽然不能增加公司的价值，但采用股票分割对公司有着重要的作用。

1）股票分割可使股票市价降低

许多投资者和公司财务主管认为股票价格存在一个最优的范围，在此价格范围内，公司股票价值可以达到最大。当股票价格过高时，超过这个范围，投资者无力购买股票，从而影

响股票交易的活跃和流动性,这时投资者的需求也受到抑制。因此,在这种情况出现时,公司常常采取股票分割的手段控制股价,从而吸引更多的投资者。

2) 股票分割一般被视为利好消息

股票分割往往是成长中公司的行为,所以宣布股票分割后容易给人一种"公司正处于发展之中"的印象,这种有利信息会对公司有所帮助。

3) 股票分割能有助于公司并购政策的实施,增加对被并购方的吸引力

例如,假设有甲、乙两个公司,甲公司股票每股市价为 50 元,乙公司股票每股市价为 5 元,甲公司准备通过股票交换方式对乙公司实施并购,如果甲公司以 1 股股票换取乙公司 10 股股票,可能会使乙公司的股东在心理上难以承受。如果甲公司先进行股票分割,将原来 1 股分拆为 5 股,然后再以 1:2 的比例换取乙公司股票,则乙公司的股东在心理上可能会容易接受些。通过股票分割的办法改变被并购企业股东的心理差异,更有利于企业并购方案的实施。

3. 股票分割对股东的意义

实行股票分割,虽然不能增加股东财富,因为股票分割后各股东持有的股数增加,但持股比例不变,持有股票的总价值不变,但是,只要股票分割后每股现金股利的下降幅度小于股票分割幅度,股东仍能多获现金股利。

例如,假定某公司股票分割前每股现金股利 3 元,某股东持有 6 000 股,可分得现金股利 18 000 元(3×6 000)。公司按 1 换 2 的比例进行股票分割后(分割比例 50%),该股东股数增为 12 000 股(6 000×2),若现金股利降为每股 1.6 元(下降幅度约 47%),该股东可得现金股利 19 200 元(1.6×12 000),仍大于其股票分割前所得的现金股利。

另外,股票分割向社会传播的有利信息和降低了的股价,可能导致购买该股票的人增加,反使其价格上升,进而增加股东财富。

尽管股票分割与发放股票股利都能达到降低公司股价的目的,但一般来讲,只有在公司股价剧涨且预期难以下降时,才采用股票分割的办法降低股价;而在公司股价上涨幅度不大时,往往通过发放股票股利将股价维持在理想的范围之内。

相反,若公司认为自己股票的价格过低,为了提高股价,会采取反分割(也称股票合并)的措施。反分割是股票分割的相反行为,即将数股面额较低的股票合并为一股面额较高的股票。例如,若上例中原面额 2 元、发行 200 000 股、市价 15 元的股票,按 2 股换成 1 股的比例进行反分割,该公司的股票面额将成为 4 元,股数将成为 100 000 股,市价也将上升。

8.4.3 股票回购

1. 股票回购的含义

股票回购是指公司出资购回自身发行在外的股票。股票回购使流通在外的股份减少,每股股利增加,从而使股价上升,股东能因此获得资本利得,这相当于公司支付给股东的现金股利。所以,可以将股票回购看作是一种现金股利的替代方式。股票回购与现金股利对股东具有同等效用。

【例 8-10】 某上市公司普通股的每股收益等相关资料见表 8-9。

表 8-9　某上市公司普通股资料表

税后利润	6 000 000 元
流通股数	2 000 000 股
每股收益(6 000 000/2 000 000)	3 元
每股市价	45 元
市盈率(45/3)	15

假定公司准备从盈利中拨出 2 000 000 元发放现金股利,每股可得股利为 1 元(2 000 000÷2 000 000),那么每股市价将为 46 元(原市价 45 元＋预期股利 1 元)。若公司改为用 2 000 000 元以每股 46 元的价格回购股票,可购得 43478 股(2 000 000÷46),那么每股收益将为:EPS＝6 000 000/(2 000 000－43478)＝3.067(元)。如果市盈率仍为 15,股票回购后的每股市价将为 46 元(3.067×15)。这与支付现金股利之后的每股市价相同。可见,公司不论采用支付现金股利的方式还是股票回购的方式,分配给股东的每股现金都是 1 元。

2．股票回购的情形

我国《公司法》规定,公司只有在以下四种情形下才能回购本公司的股份:

(1) 减少公司注册资本;

(2) 与持有本公司股份的其他公司合并;

(3) 将股份奖励给本公司职工;

(4) 股东因对股东大会作出的合并、分立决议持异议,要求公司收购其股份。

公司因第 1 种情况收购本公司股份的,应当在收购之日起 10 日内注销;属于第(1)、(4)种情况的,应当在 6 个月内转让或者注销。公司因奖励职工回购股份的,不得超过本司已发行股份总额的 5%;用于回购的资金应当从公司的税后利润中支出;所收购的股份应当在一年内转让给职工。可见,我国法规并不允许公司拥有西方实务中常见的库藏股。

3．股票回购的作用

1) 提高财务杠杆比例,改善企业资本结构

公司若认为权益资本在资本结构中所占比重过大,可通过举借外债回购股票。

2) 满足企业兼并与收购的需要

利用库存股票交换被兼并企业的股票,减少或消除因企业兼并而带来的每股收益的稀释效应。

3) 分配企业超额现金

股票回购可减少发行在外的普通股股数,有利于每股盈余增加、股价上升。

4) 满足认股权的行使

在公司发行可转换债券、认股权证或实行高层经理人员股票期权计划以及员工持股计划的情况下,采用股票回购的方式既不会稀释每股收益,又能满足认股权的行使。

5) 在股票价值被低估时可提高其市场价值

在公司的股票价值被市场低估时,采取股票回购方案可提高其市场价值。

6) 可减少股东税金支出

对股东来说股票回购后只需缴纳资本利得税,而发放现金股利后则需缴纳个人所得税。

个人所得税负要远远高于资本利得税。

例如某股东个人所得税税率为30%,如果他拥有50 000股每股股利1元的股票,则他必须缴纳15 000元的税收。而对于同是50 000元的资本利得,他只需要按20%的资本利得税税率缴纳10 000元。另外,只有出售股票的利得才需要征税。如果股票的购买成本为46 000元,卖出价为50 000元,则出售利得仅为4 000元。资本利得税税率为20%,则资本利得税为800元(4 000×20%)。

股票回购的其他作用是可以借此清除小股东,以及巩固内部人控制地位等。

4. 股票回购的负效应

1) 资产流动性变差

股票回购需要大量资金支付回购的成本,易造成资金紧缺,资产流动性变差,影响公司发展后劲。上市公司进行股票回购首先必须要以拥有资金实力为前提,如果公司负债率较高,再举债进行回购,将使公司资产流动性劣化,巨大的偿债压力,则将进一步影响公司正常的生产经营和发展后劲。

2) 影响公司长远发展

回购股票可能使公司的发起人股东更注重创业利润的兑现,而忽视公司长远的发展,损害公司的根本利益。

3) 容易导致内部操纵股价

股票回购容易导致内部操纵股价。股份公司拥有本公司最准确、最及时的信息,上市公司回购本公司股票,易利用内幕消息进行炒作,使大批普通投资者蒙受损失,甚至有可能出现借回购之名,行炒作本公司股票的违规之实。

本章小结

收益分配是企业按照有关法规的规定,遵循一定的原则和程序对其收益进行分配的过程,它是一项重要的理财活动。《中华人民共和国公司法》和《企业财务通则》等相关法律、法规对企业的收益分配的程序作了明确的规定。从一定意义上来讲,这些规定的直接目的都是对企业向投资者发放利润的限制。

股利政策是公司的核心财务问题之一,它一方面关系到公司的未来发展,另一方面关系到公司股东的回报。股利的发放有着固定的程序。除了发放现金股利以外,公司还可以采用多种的股利形式,如股票股利等。常见的股利分配政策有剩余股利政策、固定股利政策、固定股利支付率政策和低正常股利加额外股利政策。股票分割是将面额较高的股票分割成面额较低股票的一种行为,其产生效果与发放股票股利近似。股票回购是指公司出资回购其本身发行在外的股票。在制定股利政策时,要注意灵活运用股利政策的基本理论,充分考虑各种因素的影响,选择公司适合的股利政策及股利支付形式。股利政策制定得好坏将会影响公司价值的实现。

复习与思考题

1. 影响收益分配政策的因素有哪些?
2. 简述股份有限公司的收益分配程序以及股利支付形式。
3. 股利政策有哪几种?各有什么特点?其适用条件是什么?
4. 股票分割是什么含义?它与股票股利有什么区别和联系?
5. 西方学术界在股利理论上有哪些流派?他们各自的主要论点是什么?

练习题

【题 8-1】 某公司提取了公积金后的本年税后利润为 1 500 000 元,下一年拟上一个新项目,需投资 2 000 000 元,公司目标资本结构为负债与权益之比为 2∶3,公司流通在外的普通股为 1 000 000 股,如果公司采用剩余股利政策,问:

(1) 公司本年可发放的股利额是多少?
(2) 股利支付率是多少?
(3) 每股股利是多少?

【题 8-2】 2015 年 M 公司获得 1 500 万元净利润,其中 300 万元用于支付股利。2015 年企业经营正常,在过去 5 年中,净利润增长率一直保持在 10%。然而,预计 2016 年净利润将达到 1 800 万元,2016 年公司预期将有 1 200 万元的投资机会。预计 M 公司未来无法维持 2016 年的净利润增长水平(2016 年的高水平净利润源于当年引进的盈余水平超常的新生产线),公司仍将恢复到 10%的增长率。2015 年 M 公司的目标负债率为 40%,未来将维持在此水平。

要求分别计算在以下各种情况下 M 公司 2016 年的预期股利:

(1) 公司采取稳定增长的股利政策,2016 年的股利水平设定旨在使股利能够按长期盈余增长率增长。
(2) 公司保持 2015 年的股利支付率。
(3) 公司采用剩余股利政策。
(4) 公司采用低正常股利加额外股利政策,固定股利基于长期增长率,超额股利基于剩余股利政策(分别指明固定股利和超额股利)。

【题 8-3】 某公司 2015 年发放股利共 225 万元。过去 10 年间该公司的盈利以 10%的固定速度持续增长,2015 年税后利润为 750 万元。2016 年预期盈利 1 200 万元,而投资总额为 900 万元。预计 2017 年以后仍会恢复 10%的增长率。公司如果采取下列不同的股利政策,请分别计算 2016 年的股利:

(1) 股利按照盈利的长期成长率稳定增长;
(2) 维持 2015 年股利支付率;
(3) 2016 年的投资 30%用外部权益融资,30%用负债,40%用保留盈余。未投资的盈余用于发放股利。

【题 8-4】 某公司目前发行在外的普通股股数为 1 000 万股,该公司的产品销路稳定,拟投资 1 200 万元,扩大生产能力 50%。该公司想要维持目前 50% 的负债比率,并想继续执行 10% 的固定股利比例政策。该公司在 2015 年的税后利润为 500 万元。问:

该公司 2016 年为扩充上述生产能力必须从外部筹措多少权益资金?

【题 8-5】 某公司原股东权益结构如下:

普通股(面值 2 元,已发行 300 000 股)	600 000
资本公积	300 000
未分配利润	1 900 000
股东权益总额	2 800 000

本年度公司因资金不足,决定发放 8% 的股票股利。已知当时市价为 24 元,本年净利润为 540 000 元。

试计算:

(1) 发放股票股利前后股东权益各项目有何变化?

(2) 发放股票股利前后公司每股利润各为多少?

(3) 按 2∶1 的比例进行股票分割,并同发放股利进行比较。

案例分析

案例 8-1 NORWAY 公司股利分配方案选择

NORWAY 公司的矿产资源只能使用 5 年,股东已决定不再投资,准备 5 年后结束公司。已知,公司所得税税率为 22%,但购买其他公司优先股而获取使股息收入可免税 85%;个人所得税税率为 40%,但资本所得税只有 20%;股东期望收益率为 10%。公司在 5 年内收入情况如下:

税前现金净收入	25 000 美元
减:折旧费	5 000 美元
税前利润	20 000 美元
减:所得税(22%)	4 400 美元
税后净利润	15 600 美元

现在 NORWAY 公司面临以下三个方案,需挑选出对股东权益最有利者:

方案 A,每年把全部现金净收入以股息形式分配给股东;

方案 B,用每年现金净收入购买其他公司公司债(利息率 5.13%),在 5 年后,将购入的公司债本利和一次性发给股东;

方案 C,用每年现金净收入购买其他公司优先股(股息率 8.27%),在 5 年后,将购入的优先股本息和一次性发给股东。

股利分配决策基本思路:分别计算出三个方案的股票市价总额的现值,选择其中最大值。

方案 A:

每年税后现金净收入 = 15 600 + 5 000 = 20 600(美元)

股东每年税后净收入 = 20 600 × (1 − 40%) = 12 360(美元)

股票市价总额的现值＝12 360×(P/A,10％,5)＝12 360×3.790 8＝46 854(美元)

方案 B：

每年购入公司债一年后的本利和＝20 600×[1+5.13％×(1−22％)]
　　　　　　　　　　　　　＝20 600×(1+4％)＝21 424(美元)

5 年后股东税前收入＝20 600×(F/A,4％,5)＝20 600×5.416 3＝111 576(美元)

5 年后股东税后收入＝111 576×(1−20％)＝89 261(美元)

股票市价总额的现值＝89 261×(P/F,10％,5)＝89 261×0.620 9＝55 422(美元)

方案 C：

每年购入优先股一年后的本息和＝20 600×{1+8.27％×[1−22％×(1−85％)]}
　　　　　　　　　　　　　　＝20 600×(1+8％)＝22 248(美元)

5 年后股东税前收入＝20 600×(F/A,8％,5)＝20 600×5.866 6＝120 852(美元)

5 年后股东税后收入＝120 852×(1−20％)＝96 682(美元)

股票市价总额的现值＝96 682×(P/F,10％,5)＝96 682×0.620 9＝60 030(美元)

很显然，方案 C 的股票市价总额的现值最大，所以应选择方案 C。

案例 8-2　启动回购计划　反击索罗斯马云靠什么

一年以前，阿里巴巴还是华尔街竞相邀约的"座上客"，但现在资本市场却要把巨头拉下马。抛售与回购的暗中角逐已经悄然打响，颇有戏剧性的是，这一次对冲的焦点却不是惯常挑事的各色律所和机构，而是两个声名显赫的人物：马云和索罗斯。

两个"好朋友"开战

"我和他(索罗斯)是很多年的好朋友。"2009 年 6 月的一天，金融大鳄索罗斯以"私人身份"造访阿里时，马云曾这样评价两人的关系。

不过眼下这两个好朋友，却在另一个资本市场陷入对决。8 月 17 日晚间，阿里巴巴正式宣布董事会主席马云和副主席蔡崇信将个人回购公司股票，此外，阿里巴巴也正式启动 40 亿美元股票回购计划。

40 亿美元股票回购计划是阿里巴巴在上周发布第一季度报告时公告的，且回购时间为两年；马云个人回购则是首次披露，不过阿里巴巴并未公布马云和蔡崇信两人具体回购股票数额和时间表。

根据阿里巴巴此前披露的信息，IPO 之后，马云和蔡崇信两人持有阿里股份分别为 7.8％和 3.2％。阿里巴巴方面并未具体解释马云个人参与回购的原因，不过在此之前，索罗斯基金披露大规模减持消息，引发资本市场哗然。8 月 15 日，索罗斯旗下 Soros Fund Management 基金公布二季度持仓文件显示，该公司近乎卖光阿里股票。

该文件显示，截至 6 月 30 日，索罗斯基金卖出 439 万股阿里股票，持股仅剩余 5.93 万股，减持规模 98.7％，持仓市值由 3.7 亿美元减少到 490 万美元。

不过，由于索罗斯本人已经在今年初正式退休，不再过问投资事宜，因此这次减持阿里股票能够在多大程度上代表索罗斯本人还不得而知。

目前阿里巴巴股票正处于低迷期，尤其是 8 月 12 日发布一季报之后，股价更是创下 71 美元新低，因此马云和蔡崇信回购被视为救市之举。

"索罗斯投资调整还不能说是做空，只能说是持仓调整，跟中国概念股和国内情况基本一致；真正做空有很多手段，而且往往是非常隐秘。"国内一名对冲基金人士告诉记者，从索罗斯的操作时间来看,在第二季度,彼时中概股整体指数大概上涨了30%左右,"所以他应该没有亏钱。"

阿里市值为何低迷

虽然上市之初阿里市值已高达2300亿美元,一举超过Facebook、亚马逊等国际互联网巨头,更在2014年11月触及每股120美元股价高峰,但好景不长,仅仅两个月后就开始回落,自2015年2月以来,阿里巴巴股价长期在每股90美元以下,并呈现整体走低趋势,8月以来该公司股票更是开始滑向每股70美元大关。

2015年8月10日,阿里宣布与苏宁战略合作,283亿投资创下纪录,但这一并购也未能打动华尔街,合作当天阿里股价仅上涨了2%;相反,两天之后由于新财报营收增长未达华尔街分析师预期,重挫6%。

值得注意的是,2014年IPO阿里巴巴股票发行价格为每股68美元,目前的行情也让人们担忧阿里未来可能跌破发行价。

对于股票的情况,阿里巴巴方面一直没有过多表态,相反,马云近来反倒流露出"悔意"。在美国的一次访问中,马云甚至表示,如果有机会的话,不会让阿里巴巴去美国上市。

"华尔街从来没有真正看好中国概念股,只不过借以炒作而已。"在加拿大皇家银行风险管理顾问陈思进看来,因为华尔街做空有些厉害,所以阿里等公司也开始反击救市。不过他认为,目前阿里巴巴的股票还会有进一步下调空间。

随着回购等一系列措施的出台,阿里股价保卫战也正式公开化。其中一个比较引人瞩目的信号是,阿里任命前高盛高管迈尔斯为公司总裁,尽管对外宣称是负责全球化,包括品牌招商等,但迈尔斯深厚的银行家背景和金融影响力,已经引起人们注意。

恰逢中国概念股风暴

与阿里"同病相怜"的还有一大波中国概念股公司。包括百度、京东等重量级互联网公司,近期股价都不同程度地遭遇挫折。在电商概念里,此前一度被视为"妖股"的唯品会和聚美优品等公司,如今也遭遇律所和机构狙击,唯品会股价更是从每股240多美元高点坠落至每股20美元。

与此同时,今年以来,包括360、陌陌、当当等多家互联网公司纷纷宣布私有化,一些公司还表达了回归A股意愿。

在陈思进看来,实际上除了少部分被看好长期前景的公司,大部分在美国上市中国概念股公司的原始思路和国内一样,"以圈钱为目的,华尔街正好利用了这种心理。"

前述对冲基金人士则告诉记者,在美国上市的中国概念股公司,对于美国投资者而言一直是一个特殊的存在,容易受到多种因素的影响,包括造假危机、VIE架构、媒体报道、宏观经济和美国指数等,导致中国概念股指数相比纳斯达克指数更加容易震荡。

除了股票回购外,披露新的业务进展,也成为上述公司展示自己增长潜力的筹码。百度首次披露了电子商务GMV数据,这也是近年来百度开始极力发展的方向;阿里则首次披露了云业务数据,相比整体营收28%"慢增长",阿里云业务同比增长106%。不过整体看来,这些新兴业务所占比重并不高。

在前述基金人士看来,股票回购有一定效应,可以在短期内实现"紧急止血",但长期并不能够改变投资者交易逻辑,与此同时,新业务虽然可以带来价值重估,但相比而言,国外投资者要远比国内理性。

(资料来源:华夏时报,2015-08-20)

第三篇 财务预算、控制与分析

第 9 章 财务预算

本章学习目标 通过本章的学习,掌握财务预算的编制方法;掌握现金预算的编制程序及依据;熟悉预计财务报表的编制;了解财务预算的含义及其在财务管理环节和全面预算体系中的作用;了解弹性预算、零基预算和滚动预算的概念和编制方法。

预算(budget)
财务预算(financial budget)
现金预算(cash budget)
销售预算(marketing budget)
人工预算(labor budget)
专门决策预算(special-decision budget)
弹性预算(flexible budget)
滚动预算(rolling budget)

全面预算(overall budget)
财务预算体系(financial budget system)
日常业务预算(daily business budget)
生产预算(production budget)
产品成本预算(product costs budget)
零基预算(zero-base budget)

中华财会网(http://www.e521.com)
中国经济信息网(http://www.cei.gov.cn)
金融界(http://www.jrj.com.cn)

> 有的管理者整日奔忙劳碌,却收效甚微;有的管理者常常轻松自如,而成效卓著。产生差别的原因之一就是有无进行财务预测与预算。现代企业的管理系统已逐步形成了生产运营、市场营销、财务管理三位一体的模式。而财务预算管理始终贯穿其中,成为现代企业有效的科学管理方法之一。在竞争日益激烈的今天,不断提高企业的运营能力、盈利能力、发展能力,已成为企业管理者所追求的目标。同时,现代企业的运营运作人员所需要的是管理者正确的决策和实施的指导,而联系这些的,正是一套行之有效的科学管理体系——财务预算管理。
>
> 资料来源:陈玉菁编著.小企业财务管理实务.上海:立信会计出版社,2005年,第282页。

9.1 财务预算体系

9.1.1 全面预算的概念

"凡事预则立,不预则废"。预算是将资源分配给特定活动的数字性计划,是一种详细的收支安排。企业管理者通常为收入、支出等编制预算,其目的是为了更加合理有效地使用资源,统一协调各种经营活动,以期产生更多的利润。为了对企业的所有方面进行协调和控制,企业应该编制全面预算。

全面预算是企业经营思想、经营目标和经营决策的具体化和数量化。即在预测与决策的基础上,按照规定的目标和内容对企业未来的销售、生产、现金流量等有关方面以计划的形式具体地、系统地反映出来,以便有效地组织与协调企业的全部生产经营活动,完成企业的既定目标。

全面预算通过规划未来的发展来指导现实的实践,是企业各级和各部门奋斗的目标、协调的根据、控制的标准和考核的依据。全面预算由一系列相互关联的预算构成,是一个数字相互衔接的整体。不同的企业,或同一企业的不同阶段,其全面预算的模式会有所不同,但其起点都建立在企业的战略之上。

全面预算的过程如图9-1所示。

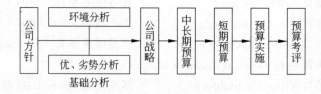

图 9-1 全面预算过程

9.1.2 全面预算的内容

全面预算是由一系列预算按其经济内容及相互关系有序排列组成的有机体,主要包括专门决策预算、日常业务预算和财务预算三部分。

1. 专门决策预算

专门决策预算主要涉及长期投资,故又称资本支出预算,是指企业不经常发生的、一次性业务的预算,如企业固定资产的购置、扩建、改建、更新等都必须在投资项目可行性研究的基础上编制预算,具体反映投资的时间、规模、收益以及资金的筹措方式等。

2. 日常业务预算

日常业务预算是指与企业日常业务直接相关的、具有实质性的基本活动的预算,通常与企业利润表的计算有关。以制造业为例,日常业务预算主要包括:

(1) 销售预算;
(2) 生产预算;
(3) 直接材料消耗及采购预算;
(4) 直接人工预算;
(5) 制造费用预算;
(6) 产品成本预算;
(7) 期末存货预算;
(8) 销售与管理费用预算等。

以上预算以实物量指标和价值量指标分别反映企业收入与费用的构成情况。

3. 财务预算

财务预算是指与企业现金收支、经营成果和财务状况有关的各项预算。主要包括:

(1) 现金预算;
(2) 预计利润表;
(3) 预计资产负债表;
(4) 预计现金流量表。

以上预算以价值量指标综合反映企业日常业务预算和专门决策预算的结果。

企业全面预算的各项具体预算前后衔接、互相钩稽,形成了一个完整的预算体系。全面预算的构成以及它们之间的相互关系,如图 9-2 所示。

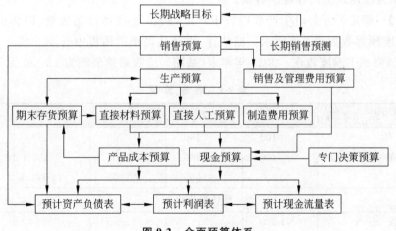

图 9-2 全面预算体系

9.1.3 财务预算在全面预算体系中的地位

由图 9-2 中可知,企业经营活动的全面预算,是以企业的经营目标为出发点,以市场需求为基础,以销售预算为主导,进而包括生产、成本和现金收支等各个方面,并特别重视财务预算。其原因在于,财务预算作为全面预算体系中的最后环节,可以从价值方面总括地反映企业经营期专门决策预算与日常业务预算的结果,故财务预算也称为总预算,其他预算则相应地称为辅助预算或分预算。显然,财务预算在全面预算体系中具有举足轻重的地位,是企业全面预算的核心组成部分。

9.2 财务预算的编制

9.2.1 现金预算

1. 编制现金预算的依据

现金预算是用来反映预算期内由于日常经营活动和资本支出引起的一切现金收支及其结果的预算。编制现金预算的目的在于合理地处理现金收支业务,正确地调度资金,保证企业资金的正常流转。

编制现金预算,应以日常业务预算和专门决策预算为基础,或者说这两种预算在编制时要为现金预算作数据准备。下面先对日常业务预算和专门决策预算进行介绍,并说明这些预算如何为编制现金预算提供必要的资料。

1) 日常业务预算的编制

(1) 销售预算。销售预算是编制全面预算的起点,也是编制日常业务核算的基础。销售预算的主要内容是销售量、单价和销售收入。销售量是根据市场预测和销货合同并结合企业生产能力确定的。单价是通过价格决策确定的。销售收入是两者的乘积,在销售预算中计算得出。

销售预算通常要按品种、分期间、分销售区域、分推销员来编制。在销售预算中通常还包括预计现金收入的计算,其主要内容包括前期应收账款的收回,以及本期销售的现金收入,其目的是为编制现金预算提供数据。

【例 9-1】 假定开开公司生产并销售甲产品,2016 年度预计销售量、销售价格、销售收入以及分季度预算数如表 9-1 所示。据估计,甲产品每季的销售中有 60% 能于当季收到现金,其余 40% 要到下季度收讫。2015 年年末(基期),应收账款余额为 41 000 元。

表 9-1 销售预算

季　　度	1	2	3	4	全　　年
预计销售量/件	100	150	200	180	630
预计单位售价/(元/单位)	400	400	400	400	400
销售收入/元	40 000	60 000	80 000	72 000	252 000
预计现金收入					
上年应收账款/元	41 000				41 000
第 1 季度/元	24 000	16 000			40 000
第 2 季度/元		36 000	24 000		60 000
第 3 季度/元			48 000	32 000	80 000
第 4 季度/元				43 200	43 200
现金收入合计/元	65 000	52 000	72 000	75 200	264 200

(2) 生产预算。生产预算一般根据预计的销售量按品种分别编制，即在销售预算的基础上编制生产预算，为进一步预算成本和费用提供依据。

由于企业的生产和销售不能做到"同步同量"，必须储存一定的存货，以保证能在发生意外需求时能按时供货，并可均衡生产，因此，预算期间除必须备有充足的产品以供销售外，还应考虑预算期初存货和预算期末预计存货等因素。产品的生产量与销售量之间的关系，可按下式计算：

预计生产量＝预计销售量＋预计期末存货量－预计期初存货量

公式中预计销售量可以在销售预算中找到；预计期初存货量等于上季期末存货量；预计期末存货量应根据长期销售趋势来确定，在实践中，一般是按事先估计的期末存货量占本期销售量的比例进行估算。

【例 9-2】 假定开开公司各季末存货按下一季度销售量的 10% 计算，年初存货 14 件，年末存货 24 件。现根据销售预算有关资料，编制生产预算如表 9-2 所示。

表 9-2 生产预算   件

季　　度	1	2	3	4	全年
预计销售量	100	150	200	180	630
加：预计期末存货	15	20	18	24	24
合计	115	170	218	204	654
减：预计期初存货	14	15	20	18	14
预计生产量	101	155	198	186	640

(3) 直接材料预算。直接材料预算主要是用来确定预算期材料采购数量和采购成本。它是以生产预算为基础编制的，并同时考虑期初和期末材料存货水平。预计材料采购量可按下列公式计算：

预计材料采购量＝预计材料耗用量＋预计期末库存材料－预计期初库存材料

其中

预计材料耗用量＝单位产品材料耗用量×预计生产量

公式中单位产品材料耗用量可根据标准单位耗用量和定额耗用量来确定。

为了便于以后编制现金预算，通常要预计材料采购各季度的现金支出。每个季度的现金支出包括偿还上期应付账款和本期应支付的采购货款。

【例 9-3】 假定开开公司生产甲产品耗用的 A 材料，年初和年末材料存量分别为 350kg 和 380kg。各季度"期末材料存量"根据下季度生产量的 20% 计算。每个季度材料采购货款 50% 在本季度内付清，另外 50% 在下季度付清。直接材料预算的编制见表 9-3。

(4) 直接人工预算。直接人工预算是用来确定预算期内人工工时的消耗水平和人工成本水平的。直接人工预算也是以生产预算为基础编制的。直接人工预算的基本计算公式为

预计直接人工成本＝小时工资率×预计直接人工总工时

其中

预计直接人工总工时＝单位产品直接人工工时×预计生产量

表 9-3　直接材料预算

季　　度	1	2	3	4	全　年
预计生产量/件	101	155	198	186	640
单位产品材料耗用量/kg	10	10	10	10	10
生产需要量/kg	1 010	1 550	1 980	1 860	6 400
加：预计期末存量/kg	310	396	372	380	380
合计/kg	1 320	1 946	2 352	2 240	6 780
减：预计期初存量/kg	350	310	396	372	350
预计材料采购量/kg	970	1 636	1 956	1 868	6 430
单价/(元/kg)	15	15	15	15	15
预计采购金额/元	14 550	24 540	29 340	28 020	96 450
预计现金支出					元
上年应付账款	10 000				10 000
第1季度	7 275	7 275			14 550
第2季度		12 270	12 270		24 540
第3季度			14 670	14 670	29 340
第4季度				14 010	14 010
合计	17 275	19 545	26 940	28 680	92 440

由于人工成本一般均由现金开支，故不必单独列支，直接计入现金预算的汇总额即可。

【例 9-4】　开开公司生产甲产品所需直接人工成本预算如表 9-4 所示。

表 9-4　直接人工成本预算

季　　度	1	2	3	4	全　年
预计生产量/件	101	155	198	186	640
单位产品工时/(h/单位)	12	12	12	12	12
人工总工时/(h/单位)	1 212	1 860	2 376	2 232	7 680
每小时人工成本/(元/h)	6	6	6	6	6
人工总成本/元	7 272	11 160	14 256	13 392	46 080

（5）制造费用预算。制造费用预算是指除直接材料和直接人工预算以外的其他一切生产费用的预算。制造费用预算通常分为变动制造费用和固定制造费用两部分。

变动制造费用以生产预算为基础来编制。如果有完善的标准成本资料，用单位产品的标准成本与产量相乘，即可得到相应的预算金额。如果没有标准成本资料，就需要逐项预计计划产量需要的各项制造费用。为了便于以后编制产品成本预算，需要计算变动制造费用预算分配率，计算公式如下：

$$\text{变动性制造费用预算分配率} = \frac{\text{变动性制造费用预算总额}}{\text{相关分配标准预算总额}}$$

公式中，分母可在生产预算或直接人工工时总数预算中选择。

固定制造费用，需要逐项进行预计，通常与本期产量无关，按每季实际需要的支付额预计，然后求出全年数。

为了便于以后编制现金预算，制造费用预算也需要预计现金支出。由于固定资产折旧是无须用现金支出的项目，在计算时应予剔除。

【例9-5】 假定开开公司在预算编制中采用变动成本法,变动性制造费用按直接人工工时比例分配,折旧以外的各项制造费用均于当季付现。制造费用预算如表9-5所示。

表9-5 制造费用预算　　　　　　　　　　　　　　　　　　　　元

季　　度	1	2	3	4	全　年
变动制造费用					
间接材料	2 510	2 560	2 580	2 590	10 240
间接人工	2 300	2 360	2 340	2 370	9 370
修理费	1 300	1 320	1 330	1 400	5 350
水电费	950	970	985	990	3 895
其他	450	465	475	475	1 865
小计	7 510	7 675	7 710	7 825	30 720
固定费用					
修理费	1 500	1 560	1 540	1 560	6 160
折旧费	2 000	2 000	2 000	2 000	8 000
管理人员工资	1 800	1 800	1 800	1 800	7 200
保险费	500	500	500	500	2 000
其他	400	400	400	400	1 600
小计	6 200	6 260	6 240	6 260	24 960
合　　计	13 710	13 935	13 950	14 085	55 680
减:折旧	2 000	2 000	2 000	2 000	8 000
现金支出的费用	11 710	11 935	11 950	12 085	47 680

变动制造费用分配率＝30 720/7 680＝4(元/工时)

固定制造费用分配率＝24 960/7 680＝3.25(元/工时)

(6)产品成本预算。产品成本预算是生产预算、直接材料预算、直接人工预算、制造费用预算的汇总。其主要内容是产品的单位成本和总成本。单位产品成本的有关数据,来自前述直接材料预算、直接人工预算和制造费用预算;生产量、期末存货量来自生产预算,销售量来自销售预算。生产成本、存货成本和销货成本等数字,根据单位成本和有关数据计算得出。

【例9-6】 表9-6列出了开开公司的产品成本预算。

表9-6 产品成本预算

	每千克或每小时/元	单位耗用量	单位成本/元	总成本/元 (640件)	期末存货/元 (24件)	销货成本/元 (630件)
直接材料	15	10kg	150	96 000	3 600	94 500
直接人工	6	12h	72	46 080	1 728	45 360
变动制造费用	4	12h	48	30 720	1 152	30 240
固定制造费用	3.25	12h	39	24 960	936	24 570
合　计			309	197 760	7 416	194 670

(7)销售及管理费用预算。销售费用预算,是指为了实现销售预算所需支付的费用预算。它以销售预算为基础,分析销售收入、销售利润和销售费用的关系,力求实现销售费用的最有效使用。在草拟销售费用预算时,要对过去的销售费用进行分析,考察过去销售费用

支出的必要性和效果。销售费用预算应和销售预算相结合,应有按品种、按地区、按用途的具体预算数额。

管理费用是搞好一般管理业务所必需的费用。随着企业规模的扩大,一般管理职能日益显得重要,从而其费用也相应增加。在编制管理费用预算时,要分析企业的业务成绩和一般经济状况,务必做到费用合理化。管理费用多属于固定成本,所以,一般是以过去的实际开支为基础,按预算期的可预见变化来调整。重要的是,必须充分考察每种费用是否必要,以便提高费用效率。

【例 9-7】 表 9-7 列出了开开公司销售及管理费用预算。

表 9-7 销售及管理费用预算 元

销售费用:		管理费用:	
销售人员工资	8 000	管理人员工资	13 440
广告费	5 000	保险费	3 500
包装费	3 000	办公费	4 000
运输费	2 900	小计	20 940
保管费	2 232	合计	42 072
小计	21 132	每季度支付现金(42 072/4)	10 518

2) 专门决策预算的编制

专门决策预算包括短期决策预算和长期决策预算两类。短期决策运算往往被纳入日常业务预算体系,如零部件取得方式决策方案一旦确定,就要调整材料采购和生产成本预算;专门决策预算又称资本支出预算,往往涉及长期建设项目的资金投放与筹措等,并经常跨年度,因此除个别项目外,一般不纳入业务预算,但应计入与此有关的现金支出预算与预计资产负债表。

【例 9-8】 表 9-8 列出了开开公司购买 A 设备预算。

表 9-8 购买 A 设备预算 元

项目	第 2 季度
设备购置款项	30 000
设备安装费用	5 000
合计	35 000

2. 现金预算的编制

现金预算由四个部分组成。

1) 现金收入

现金收入包括期初的现金结存数和预算期内发生的现金收入。如现销收入、收回的应收账款、应收票据到期兑现和票据贴现收入等。

2) 现金支出

现金支出是指预算期内预计发生的现金支出。如采购材料支付货款、支付工资、支付部分制造费用、支付销售费用、管理费用、财务费用、偿还应付款项、缴纳税金、支付利润以及资本性支出的有关费用(如设备购置款项)等。

3) 现金收支差额

现金收支差额列示现金收入合计与现金支出合计的差额。差额为正,说明现金有多余;差额为负,说明现金不足。

4) 现金的筹集与运用

现金的筹集与运用是指根据预算期内现金收支的差额和企业有关现金管理的各项政策,确定筹集或运用现金的数额。如果现金不足,可向银行取得借款,并预计还本付息的期限和数额。如果现金多余,除了可用于偿还借款外,还可用于购买作为短期投资的有价证券。

$$借款额 = 最低现金余额 + 现金不足额$$

【例 9-9】 假定开开公司预计 2016 年年初现金余额为 26 000 元,并于 2016 年第 1 季度支付股利 5 000 元,每季度缴纳所得税 3 000 元,其他有关资料见以上各项预算。该公司现金余额每季度最低应保持 26 000 元,最高为 36 000 元,当现金不足时向银行借款;多余时归还借款。借款在季初,还款在季末。借款年利率为 10%,还款时同时支付所还之款的全部利息。向银行借款的金额要求是 10 000 元的倍数。该公司在第 2 季度借款 30 000 元,第 3 季度归还借款和利息共计 6 300 元,其中利息为 300 元(6 000×10%×6÷12);第 4 季度归还借款和利息共计 7 525 元,其中利息为 525 元(7 000×10%×9÷12)。开开公司现金预算如表 9-9 所示。

表 9-9 现 金 预 算 元

季 度	1	2	3	4	全 年
期初现金余额	26 000	36 225	27 067	26 103	26 000
加:销货现金收入(表 9-1)	65 000	52 000	72 000	75 200	264 200
可供使用现金	91 000	88 225	99 067	101 303	290 200
减各项支出:					
直接材料(表 9-3)	17 275	19 545	26 940	28 680	92 440
直接人工(表 9-4)	7 272	11 160	14 256	13 392	46 080
制造费用(表 9-5)	11 710	11 935	11 950	12 085	47 680
销售及管理费用(表 9-7)	10 518	10 518	10 518	10 518	42 072
所得税	3 000	3 000	3 000	3 000	12 000
购买设备(表 9-8)		35 000			35 000
股利	5 000				5 000
支出合计	54 775	91 158	66 664	67 675	280 272
现金多余或不足	36 225	−2 933	32 403	33 628	9 928
向银行借款		30 000			30 000
还银行借款			6 000	7 000	13 000
借款利息(年利率 10%)			300	525	825
合 计			6 300	7 525	13 825
期末现金余额	36 225	27 067	26 103	26 103	26 103

9.2.2 预计利润表

预计的财务报表是财务管理的重要工具。预计财务报表的作用与实际的财务报表不同。所有企业都要在期末编制实际的财务报表,这是有关法规的强制性规定,其主要目的是向外部报表使用人提供财务信息,而预计财务报表主要为企业财务管理服务,是控制企业资金、成本和利润总量的重要手段,可以从总体上反映一定期间企业经营的全局情况。

预计利润表与实际利润表内容、格式相同,只不过数字是面向预算期的。它是在汇总销售、成本、销售及管理费用、资本支出等预算的基础上加以编制的。通过编制预计的利润表,可以了解企业预期的盈利水平。如果预算利润与最初编制的目标利润有较大差异,就需要调整部分预算,设法达到目标,或者经企业决策者同意后修改目标利润。

【例 9-10】 开开公司编制的预计利润表如表 9-10 所示。

表 9-10 预计利润表　　　　　　　　　元

项目	金额
销售收入(表 9-1)	252 000
销售成本(表 9-6)	194 670
毛利	57 330
销售及管理费用(表 9-7)	42 072
利息(表 9-8)	825
利润总额	14 433
所得税(估计)	12 000
净利润	2 433

表中"所得税"项目是在利润规划时估计的,并已列入现金预算。它通常不是根据"本年利润"和"所得税税率"计算出来的,因为企业在计算所得税额时常常会出现一些纳税调整事项。此外,从预算编制程序上看,如果根据"本年利润"和税率重新计算所得税,就需要修改"现金预算",引起信贷计划的修订,进而改变"利息",最终又要修改"本年利润",从而陷入数据的循环修改。

9.2.3 预计资产负债表

预计资产负债表,与实际的资产负债表内容、格式相同,只不过数据是反映预算期末的财务状况。该表是利用本期期初资产负债表,根据销售、生产、资本等预算的有关数据加以调整编制的。编制预计资产负债表的目的,在于判断预算反映的财务状况的稳定性和流动性。如果通过预计资产负债表的分析,发现某些财务比率不佳,必要时可修改有关预算,以改善财务状况。

【例 9-11】 开开公司编制的预计资产负债表如表 9-11 所示。

表 9-11 预计资产负债表　　　　　　　　　元

资产			负债及所有者权益		
项　目	年初	年末	项　目	年初	年末
现金(表 9-9)	26 000	26 103	应付账款(表 9-3)	10 000	14 010
应收账款(表 9-1)	41 000	28 800	银行借款(表 9-9)	800	17 800
直接材料(表 9-3)	5 250	5 700	股本	90 000	90 000
产成品(表 9-6)	4 326	7 416	未分配利润(表 9-3、表 9-10)	10 176	7 609
固定资产(表 9-8)	30 000	65 000			
累计折旧(表 9-5)	5 600	13 600			
无形资产	10 000	10 000			
资产总额	110 976	129 419	负债及所有者权益总额	110 976	129 419

该表中大部分项目的数据来源已注明在表中。其中"应收账款"年末数是根据表 9-1 中

的第 4 季度销售额和本期收现率计算的：

$$期末应收账款 = 本期销售额 \times (1 - 本期收现率)$$
$$= 72\,000 \times (1 - 60\%) = 28\,800(元)$$

其中"应付账款"年末数是根据表 9-3 中的第 4 季度采购金额和本期付现率计算的：

$$期末应付账款 = 本期采购额 \times (1 - 本期付现率)$$
$$= 28\,020 \times (1 - 50\%) = 14\,010(元)$$

其中"未分配利润"年末数是根据表 9-9 和表 9-10 中的股利分配额和净利润计算的：

$$期末未分配利润 = 10\,176 + 2\,433 - 5\,000 = 7\,609(元)$$

9.2.4 预计现金流量表

预计现金流量表是从现金的流入和流出两个方面反映预算期内企业经营活动、投资活动和筹资活动所产生的现金流量的预算。它是在已编制的现金预算的基础上，结合企业预算期内相关的现金收支资料编制而成的。预计现金流量表的编制，有利于了解预算期内企业的现金流转状况和企业经营能力，更能突出表现一些长期的资金筹资与使用方案对预算期内企业的影响，有利于发现问题，修正预算。

预计现金流量表与实际现金流量表的内容、格式相同，只不过其数据是反映预算期内的现金流量。

【**例 9-12**】 开开公司编制的预计现金流量表如表 9-12 所示。

表 9-12 预计现金流量表　　　　　　　　　　元

项　目	金　额	补充资料	金　额
一、经营活动现金流入	264 200	1. 净利润	2 433(表 9-10)
减：经营活动现金流出	240 272	加：固定资产折旧	8 000(表 9-5)
经营活动现金净流量	23 928	财务费用	825(表 9-9)
二、投资活动现金流入	0	存货增加	−3 540(表 9-11)
减：投资活动现金流出	35 000	应收项目减少	12 200(表 9-11)
投资活动现金净流量	−35 000	应付项目增加	4 010(表 9-11)
三、筹资活动现金流入	30 000	经营活动现金净流量	23 928
减：筹资活动现金流出	18 825	2. 现金期末余额	26 103(表 9-11)
筹资活动现金净流量	11 175	减：现金期初余额	26 000(表 9-11)
四、现金净增加额	103	现金净增加额	103

以上数据正表均根据表 9-9 计算得出，其中：

$$经营活动现金流出 = 92\,440 + 46\,080 + 47\,680 + 42\,072 + 12\,000$$
$$= 240\,272(元)$$

补充资料中有关数据计算如下：

$$存货增加 = (5\,700 - 5\,250) + (7\,416 - 4\,326) = 3\,540(元)$$
$$应收项目减少 = 28\,800 - 41\,000 = -12\,200(元)$$
$$应付项目增加 = 14\,010 - 10\,000 = 4\,010(元)$$
$$经营活动现金净流量 = 2\,433 + 8\,000 + 825 - 3\,540 + 12\,200 + 4\,010$$
$$= 23\,928(元)$$

9.3 编制财务预算的特殊方法

9.3.1 弹性预算的方法

1. 什么是弹性预算

前面我们所介绍的各种预算的编制,是依据计算期内正常的、可实现的某一业务量(如生产量、销售量)的水平作为唯一基础来编制预算的。这种方法被称为固定预算的方法,传统预算大多采用固定预算的方法。该方法的不足之处是可比性差,当实际的业务量与编制预算所依据的业务量发生较大差异时,有关预算指标的实际数与预算数就会因业务量基础不同而失去可比性。另外该方法也过于机械呆板,因为编制预算的业务量基础是事先假定的某个业务量。在这种方法下,不论预算期内业务量水平可能发生哪些变动,都只按事先确定的某一个业务量水平作为编制预算的基础。因此,固定预算只能适用于那些业务量水平较为稳定的企业或非营利组织编制预算时采用。

弹性预算是为克服固定预算的缺点而设计的。它是指按照预算期可预见的各种业务量水平,编制能够适应多种情况预算的方法。由于弹性预算的数据不是只适应一个业务量水平的固定数字,而是能随着业务量的变动作相应调整的一组预算,具有伸缩性,故称之为"弹性预算"或"变动预算"。

编制弹性预算所依据的业务量可以是产量、销售量、直接人工工时、机器工时、材料消耗量和直接人工工资等。

2. 弹性预算的优点

与固定预算相比,弹性预算具有两个显著优点:一是预算范围宽,能够反映预算期内与多种业务量水平相对应的不同预算额,扩大了预算的适用范围,便于预算指标的调整。二是可比性强,在预算期实际业务量与计划业务量不一致的情况下,可以将实际指标与实际业务量相应的预算额进行对比,使预算执行情况的评价与考核建立在更加客观和可比的基础上,便于更好地发挥预算的控制作用。

3. 弹性预算的编制步骤

弹性预算可用于编制与业务量有关的各种预算。这里主要介绍弹性成本预算的编制。

1) 确定业务量

编制弹性成本预算首先要确定业务量。业务量计量单位应根据企业的具体情况进行选择。一般来说,生产单一产品的部门,可以选用产品实物量;生产多品种产品的部门,可以选用人工工时、机器工时等;修理部门可以选用修理工时。以手工操作为主的企业应选用人工工时;机械化程度较高的企业选用机器工时更为适宜。

2) 确定业务量范围

业务量范围是指弹性预算所适用的业务量区间。业务量范围的选择应根据企业的具体情况而定。一般来说,可定在正常生产能力的 $70\% \sim 110\%$,或以历史上最高业务量或最低业务量为其上下限。业务量的间隔可定为 $5\% \sim 10\%$。

3) 确定成本项目的成本习性

由于弹性预算的预计内容可以是相关范围内业务量变动的若干个点,而按照成本习性,企业的成本可分为固定成本和变动成本两大类,业务量变动后,只有变动成本随之而变动,固定成本始终不变,这样,在编制弹性预算时,只要将全部成本中的变动成本部分按业务量的变动加以调整即可,固定成本可以保持在一个水平上不变。

4) 确定预算期内各业务量水平的预算额

按照所确定的业务量范围,以及间隔区间,计算预算额。弹性成本预算公式如下:

$$弹性成本预算 = \sum(单位变动成本预算 \times 预计业务量) + 固定成本预算$$

4. 弹性预算的编制

【例 9-13】 开开公司制造费用弹性预算的编制见表 9-13。

表 9-13　制造费用弹性预算

直接人工工时/h	6 144	6 912	7 680	8 448
生产能力利用百分比/%	80	90	100	110
变动制造费用:/元				
间接材料	8 192	9 216	10 240	11 264
间接人工	7 496	8 433	9 370	10 307
修理费	4 280	4 815	5 350	5 885
水电费	3 116	3 505.5	3 895	4 284.5
其他	1 492	1 678.5	1 865	2 051.5
小计	24 576	27 648	30 720	33 792
固定制造费用:/元				
修理费	6 160	6 160	6 160	6 160
折旧费	8 000	8 000	8 000	8 000
管理人员工资	7 200	7 200	7 200	7 200
保险费	2 000	2 000	2 000	2 000
其他	1 600	1 600	1 600	1 600
小计	24 960	24 960	24 960	24 960
合计/元	49 536	52 608	55 680	58 752

9.3.2 零基预算的方法

1. 什么是零基预算

我们知道,任何预算都必须有一定基础,或有一个始点。传统的预算编制方法一般都是以现有的费用水平为基础,然后考虑计划年度各项业务活动的增减变化,据以确定相应的增减数额。这种预算编制方法,通常被称为增量预算法。

增量预算以过去的经验为基础,实际上是承认过去所发生的一切都是合理的,主张不需在预算内容上做较大改进,而是因循沿袭以前的预算项目。因此,这种方法的不足之处在于,不加分析地保留或接受原有的成本项目,可能使原来不合理的费用开支继续存在下去,造成预算上的浪费;同时也不利于企业未来的发展,按照这种方法编制的费用预算,对于那些未来实际需要开支的项目,可能因没有考虑未来情况的变化而造成预算的不足。零基预算就是为克服增量预算的缺点而设计的一种新的预算编制方法。

零基预算的方法全称为"以零为基础编制计划和预算的方法",是指在编制成本费用预算时,不考虑以往会计期间所发生的费用项目或费用数额,而是以所有的预算支出均为零为出发点,一切从实际需要与可能出发,逐项审议预算期内各项费用的内容及开支标准是否合理,在综合平衡的基础上编制费用预算的一种方法。目前此法在西方国家被广泛采用。

2. 零基预算的优点

与增量预算相比,零基预算的优点是显而易见的:一是不受现有费用项目限制,促使企业合理有效地进行资源分配,提高资金的利用效果;二是能促进各预算部门精打细算,量力而行;三是有助于企业未来发展。由于这种方法以零为出发点,对一切费用一视同仁,有利于企业面向未来发展考虑预算问题。

零基预算的缺点在于这种方法一切从零出发,在编制费用预算时需要完成大量的基础工作,如历史资料分析、市场状况分析、现有资金使用分析和投入产出分析等等,这势必带来繁杂的工作量。实践中,为简化预算编制的大量工作,不必每年都按零基预算的方法编制预算,可每隔几年按此方法编制一次预算。

零基预算适用于产出较难辨认的服务性部门费用预算的编制。

3. 零基预算的编制步骤

1) 深入调查,充分讨论

即动员企业内部所有部门,在深入调查、充分讨论的基础上提出本部门在预算期内的费用项目,并确定其预算数额,而不考虑这些费用项目以往是否发生以及发生额是多少。

2) 划分不可避免项目和可避免项目

在已被确定的项目中,将全部费用划分为不可避免项目和可避免项目,前者是指在预算期内必须发生的费用项目,后者是指在预算期通过采取措施可以不发生的费用项目。在预算编制过程中,对不可避免项目必须保证资金供应;对可避免项目则需要逐项进行成本—效益分析,按照各项目开支必要性的大小确定各项费用预算的优先顺序。

3) 划分不可延缓项目和可延缓项目

即将纳入不可避免项目的各项费用再划分为不可延缓项目和可延缓项目。前者是指必须在预算期内足额支付的费用项目,后者是指可以在预算期内部分支付或延缓支付的费用项目。在预算编制过程中,必须根据预算期内可供支配的资金数额在各费用项目之间进行分配。应优先保证满足不可延缓项目的开支,然后再根据需要和可能,按照项目的轻重缓急确定可延缓项目的开支标准。

4. 零基预算的编制

【例 9-14】 申申公司销售及管理费用预算按照零基预算方法编制。该公司计划年度可用于销售及管理方面的支出,经各方认真研究后确定为 1 000 000 元,在以下几个预算项目中分配:销售费用、运杂费、管理人员薪金、广告费、折旧费用和保险金。其中,管理人员薪金、折旧费用和保险金属于约束性固定成本,必须全额予以满足,不能更改。其全年所需金额分别为:管理人员薪金 210 000 元、折旧费用 240 000 元、保险费用 80 000 元。至于销售费用、运杂费和广告费则属于酌量性固定成本,可以视资金的拥有量及项目本身的成本-效益,酌情分配。

根据以往的分析资料,销售费用、运杂费和广告费成本-效益情况如表9-14所示。

表9-14　成本-效益情况　　　　　　　　　　　　元

费用	成本金额	收益金额
销售费用	1	30
运杂费	1	20
广告费	1	14

该公司计划年度可用于销售及管理费用的支出总额为1 000 000元,减去管理人员薪金、折旧和保险费三项约束性固定成本以后的余额为

$$1\,000\,000-(210\,000+240\,000+80\,000)=470\,000(元)$$

至此,销售费用、运杂费和广告费三个项目按成本-效益情况应分配的资金额度分别为

$$销售费用=470\,000\times\frac{30}{30+20+14}=220\,312.50(元)$$

$$运杂费=470\,000\times\frac{20}{30+20+14}=146\,875(元)$$

$$广告费=470\,000\times\frac{14}{30+20+14}=102\,812.50(元)$$

$$合计=470\,000(元)$$

9.3.3　滚动预算的方法

1. 什么是滚动预算

如前所述,企业的预算通常是定期(如一年)编制的,即编制预算是以不变的会计期间作为预算期的,这种方法称为定期预算。其优点是与会计年度相配合,便于预算执行结果的考核与评价。但定期预算也有一定的缺陷:一是盲目性,由于定期预算往往是在年初或年前编制的,对于整个预算年度的生产经营活动很难作出准确的预算;二是滞后性,由于定期预算不能随情况的变化及时调整,当所规划的各种经营活动在预算期内发生重大变化时,就会造成预算滞后过时;三是间断性,由于受预算期间的限制,致使经营管理者们的决策视野局限于本期规划的经营活动,通常不考虑下期。例如,一些企业提前完成本期预算后,以为可以松一口气,其他事等来年再说,形成人为的预算间断。因此,按定期预算方法编制的预算不利于企业的长远发展。为了克服定期预算的缺点,在实践中可采用滚动预算的方法。

滚动预算的方法又称连续预算或永续预算,是指在编制预算时,将预算期与会计年度脱离开,随着预算的执行不断延伸补充预算,逐期向后滚动,每过去1个月(或1个季度),立即在期末补充1个月(或1个季度)的预算,使预算期永远保持为12个月(或4个季度)。

2. 滚动预算的优点

与传统的定期预算相比,按滚动预算方法编制的预算所具有的优点,一是透明度高,由于预算编制是与日常管理紧密衔接,可以使管理人员始终能够从动态的角度把握住企业近期的规划目标和远期的战略布局,使预算具有较高的透明度;二是及时性强,由于滚动预算能根据前期预算的执行情况,结合各种因素的变动影响,及时调整和修订近期预算,从而使

预算更加切合实际;三是连续性、完整性和稳定性突出,由于滚动预算在时间上不再受日历年度的限制,能够连续不断地规划未来的经营活动,不会造成预算的人为间断,同时可以使企业管理人员了解未来 12 个月(或 4 个季度)内企业的总体规划与近期预算目标,能够确保企业管理工作的完整性与稳定性。

采用滚动预算的方法编制预算的唯一缺点就是预算编制工作量较大。

3. 滚动预算编制的方式

滚动预算按其预算编制和滚动的时间单位不同可分为逐月滚动、逐季滚动和混合滚动三种方式。

1) 逐月滚动

逐月滚动是指在预算编制过程中,以月份为预算的编制和滚动单位,每个月调整一次预算的方法。

如在 2016 年 1 月至 12 月的预算执行过程中,需要在 1 月末根据当月预算的执行情况,修订 2 月至 12 月的预算,同时补充 2017 年 1 月份的预算;2 月末根据当月预算的执行情况,修订 3 月至 2017 年 1 月的预算,同时补充 2017 年 2 月份的预算,照此类推。

逐月滚动预算示意图如图 9-3 所示。

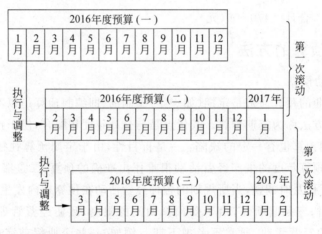

图 9-3 逐月滚动预算

逐月滚动编制的预算比较精确,但工作量太大。

2) 逐季滚动

逐季滚动是指在预算编制过程中,以季度为预算的编制和滚动单位,每个季度调整一次预算的方法。

逐季滚动编制的预算比逐月滚动的工作量小,但预算精度较差。

3) 混合滚动

混合滚动方式是指在预算编制过程中,同时使用月份和季度作为预算的编制和滚动单位的方法。它是滚动预算的一种变通方式。

混合滚动预算示意图如图 9-4 所示。

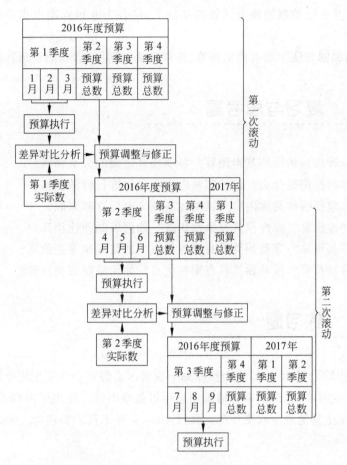

图 9-4　混合滚动预算

本章小结

全面预算管理是一种定量的综合管理方法，是对现代企业经营决策的具体化和数量化。

财务预算是全面预算的重要组成部分，包括现金预算、预计资产负债表、预计利润表和预计现金流量表。现金预算的主要方法是现金收支法。在具体使用现金收支法时，首先要根据本期销售预算等资料，预计本期营业现金收入和其他现金收入，然后再根据本期各项费用预算资料，预计本期营业现金支出和其他现金支出，然后确定本期现金结余的最低存量，以此推算出本期现金溢缺额。溢余现金可用于归还借款和投资活动等，短缺现金应设法筹资来弥补，如向银行借款或出售短期证券等。

预计利润表是反映和控制企业在预算期内损益情况和盈利水平的预算。它是在汇总预算期内销售预算、产品成本预算、各项费用预算等资料的基础上编制的。预计资产负债表是反映预算期末企业财务状况的预算。它是以报告期期末的资产负债表为基数，根据预算期内各种业务预算、现金预算及资本预算等有关资料编制而成的。预计现金流量表是从现金的流入和流出两个方面来反映预算期内企业经营活动、投资活动和筹资活动所产生的现金流量的预算。它是在已编制的现金预算的基础上,结合企业预算期内相关的现金收支资料编制而成的。

全面预算的编制方法主要有固定预算、弹性预算、零基预算和滚动预算。

复习与思考题

1. 全面预算管理包括哪些基本预算?各项预算之间的关系如何?
2. 财务预算的作用是什么?包括哪些内容?如何进行财务预算?
3. 现金预算包括哪些具体内容?试阐述各项内容的资料来源。
4. 什么是弹性预算?弹性预算有哪些优点?如何编制弹性预算?
5. 什么是零基预算?零基预算具有哪些优点?如何编制零基预算?
6. 什么是滚动预算?滚动预算具有哪些优点?如何编制滚动预算?

练习题

【题 9-1】 相城公司 2016 年现金预算如下表所示。假定企业发生现金余缺均由归还和取得流动资金借款解决,且流动资金借款利息可以忽略不计。除表中所列项目外,既没有有价证券,也没有发生其他现金收支业务。预计 2016 年年末流动负债为 4 000 元,需要保证的年末现金比率为 50%。

要求:

根据所列资料,计算填列表中用字母表示的项目。

现金预算表 万元

项目	第 1 季度	第 2 季度	第 3 季度	第 4 季度
期初现金余额	1 000			2 500
本期现金收入	31 000	33 500	E	36 500
本期现金支出	30 000	C	37 000	40 000
现金余缺	A	1 000	3 000	G
资金筹措与运用	−500	1 000	F	I
取得流动资金借款	—	1 000		
归还流动资金借款	−500			
期末现金余额	B	D	2 500	H

【题 9-2】 已知某公司 2016 年第 1~3 月实际销售额分别为 38 000 万元、36 000 万元和 41 000 万元,预计 4 月份销售额为 40 000 万元。每月销售收入中有 70% 能于当月收现,20% 于次月收现,10% 于第三个月收讫,不存在坏账。假定该公司销售的产品在流通环节只需缴纳消费税,税率为 10%,并于当月以现金缴纳。该公司 3 月末现金余额为 80 万元,应付账款余额为 5 000 万元(需在 4 月份付清),不存在其他应收应付款项。

4月份有关项目预计资料如下：采购材料8 000万元（当月付款70%）；工资及其他支出8 400万元（用现金支付）；制造费用8 000万元（其中折旧费等非付现费用为4 000万元）；营业费用和管理费用1 000万元（用现金支付）；预交所得税1 900万元；购买设备12 000万元（用现金支付）。现金不足时，通过向银行借款解决。4月末现金余额要求不低于100万元。

要求：

根据上述资料，计算该公司4月份的下列预算指标：

(1) 经营性现金流入。

(2) 经营性现金流出。

(3) 现金余缺。

(4) 应向银行借款的最低金额。

(5) 4月末应收账款余额。

【题9-3】 某企业现着手编制2016年6月份的现金收支计划。预计2016年6月月初现金余额为8 000元；月初应收账款4 000元，预计月内可收回80%；本月销货50 000元，预计月内收款比例为50%；本月采购材料8 000元，预计月内付款70%；月初应付账款余额5 000元需在月内全部付清；月内以现金支付工资8 400元；本月制造费用等间接费用付现16 000元；其他经营性现金支出900元；购买设备支付现金10 000元。企业现金不足时，可向银行借款，借款金额为1 000元的倍数；现金多余时可购买有价证券。要求月末现金余额不低于5 000元。

要求：

(1) 计算经营现金收入。

(2) 计算经营现金支出。

(3) 计算现金余缺。

(4) 确定最佳资金筹措或运用数额。

(5) 确定现金月末余额。

【题9-4】 某公司甲车间采用滚动预算方法编制制造费用预算。已知2016年各季度的制造费用预算见下表（其中间接材料费用忽略不计）：

2016年全年制造费用预算

项　　目	第1季度	第2季度	第3季度	第4季度	合计
直接人工预算总工时/h	11 400	12 060	12 360	12 600	48 420
变动制造费用/元					
间接人工费用/元	50 160	53 064	54 384	55 440	213 048
水电与维修费用/元	41 040	43 416	44 496	45 360	174 312
变动制造费用小计/元	91 200	96 480	98 880	100 800	387 360
固定制造费用/元					
设备租金/元	39 600	38 600	38 600	38 600	154 400
管理人员工资/元	17 400	17 400	17 400	17 400	69 600
固定制造费用小计/元	56 000	56 000	56 000	56 000	224 000
制造费用合计/元	147 200	152 480	154 880	156 800	611 360

2016年3月31日公司在编制2016年第2季度至2017年第1季度滚动预算时，发现未

来的四个季度中将出现以下情况:
(1) 间接人工费用预算工时分配率将上涨 50%;
(2) 原设备租赁合同到期,公司新签订的租赁合同中设备年租金将降低 20%;
(3) 预计直接人工总工时见"2016 年第 2 季度至 2017 年第 1 季度制造费用预算"表。
假定水电与维修费用预算工时分配率等其他条件不变。

要求:
(1) 以直接人工工时为分配标准,计算下一滚动期间的如下指标:
- 间接人工费用预算工时分配率;
- 水电与维修费用预算工时分配率。
(2) 根据有关资料计算下一滚动期间的如下指标:
- 间接人工费用总预算额;
- 每季度设备租金预算额。
(3) 计算填列下表中用字母表示的项目(可不写计算过程)。

2016 年第 2 季度至 2017 年第 1 季度制造费用预算

项　　目	2016 年度			2017 年度	合计
	第 2 季度	第 3 季度	第 4 季度	第 1 季度	
直接人工预算总工时/h	12 100	(略)	(略)	11 720	48 420
变动制造费用/元					
间接人工费用/元	A	(略)	(略)	B	(略)
水电与维修费用/元	C	(略)	(略)	D	(略)
变动制造费用小计/元	(略)	(略)	(略)	(略)	493 884
固定制造费用/元					
设备租金/元	E	(略)	(略)	(略)	(略)
管理人员工资/元	F	(略)	(略)	(略)	(略)
固定制造费用小计/元	(略)	(略)	(略)	(略)	(略)
制造费用合计/元	171 700	(略)	(略)	(略)	687 004

案例 9-1　康乐公司的财务预算表

康乐公司是一家全国性的零售商。该公司最近获得一项新型打火机的独家经销权。在过去数年间,此项打火机的销路一直呈上升势头,故该公司不得不增加管理人员。2016 年初该公司总经理希望新招聘来的大学毕业生能为公司编制一套 2016 年第 2 季度的财务预算表。如果您是那位新来的大学生,您能根据以下资料完成公司总经理的任务吗?

该公司对于每月的期末现金余额,希望能保持至少 10 000 元。该项新型打火机的售价每只为 8 元。2016 年有关月份的打火机销售数量如下页:

1月份(实际销售量)　20 000只　　　2月份(预计销售量)　24 000只
3月份(预计销售量)　28 000只　　　4月份(预计销售量)　35 000只
5月份(预计销售量)　45 000只　　　6月份(预计销售量)　60 000只
7月份(预计销售量)　40 000只　　　8月份(预计销售量)　36 000只
9月份(预计销售量)　32 000只

各月份的期末存货,应为下个月销售量的90%,该项打火机的进货成本为每只5元。

该公司进货付款的方式如下:进货当月份付款50%,其余50%于次月份付清。该公司销货无折扣。销售当月底前能收到货款的25%,次月份收到50%,再次1个月收到余下的25%,坏账极少,可以忽略不计。

公司每月的营业费用如下:

变动费用:销货佣金——每只打火机1元

固定费用:工资——36 000元,水电——1 000元,应摊保险费——1 200元,折旧——1 500元,其他——2 000元

在上面各项营业费用中,除折旧及保险费外,均须与费用发生的当月以现金付清。该公司预计5月份将购置固定资产25 000元,以现金支付。该公司每季度应缴税金12 000元,该项税款均于下一季度第1个月上缴。该公司2016年3月31日预计资产负债表如下:

预计资产负债表

2016年3月31日　　　　　　　　　　　　　　　　　　　　　　　　元

资　产	金　额	负债和所有者权益	金　额
现金	14 000	应付账款	85 750
应收账款	216 000	应付税金	12 000
存货	157 500	实收资本	300 000
预付保险费	14 400	留存收益	176 850
固定资产净值	172 700		
资产合计	574 600	负债和所有者权益合计	574 600

资产负债表中应收账款216 000元,是2月份销货48 000元及3月份销货16 800元的合计数。存货中打火机数量为31 500只。

该公司平时可以向银行借款,年利率10%。月初借款,月底还款。利息计算及付息与归还本金时一同办理。归还借款本金以1 000元为单位,但借款额可为任何金额。

分析:

在以销定产的经营方针指导下,全面预算体系中的销售预算起着主导的作用,它直接关系到并决定着预算期内的现金收账预算,进货预算,费用预算,现金预算以及各种预计财务报表上的有关金额。各种预计财务报表必须在其他预算完成后,根据所提供的数据才能完成。根据上述资料编制有关预算如下:

销售预算表(第2季度)

项　目	4月	5月	6月	合计
预计销售量/只	35 000	45 000	60 000	140 000
销售单价/元	8	8	8	8
销售收入/元	280 000	360 000	480 000	1 120 000

现金收账预算表(第 2 季度) 元

项 目	余额及本期发生额	每月实收数		
		4月	5月	6月
期初余额	216 000	160 000①	56 000②	
4月份销售收入	280 000	70 000	140 000	70 000
5月份销售收入	360 000		90 000	180 000
6月份销售收入	480 000			120 000
期末余额	450 000③			
合计		230 000	286 000	370 000

其中,① 160 000＝(24 000×25％＋28 000×50％)×8＝(6 000＋14 000)×8
② 56 000＝7 000×8(3月份的最后 7 000 只)
③ 450 000＝(11 250＋45 000)×8

或

450 000＝(360 000－90 000－180 000)＋(480 000－120 000)

进货预算表(第 2 季度) 只

项 目	4月	5月	6月	合计
预计销售量	35 000	45 000	60 000	140 000
加:期末存货	40 500	54 000	36 000	36 000
合计	75 500	99 000	96 000	176 000
减:期初存货	31 500	40 500	54 000	31 500
预计进货量	44 000	58 500	42 000	144 500

进货现金支出预算表(第 2 季度) 元

项 目	余额及本期发生额	每月支出数		
		4月	5月	6月
期初余额	85 750	85 750		
4月份销售收入	220 000	110 000	110 000	
5月份销售收入	292 500		146 250	146 250
6月份销售收入	210 000			105 000
期末余额	105 000			
合计		195 750	256 250	251 250

总费用预算表(第 2 季度) 元

项 目	4月	5月	6月	合计
变动费用				
销售佣金	35 000	45 000	60 000	140 000
固定费用				
工资	36 000	36 000	36 000	108 000
水电	1 000	1 000	1 000	3 000
应摊保险费	1 200	1 200	1 200	3 600
折旧	1 500	1 500	1 500	4 500
其他	2 000	2 000	2 000	6 000
合计	76 700	86 700	101 700	265 100

现金预算表
元

项 目	4月	5月	6月
期初余额	14 000	10 000	10 000
本期收入	230 000	286 000	370 000
小计	244 000	296 000	380 000
本期支出			
购买固定资产		25 000	
进货	195 750	256 250	251 250
营业费用	74 000	84 000	99 000
支付税金	12 000		
小计	281 750	365 250	350 250
收支相抵现金不足(或盈余)	−37 750	−69 250	29 750
银行借款	47 750	79 250	
偿还借款			18 000
支付利息			450
期末余额	10 000	10 000	11 300

预计利润表
元

项 目	4月	5月	6月	合计
销售收入	280 000	360 000	480 000	1 120 000
变动成本				
销售成本	175 000	225 000	300 000	700 000
销售佣金	35 000	45 000	60 000	140 000
边际贡献	70 000	90 000	120 000	280 000
固定费用				
工资	36 000	36 000	36 000	108 000
水电	1 000	1 000	1 000	3 000
应摊保险费	1 200	1 200	1 200	3 600
折旧	1 500	1 500	1 500	4 500
其他	2 000	2 000	2 000	6 000
小计	41 700	41 700	41 700	125 100
营业收益	28 300	48 300	78 300	154 900

预计资产负债表
元

资　产				负债和所有者权益			
项　目	4月30日	5月31日	6月30日	项　目	4月30日	5月31日	6月30日
现金	10 000	10 000	11 300	应付账款	110 000	146 250	105 000
应收账款	266 000	340 000	450 000	应交税费			12 000
存货	202 500	270 000	180 000	银行借款	47 750	127 000	109 000
预付保险费	13 200	12 000	10 800	实收资本	300 000	325 000	325 000
固定资产净值	171 200	194 700	193 200	留存收益	205 150	228 450	294 300
资产合计	662 900	826 700	845 300	负债和所有者权益合计	662 900	826 700	845 300

留存收益=176 850+154 900−12 000−450−25 000=294 300(元)

案例 9-2　计划没有想象的好

2000年3月,地区电话公司 Verizon 向 Metromedia Fiber 投资17亿美元。目前价值仅为5亿美元。

尽管这是一次数额巨大的投资,但从当时的情况看,Verizon 好像是抓住了一次不容错过的机会。当时,财力强大的 Verizon 急于进入宽带服务市场,而 Metromedia 恰好在兴建提供宽带服务的网络。加上融资方 Metromedia 与亿万富翁约翰·克鲁奇控制的著名国际集团有联营关系,因此这次投资更显得把握十足。投融资双方两相情愿,交易水到渠成。Verizon 放弃了自行兴建网络的想法,达成协议,将来使用 Metromedia 的网络。

为帮助 Metromedia 建成网络,Verizon 以每股14美元购买了价值7.17亿美元的股票,并向这家公司提供了总价9.75亿美元的一笔贷款。通过这次耗资巨大的投资,将来 Verizon 会有机会收购 Metromedia 的网络。但是,Metromedia 很快就把钱花光了,而克鲁奇又迟迟不肯为联营的伙伴掏腰包,结果该股表现乏力,价位不到1美元。至2002年,Verizon 把投资的账面价值降低到了2亿美元。Verizon 的计划,看来没有想象的好。

财务控制 第10章

> **本章学习目标** 通过本章的学习,要求掌握责任中心的概念,掌握成本中心、利润中心和投资中心的含义与特征,以及不同责任中心的业绩评价办法;熟悉财务控制的要素、方式和基本原则;了解财务预警的基本原理。

财务控制(financial control)　　可控成本(controllable cost)
成本中心(cost center)　　成本-效益分析(cost/benefit analysis)
成本对象(cost object)　　直接人工(direct labor)
直接材料(direct materials)　　利润中心(income center)
投资中心(investment centre)　　投资管理(investment management)
业绩动因(performance driver)　　业绩管理(performance management)
业绩考评(performance measures)　　业绩报告(performance reporting)
责任中心(responsibility centre)　　收入中心(pevenue centre)
财务失败(finance failure)　　财务预警(finance early-warming)

中国会计学会(http://www.asc.net.cn)
中国注册会计师协会(http://www.cicpa.org.cn)
中国内部审计协会(http://www.ciia.com.cn)

> 　　财务控制,是指按照一定的程序与方法,确保企业及其内部机构和人员全面落实和实现财务预算的过程。
> 　　财务控制的特征有:以价值形式为控制手段;以不同岗位、部门和层次的不同经济业务为综合控制对象;以控制日常现金流量为主要内容。
> 　　财务控制是内部控制的一个重要组成部分,是内部控制的核心,也是内部控制在资金和价值方面的体现。
> 　　资料来源:财政部会计资格评价中心编.财务管理.北京:中国财政经济出版社,2007年,323页。

10.1 内部控制概述

10.1.1 内部控制的含义及其基本要素

财政部会同证监会、审计署、银监会、保监会于 2008 年发布了《企业内部控制基本规范》,该规范指出:内部控制,是由企业董事会、监事会、经理层和全体员工实施的,旨在实现控制目标的过程。内部控制的目标是合理保证企业经营管理合法合规、资产安全、财务报告及相关信息真实完整,提高经营效率和效果,促进企业实现发展战略。我国的《企业内部控制基本规范》要求企业建立与实施有效的内部控制时应当包括五个要素。

1. **内部环境**

内部环境是企业实施内部控制的基础,一般包括治理结构、机构设置及权责分配、内部审计、人力资源政策、企业文化等。

2. **风险评估**

风险评估是企业及时识别、系统分析经营活动中与实现内部控制目标相关的风险,合理确定风险应对策略。

3. **控制活动**

控制活动是企业根据风险评估结果,采用相应的控制措施,将风险控制在可承受度之内。

4. **信息与沟通**

信息与沟通是企业及时、准确地收集、传递与内部控制相关的信息,确保信息在企业内部、企业与外部之间进行有效沟通。

5. **内部监督**

内部监督是企业对内部控制建立与实施情况进行监督检查,评价内部控制的有效性,发现内部控制缺陷,应当及时加以改进。

10.1.2 内部控制的方式

内部控制活动包括政策和程序两个方面,政策规定应该做什么,程序则使政策产生效果。企业必须制定内部控制的政策和程序,并予以执行,以帮助管理层实现控制的目标。根据控制活动的具体表现形式,内部控制的方式主要有以下几种:

1. **授权批准控制**

授权是指授予对某一大类业务或某项具体业务的决策作出决定的权力。授权通常包括一般授权和特别授权两种方式。一般授权主要是对日常业务活动的授权,通常是以管理部门文件的形式,规定一般性交易办理的条件、范围和对该交易的责任关系;特别授权适用于管理当局认为个别交易必须经批准的情况,如对外投资、资产处置、收购兼并、超过一般授权限制的常规交易等,都需要特殊授权。

一个完善的授权批准体系包括以下几个方面:①授权批准的范围,企业各项财务活动通常都应纳入;②授权批准的层次,应根据经济活动的重要性和金额大小确定,以保证不同的管理层既有权也有责;③授权批准的程序,应规定每一项经济业务的审批程序,以便按程序办理审批,避免越权审批、违规审批的情况发生;④授权批准的责任,需明确授权批准人员所承担的责任。

一个企业的授权控制应做到以下几点:①企业所有人员不经合法授权,不能行使相应权力。这是最起码的要求。不经合法授权,任何人不能审批;有权授权的人则应在规定的权限范围内行事,不得越权授权。②企业的所有业务未经授权不能执行。

2. 职务分离控制

这是指对处理某种经济业务所涉及的职责分配给不同的人员,使每个人的工作都是对其他有关人员的工作的一种自动检查。职务分离的主要目的是预防和及时发现职工在履行职责过程中产生错误和舞弊行为。

从控制的观点来看,如果一位负有多项责任的人员在其正常的工作过程中会发生错误或舞弊,并且财务控制制度又难以发现,那么就可以肯定他所兼任的职务是不相容的。对于不相容职务必须进行分离,包括在组织机构之间的分离和组织机构内部有关人员之间的分离。

财务分离控制要求做到:①任何业务尤其是货币资金收支业务的全过程,不能由某一个岗位或某一个人包办;②经济业务的责任转移环节不能由某一个岗位单独办理;③某一岗位履行职责情况绝不能由其自己说了算;④财务权力的行使必须定期地接受独立审查。

常见的不相容职务包括:业务授权与执行职务相分离;业务执行与记录职务相分离;财产保管与记录职务相分离;记录总账与明细账职务相分离;经营责任与记账责任相分离;财产保管与财产核对职务相分离;对一项经济业务处理的全过程的各个步骤也要分配给不同的部门和人员来负责。

3. 全面预算控制

企业实施全面预算控制是通过整个预算管理的过程,根据企业战略发展的需要,对企业的资源进行统筹分配,从而使企业的经营管理活动控制在管理层既定的目标之下的一种综合性的管理活动。制定和执行全面预算控制的过程,是企业不断用量化的工具使外部的经营环境、拥有的经济资源和企业的发展目标保持动态平衡的过程。从本质上讲,全面预算控制就是用数据指导管理,以预算确定的数据制定年度战略目标;以预算执行的数据发现与目标的距离,调整管理的方向;以决算的数据(完成经济指标数据)作为年终考核的依据。唯有在管理过程中,时刻以预算数据指导管理控制,提高控制的效果,才是全面预算控制的真谛。因此,全面预算控制不仅具有控制的功能,还具有计划、预警、考核、激励等功能。

4. 财产保全控制

财产保全控制是最传统的财务控制方法。具体包括:

(1) 限制接触财产。限制非授权人接触某项资产,建立必要的防护措施,确保资产的安全完整。通常纳入严格限制接触的资产有现金和易变现的资产(如股票、债券等有价证券、存货),以及重要的票据(如支票)、个人的印章等。

(2) 定期盘点清查。定期盘点和账实核对不应由担任保管或担任记录事务的人员单独进行。企业可以采取全面清查,也可以采取局部清查。从控制效果上看,采用永续盘存制记录下的盘点比采用定期盘存制下的盘点效果更好。企业财务控制应当明确有处理盘点差异的权限,以及相应人员的责任。

(3) 记录保护。即严格限制接近会计记录与业务记录的人员,对重要的数据资料应当备份。

(4) 财产保险。通过对资产投保(如火灾险、盗窃险、责任险等),增加实物受损补偿机会。

(5) 财产记录监控。建立资产个人档案,对资产增减变动及时、全面地予以记录,并加强财产所有权证的管理。

5. 独立检查控制

这是指由业务执行者以外的人员对已执行的业务的正确性所进行的验证,又称内部稽核,包括凭证与凭证、凭证与账簿、账簿与账簿、账簿与报表、书面记录与实物之间的核对,也包括对一些计算表、汇总表、调节表、分析表的复核。

一个有效的独立检查控制应当满足三个条件:①检查工作由一个和原业务活动、记录、保管相独立的人员来执行。②不管采用全部复核或抽样复核,复核工作须经常进行。③错误和例外须迅速地传达给有关人员,以便更正。若重复犯错误或重大错误及所有不当行为,必须向适当管理层报告。

6. 业绩评价控制

业绩评价是将实际业绩与其评价标准(如前期业绩、预算和外部基准尺度)进行比较,对营运业绩等所进行的评价。当然,财务控制的最终效率取决于是否有切实可行的奖罚制度,以及是否严格执行这一制度。否则,即使有符合实际的财务预算,也会因为财务控制的软化而得不到贯彻落实。奖罚制度及其执行包括以下内容:

(1) 奖罚制度必须结合各责任中心的预算责任目标制定,得以体现公平、合理、有效的原则。

(2) 要形成严格的考评机制。是否奖罚取决于考评的结果,考评是否正确直接影响奖罚制度的效力。严格的考评机制包括建立考评机构、确定考评程序、审查考评数据、依照制度进行考评和执行考评结果。

(3) 要把过程考核与结果考核结合起来,把即时奖罚与期间奖罚结合起来。这就要求在财务控制过程中随时考核各责任中心的责任目标和执行情况,并根据考核结果当即奖罚。同时,要求一定时期终了(一般为年度),根据财务预算的执行结果,对各责任中心进行全面考评,并进行相应的奖罚。

10.2 财务控制的原则与种类

财务控制是内部控制的一个重要组成部分,财务控制要以消除隐患、防范风险、规范经营、提高效率为宗旨。财务控制必须渗透到企业的法人治理结构与组织管理的各个层次、生产业务全过程、各个经营环节,覆盖企业所有的部门和员工,即财务控制应该是全方位的。同时,企业还应建立多元的财务监控措施,即既要有事后的监控措施,也要有事前、事中的监控手段、策略;既要有约束手段,也要有激励的安排;既要有财务上资金流量、存量预算指标的设定、会计报告反馈信息的跟踪,也要有人事委派、生产经营一体化、转移价格、资金融通的策略。

10.2.1　财务控制的原则

企业在实施财务控制时,必须遵循一定的原则。概括地说,这些原则包括以下十个方面:

1. 目的性原则

财务控制作为一种财务管理职能,必须具有明确的目的性,为企业的理财目标服务。

2. 充分性原则

财务控制的手段对于目标而言,应当是充分的,应当足够保证目标的实现。

3. 及时性原则

财务控制的及时性是指及时发现偏差,并能及时采取措施加以纠正。

4. 认同性原则

财务控制的目标、标准和措施必须为相关人士所认同。

5. 经济性原则

财务控制的手段应当是必要的,没有多余,财务控制所获得的价值应大于所需费用。

6. 客观性原则

管理者对绩效的评价工作应当客观、公正,防止主观、片面。

7. 灵活性原则

财务控制应当含有足够灵活的要素,以便在出现任何失常的情况下,都能保持对运行过程的控制,不受环境变化、计划疏忽、计划变更的影响。

8. 适应性原则

财务控制应当能反映组织结构,同职位相适应,并反映所制订的有待实施的计划。

9. 协调性原则

财务控制的各种手段在功能、作用、方向和范围方面不能相互掣肘,而应相互配合,在单位内部形成合力,产生协同效应。

10. 简明性原则

控制目标应当明确,控制措施与规章制度应当简明易懂,易为执行者理解和接受。

10.2.2　财务控制的种类

财务控制可以分别根据控制的内容、功能和时序,作出不同的分类。

1. 按照财务控制的内容分类

按照财务控制的内容不同,可将其分为一般控制和应用控制两类。一般控制是指对企业财务活动赖以进行的内部环境所实施的总体控制,包括组织控制、人员控制、财务预算、业绩评价、财务记录等内容。应用控制是指作用于企业财务活动的具体控制,包括业务处理程序中的批准与授权、审核与复核以及为保证资产安全而采取的限制措施等项控制。

2. 按照财务控制的功能分类

按照财务控制的功能不同,可将其分为预防性控制、侦查性控制、纠正性控制、指导性控制和补偿性控制。预防性控制是指为防范风险、错弊和非法行为的发生,或减少其发生的机会所进行的控制。侦查性控制是指为了及时识别已经存在的风险、已经发生的错弊和非法行为,或增强识别能力所进行的控制。纠正性控制是指对那些通过侦查性控制查出来的问题所进行的调整和纠正。指导性控制是指为了实现有利结果而进行的控制。补偿性控制是指针对某些环节的不足或缺陷而采取的控制措施。

3. 按照财务控制的时序分类

按照财务控制的时序不同,可将其分为事前控制、事中控制和事后控制三类。事前控制是指企业为防止财务资源在质和量上发生偏差,而在行为发生之前所实施的控制。事中控制是指财务活动发生过程中所进行的控制。事后控制是指对财务活动的结果所进行的分析、评价。

10.3 责任中心财务控制

企业为了实行有效的内部协调与控制,通常都按照统一领导、分级管理的原则,在其内部合理划分责任单位,明确各责任单位应承担的财务责任、应有的权利,促使各责任单位尽其责任协同配合。责任中心就是承担一定经济责任,并享有一定权利和利益的企业内部单位(或责任单位)。它是一个责、权、利相结合的实体,具有承担经济责任的条件,以及相对独立的经营业务和财务收支活动。当然,责任中心所承担的责任和行使的权力都应是可控的,而且要便于进行责任会计核算。

10.3.1 责任中心的类型和考核指标

根据企业内部责任中心的权责范围及业务流程的特点不同,责任中心可以分为成本中心、利润中心和投资中心三大类。责任中心的建立是实行责任预算、责任会计和业绩考核的基础。

1. 成本中心

成本中心是指对成本或费用承担责任的责任中心。它不会形成可以用货币计量的收入,因而不对收入、利润或投资负责。成本中心一般包括负责产品生产的生产部门、劳务提供部门以及给予一定费用指标的管理部门。成本中心的应用范围最广,从一般意义出发,企业内部凡有成本发生,需要对成本负责,并能实施成本控制的单位,都可以成为成本中心。

1) 成本中心的类型

成本中心分为标准成本中心和费用中心。标准成本又称技术性成本,是指发生的数额通过技术分析可以相对可靠地估算出来的成本,如产品生产过程中发生的直接材料、直接人工、间接制造费用等。其特点是这种成本的发生可以为企业提供一定的物质成果,在技术上投入量与产出量之间有着密切的联系。技术性成本可以通过标准成本或弹性预算予以控制。标准成本中心是以实际产出量为基础,并按标准成本进行成本控制的成本中心。

费用中心也称酌量性成本中心。酌量性成本（又称可控成本）是否发生以及发生数额的多少是由管理人员的决策所决定的，主要包括各种管理费用和某些间接成本项目，如研究开发费用、广告费用、职工培训费用等。这种费用的发生主要是为企业提供一定的专业服务，一般不能产生可以用货币计量的成果。这类费用在技术上，投入量与产出量之间没有直接关系。因此，酌量性成本的控制应着重于预算总额的审批上。费用中心是以直接控制经营管理费用为主的成本中心。

2）成本中心的特点

成本中心相对于利润中心和投资中心来说有自身的特点，主要表现在：

(1) 成本中心只考评成本费用而不考评收益。成本中心一般不具备经营权和销售权，其经营活动的结果不会形成可以用货币计量的收入。有的成本中心可能有少量的收入，但整体来讲，其产出与投入之间不存在密切的对应关系。因而，这些收入不作为主要的考核内容，也不必计算这些货币收入。概括地说，成本中心只以货币形式计量投入，不以货币形式计量产出。

(2) 成本中心只对可控成本承担责任。成本费用依其责任主体是否能控制分为可控成本和不可控成本。凡是责任中心能控制其发生及其数量的成本称为可控成本；凡是责任中心不能控制其发生及其数量的成本称为不可控成本。具体来说，可控成本具备三个条件：一是可以预计，即成本中心能够通过一定的方式知道将要发生什么性质的成本；二是可以计量，即成本中心能够对发生的成本进行计量；三是可以控制，即成本中心能够通过自身的行为控制和调节成本。凡不能同时具备以上三个条件的成本通常为不可控成本。属于某成本中心的各项可控成本之和，即构成该成本中心的责任成本。

(3) 成本中心只对责任成本进行考核和控制。责任成本分为由预算分解确定的各责任中心应承担的预算责任成本，以及各责任中心为业务活动所发生的实际责任成本。对成本中心的业务活动所耗费的成本费用进行控制，应以各成本中心的预算责任成本为依据，确保实际发生的成本不会超过预算责任成本；对成本中心的业务活动所耗费的成本费用进行考核，应通过各成本中心的实际责任成本与预算责任成本进行比较，确定其成本控制的绩效，并采取相应的奖惩措施。为了便于对各成本中心的责任成本进行控制和考核，还应建立、健全责任会计核算体系，按成本中心分别组织责任成本核算。

3）成本中心的考核指标

成本中心考核的主要内容是成本，即通过各成本中心的实际责任成本与预算责任成本的比较，评价成本中心业务活动的优劣。与此相适应，成本中心的考核指标也主要采用相对指标和比较指标，包括成本（费用）降低额和降低率两类指标，其计算公式为

成本（费用）降低额＝预算责任成本（或费用）－实际责任成本（或费用）

成本（费用）降低率＝成本（费用）降低额/预算责任成本（费用）×100%

在对成本中心进行考核时，如果预算产量与实际产量不一致，应注意按弹性预算的方法先行调整预算指标，然后再按上述指标计算。

【例10-1】 某制造企业内部某车间为成本中心，生产 A 产品，预算产量 6 000 件，单位成本 100 元；实际产量 7 000 件，单位成本 95 元。该成本中心的成本降低额和降低率分别为

成本降低额＝7 000×100－7 000×95＝35 000（元）

成本降低率＝35 000/(7 000×100)＝5%

该成本中心的成本降低额为 35 000 元,降低率为 5%。

2. 利润中心

利润中心是对利润负责的中心。由于利润是收入扣除成本费用之差,利润中心是指既对成本负责又对收入和利润负责的区域。它既要控制成本费用的发生,也要对收入和成本费用的差额即利润进行控制。利润中心能同时控制生产和销售,但没有责任或没有权力决定该中心资产投资的水平。这类责任中心一般是指有产品或劳务生产经营决策权的企业较高层次的内部部门,如分厂、分店、分公司,一般具有独立的收入来源或能视同为一个有独立收入的部门,通常具有独立的经营权。

1) 利润中心的类型

利润中心分为自然利润中心和人为利润中心两类。

(1) 自然利润中心。它直接向企业外部出售产品,在市场上进行购销业务。这种利润中心本身直接面向市场,具有产品销售权、价格制定权、材料采购权和生产决策权。它虽然是企业内的一个部门,但其功能与独立企业相近。最典型的形式就是企业内的事业部,每个事业部均有销售、生产、采购的权力,有很大的独立性。

(2) 人为利润中心。它主要在企业内部按照内部转移价格出售产品,视同产品销售而取得"内部销售收入"。这种利润中心一般不直接对外销售产品,只为本企业内部各责任中心提供产品(或劳务)。成为人为利润中心应具备两个条件:一是可以向其他责任中心提供产品或劳务;二是能合理地确定转移产品的内部转移价格,以实现公平交易、等价交换。例如,大型钢铁企业分成采矿、炼铁、炼钢、轧钢等几个部门,这些生产部门的产品主要在企业内部转移,只有少量对外销售,或者全部对外销售由专门的销售机构完成。这些生产部门可视为利润中心,并称为人为利润中心。

2) 利润中心的成本计算

利润中心对利润负责,必然要考核和计算成本,以便正确计算利润,作为对利润中心业绩评价与考核的可靠依据。对利润中心的成本计算,通常有两种方式可供选择:

(1) 利润中心只计算可控成本,不分担不可控成本,即不分摊共同成本。这种方式主要适用于共同成本难以合理分摊或无须进行共同成本分摊的场合。按这种方式计算出的盈利不是通常意义上的利润,而是相当于"贡献毛益总额"。企业各利润中心的"贡献毛益总额"之和,减去未分配的共同成本,经过调整后才是企业的利润总额。采用这种成本计算方式的"利润中心",实质上已不是完整的和原来意义上的利润中心,而是贡献毛益中心。人为利润中心适合采取这种计算方式。

(2) 利润中心不仅计算可控成本,也计算不可控成本。这种方式适合于共同成本易于合理分摊或不存在共同成本分摊的场合。这种利润中心在计算时,如果采用变动成本法,应先计算出贡献毛益,再减去固定成本,才是税前净利;如果采用完全成本法,利润中心可以直接计算出税前净利。各利润中心的利润总额之和,就是全企业的利润总额。自然利润中心适合采取这种计算方式。

3) 利润中心的考核指标

对于利润中心进行考核的指标主要是利润,即通过一定期间实际实现的利润与责任预算所确定的利润进行对比,评价其责任中心的业绩。但由于成本计算方式不同,各利润中心的利润指标的表现形式也不相同。

当然，也应当看到，任何一个单独的业绩衡量指标都不能够反映出某个组织单位的所有经济效果，利润指标也是如此。因此，尽管利润指标具有综合性，利润计算具有强制性和较好的规范化程度，但仍然需要一些非货币的衡量方法作为补充，包括生产率、市场地位、产品质量、短期目标与长期目标的平衡等。因此，必要时对利润中心的考核要导入平衡计分卡系统，以对企业的财务绩效指标与非财务绩效指标、滞后绩效指标与前置绩效指标等进行全面的评价。

3. 投资中心

投资中心是指某些分散经营的单位或部门，其经理所拥有的自主权不仅包括制定价格、确定产品和生产方法等短期经营决策权，而且包括投资规模和投资类型等投资决策权。投资中心是最高层次的责任中心，它具有最大的决策权，也承担最大的责任。在组织形式上，投资中心一般是独立法人，利润中心可以是独立法人，也可以不是独立法人，而成本中心一般不是独立法人。由于投资中心的经理不仅能控制除企业分摊管理费用外的全部成本和收入，而且能控制占用的资产，因此，在评价投资中心的业绩时，不仅要衡量其利润，而且要衡量其资产，并把利润与其所占用的资产联系起来。通常选择的考核指标有以下两种：

1) 投资利润率

投资利润率又称投资收益率，是指投资中心所获得的利润与投资额之间的比率，可用于评价和考核由投资中心掌握、使用的全部净资产的获利能力。其计算公式为

$$投资利润率 = 利润 / 投资额 \times 100\%$$

上述公式中的投资额是指投资中心的总资产扣除负债后的余额，即投资中心的净资产。用投资利润率来评价投资中心业绩有许多优点：它是根据现有的会计资料计算的，比较客观，可用于部门之间以及不同行业之间的比较。投资人非常关心这个指标，企业总经理也十分关心这个指标。用它来评价每个部门的业绩，促使其提高各部门的投资收益率，有助于提高整个企业的投资收益率。投资利润率可以分解为投资周转率和销售利润率两者的乘积，并可进一步分解为资产的明细项目和收支的明细项目，从而对整个部门经营状况作出评价。

投资利润率指标的不足也是十分明显的：部门经理会放弃高于资金成本而低于目前部门投资报酬率的机会，或者减少现有的投资报酬率较低但高于资金成本的某些资产，使部门的业绩获得较好的评价，却伤害了企业的整体利益。

2) 剩余收益

为了克服由于使用比率来衡量部门业绩带来的次优化问题，许多企业采用绝对数指标来实现利润与投资之间的联系，这就是剩余收益指标。其计算公式为：

$$剩余收益 = 利润 - 投资额 \times 预期的最低投资报酬率$$

剩余收益的主要优点是可以使业绩评价与企业的目标协调一致，引导部门经理采纳高于企业资金成本的决策。另外，在使用剩余收益指标时，可以对不同部门或者不同资产规定不同的最低投资报酬率，使剩余收益这个指标更加灵活。例如，现金、短期应收账款和长期资本投资的风险有很大区别，要求有不同的最低投资报酬率。而投资利润率评价方法并不区别不同资产，无法分别处理风险不同的资产。

当然，剩余收益是绝对数指标，不便于不同部门之间的比较。规模大的部门容易获得较大的剩余收益，而它们的投资利润率并不一定很高。因此，许多企业在使用这一方法时，事

先建立与每个部门资产结构相适应的剩余收益预算,然后通过实际与预算的对比来评价部门业绩。

10.3.2 责任预算、责任报告与业绩考核

1. 责任预算

责任预算是指以责任中心为主体,以其可控成本、收入、利润和投资等为对象编制的预算。通过编制责任预算可以明确各责任中心的责任,并通过与企业总预算保持一致,确保总预算的实现。通过编制责任预算也为控制和考核责任中心经营管理活动提供了依据,责任预算是企业总预算的补充和具体化。

责任预算由各种责任指标组成。这些指标分为主要责任指标和其他责任指标。在上述责任中心中所提及的各责任中心的考核指标基本上是主要指标,也是必须保证实现的指标。这些指标反映了各种不同类型的责任中心之间的责任和相应的权利区别。其他责任指标是根据企业确定的其他总目标分解而得到的或为保证主要责任指标完成而确定的责任指标,这些指标包括劳动生产率、出勤率、设备完好率、职工培训等。

责任预算的编制程序有两种:一是以责任中心为主体,将企业总预算在各责任中心之间层层分解而形成各责任中心的预算。它实质是由上而下实现企业总预算目标。二是各责任中心自行列示各自的预算指标、层层汇总,最后由企业专门机构或人员进行汇总和调整,确定企业总预算。这是一种由下而上、层层汇总、协调的预算编制程序。

责任预算的编制程序与企业组织机构设置和经营管理方式有着密切关系。在集权组织结构下,企业的总经理对企业的所有成本、收入、利润和投资负责。他既是利润中心,又是投资中心。而企业下属各部门、各工厂、各车间、各工段、各地区都是成本中心,它们只对其权责范围内控制的成本负责。因此,在集权组织结构形式下,首先要按照责任中心的层次,从上至下把企业总预算(或全面预算)逐层向下分解,形成各责任中心的责任预算;然后建立责任预算执行情况的跟踪系统,记录预算执行的实际情况,并定期由下至上把责任预算的实际执行数据逐层汇总,直至送达最高层的利润中心或投资中心。

在分权组织结构形式下,经营管理权分散在各责任中心,企业下属各部门、各工厂、各地区等与企业自身一样,可以都是利润中心、投资中心,它们既要控制成本、收入、利润,又要对所占用的全部资产负责。而在它们之下还有许多成本中心,这些成本中心只对它们所控制的成本负责。在分权组织结构形式下,首先也应按责任中心的层次,将企业总预算(或全面预算)从最高层向最低层逐级分解,形成各责任单位的责任预算;然后建立责任预算的跟踪系统,记录预算实际执行情况,并定期从最基层责任中心把责任成本的实际数以及销售收入的实际数,通过编制业绩报告逐层向上汇总,直至送达最高的投资中心。

2. 责任报告

责任会计以责任预算为基础,对责任预算的执行情况进行系统的反映,将实际完成情况与预算目标对比,可以评价和考核各个责任中心的工作成果。责任中心的业绩评价和考核应通过编制责任报告来完成。责任报告也称业绩报告、绩效报告,它是根据责任会计记录编制的反映责任预算实际执行情况,揭示责任预算与实际执行差异的内部会计报告。

责任报告的形式主要有报表、数据分析和文字说明等。将责任预算、实际执行结果及其差异用报表予以列示是责任报告的基本形式。在揭示差异时,还必须对重大差异予以定量

分析和定性分析。定量分析旨在确定差异的发生程度;定性分析旨在分析差异产生的原因,并根据这些原因提出改进建议。

在企业的不同管理层次上,责任报告的侧重点应有所不同。最低层次的责任中心的责任报告应当最详细,随着层次的升高,责任报告的内容应以更为概括的形式来表现。这一点与责任预算的从上至下的分解过程不同。责任预算是由总括到具体,责任报告是由具体到总括。责任报告应能突出产生差异的重要影响因素。为此,应遵循"例外管理"原则,突出重点,使报告的使用者能把注意力集中到少数严重脱离预算的因素或项目上来。

3. 业绩考核

业绩考核是以责任报告为依据,分析、评价各责任中心责任预算的实际执行情况,找出差距,查明原因,借以考核各责任中心的工作成果,实施奖罚,促使各责任中心积极纠正行为偏差,完成责任预算的过程。

责任中心的业绩考核有狭义和广义之分。狭义的业绩考核仅指对各责任中心的价值指标,如成本、收入、利润以及资产占用等责任指标的完成情况进行考评。广义的业绩考评除这些价值指标外,还包括对各责任中心的非价值责任指标的完成情况进行考核。责任中心的业绩考核还可以分为年终考核和日常考核。年终考核通常是指一个年度终了(或预算期终了)对责任预算执行结果的考评,旨在进行奖罚和为下年(或下一个预算期)的预算提供依据。日常考核通常是指在年度内(或预算期内)对责任预算执行过程的考评,旨在通过信息反馈,控制和调节责任预算的执行偏差,确保责任预算的最终实现。业绩考核可以根据不同责任中心的特点进行。

1) 成本中心业绩考核

成本中心没有收入来源,只对成本负责,因而也只考核其责任成本。由于不同层次成本费用控制的范围不同,计算和考评的成本费用指标也不尽相同,越往上一层次计算和考评的指标越多,考核内容也越多。

成本中心业绩考核是以责任报告为依据,将实际成本与预算成本或责任成本进行比较,确定两者差异的性质、数额以及形成的原因,并根据差异分析的结果,对各成本中心进行奖罚,以督促成本中心努力降低成本。

2) 利润中心业绩考核

利润中心既对成本负责,又对收入及利润负责。在进行考核时,应以销售收入、贡献毛益和息税前利润为重点进行分析、评价。特别是应通过一定期间实际利润与预算利润进行对比,分析差异及其形成原因,明确责任,借以对责任中心的经营得失和有关人员的功过作出正确评价,论功行赏,奖罚分明。

在考核利润中心业绩时,也只是计算和考评本利润中心责任范围内的收入和成本。凡不属于本利润中心权责范围内的收入和成本,尽管已由本利润中心实际收进或支付,仍应予以剔除,不能作为本利润中心的考核依据。

3) 投资中心业绩考核

投资中心不仅要对成本、收入和利润负责,还要对投资效果负责。因此,投资中心业绩考核,除收入、成本和利润指标外,考核重点应放在投资利润率和剩余收益两项指标上。

从管理层次看,投资中心是最高一级的责任中心,业绩考核的内容或指标涉及各个方面,是一种较为全面的考核。考核时通过将实际数与预算数进行比较,找出差异,进行差异分析,查明差异的成因和性质,并据以进行奖罚。由于投资中心层次高,涉及的管理控制范围广,内容复杂,考核时应力求原因分析深入、依据确凿、责任落实具体,这样才能达到考核的效果。

10.4 财务预警

企业利用债务筹资,可以给企业带来财务杠杆利益,但也可能使企业陷入财务风险的泥潭。如果一个企业财务状况恶化,产生到期无力偿还债务的困难和危机,就很可能出现财务失败。任何一个企业在其经营过程中,都应防患于未来,考虑一旦出现财务困难或危机,如何处理企业的财务事宜,保护各相关主体的利益。这样,通过财务预警机制来防范财务失败或减少财务失败的机会就自然成了财务控制的重要一环。

10.4.1 财务失败预警

1. 财务失败预警系统的职能

为了及时发现问题,有效地防范、回避财务困难和危机,企业可以应用一种行之有效且成本低廉的诊断工具——财务失败预警系统。该系统灵敏度越高,报警越早,就越能有效地遏制财务失败。

财务失败预警系统的主要职能是发现财务危机征兆、阻止财务危机发生、预防类似财务危机发生。

2. 财务失败预警系统的建立

企业财务失败预警系统的建立有两种模式,分述如下。

1) 多变模式

什么是多变模式? 多变模式是指运用多变模式思路,通过建立多元线型函数公式,将多种财务指标加权汇总后产生的总判别分(称为 Z 值)来预测财务危机。判别函数值的计算和破产临界值的确定是多变模式的两个关键问题。

(1) 判别函数值。最初的"Z 值计分模型"是由美国爱德华·阿尔曼在 20 世纪 60 年代中期根据当时的财务环境提出的,该模型用以计量企业破产的可能性。其判别函数为

$$Z = 0.012X_1 + 0.014X_2 + 0.033X_3 + 0.006X_4 + 0.999X_5$$

式中,Z 表示判别函数值;X_1 表示(营运资金/资产总额)×100;X_2 表示(留存收益/资产总额)×100;X_3 表示(息税前利润/资产总额)×100;X_4 表示(普通股和优先股市场价值总额/负债账面价值总额)×100;X_5 表示销售收入/资产总额。

该模型实际上是通过五个变量(五种财务比率),将反映企业偿债能力的指标(X_1、X_4)、获利能力指标(X_2、X_3)和营运能力指标(X_5)有机地联系起来,综合分析预测企业财务失败或破产的可能性。一般来说,Z 值越低,企业越有可能发生破产。

(2) 判断破产的临界值。通过对特定时期的财务资料统计发现,判断企业破产的临界值可以参考如下标准:

如果企业的 Z 值大于 2.675,表明企业的财务状况良好,发生破产的可能性较小;

如果企业的 Z 值小于 1.81,表明企业存在很大的破产危险;

如果企业的 Z 值介于 1.81~2.675,表明企业财务状况极不稳定。

【例 10-2】 华美公司 2015 年和 2016 年两个年度的有关资料如表 10-1 所示,现运用多变模式,对该公司的财务状况作出评价。

表 10-1 华美公司财务状况　　　　　　　　　　　　　万元

项目	2015 年度	2016 年度	项目	2015 年度	2016 年度
营业收入	6 700	5 390	负债总额	1 880	4 410
息税前利润	1 312	686	留存收益	1 016	612
资产总额	4 230	6 427	股票市价总额	3 804	1 387
营运资金	1 970	1 143			

2015 年 Z 值:

$$X_1 = \frac{1\,970}{4\,230} \times 100 = 46.57$$

$$X_2 = \frac{1\,016}{4\,230} \times 100 = 24.02$$

$$X_3 = \frac{1\,312}{4\,230} \times 100 = 31.02$$

$$X_4 = \frac{3\,804}{1\,880} \times 100 = 202.34$$

$$X_5 = \frac{6\,700}{4\,230} = 1.58$$

$$Z_{2015} = 0.012 \times 46.57 + 0.014 \times 24.02 + 0.033 \times 31.02 \\ + 0.006 \times 202.34 + 0.999 \times 1.58 = 4.71$$

2016 年 Z 值:

$$X_1 = \frac{1\,143}{6\,425} \times 100 = 17.79$$

$$X_2 = \frac{612}{6\,425} \times 100 = 9.53$$

$$X_3 = \frac{686}{6\,425} \times 100 = 10.68$$

$$X_4 = \frac{1\,387}{4\,410} \times 100 = 31.45$$

$$X_5 = \frac{5\,390}{6\,425} = 0.84$$

$$Z_{2016} = 0.012 \times 17.79 + 0.014 \times 9.53 + 0.033 \times 10.68 \\ + 0.006 \times 31.45 + 0.999 \times 0.84 = 1.73$$

由计算结果可知,华美公司 2015 年的 Z 值大于临界值 2.675,表明其财务状况良好,没有破产危机;而 2016 年 Z 值小于临界值 1.81,表明该公司财务状况堪忧,已经出现破产的先兆。

多变模式从总体宏观角度测试企业的财务状况,提前做好财务危机的规避或延缓危机发生的准备工作。当然,由于企业规模、行业、地域等诸多差异,企业在具体运用时不必拘泥于上述五种变量,可以根据实际情况选择符合企业要求和特点的财务比率,设计财务失败预警系统。

2) 单变模式

什么是单变模式？单变模式是指运用单变模式思路通过单个财务比率走势恶化来预测财务危机。按综合性和预测能力的大小，预测企业财务失败的比率主要有：

债务保障率＝现金流量÷债务总额

资产收益率＝净收益÷资产总额

资产负债率＝负债总额÷资产总额

资金安全率＝资产变现率－资产负债率

其中，

资产变现率＝资产变现金额÷资产账面金额

所谓资产变现金额就是企业立即处置其所有资产后可以变成现金的总数。

按照单变模式的解释，企业良好的现金流量、净收益和债务状况应该表现为企业长期的、稳定的状况，所以跟踪考察企业时，应对上述比率的变化趋势予以特别注意。一般地，失败企业有较少的现金而有较多的应收账款，或者表现为极不稳定的财务状况。

由于单变模式是通过单个财务比率走势来预测企业的财务状况的，因此可以运用上述每一个指标进行财务预警。下面重点介绍如何通过企业安全率进行财务预警的原理。企业安全率是由两个因素交集而成：一是经营安全率；二是资金安全率。经营安全率用安全边际率表示如下：

安全边际率＝安全边际额÷现有（预计）销售额

＝（现有或预计销售额－保本销售额）

÷现有（预计）销售额

【例 10-3】 闽南公司预计明年销售额 2 800 万元，变动成本率为 60％，固定成本 1 000 万元；资产账面价值 1 500 万元，其中债务资本 900 万元，自有资本 600 万元。经仔细核定，确认将企业资产按变现价值估算约为 1 200 万元。

保本销售额＝1 000÷(1－60％)＝2 500（万元）

安全边际率＝(2 800－2 500)÷2 800＝10.71％

资产变现率＝1 200÷1 500＝80％

资产负债率＝900÷1 500＝60％

资金安全率＝80％－60％＝20％

判断分析：在企业的预警分析中，可以将安全边际率与资金安全率结合起来判断企业的财务状况是否良好。我们把安全边际率与资金安全率的结合叫做企业安全率，如图 10-1 所示。

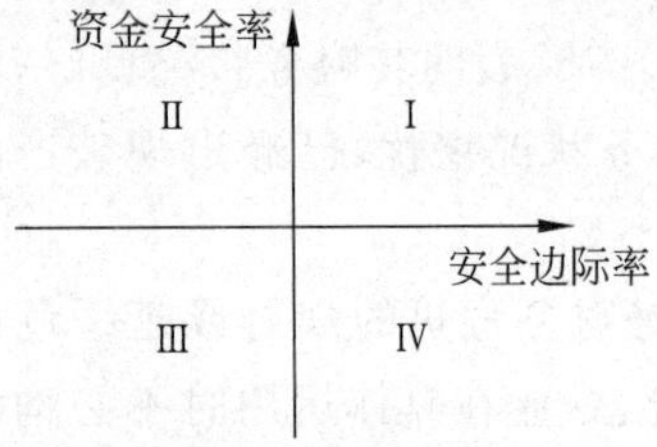

在图 10-1 中，当两个指标共同确定的企业安全率落在第Ⅰ象限时，表明企业经营状况良好，应该采取有计划的经营扩张策略；当企业安全率落在第Ⅱ象限时，表明企业经营财务状况尚好，但是市场销售能力明显不足，应全盘研究对策，以加强企业总体销售实力，创造企业应有利润；当企业安全率落在第Ⅲ象限时，表明企业经营已陷入经营不善的境地，随时有关门的危机，经营者应下决心立即采取措施，进行有效的重整；当企业安全率落在第Ⅳ象限时，表明企业财务状况已露出险兆，经营者应将

图 10-1 安全率示意图

改善财务结构列为首要任务,要求企业全员有总体现金观念,提高自有资金比例,并积极进行开源节流。此时,对市场营销应采用适度的成长策略,提高信用政策标准,对顾客作必要的筛选,以防止坏账损失进一步加速财务状况的恶化。

如例10-3,闽南公司的安全边际率为10.71%,资金安全率为20%,两者代表的企业安全率落在第Ⅰ象限,表明闽南公司经营状况良好。

一般来说,当两个安全率指标均大于零时,表明企业经营状况良好,可以适当采取扩张的策略;当资金安全率为正,而安全边际率小于零时,表明企业财务状况良好,但营销能力不足,应加强营销管理,增加企业利润的创造能力;当企业的安全边际率大于零,而资金安全率为负时,表明企业财务状况已露出险兆,经营者积极创造自有资金、进行开源节流、改善企业的财务结构成为企业的首要任务;当企业的两个安全率指标均小于零时,表明企业的经营已陷入危险的境地,随时有爆发财务危机的可能。

3. 财务失败预警的定性分析

财务失败预警的定性分析是指通过对企业相关情况的了解,以及某些外在特征的分析,来预测企业发生财务危机的可能性。

1) 预测偏差过大

财务预测与实际情况有误差,这是十分正常的事情。但如果在较长时间里,预测结果通常与实际状况产生很大差距,这往往说明企业即将爆发财务危机。

2) 扩张规模过度

如果一家企业同时在许多地方大举收购其他企业,并同时涉足许多不同的领域,企业可能会因负担过重而使支付能力下降。

3) 过度依赖贷款

如果一家企业在缺乏严密的财务预算及管理下,较大幅度地增加贷款,往往说明该企业不是资金周转失调就是盈利能力低下。

4) 财务报表延迟公开

财务报表不能及时报送、延迟公开,一般都是财务状况不佳的征兆。

5) 过度依赖关联企业

比如,某子司在销售、供应,甚至管理、技术等方面都完全依赖于母公司的帮助,一旦母公司根据战略的需要或者整体投资回报率的考虑,觉得该子公司已无利用价值,将停止对其扶持。此时子公司由于失去支持,很可能会倒闭。

6) 管理层辞职

某个企业的高层管理者辞职,特别是集体辞职,通常是该企业存在隐患的明显标志。当然,并非每一项辞职都意味着财务危机的发生,有些辞职只是由于大企业内部争权夺利所致。

以上种种情况或特征尽管并非一成不变,在实践中除加以借鉴外,应灵活运用。

10.4.2 财务重整的方式

什么是财务重整?财务重整是指对陷入财务危机,但仍有转机和重建价值的企业根据一定程序进行重新整顿,使企业得以维持和复兴的做法。财务重整是属于事后的财务控制,这是对已经达到破产界限的企业所作的抢救措施。通过这种抢救,濒临破产企业中的一部分,甚至大部分能够重新振作起来,摆脱破产厄运,走上继续发展之路。财务重整按是否通过法律程序分为非正式财务重整和正式财务重整两种。

1. 非正式财务重整

所谓非正式财务重整,是指不通过正式法律程序,债权人和债务人自行达成的谅解或协议。事实上,当债务人只是面临暂时性的财务危机时,债权人通常更愿意直接同债务人联系,帮助其渡过难关,以避免因进入正式法律程序而发生的庞大费用和冗长的诉讼时间。

1) 非正式财务重整的方式

非正式财务重整通常采用债务展期与债务和解的方式。所谓债务展期是指推迟到期债务付款的期限;债务和解是指债权人同意减少债务人的债务,包括同意减少应偿还的本金数额,或同意降息,或同意将债权转化为股权,或将上述几种选择混合使用。

2) 非正式财务重整的程序

当双方有意通过债务展期或债务和解方式进行财务重整时,一般经过的程序是:首先,由债务人向有关管理部门提出申请,召开由企业和其债权人参加的财务重整会议;其次,由债权人任命一个由1~5人组成的委员会,负责调查债务人的资产、负债情况,并制定出一项债权调整计划,就债权的展期或债务的和解作出具体安排;最后,召开债权人、债务人会议,对委员会提出的债务重整安排进行商讨,并达成最终协议,以便债权人、债务人共同遵守。

3) 债权人的防范措施

一般而言,债权人同意债务展期或债务和解,表明债权人对债务人将来走出困境并有益于债权人充满信心。然而,在债务展期或债务和解后等待还款的一段期间里,由于企业经营的不确定性,随时会发生新的问题而导致债权人利益受损。因此,为了对债务人实施控制,保护债权人的利益,在实施债务展期或债务和解后,债权人通常应采取下列有益于债权人的措施:坚持实行某种资产的转让或由第三者代管;要求债务企业股东转让其股票到由第三者代管的账户,直至根据展期协议还清欠款为止;债务企业的所有支票应由债权人委员会会签,确保回流现金用于还清欠款。

4) 非正式财务重整的意义

非正式财务重整可以为债务人和债权人双方带来一定的好处:避免因履行正式手续需发生的法律费用;减少重整所需的时间,使企业在较短的时间内重新进入正常经营的状态;谈判灵活性大,易达成协议。当然,非正式财务重整也存在一些弊端,比如,当债权人人数很多时,可能难以达成一致意见。又如,没有法院的参与,协议的执行缺乏法律保障。

2. 正式财务重整

所谓正式财务重整,是指当企业在其正常的经营活动中,由于种种原因而无法如期偿还债务,通过法院裁定,按照法定程序对企业进行重整。

依照规定,在法院批准重整之后不久,应成立债权人会议,所有债权人均为债权人会议的成员。其主要职责是:审查有关债权的证明材料,确认债权有无财产担保,讨论通过改组计划,保护债权人的利益,确保债务企业的财产不至流失。债务人的法定代表人必须列席债权人会议,回答债权人的询问。我国还规定要有工会代表参加债权人会议。正式财务重组的程序是:

(1) 向法院提出重组申请。
(2) 法院任命债权人委员会。
(3) 制订企业重整计划。
(4) 执行企业重整计划。
(5) 经法院认定宣告中止重整。

本章小结

内部控制包括内部环境、风险评估、控制活动、信息与沟通、内部监督五个要素,财务控制是企业内部控制的重要内容和财务管理的重要职能之一。财务控制的方式通常包括授权批准控制、职务分离控制、全面预算控制、财产保全控制、独立检查控制、业绩评价控制等六种。在实施财务控制时,一般应遵循目的性、充分性、及时性、认同性、经济性、客观性、灵活性、适应性、协调性、简明性等原则。

责任中心是承担一定经济责任,并享有一定权力和利益的企业内部单位(或责任单位)。它是一个责、权、利相结合的实体,具有承担经济责任的条件,以及相对独立的经营业务和财务收支活动。责任中心所承担的责任和行使的权力都应是可控的,而且要便于进行责任会计核算。根据企业内部责任中心的权责范围及业务流动的特点的不同,可将其分为成本中心、利润中心、投资中心三大类。

对企业各级主管人员的业绩评价,应以其对企业完成目标和计划中的贡献和履行职责中的成绩为依据。为此,需要通过编制责任预算来明确各责任中心的责任,为控制和考核责任中心经营管理活动提供依据,并以责任预算为基础实施责任会计制度,形成责任报告,对责任预算的执行情况进行系统的反映,将实际完成情况与预算目标对比,评价和考核各个责任中心的工作成果。

构建财务失败预警系统是防范财务失败或减少财务失败机会的重要控制环节。财务失败预警系统具有发现财务危机征兆、阻止财务危机发生、预防类似财务危机发生等功能。企业财务失败预警系统的建立有多变模式和单变模式两种。财务重整是属于事后的财务控制,分为非正式财务重整和正式财务重整两种。

复习与思考题

1. 内部控制包括哪些基本要素?
2. 在实施财务控制的过程中,一般应坚持哪些基本原则?
3. 财务控制的种类有哪些?
4. 什么叫责任中心?成本中心、利润中心、投资中心各自有何特点?
5. 什么叫责任预算?如何编制责任报告?如何进行业绩考核?
6. 如何建立财务失败预警的多变模式和单变模式?
7. 什么是财务重整?非正式财务重整与正式财务重整有何区别?

练习题

【题 10-1】 某公司设有 A 和 B 两个投资中心,有关数据如下:

A 中心的利润为 500 万元,投资额为 3 000 万元,投资利润率为 16.67%;

B 中心的利润为 400 万元,投资额为 4 000 万元,投资利润率为 10%。

若该公司要求的最低投资利润率为 8%。

要求:

(1) 计算 A 中心的剩余收益。

(2) 计算 B 中心的剩余收益。

【题 10-2】 已知某集团公司下设 A、B 两个投资中心。A 中心的投资额为 300 万元,投资利润率为 12%;B 中心的投资利润率为 15%,剩余收益为 10 万元。集团公司要求的平均投资利润率为 10%。集团公司决定投资 200 万元,若投向 A 公司,每年增加利润 40 万元;若投向 B 公司,每年增加利润 30 万元。

要求计算下列指标:

(1) 追加投资前 A 中心的剩余收益。

(2) 追加投资前 B 中心的投资额。

(3) 追加投资前集团公司的投资利润率。

(4) 若 A 投资中心接受追加投资,求其投资利润率和剩余收益,以及集团公司的投资利润率。

(5) 若 B 投资中心接受追加投资,求其投资利润率和剩余收益,以及集团公司的投资利润率。

【题 10-3】 已知某公司下设 A、B 两个投资中心,有关资料见下表:

投资中心	A中心	B中心	总公司
息税前利润/元	120 000	450 000	570 000
经营总资产平均占用额/元	2 000 000	3 000 000	5 000 000
总公司规定的总资产息税前利润率/%	10	10	

现有两个追加投资的方案可供选择:①若 A 中心追加投入 1 500 000 元经营资产,每年将增加 120 000 元息税前利润;②若 B 中心追加投入 2 000 000 元经营资产,每年将增加 290 000 元息税前利润。假定资金供应有保证,剩余资金无法用于其他方面,暂不考虑剩余资金的机会成本。

要求:

(1) 计算追加投资前 A、B 中心以及总公司的总资产息税前利润率和剩余收益指标。

(2) 计算 A 投资中心追加投资后,各中心以及总公司的总资产息税前利润率和剩余收益指标。

(3) 计算 B 投资中心追加投资后,各中心以及总公司的总资产息税前利润率和剩余收益指标。

(4) 根据总资产息税前利润率指标,分别从 A 中心、B 中心和总公司的角度评价上述追加投资方案的可行性,并据此评价该指标。

(5) 根据剩余收益指标,分别从 A 中心、B 中心和总公司的角度评价上述追加投资方案的可行性,并据此评价该指标。

【题 10-4】 沪闵公司 2015 年和 2016 年两个年度的有关资料见下表:

万元

项 目	2015 年	2016 年	项 目	2015 年	2016 年
营业收入	5 900	2 820	负债总额	2 390	3 910
息税前利润	512	86	留存收益	216	120
资产总额	3 430	5 926	股票市价总额	3 040	1 018
营运资金	1 380	642			

要求:应用 Z 计分模型进行财务预警。

案例分析

案例 10-1　部门利润的计算

利润并不是一个十分具体的概念,在这个名词前边加上不同的定语,可以得出不同的概念。在评价利润中心的业绩时,我们至少有四种选择:边际贡献、可控边际贡献、部门边际贡献和税前部门利润。以下是某公司某部门的利润表:

收入	20 000
变动成本	11 000
(1) 边际贡献	9 000
可控固定成本	900
(2) 可控边际贡献	8 100
不可控固定成本	2 100
(3) 部门边际贡献	6 000
公司管理费用	1 200
(4) 部门税前利润	4 800

以边际贡献 9 000 元作为业绩评价依据不够全面。部门经理至少可以控制某些固定成本,并且在固定成本和变动成本的划分上有一定的选择余地。以边际贡献为评价依据,可能导致部门经理尽可能多地支出固定成本以减少变动成本支出,尽管这样做并不能降低总成本。因此,业绩评价时至少应包括可控的固定成本。

以可控边际贡献 8 100 元作为业绩评价依据可能是最好的,它反映了部门经理在其权限和控制范围内有效使用资源的能力。部门经理可控制收入以及变动成本和部分固定成本,因而可以对可控边际贡献承担责任。

以部门边际贡献 6 000 元作为业绩评价依据,可能更适合评价该部门对公司利润和管理费用的贡献,而不适合于部门经理的评价。若要决定该部门的取舍,部门边际贡献是有重要意义的信息。如果要评价部门经理的业绩,由于有一部分固定成本是过去最高管理阶层投资决策的结果,现在的部门经理已很难改变,则部门边际贡献超出了经理人员的控制范围。

以税前部门利润 4 800 元作为业绩评价的依据通常是不合适的。公司总部的管理费用是部门经理无法控制的成本,由于分配公司管理费用而引起部门利润的不利变化,不能由部门经理负责。不仅如此,分配给各部门的管理费用的计算方法常常是任意的,部门本身的活动与分配来的管理费用高低并无因果关系。许多公司把所有的总部管理费用分配给下属部门,其目的是提醒部门经理注意各部门提供的边际贡献必须抵补总部的管理费用,否则公司作为一个整体就可能不会盈利。

案例 10-2　投资中心的考核指标

某总公司平均投资利润率为 16%。其下属 A 分公司(投资中心)占有资产总额 200 000 元,税前利润 40 000 元,投资利润率为 20%。现有一项目需投资 100 000 元,预计该投资项目每年可获得税前利润 17 000 元,资金成本为 12%。该公司采用投资利润率为考核指标。请问:如果您是 A 分公司的总经理,您会接受这个投资项目吗?

单纯看该项目是可行的。因为该项目的投资利润率为 17%,不仅高于 12% 的资金成本,而且高于总公司的平均投资利润率 16%,这对整个企业有利。但 A 分公司可能会放弃这一投资项目。因为若实施这一投资项目,将使 A 分公司的投资利润率下降为 19%,即 40 000+17 000÷(200 000+100 000)。由于 A 分公司放弃这一投资项目,整个公司则会丧失一个获利的机会。

采用另一个评价指标——剩余收益则可避免这一缺陷。剩余收益指标的特点之一是可以避免本位主义。在上例中,在接受新投资机会前,该投资中心的剩余收益为

$$40\ 000-200\ 000\times 12\% = 16\ 000(元)$$

接受该投资机会后,该投资中心剩余收益为

$$(40\ 000+17\ 000)-(200\ 000+100\ 000)\times 12\% = 21\ 000(元)$$

两者相比较,A 分公司会接受该项投资,因其剩余收益可提高 5 000 元,业绩相应提高,对整个公司也有利。

财务分析 第11章

> **本章学习目标** 通过本章的学习,要求掌握公司的偿债能力、运营能力、获利能力和发展能力等财务指标的分析,以及杜邦财务分析体系和沃尔比重评分法等财务综合分析方法;熟悉财务分析的内容和基本的财务分析方法。

资产负债表(balance sheet)　　　　　　利润表(income statement)
现金等价物(cash equivalents)　　　　　股东权益(shareholder's equity)
销售成本(cost of goods sold)　　　　　财务比率(financial ratio)
偿债能力比率(liquidity ratio)　　　　　　流动比率(current ratio)
速动比率(quick ratio)　　　　　　　　　负债比率(debt ratios)
利息保障倍数(interest coverage ratio)　　盈利能力比率(profitability ratios)
现金流量表(flow of funds statement)　　结构百分比分析法(common-size
　　　　　　　　　　　　　　　　　　　　　　　　　　　analysis)

第一财经(http://www.yicai.com)
中国会计视野(http://www.esnai.com)
新民生理财(http://www.bjnewmission.com.cn/bjms/index.htm)

> 财务报表分析的目的是将财务报表数据转换成有用的信息,以帮助报表使用人改善决策。
> 　　财务报表分析的方法非常多。不同的人,出于不同的目的,使用不同的财务分析方法。
> 　　财务分析不是一种有固定程序的工作,不存在唯一的通用分析程序,而是一个研究和探索的过程。分析的具体步骤和程序,可以根据不同的分析目的由分析人员个别设计。
> 　　资料来源:中国注册会计师协会.财务成本管理.北京:中国财政经济出版社,2014年,第33页。

11.1 财务报告概述

财务报告,是指企业对外提供的反映企业某一特定日期的财务状况和某一会计期间的经营成果、现金流量等会计信息的文件。财务报告包括财务报表和其他应当在财务报告中披露的相关信息和资料。财务报表包括资产负债表、利润表、现金流量表和所有者权益变动表,其他相关信息和资料包括附表、报表注释与财务情况说明书等。

11.1.1 财务报告的目标

在我国,财务会计的目标是向财务报告使用者提供与企业财务状况、经营成果和现金流量等有关的财务信息,反映企业管理层受托责任履行情况,有助于财务报告使用者作出正确的经济决策。

1. 向财务报告使用者提供财务信息

财务报告的使用者通常包括投资者、债权人、政府及其有关部门和社会公众等。满足投资者的信息需要是企业财务报告编制的首要出发点,将投资者作为企业财务报告的首要使用者,凸显了投资者的地位,体现了保护投资者利益的要求,是市场经济发展的必然。如果企业在财务报告中提供的财务信息与投资者的决策无关,那么财务报告就失去了其编制的意义。真实、相关的财务信息将有助于现在的或者潜在的投资者正确、合理地评价企业的资产质量、偿债能力、盈利能力和营运效率等,有助于投资者根据相关财务信息作出理性的投资决策,有助于投资者评估与投资有关的未来现金流量的金额、时间和风险等。

财务报告的使用者除企业投资者之外,还有债权人、政府及其有关部门和社会公众等,他们利用财务信息的目的各有侧重。例如,企业贷款人、供应商等债权人通常十分关心企业的偿债能力和财务风险,他们需要信息来评估企业能否如期支付贷款本金及其利息,能否如期支付所欠购货款等;政府及其有关部门作为经济管理和经济监管部门,通常关心经济资源分配的公平、合理,市场经济秩序的公平、有序,宏观决策所依据信息的真实可靠等,因此,它们需要信息来监管企业的有关活动(尤其是经济活动)、制定税收政策、进行税收征管和国民经济统计等;社会公众也关心企业的生产经营活动,包括对所在地经济作出的贡献,如增加就业、刺激消费、提供社区服务等。因此,在财务报告中提供有关企业发展前景及其能力、经营效益及其效率等方面的信息,可以满足社会公众的信息需要。

应当指出的是,财务报告各类使用者的许多信息需求是共同的。由于投资者是企业资本的主要提供者,通常情况下,如果财务报告能够满足这一群体的财务信息需求,也就可以满足其他使用者的大部分信息需求。

2. 反映企业管理层受托责任履行情况

现代企业制度强调企业所有权和经营权相分离,企业管理层是受委托人之托经营管理企业及其各项资产,负有受托责任。即企业管理层所经营管理的企业各项资产基本上均为投资者投入的资本(或者留存收益作为再投资)或者向债权人借入的资金所形成的,企业管理层有责任妥善保管并合理、有效运用这些资产。

企业的投资者和债权人等需要及时或者经常性地了解企业管理层保管、使用资产的情况，以便于评价企业管理层的责任情况和业绩情况，并决定是否需要调整投资者或者信贷政策，是否需要加强企业内部控制和其他制度建设，是否需要更换管理层等。因此，财务报告应当反映企业管理层受托责任的履行情况，以有助于外部投资者和债权人等评价企业的经营管理责任和资源使用的有效性。

11.1.2 财务信息的质量要求

财务报告是财务信息的载体，财务信息的质量要求是使财务报告中所提供的财务信息对投资者等使用者决策有用应具备的基本特征。它主要包括以下八个方面。

1．可靠性

可靠性又称真实性或客观性，即确保财务信息能免于错误及偏差，并能忠实表达其所要表达的现象或状况。如果财务信息不真实，不仅对使用者的决策无帮助，反而会误导决策，甚至给使用者造成损失。因此，可靠性是财务信息的主要质量特征。

2．相关性

相关性要求企业提供的财务信息应当与投资者等财务报告使用者的经济决策需要相关，有助于投资者等财务报告使用者对企业过去、现在或者未来的情况作出评价或者预测。财务信息是否有用、是否具有价值，关键是看其与使用者的决策需要是否相关，是否有助于决策或者提高决策水平。

3．可理解性

可理解性要求企业提供的财务信息应当清晰明了，便于投资者等财务报告使用者理解和使用。即财务报告所提供的财务信息应当清晰明了，易于理解，这样才能提高财务信息的有用性，实现财务报告的目标，满足向投资者等财务报告使用者提供决策有用信息的要求。

4．可比性

可比性要求企业提供的财务信息应当相互可比。主要有两层含义：一是同一企业不同时期的财务信息可比。这是为了便于财务报告使用者了解企业财务状况、经营成果和现金流量的变化趋势，比较企业在不同时期的财务报告信息，全面、客观地评价过去、预测未来，从而作出决策。二是不同企业相同会计期间财务信息可比。这是为了便于财务报告使用者评价不同企业的财务状况、经营成果和现金流量及其变动情况。

5．实质重于形式

在此，形式是指法律形式，实质是指经济实质。有时，经济业务的外在法律形式并不能真实反映其实质内容。为了真实反映企业的财务状况和经营成果，就不能仅仅根据经济业务的外在表现形式来进行核算，而要反映其经济实质。

6．重要性

重要性是指在选择会计方法和程序时，要考虑经济业务本身的性质和规模，根据特定的经济业务对经济决策影响的大小，来选择合适的会计方法和程序。如果一笔经济业务的性质比较特殊，不单独反映就有可能遗漏一个重要事实，不利于信息使用者决策，就应当严格核算、单独反映，否则，就不需单独反映和提示。

7. 谨慎性

谨慎性是指在存在不确定因素的情况下作出判断时,须保持必要的谨慎,既不高估资产或收益,又不低估负债或费用。对于可能发生的损失或费用,应当加以合理估计。由于企业经营存在风险,实施谨慎原则,对存在的风险加以合理估计,就能在风险实际发生之前化解风险,并防范风险,有利于企业作出正确的经营决策,有利于保护投资者和债权人的利益,有利于提高企业在市场上的竞争力。

8. 及时性

及时性要求企业对于已经发生的交易或者事项,应当及时进行确认、计量和报告,不得提前或者延后。这是因为,即使是可靠、相关的财务信息,如果不及时提供,就失去了时效性,对于使用者的效用就大大降低,甚至不再具有实际意义。

11.2 财务分析的内容与方法

财务分析的内容包括资产负债表分析、利润表分析和现金流量表分析,财务分析的基本方法主要有趋势分析法、比率分析法和因素分析法。

11.2.1 资产负债表

资产负债表是指反映企业在某一特定日期财务状况的财务报表。它表明了企业在某一特定日期所拥有或控制的经济资源、所承担的现有义务和所有者对净资产的要求权。

1. 资产负债表要素

资产负债表要素包括资产、负债、所有者权益,它们是资金运动的静态表现,它们之间的关系表现为"资产=负债+所有者权益"。

1) 资产

资产是指企业过去的交易或者事项形成的、由企业拥有或控制的、预期会给企业带来经济利益的资源。资产按其流动性不同,可以分为流动资产和非流动资产。

(1) 流动资产。满足下列条件之一的资产,应当归类为流动资产:一是预计在一个正常营业周期中变现、出售或耗用;二是主要为交易目的而持有;三是预计在资产负债表日起一年内(含一年)变现;四是自资产负债表日起一年内,交换其他资产或清偿负债的能力不受限制的现金或现金等价物。由于经营活动的特殊性,有些企业的经营周期可能长于一年。比如,造船、大型机械制造,从购料到销售商品直到收回货款,周期比较长,往往超过一年。在这种情况下,就不把一年内变现作为划分流动资产的标志,而是将经营周期作为划分流动资产的标志。流动资产主要包括货币资金、交易性金融资产、应收票据、应收账款、预付账款、其他应收款、存货等。

(2) 非流动资产。流动资产以外的资产应当归类为非流动资产,主要包括长期股权投资、固定资产、无形资产及其他资产等。

资产按其流动性进行分类并排列,有助于掌握企业资产的变现能力,从而进一步分析企业的偿债能力和支付能力。一般来说,流动资产所占比重越大,说明企业资产的变现能力越强。在流动资产中,货币资金、交易性金融资产等速度资产所占的比重越大,则支付能力越强。在资产负债表中,资产按其变现能力由大到小的顺序排列。

2) 负债

负债是指企业过去的交易或者事项形成的、预期会导致经济利益流出企业的现时义务。负债按其流动性不同,可以分为流动负债和非流动负债。

(1) 流动负债。满足下列条件之一的负债,应当归类为流动负债:一是预计在一个正常营业周期内清偿;二是主要为交易目的而持有;三是自资产负债表日起一年内到期应予清偿;四是企业无权自主地将清偿推迟至资产负债表日后一年以上。流动负债主要包括短期借款、应付票据、应付账款、预收账款、应付职工薪酬等。

(2) 非流动负债。流动负债以外的负债应当归类为非流动负债,主要包括长期借款、应付债券等。

在资产负债表中,负债按其偿还期由短到长排列,显示了特定企业债务偿还的时间顺序。在此,流动资产与流动负债对比,是一个非常有用的财务指标,它主要用来揭示企业的偿债能力。

3) 所有者权益

所有者权益,来源于所有者投入的资本、直接计入所有者权益的利得和损失、留存收益等,是企业全部资产减去负债后的余额。所有者权益包括投入资本、资本公积、盈余公积和未分配利润等。在资产负债表中,所有者权益是按其在企业停留的时间由长到短排列的,显示了特定企业的资本稳定性。

2. 资产负债表的结构

我国的资产负债表按账户式反映,即资产负债表分为左方和右方,左方列示资产各项目,右方列示负债和所有者权益各项目。通过账户式资产负债表,反映资产、负债和所有者权益之间的内在关系,并达到资产负债表左方和右方平衡。同时,资产负债表还提供年初数和期末数的比较资料。我国资产负债表的基本格式如表 11-1 所示。

11.2.2 利润表

利润表又称损益表,是反映企业一定期间生产经营成果的会计报表,它把一定期间的营业收入与其同一会计期间相关的营业费用进行配比,以计算出企业一定时期的净利润(或净亏损)。

1. 利润表要素

利润表要素包括收入、费用和利润,它们是资金运动的动态表现,它们之间的关系为"收入-费用=利润"。

1) 收入

收入是企业在日常活动中形成的、会导致所有者权益增加的、与所有者投入资本无关的经济利益的总流入,包括主营业务收入(如工业企业的产品销售收入、商业企业的商品销售收入)和其他业务收入(如工业企业对外转让无形资产使用权取得的收入)。

另外,企业还有与生产经营活动无直接关系的营业外收入和在投资活动中形成的投资收益。

表 11-1 资产负债表

编制单位：××公司　　　　2016 年 12 月 31 日　　　　　　　　　　　单位：元

资产	行次	期末数	年初数	负债和所有者权益（或股东权益）	行次	期末数	年初数
流动资产：				流动负债：			
货币资金	1	820 745	1 406 300	短期借款	42	50 000	300 000
交易性金融资产	2	0	15 000	交易性金融负债	43	0	0
应收票据	5	46 000	246 000	应付票据	44	100 000	200 000
应收账款	6	598 200	299 100	应付账款	45	953 800	953 800
预付款项	7	0	0	预收款项	46		
应收利息	10	0	0	应付职工薪酬	47	180 000	110 000
应收股利	11	0	0	应交税费	48	211 944	36 600
其他应收款	12	105 000	205 000	应付利息	49	0	0
存货	13	2 574 700	2 580 000	应付股利	50	32 215	0
一年内到期的非流动资产	16	0	0	其他应付款	51	50 000	51 000
其他流动资产	17	0	0	一年内到期的非流动负债	53	0	1 000 000
				其他流动负债	54	0	0
流动资产合计	20	4 144 645	4 751 400	流动负债合计	57	1 577 959	2 651 400
非流动资产：				非流动负债：			
可供出售金融资产	21	0	0	长期借款	58	1 160 000	600 000
持有至到期投资	22	0	0	应付债券	59	0	0
长期应收款	23	0	0	长期应付款	60		
长期股权投资	24	250 000	250 000	专项应付款	61	0	0
投资性房地产	27	0	0	预计负债	62	0	0
固定资产	28	2 231 000	1 100 000	递延所得税负债		0	0
在建工程	29	578 000	1 500 000	其他非流动负债	63	0	0
工程物资	30	150 000	0				
固定资产清理	31	0	0	非流动负债合计	64	1 160 000	600 000
生产性生物资产	32	0	0				
油气资产	33	0	0	负债合计	65	2 737 959	3 251 400
无形资产	34	540 000	600 000				
开发支出	35	0	0				
商誉	36	0	0				
长期待摊费用	37	200 000	200 000	所有者（或股东）权益：			
递延所得税资产	38	0	0	实收资本（或股本）	66	5 000 000	5 000 000
其他非流动资产	39	0	0	资本公积	67	0	0
				减：库存股		0	0
非流动资产合计	40	3 949 000	3 650 000	盈余公积	68	135 686	100 000
				未分配利润	69	220 000	50 000
				所有者权益（股东权益）合计	70	5 355 686	5 150 000
资产总计	41	8 093 645	8 401 400	负债与所有者权益总计	75	8 093 645	8 401 400

2）费用

费用是指企业在日常活动中发生的、会导致所有者权益减少的、与向所有者分配利润无关的经济利益的总流出，包括直接计入产品成本的"直接费用"、通过分配计入产品成本的"间接费用"和直接计入当期损益的"期间费用"。当期从收入中抵减的费用包括主营业务成本、其他业务支出、期间费用（即管理费用、销售费用和财务费用）、营业税金及附加、营业外支出和所得税。

3）利润

利润是企业在一定期间的经营成果，包括主营业务利润、其他业务利润和营业外的收支净额。值得提出的是，会计学与理财学对利润的提法有所不同，它们之间的联系与区别是：

（1）会计学的利润概念。

$$营业利润 = 营业收入 - 营业成本 - 营业税金及附加$$
$$- 销售费用 - 管理费用 - 财务费用 - 资产减值损失$$
$$+ 公允价值变动收益（或减公允价值变动损失）$$
$$+ 投资收益（或减投资损失）$$

其中，营业收入＝主营业务收入＋其他业务收入，营业成本＝主营业务成本＋其他业务成本；利润总额＝营业利润＋营业外收入－营业外支出；净利润＝利润总额－所得税费用。

（2）理财学的利润概念。

息税前利润＝利润总额＋企业支付的利息＝净利润＋所得税费用＋企业支付的利息；

税前利润＝会计利润总额；税后利润＝会计净利润。

2．利润表的结构

目前，我国利润表的结构采用多步式，如表 11-2 所示。

表 11-2 利 润 表

编制单位：××公司　　　　　　　　　　2016 年度　　　　　　　　　　单位：元

项　　目	行次	本年累计数	上年数
一、营业收入	1	1 250 000	1 100 000
减：营业成本	4	750 000	650 000
营业税金及附加	5	2 000	18 000
销售（营业）费用	9	20 000	16 000
管理费用	10	158 000	118 000
财务费用	11	41 500	30 000
资产减值损失	12	0	0
加：公允价值变动收益（减：损失）	13	0	0
投资收益（减：损失）	14	31 500	30 000
二、营业利润（亏损以"－"号填列）	15	310 000	298 000
加：营业外收入	17	50 000	40 000
减：营业外支出	18	19 700	48 000
其中：非流动资产处置损失		0	0
三、利润总额（亏损总额以"－"号填列）	17	340 300	290 000
减：所得税费用	18	102 399	95 000
四、净利润（净亏损以"－"号填列）	19	237 901	195 000
五、每股收益：		（略）	（略）
（一）基本每股收益			
（二）稀释每股收益			

另外，出售或处置部门或被投资单位所得收益、自然灾害发生的损失、会计政策变更增加（或减少）净利润、会计估计变更增加（或减少）净利润、债务重组损失等必须补充说明。对企业的利润分配情况要求编制"利润分配表"进行披露。

11.2.3 现金流量表

现金流量表是以现金及现金等价物为基础编制的财务报表，反映企业在一定期间内现金及现金等价物的流入和流出，表明企业获得现金和现金等价物的能力。

1. 现金流量表的编制基础

现金流量表是一种资金流量表，不同的资金流量表的编制基础依赖于不同的资金概念。资金概念一般有以下四种：

（1）资金是现金。

（2）资金是现金及现金等价物（或约当现金）。

（3）资金是营运资金。

（4）资金是全部资金。

最早的资金流量表出现在美国。习惯上，以营运资金为基础编制的资金流量表称为"财务状况变动表"，以现金及现金等价物为基础编制的资金流量表称为"现金流量表"。20 世纪 70 年代以前的很长时间内，财务状况变动表一直是西方国家三张必报的外部报表之一，为财务信息的使用者所重视。但是，随着 20 世纪 70 年代中期主要西方发达国家客观经济环境的迅速变化，许多企业经历了严重的现金紧缺问题，背上了沉重的债务负担，甚至因此而破产。在这种情况下，无论是企业内部的管理者还是外部的投资者、债权人，都开始关注与决策相关的现金流量信息。财务会计的主要目的随后也转向为投资者、债权人进行合理的决策、评估及预测未来现金流量的金额、时间和不确定性。于是，现金流量表逐步取代了财务状况变动表。基于同样的原因，我国在 1998 年颁布了《企业会计准则——现金流量表》，标志着在我国编制了五年的财务状况变动表正式被现金流量表替代。2006 年我国又颁布了《企业会计准则第 31 号：现金流量表》，对原现金流量表准则的内容作了进一步的完善。

从编制原则上看，现金流量表按照收付实现制原则编制，将权责发生制下的盈利信息调整为收付实现制下的现金流量信息，便于财务信息使用者了解企业净利润的质量。同时，通过现金流量表，财务信息使用者还能够了解现金流量的影响因素，评价企业的支付能力、偿债能力和周转能力，预测企业未来现金流量，为其决策提供有力依据。

2. 现金流量表要素

在现金流量表中，现金及现金等价物被视为一个整体。根据企业业务活动的性质和现金流量的来源，现金流量表在结构上将企业一定期间产生的现金流量分为三类：经营活动产生的现金流量、投资活动产生的现金流量和筹资活动产生的现金流量。每类现金流量均表现为现金流入量、现金流出量和现金流量净额，基本的关系式为：现金流量净额＝现金流入量－现金流出量。

1）经营活动产生的现金流量

经营活动是指企业投资活动和筹资活动以外所有发生的交易和事项。各类企业由于行业特点不同,对经营活动的认定存在一定差异。对于工商企业而言,经营活动包括销售商品或提供劳务、经营性租赁、购买商品、接受劳务、制造产品、广告宣传、推销产品、交纳税费等。由经营活动产生的现金流量反映了企业在利润形成过程中的全部经济业务所引起的现金流动。

经营活动的现金流量是整个现金流量分析的重点,因为贷款利息的支付、本金的偿还,货款的按期支付以及股利的分配等都需动用现金,而经营活动产生的现金流入量是满足这些需要最为根本的来源,是企业赖以生存和发展的基础。对于财务报表的外部使用者来说,经营活动提供的现金有无及多少,通常是用来衡量和评价企业盈利能力和财务状况好坏的一个重要指标。他们在进行相关决策时,债权人必须考虑本息的偿还,而投资者必须考虑股利的获得及股票市价变动利益甚至原始投资的保障。这些均取决于企业经营活动产生的现金流量的金额、时间及或然性。只有企业能产生有利的现金流量,才有能力还本付息、支付股利。现金流量表披露的经营活动净现金流入量的信息便能客观地衡量企业在这方面的能力。经营活动的净现金流入量从本质上代表了企业自我创造现金的能力,如果该流入量在现金流量的来源中占有较高比例,则企业的财务基础较为牢固,偿债能力和对外筹资能力也就越强。

2) 投资活动产生的现金流量

投资活动是指企业长期资产的购建和不包括在现金等价物范围内的投资及其处置活动。投资活动产生的现金流入包括收回投资所收到的现金、分得的现金股利或利润、处置固定资产而收回的现金净额等;投资活动产生的现金流出包括购建固定资产、取得无形资产、进行权益性投资和三个月以上的债权性投资等所支付的现金。

对投资活动的现金流量进行分析,可以说明企业是缩小、维持现有经营规模,还是扩大将来的经营规模,并进而判断未来经营活动现金流量的变动趋势。特别要关注的是,企业对外投资和处置固定资产的现金流量情况。在市场经济条件下,企业对外投资行为较为普遍,但投资收益情况相差较大,有的甚至"血本无归",通过对投资活动现金流量进行分析,可以使财务信息使用者对此有一定的了解。而出售固定资产、转让无形资产这类交易在企业不会经常发生,不能被企业当做现金的主要来源。

3) 筹资活动产生的现金流量

筹资活动是指导致企业资本及债务规模和构成发生变化的活动,包括吸收投资、发行股票、分配利润等。筹资活动的现金流入包括发行股票或债券筹措资金而收入的现金、向金融机构借入的现金等;筹资活动的现金流出包括支付的现金股利、以现金偿付的金融机构借款或债券本金、在筹资活动中以现金支付的费用、依法收购本企业的股票而支付的现金等。

一般来说,企业通过发行股票筹资或接受其他形式的权益性投资并不经常发生,而举债经营已成为现代企业经营的一个主要特征,以发挥财务杠杆的积极作用。在我国,由于股利支出不影响利润,将其列入筹资活动产生的现金流量,而不是经营活动产生的现金流量。在分析时,应注意支付股利的现金来源,是经营活动提供的现金,还是筹措其他来源资金或举债等筹得的现金。如属前者,一般来说较为正常;如为后者,就应进行仔细分析,诸如企业是否存在亏损,为什么亏损企业还要发放股利,股利发放对企业有何影响。

3. 现金流量表的结构

现金流量表包括主表和补充资料两个部分,其结构如表11-3所示。

表 11-3 现金流量表

编制单位：××公司 2016 年度 单位：元

项 目	行 次	金 额
一、经营活动产生的现金流量：		
销售商品、提供劳务收到的现金	1	1 342 500
收到的税费返还	3	
收到的其他与经营活动有关的现金	8	
现金流入小计	9	1 342 500
购买商品、接受劳务支付的现金	10	392 266
支付给职工以及为职工支付的现金	12	300 000
支付的各项税费	13	199 089
支付的其他与经营活动有关的现金	18	70 000
现金流出小计	20	961 355
经营活动产生的现金流量净额	21	381 145
二、投资活动产生的现金流量：		
收回投资所收到的现金	22	16 500
取得投资收益所收到的现金	23	30 000
处置固定资产、无形资产和其他长期资产收回的现金净额	25	300 300
处置子公司及其他营业单位收到的现金净额	28	
收到的其他与投资活动有关的现金	29	
现金流入小计	30	346 800
购建固定资产、无形资产和其他长期资产所支付的现金	31	451 000
投资所支付的现金	35	
支付的其他与投资活动有关的现金	36	
现金流出小计		451 000
投资活动产生的现金流量净额	37	−104 200
三、筹资活动产生的现金流量：		
吸收投资所收到的现金	38	
取得借款收到的现金	40	400 000
收到的其他与筹资活动有关的现金	43	
现金流入小计	44	400 000
偿还债务所支付的现金	45	1 250 000
分配股利、利润和偿付利息所支付的现金	46	12 500
支付的其他与筹资活动有关的现金	52	
现金流出小计	53	1 262 500
筹资活动产生的现金流量净额	54	−862 500
四、汇率变动对现金的影响	55	0
五、现金及现金等价物净增加额	56	−585 555

补 充 资 料

项 目	行 次	金 额
1. 将净利润调节为经营活动现金流量：		
净利润	57	237 901

续表

项　目	行　次	金　额
加：计提的资产减值准备	58	900
固定资产折旧、油气资产折耗、生产性生物资产折旧	59	100 000
无形资产摊销	60	60 000
长期待摊费用摊销	61	100 000
处置固定资产、无形资产和其他长期资产损失（减：收益）	64	−50 000
固定资产报废损失（减：收益）	65	19 700
公允价值变动损失（减：收益）	66	
财务费用（减：收益）	67	21 500
投资损失（减：收益）	68	−31 500
递延所得税资产减少（减：增加）	69	
递延所得税负债增加（减：减少）	70	
存货的减少（减：增加）	71	5 300
经营性应收项目的减少（减：增加）	72	−100 000
经营性应付项目的增加（减：减少）	73	17 344
其他	74	
经营活动产生的现金流量净额	75	381 145
2. 不涉及现金收支的投资和筹资活动：		
债务转为资本	76	
一年内到期的可转换企业债券	77	
融资租入固定资产	78	
3. 现金及现金等价物净增加情况：		
现金的期末余额	79	820 745
减：现金的期初余额	80	1 406 300
加：现金等价物的期末余额	81	0
减：现金等价物的期初余额	82	0
现金及现金等价物净增加额	83	−585 555

从表 11-3 中可以看出，现金流量表回答的问题既简单又重要：企业当期有多少现金流入，来源于何处；企业在当期有多少现金流出，运用于何方；企业当期现金余额是怎样变化的，是净增还是净减？从而可以解惑：为什么利润表上反映盈利的企业会没有钱花，偿还不了到期的债务；为什么利润表上反映亏损的企业会有钱花，不但能够偿债，甚至还能够投资。

11.2.4　财务报表附注

资产负债表、利润表和现金流量表中所规定的内容具有一定的固定性和规定性，只能提供定量的财务信息，其所能反映的信息受到一定的限制。财务报表附注是对以上三张报表的补充，主要对报表不能包括的内容，或者披露不详尽的内容作进一步的解释说明，以有助于财务报告使用者理解和使用财务信息。

11.2.5　财务分析的基本方法

财务分析是指以财务报告和其他相关资料为依据和起点，采用专门方法，系统分析和评价企业的过去和现在的财务成果、财务状况及其变动，目的是了解过去、评价现在、预测未来,帮助财务报告使用者及其他利益相关者改善决策。财务分析的最基本功能是,将大量的报表数据转换成对特定决策有用的信息,以减少决策的不确定性。因此,正确理解财务报表是财务分析的前提。

开展财务分析,需要运用一定的方法。财务分析方法主要包括趋势分析法、比率分析法和因素分析法。

1. 趋势分析法

趋势分析法又称水平分析法,是通过对比两期或连续数期财务报告中相同指标,确定其增减变动的方向、数额和幅度,来说明企业财务状况或经营成果的变动趋势的一种方法。采用这种方法,可以分析引起变化的主要原因、变动的性质,并预测企业未来的发展前景。趋势分析法的具体运用主要有以下三种方式。

1) 重要财务指标的比较

这是将不同时期财务报告中的相同指标或比率进行比较,直接观察其增减变动情况及变动幅度,考察其发展趋势,预测其发展前景。对不同时期财务指标的比较,可以有如下两种方法:

(1) 定基动态比率。即以某一时期的数额为固定的基期数额计算出来的动态比率。其计算公式为:定基动态比率=分析期数额/固定基期数额×100%。

(2) 环比动态比率。即以每一分析期的前期数额为基期数额计算出来的动态比率。其计算公式为:环比动态比率=分析期数额/前期数额×100%。

重要财务比率的比较,是最重要的财务分析方法。因为比率是相对数,排除了规模的影响,使不同比较对象建立起可比性。

2) 财务报表的比较

这是将连续数期的财务报表的金额并列起来,比较其相同指标的增减变动金额和幅度,据以判断企业财务状况和经营成果发展变化的一种方法。财务报表的比较,具体包括资产负债表比较、利润表比较和现金流量表比较等。比较时,既要计算出表中有关项目增减变动的绝对额,又要计算出其增减变动的百分比。

3) 财务报表项目构成的比较

这是在财务报表比较的基础上发展起来的。它是以财务报表中的某个总体指标作为100%,再计算出其各组成指标占该总体指标的百分比,从而来比较各个项目百分比的增减变动,以此判断有关财务活动的变化趋势。这种方式运用比较结构百分比指标,即把利润表、资产负债表、现金流量表转换成结构百分比报表,这样更能准确地分析企业财务活动的发展趋势。如以收入为100%,计算利润表各项目的比重,以发现有显著问题的项目,揭示进一步分析的方向。它既可用于同一企业不同时期财务状况的纵向比较,又可用于不同企业之间的横向比较。同时,这种方法能消除不同时期(不同企业)之间业务规模差异的影响,有利于分析企业的耗费水平和盈利水平。

但在采用趋势分析法时,必须注意以下问题:一是用于进行比较的各个时期的指标,在计算口径上必须一致;二是剔除偶发性项目的影响,使作为比较分析的数据能反映正常的经营状况;三是应用例外原则,对某项有显著变动的指标作重点分析,研究产生的原因,以便采取对策,趋利避害。

2. 比率分析法

比率分析法是指某些彼此存在关联的项目加以对比,计算出比率,据以确定经济活动变动程度的分析方法。比率指标主要有三类。

1) 构成比率

构成比率又称结构比率,是某项经济指标的各个组成部分与总体的比率,反映部分与总体的关系。利用该比率,可以考察总体中某个部分的形成和安排是否合理,以便协调各项财务活动。其计算公式为:构成比率=某个组成部分数额/总体数额。

2) 效率比率

即某项经济活动中所费与所得的比率,反映投入与产出的关系。利用效率比率指标,可以进行得失比较,考察经营成果,评价经济效益。如成本利润率、销售利润率、资本利润率等利润指标,可以从不同角度观察比较企业获利能力的高低及其增减变化情况。

3) 相关比率

即以某个项目和与其有关但又不同的项目加以对比所得的比率,反映有关经济活动的相互关系。利用相关比率指标,可以考察有联系的相关业务安排得是否合理,以保障企业营运活动能够顺畅进行。如计算出流动比率可以判断企业的短期偿债能力。

在计算比率指标时,要注意对比项目的相关性、对比口径的一致性。在运用比率分析法时,需要选用一定的标准与之对比,以便对企业的财务状况作出评价。通常而言,科学、合理的对比标准有:一是预定目标,如预算指标、设计指标、定额指标、理论指标等;二是历史标准,如上期实际、上年同期实际、历史先进水平以及有典型意义的时期实际水平等;三是行业标准,如国内外同类企业的先进水平或平均水平等;四是公认标准。一般地,财务比率的计算是比较简单的,但要对比率指标加以说明和解释是相当复杂和困难的。

3. 因素分析法

因素分析法又称因素替换法、连环替代法,是用来确定几个相互联系的因素对综合财务指标或经济指标的影响程度的一种分析方法。采用这种方法的出发点在于,当有若干因素对分析对象发生影响作用时,假定其他各个因素都无变化,顺序确定每一个因素单独变化所产生的影响。该方法从数量上测定各因素的影响程度,可以帮助人们抓住主要矛盾,或更有说服力地评价经营状况。

11.3 财务指标分析

总结和评价企业财务状况与经营成果的分析指标主要包括偿债能力指标、营运能力指标、获利能力指标、发展能力指标和现金流量指标。现将利用表11-1~表11-3中的资料分别介绍各类指标的计算方法和具体运用。

11.3.1 偿债能力分析

偿债能力是指企业偿还到期债务(包括本息)的能力。偿债能力分析包括短期偿债能力分析和长期偿债能力分析。

1. 短期偿债能力分析

短期偿债能力是指企业流动资产对流动负债及时足额偿还的保证程度,是衡量企业当前财务能力,特别是流动资产变现能力的重要标志。衡量企业短期偿债能力的指标主要有流动比率、速动比率和现金比率三项。

1) 流动比率

即流动资产与流动负债的比率,它表明企业每一元流动负债有多少流动资产作为偿还的保证,反映企业用可在短期内转变为现金的流动资产偿还到期流动负债的能力。其计算公式为

$$流动比率 = \frac{流动资产}{流动负债}$$

一般情况下,流动比率越高,反映企业短期偿债能力越强,债权人的权益越有保证。按照西方企业的长期经验,一般认为2∶1的比例比较适宜。它表明企业财务状况稳定、可靠,除了满足日常生产经营的流动资金需要外,还有足够的财力偿付到期短期债务。如果比例过低,则表明企业难以如期偿还到期债务。但是,流动比率也不可能过高,过高则表明企业流动资产占用较多,会影响资金的使用效率和企业的筹资成本进而影响获利能力。究竟应保持多高水平的比率,主要视企业对待风险与收益的态度予以确定,不同的企业以及同一企业不同时期的评价标准是不同的。

【例11-1】 根据表11-1中的资料,该企业2016年的流动比率如下:

年初流动比率:4 751 400÷2 651 400=1.792

年末流动比率:4 144 645÷1 577 959=2.627

该企业2016年年初流动比率低于一般公认标准,年末流动比率超过一般公认标准,反映该企业的短期偿债能力由较弱变为较强。

2) 速动比率

即企业速动资产与流动负债的比率。所谓速动资产,是指流动资产减去变现能力较差且不稳定的存货、一年内到期的非流动资产和其他流动资产等之后的余额。由于剔除了存货等变现能力较弱且不稳定的资产,因此,速动比率较之流动比率更能准确、可靠地评价企业资产的流动性及其偿还短期负债的能力。其计算公式为

$$速动比率 = \frac{速动资产}{流动负债}$$

西方企业的传统经验认为,速动比率为1时是安全边际。因为如果速动比率小于1,会使企业面临很大的偿债风险;如果速动比率大于1,尽管债务偿还的安全性很高,但却会因企业现金及应收账款资金占用过多而大大增加企业的机会成本。当然,如果企业的存货流转顺畅、变现能力较强,即使速动比率较低,只要流动比率高,企业仍然有望偿还到期的债务本息。

【例11-2】 根据表11-1中的资料,该企业2016年的速动比率如下:

年初速动比率:(4 751 400－2 580 000)÷2 651 400=0.819

年末速动比率:(4 144 645－2 574 700)÷1 577 959=0.995

分析表明,该企业2016年年末的速动比率比年初有所提高,接近一般公认标准,短期偿债能力在不断改善而且变得比较理想,同流动比率反映的情况基本一致。

3) 现金比率

即企业现金类资产与流动负债的比率。在速动资产中,流动性最强、可直接用于偿债的资产称为现金类资产。现金类资产包括货币资金、交易性金融资产等。它们与其他速动资

产有区别,其本身就是可以直接偿债的资产。其计算公式为

$$现金比率=\frac{货币资金+交易性金融资产}{流动负债}$$

但需注意的是:企业不可能,也无必要保留过多的现金类资产。如果这一比率过高,则意味着企业流动负债未能得到合理的运用,经常以获利能力低的现金类资产保持着,这样会导致企业机会成本的增加。

【例 11-3】 根据表 11-1 中的资料,该企业 2016 年的现金比率如下:

年初现金比率:(1 406 300+15 000)÷2 651 400=0.536

年末现金比率:820 745÷1 577 959=0.51

该企业 2016 年年初、年末的现金比率都比较高,年初竟超过 50%,年末有所改进,这说明企业还需进一步有效地运用现金类资产、合理安排资产结构,提高资金使用效益。

2. 长期偿债能力分析

长期偿债能力是指企业偿还长期负债的能力。衡量长期偿债能力的财务比率,可以分为存量比率和流量比率两类。

1) 总债务存量比率

从长期来看,所有的债务都要偿还。因此,反映长期偿债能力的存量比率是总债务、总资产和所有者(股东)权益之间的比例关系。常用的比率有:

(1) 资产负债率。又称负债比率,是企业负债总额对资产总额的比率。它表明企业资产总额中,债权人提供资金所占的比重,以及企业资产对债权人权益的保障程度。这一比率越小,表明企业的长期偿债能力越强。其计算公式为

$$资产负债率=\frac{负债总额}{资产总额}\times 100\%$$

如果此项比率较大,从企业所有者来说,利用较少的自有资金投资,形成较多的生产经营用资产,不仅扩大了生产经营规模,而且在经营状况良好的情况下,还可以利用财务杠杆作用,得到较多的投资利润。但这一比率如果过大,则表明企业的债务负担重,企业资金实力不强,不仅对债权人不利,而且企业有濒临倒闭的危险。通常,资产在破产迫卖时的售价不到账面价值的 50%,因此资产负债率高于 50% 则债权人的利益就缺乏保障。各类资产变现能力有显著区别,房地产变现的价值损失小,专用设备则难以变现。不同企业要求的资产负债率不同,与其持有的资产类别有关。

【例 11-4】 根据表 11-1 中的资料,该企业 2016 年的资产负债率如下:

年初资产负债率:3 251 400÷8 401 400=38.7%

年末资产负债率:2 737 959÷8 093 645=33.8%

该企业年初、年末的资产负债率均不高,说明企业长期偿债能力较强,这样有助于增强债权人对企业出借资金的信心。

需要注意的是,并非企业所有的资产都可以作为偿债的物质保证,不仅在清算状态下,长期待摊费用等难以作为偿债的保证,即便在企业持续经营期间,上述资产的摊销价值也需要依靠存货等资产的价值才能得以补偿和收回,其本身并无直接的变现能力,相反还要对其他资产的变现能力产生反向影响。至于无形资产当中的商誉、商标、专利、非专利技术等能否用于偿债,也存在极大的不确定性。因此,又提出有形资产负债率这一比较稳健的指标对

企业的长期偿债能力进行评价,公式为

$$有形资产负债率=\frac{负债总额}{有形资产总额}\times 100\%$$

$$有形资产总额=资产总额-(无形资产+长期待摊费用)$$

【例11-5】 根据表11-1中的资料,该企业2016年的有形资产负债率如下:

年初有形资产负债率:3 251 400÷(8 401 400−600 000−200 000)=42.8%

年末有形资产负债率:2 737 959÷(8 093 645−540 000−200 000)=37.2%

较之资产负债率,有形资产负债率指标将企业偿付安全性的分析建立在更加切实、可靠的物质保障基础之上。

(2) 产权比率和权益乘数。这是资产负债率的另外两种表现形式,它们都是企业财务结构稳健与否的重要标志。产权比率表明1元所有者权益借入的债务数额,其计算公式为

$$产权比率=\frac{负债总额}{所有者权益}$$

它反映企业所有者权益对债权人权益的保障程度。这一比率越低,表明企业的长期偿债能力越强,债权人权益的保障程度越高,承担的风险越小,但企业不能充分地发挥负债的财务杠杆效应。所以,企业在评价产权比率适度与否时,应从提高获利能力与增强偿债能力两个方面综合进行,即在保障债务偿还安全的前提下,应尽可能地提高产权比率。

【例11-6】 根据表11-1中的资料,该企业2016年的产权比率如下:

年初产权比率:3 251 400÷5 150 000=0.631

年末产权比率:2 737 959.85÷5 355 685=0.511

该企业2016年年初、年末的产权比率都不太高,与资产负债率的计算结果可相互印证,表明企业的长期偿债能力较强,债权人的保障程度较高。

产权比率与资产负债率对评价偿债能力的作用基本相同,主要区别是:资产负债率侧重于分析债务偿付安全性的物质保障程度;产权比率则侧重于揭示财务结构的稳健程度以及自有资金对偿债风险的承受能力。

权益乘数表明1元所有者权益拥有的总资产,其计算公式为

$$权益乘数=\frac{资产总额}{所有者权益}=\frac{1}{1-资产负债率}=1+产权比率$$

【例11-7】 根据表11-1中的资料,该企业2016年的权益乘数如下:

年初权益乘数:8 401 400÷5 150 000=1.631

年末权益乘数:8 093 645÷5 355 686=1.511

该企业2016年年初、年末的权益乘数都不太高,与产权比率的计算结果也可相互印证。需要注意的是,产权比率和权益乘数是两种常用的财务杠杆计量,可以反映特定情况下资产利润率和权益利润率之间的倍数关系。财务杠杆表明债务的多少,与偿债能力有关,并且可以表明权益净利率的风险,也与盈利能力有关。

(3) 长期资本负债率。是指非流动负债占长期资本的百分比,其计算公式为

$$长期资本负债率=\frac{非流动负债}{非流动负债+所有者权益}\times 100\%$$

【例11-8】 根据表11-1中的资料,该企业2016年的长期资本负债率如下:

年初长期资本负债率:600 000÷(600 000+5 150 000)=10.43%

年末长期资本负债率:1 160 000÷(1 160 000+5 355 686)=17.80%

长期资本负债率反映企业长期资本的结构。由于流动负债的数额经常变化,资本结构管理大多使用长期资本结构。

2) 总债务流量比率

(1) 利息保障倍数。又称已获利息倍数,是指企业一定时期息税前利润与利息费用的比率,反映了获利能力对债务偿付的保证程度。其计算公式为

$$利息保障倍数 = \frac{息税前利润}{利息费用} = \frac{净利润 + 利息费用 + 所得税费用}{利息费用}$$

【例 11-9】 根据表 11-2 中的资料,假定表中财务费用全部为利息费用,该企业利息保障倍数如下:

2015 年利息保障倍数:(290 000 + 30 000) ÷ 30 000 = 10.67(倍)

2016 年利息保障倍数:(340 300 + 41 500) ÷ 41 500 = 9.20(倍)

从以上计算结果来看,应当说该企业 2015 年度和 2016 年度的利息保障倍数都较高,均有较强的偿付负债利息的能力。进一步的分析还需结合企业以往的情况和行业的特点进行判断。

通常,可以用财务费用的数额作为利息费用,也可以根据报表附注资料确定更准确的利息费用数额。

长期债务不需要每年还本,却需要每年付息。利息保障倍数表明 1 元债务利息有多少倍的息税前收益作保障,它可以反映债务政策的风险大小。如果企业一直保持按时付息的信誉,则长期负债可以延续,举借新债也比较容易。利息保障倍数越大,利息支付越有保障。如果利息支付尚且缺乏保障,归还本金就很难指望。因此,利息保障倍数可以反映长期偿债能力。

国际上通常认为,利息保障倍数为 3 时较为适当。从长期来看,若要维持正常偿债能力,利息保障倍数至少应当大于 1。如果利息保障倍数过小,企业将面临亏损以及偿债的安全性与稳定性下降的风险。究竟企业的利息保障倍数应是多少,才算偿付能力强,这要根据往年经验结合行业特点来判断。

(2) 现金流量利息保障倍数。即以现金流量为基础的利息保障倍数,是指经营活动现金流量净额与利息费用的比率。其计算公式为

$$现金流量利息保障倍数 = \frac{经营活动现金流量净额}{利息费用}$$

【例 11-10】 根据表 11-2 和表 11-3 中的资料,假定表中财务费用全部为利息费用,该企业的现金流量利息保障倍数如下:

2016 年度现金流量利息保障倍数:381 145 ÷ 41 500 = 9.18(倍)

现金基础的利息保障倍数表明,1 元的利息费用有多少倍的经营现金流量作保障。它比收益基础的利息保障倍数更可靠,因为实际用以支付利息的是现金,而不是收益。

(3) 现金流量债务比。是指经营活动所产生的现金流量净额与债务总额的比率。其计算公式如下:

$$经营现金流量与债务比 = \frac{经营活动现金流量净额}{债务总额} \times 100\%$$

【例 11-11】 根据表 11-1 和表 11-3 中的资料,该企业的经营现金流量与债务比的计算过程如下:

平均债务总额＝(3 251 400＋2 737 959)÷2＝2 994 679.50

2011年度经营现金流量与债务比：(381 145÷2 994 679.50)×100%＝12.73%

公式中的"债务总额"，一般情况下使用年末和年初的平均数，但有时为了简便，也可以使用期末数。

该比率表明企业用经营现金流量偿付全部债务的能力。该比率越高，表明承担债务总额的能力越强。

值得注意的是，衡量企业长期偿债能力的因素，除了上述通过财务报表资料计算出的财务指标外，还包括长期租赁、债务担保和未决诉讼等一些表外因素。

11.3.2 运营能力分析

运营能力是指企业基于外部市场环境的约束，通过内部人力资源和生产资料的配置组合而对财务目标所产生作用的大小。运营能力分析旨在评价企业资产管理的效率，包括人力资源运营能力的分析和生产资料运营能力的分析。

1. 人力资源运营能力的分析

人力资源营运能力通常采用劳动效率指标加以衡量。劳动效率是指企业营业收入或净产值与平均职工人数的比率，其计算公式为

$$劳动效率 = \frac{营业收入或净产值}{平均职工人数}$$

对企业劳动效率进行考核评价主要是采用比较的方法，例如，将实际劳动效率与本企业计划水平、历史先进水平或同行业平均先进水平等指标进行对比，进而确定其差异程度，分析造成差异的原因，以采取适当措施，进一步发掘提高人力资源劳动效率的潜能。

2. 生产资料运营能力分析

生产资料表现为企业对各项资产的占用，其运营能力实际上就是企业的总资产及其各个组成要素的营运能力。资产营运能力的强弱关键取决于周转速度。一般来说，周转速度越快，资产的使用效率越高，则资产运营能力越强；反之，运营能力就越差。资产的运营能力是用周转次数(或周转天数)指标来表示的，其计算公式为

$$周转次数(周转率) = \frac{周转额}{资产平均余额}$$

$$周转天数(周转期) = \frac{计算期天数(360天)}{周转次数} = \frac{资产平均余额 \times 计算期天数}{周转额}$$

在一定时期内，资产的周转次数越多，周转速度则越快，表明资产的营运能力就越强。周转天数是周转次数的逆指标，反映资产周转一次所需要的天数。周转天数越少，表明周转速度越快，资产营运能力越强。资产营运能力分析主要包括以下几个方面。

1) 应收账款周转率

这是一个反映应收账款周转速度的指标。它是一定时期内商品或产品营业收入(或销售收入)与应收账款平均余额的比值，是反映应收账款周转速度的指标。其计算公式为

$$应收账款周转率(次数) = \frac{营业收入}{应收账款平均余额}$$

其中

$$应收账款平均余额 = \frac{年初应收账款 + 年末应收账款}{2}$$

$$应收账款周转期（天数）= \frac{计算期天数}{应收账款周转次数}$$

应收账款周转次数，表明应收账款一年中周转的次数，或者说明 1 元应收账款投资支持的销售收入。应收账款周转天数，也称为应收账款的收现期，表明从销售开始到回收现金平均需要的天数。应收账款周转率高，则表明：收账迅速，账龄较短；资产流动性强，短期偿债能力强；可以减少收账费用和坏账损失，从而相对增加流动资产的投资收益。同时，借助应收账款周转期与企业信用期限的比较，还可以评价购买单位的信用程度，以及企业原订的信用条件是否适当。

在计算应收账款周转率时，需要注意的是如下三个问题：

(1) 关于销售收入的赊销比例问题。从理论上说应收账款是由赊销引起的，其对应的流量是赊销额，而非全部销售收入。因此，计算时应使用赊销额取代销售收入。但是，外部分析人无法取得赊销的数据，只好直接使用销售收入计算。实际上相当于假设现金销售是收现时间等于零的应收账款。只要现金销售与赊销的比例是稳定的，就不妨碍与上期数据的可比性，只是一贯高估了周转次数。

(2) 公式中的应收账款包括会计核算中的"应收账款"和"应收票据"等全部赊销账款在内。因为统一财务报表上列示的应收账款是已经提取减值准备后的净额，而销售收入并没有相应减少。其结果是，提取的减值准备越多，应收账款周转天数越少。这样减少的周转天数不能说明是好的业绩，反而说明应收账款管理欠佳。如果减值准备的数额较大，就应进行调整，使用未提取坏账准备的应收账款计算周转天数。报表附注中应披露应收账款减值的信息，可作为调整的依据。

(3) 因为应收账款是特定时点的存量，容易受季节性、偶然性和人为因素的影响。如果应收账款周转率用于业绩评价，在应收账款余额的波动性较大时，应尽可能地使用更详尽的计算资料，如按每月的应收账款余额来计算其平均占用额。

【例 11-12】 根据表 11-1 和表 11-2 中的资料以及往年的有关资料，2015 年和 2016 年应收账款周转率的计算如表 11-4 所示。

表 11-4　应收账款周转率计算

项　　目	2014 年	2015 年	2016 年
赊销收入净额/元		1 100 000	1 250 000
应收账款(含应收票据)年末余额/元	516 800	545 100	644 200
应收账款平均余额/元		530 950	594 650
应收账款周转次数/次		2.07	2.10
应收账款周转天数/天		174	171

表 11-4 中的计算结果表明，该企业 2016 年应收账款周转率比 2015 年稍有改善，周转次数由 2.07 次提高为 2.10 次，周转天数由 174 天缩短为 171 天。但近两年应收账款的周转期都在半年左右，与应收账款正常的周转天数 60 天差异甚远，因此应收账款的流动性问题应引起企业管理当局的应有重视。

2) 存货周转率

这是一定时期内企业销售成本与存货平均资金占用额的比率。它是一个反映企业销售能力和流动资产流动性的指标,也是衡量企业生产经营各环节中存货运营效率的一个综合性指标。其计算公式为

$$存货周转率(次数)=\frac{营业成本}{存货平均余额}$$

其中

$$存货平均余额=\frac{年初存货+年末存货}{2}$$

$$存货周转期(天数)=\frac{计算期天数}{存货周转率(次数)}$$

存货周转速度的快慢,不仅反映出企业采购、储存、生产、销售各环节管理工作状况的好坏,而且对企业的偿债能力及获利能力产生决定性的影响。一般来讲,存货周转率(次数)越高越好,存货周转率越高,表明其变现的速度越快,周转额越大,资金占用水平越低。因此,通过存货周转分析,有利于找出存货管理存在的问题,尽可能地使存货的资金占用保持在一个合理的水平。

在计算存货周转率时,应注意:

(1) 存货计价方法对存货周转率具有较大的影响,因此,在分析企业不同时期或不同企业的存货周转率时,应注意存货计价方法的口径是否一致。

(2) 分子、分母的数据应注意时间上的对应性。

【例 11-13】 根据表 11-1 和表 11-2 的资料以及往年的有关资料,2015 年和 2016 年存货周转率的计算如表 11-5 所示。

表 11-5 存货周转率计算

项 目	2014 年	2015 年	2016 年
营业成本/元		650 000	750 000
存货年末余额/元	1 516 800	2 580 000	2 574 700
存货平均余额/元		2 048 400	2 577 350
存货周转次数/次		0.28	0.29
存货周转天数/天		1 286	1 241

表 11-5 中的计算结果表明,该企业 2016 年存货周转率比 2015 年稍有改善,周转次数由 0.28 次提高到 0.29 次,周转天数由 1 286 天缩短为 1 241 天,近两年存货的周转期都超过了三年。这反映出该企业 2015 年和 2016 年存货管理效率极低,可能存在严重的呆滞、积压,应提请企业管理当局予以关注。当然,运用存货周转率评价存货管理水平时,其评价标准应因行业、产品而异。

3) 流动资产周转率

这是一个反映企业流动资产周转速度的指标。它是流动资产的平均占用额与流动资产在一定时期所完成的周转额(营业收入或销售收入)之间的比率。其计算公式为

$$流动资产周转率(次数)=\frac{营业收入}{流动资产平均占用额}$$

$$流动资产周转期(天数)=\frac{计算期天数}{流动资产周转率(次数)}$$

流动资产平均占用额应按分析期的不同分别加以确定,并应保持分子的营业收入与分母的流动资产平均占用额在时间上的一致性。

在一定时期内,流动资产周转次数越多,表明以相同的流动资产完成的周转额越多,流动资产利用效果越好。周转一次所需要的天数越少,表明流动资产在经历生产和销售各阶段时所占用的时间越短。生产经营任何一个环节上的工作改善,都会反映到周转天数的缩短上来。换句话说,流动资产周转速度快,会相对节约流动资产,等于相对扩大资产投入,增强企业的盈利能力;而延缓周转速度,需要补充流动资产参加周转,造成资金浪费,降低企业的盈利能力。

【例11-14】 根据表11-1和表11-2中的资料以及往年的有关资料,2015年和2016年流动资产周转率的计算如表11-6所示。

表11-6 流动资产周转率计算

项目	2014年	2015年	2016年
营业收入/元		1 100 000	1 250 000
流动资产年末余额/元	4 116 200	4 751 400	4 144 645
流动资产平均余额/元		4 433 800	4 448 022.5
流动资产周转次数/次		0.25	0.28
流动资产周转天数/天		1 440	1 286

表11-6中的计算结果表明,该企业2016年流动资产周转速度比2015年缩短了154天,流动资金占用节约,节约占用的数额可计算如下:

$$(1\ 286-1\ 440)\times 1\ 250\ 000\div 360=534\ 722.22(元)$$

4) 固定资产周转率

这是指企业年营业收入与固定资产平均净值的比率。它是反映企业固定资产周转情况,从而衡量固定资产利用效率的一项指标。其计算公式为

$$固定资产周转率(次数)=\frac{营业收入}{固定资产平均净值}$$

固定资产周转率高,表明企业固定资产利用充分,也能表明企业固定资产投资得当,固定资产结构合理,能够充分发挥效率;反之,如果固定资产周转率不高,则表明固定资产使用效率不高,提供的生产成果不多,企业的营运能力不强。

运用固定资产周转率时,需要考虑固定资产因计提折旧的影响,其净值在不断地减少以及因更新重置,其净值突然增加的影响。同时,由于折旧方法的不同,可能影响其可比性。因此,在分析时一定要剔除掉这些不可比因素。

【例11-15】 根据表11-1和表11-2中的资料以及往年的有关资料,2015年和2016年固定资产周转率的计算如表11-7所示。

表11-7 固定资产周转率计算

项目	2014年	2015年	2016年
营业收入/元		1 100 000	1 250 000
固定资产年末余额/元	1 200 000	1 100 000	2 231 000
固定资产平均余额/元		1 150 000	1 665 500
固定资产周转次数/次		0.97	0.75

以上计算结果表明,企业 2016 年固定资产周转率比 2015 年有所减慢,其主要原因是固定资产净值的增加幅度高于销售收入增长幅度所引起的。这表明企业的营运能力有所降低。

5) 总资产周转率

这是企业营业收入与资产总额的比率。其计算公式为

$$总资产周转率(次数)=\frac{营业收入}{资产平均占用额}$$

值得说明的是,如果资金占用的波动性较大,资产平均占用额应按照各月份的资金占用额计算。如果各期占用额比较稳定、波动不大,资产平均占用额可以按季、年的平均资金占用额计算。

这一比率用来分析企业全部资产的使用效率。如果这个比率低,说明企业利用全部资产进行经营的效率较差,最终会影响企业的盈利能力。这样企业就应该采取各项措施来提高企业的资产利用程度,如增加销售收入或处理多余的资产。

【例 11-16】 根据表 11-1 和表 11-2 中的资料以及往年的有关资料,2015 年和 2016 年总资产周转率的计算如表 11-8 所示。

表 11-8 总资产周转率计算

项 目	2014 年	2015 年	2016 年
营业收入/元		1 100 000	1 250 000
总资产年末余额/元	8 100 000	8 401 400	8 093 645
总资产平均余额/元		8 250 700	8 247 522.50
总资产周转次数/次		0.14	0.15

以上计算结果表明,企业 2016 年总资产周转率比 2015 年略有加快。这是因为固定资产周转率虽略有减慢,但流动资产周转率有一定幅度的增加,因而总资产的利用效果难以大幅度提高。

11.3.3 获利能力分析

对增值的不断追求是企业资金运动的动力源泉与直接目的。获利能力就是企业资金增值的能力,它通常体现为企业收益数额的大小与水平的高低。由于企业财务会计的六大要素有机统一于企业的资金运动过程,并通过筹资、投资活动取得收入,补偿成本费用,从而实现利润目标。由此,可以按照财务会计的基本要素设置获利能力分析指标,借以评价企业各要素的盈利能力及资本保值、增值情况。

1. **营业利润率**

这是企业一定时期营业利润与营业收入的比率。其计算公式为

$$营业利润率=\frac{营业利润}{营业收入}\times 100\%$$

营业利润率越高,表明企业市场竞争力越强,发展潜力越大,从而获利能力越强。需要说明的是,从利润表看,企业的利润可以分为三个层次:营业利润、利润总额、净利润。其中利润总额和净利润包含着非销售利润因素,所以能够更直接地反映销售获利能力的指标是毛利率、营业利润率。通过考察营业利润占整个利润总额比重的升降,可以发现企业经营理

财状况的稳定性、面临的危险或可能出现的转机迹象。

【例 11-17】 根据表 11-2 中的资料以及往年的有关资料,2015 年和 2016 年营业利润率的计算如表 11-9 所示。

表 11-9　营业利润率计算

项　目	2015 年	2016 年	项　目	2015 年	2016 年
商品销售毛利/元	450 000	500 000	毛利率/%	40.91	40.00
营业利润/元	298 000	310 000	营业利润率/%	27.09	24.80
主营业务收入/元	1 100 000	1 250 000			

从以上分析可以看出：该企业的毛利率和营业利润率呈下降趋势,进一步分析可以看到,这种下降趋势主要是由于企业 2016 年的营业成本呈上升趋势所至。其他因素的变动趋势还同时影响营业利润率的增长。

2. 成本费用利润率

这是指企业一定时期利润总额与成本费用总额的比率。其计算公式为

$$成本费用利润率 = \frac{利润总额}{成本费用总额} \times 100\%$$

其中

$$成本费用总额 = 营业成本 + 营业税金及附加 + 销售费用 + 管理费用 + 财务费用$$

该指标越高,表明企业为取得利润而付出的代价越小,成本费用控制得越好,获利能力越强。

与利润一样,成本费用的计算口径也可以分为几个层次,如主营业务成本、营业成本等。因此,在评价成本开支效果时,必须注意成本费用与利润之间在层次和口径上的对应关系。

【例 11-18】 根据表 11-2 中的资料以及往年的有关资料,2015 年和 2016 年成本费用利润率的计算如表 11-10 所示。

表 11-10　成本费用利润率计算

项　目	2015 年	2016 年	项　目	2015 年	2016 年
营业成本/元	650 000	750 000	财务费用/元	30 000	41 500
营业税金及附加/元	18 000	2 000	成本费用总额/元	832 000	971 500
销售(营业)费用/元	16 000	20 000	利润总额/元	290 000	340 300
管理费用/元	118 000	158 000	成本费用利润率/%	34.86	35.03

从以上计算结果可以看出,该企业的成本费用利润率指标 2016 年比 2015 年略有上升趋势。

3. 总资产报酬率

这是企业息税前利润与企业资产平均总额的比率。它是一个反映企业资产综合利用效果的指标,也是一个衡量企业利用债权人和所有者权益总额所取得盈利的重要指标,其计算公式为

$$总资产报酬率 = \frac{息税前利润总额}{资产平均总额} \times 100\%$$

其中

$$息税前利润总额 = 利润总额 + 利息支出 = 净利润 + 所得税 + 利息支出$$

总资产报酬率越高,表明企业的资产利用效益越好,整个企业盈利能力越强,经营管理水平越高。

【例 11-19】 根据表 11-2 和表 11-8 中的资料以及往年的有关资料,2015 年和 2016 年的总资产报酬率如下:

2015 年总资产报酬率为:$(290\,000 + 30\,000) \div 8\,250\,700 = 3.88\%$

2016 年总资产报酬率为:$(340\,300 + 41\,500) \div 8\,247\,522.50 = 4.63\%$

计算结果表明,企业资产综合利用效率 2016 年比 2015 年有所提高,但总资产报酬率仍然不高,需要对资产的使用、增产节约工作等情况作分析考察,以便进一步改进管理,提高效益。

4. 净资产收益率

净资产收益率又称自有资本利润率,这是企业一定时期净利润与平均自有资金(即平均净资产)的比率,它是反映自有资金投资收益水平的指标。其计算公式为

$$净资产收益率 = \frac{净利润}{平均所有者权益} \times 100\%$$

企业从事财务管理活动的最终目的是实现所有者财富最大化,从静态角度来讲,首先就是最大限度地提高自有资金利润率。因此,该指标是企业盈利能力指标的核心,也是整个财务指标体系的核心。

【例 11-20】 根据表 11-1 和表 11-2 中的资料以及往年的有关资料,2014 年、2015 年和 2016 年自有资金利润率的计算如表 11-11 所示。

表 11-11 自有资金利润率计算

项 目	2014 年	2015 年	2016 年
净利润/元		195 000	237 901
所有者权益年末余额/元	5 100 000	5 150 000	5 355 686
所有者权益平均余额/元		5 125 000	5 252 843
净资产收益率/%		3.80	4.53

该企业 2016 年净资产收益率比 2015 年增加了近 1 个百分点,这是由于该企业所有者权益的增长慢于净利润的增长所引起的。根据表 11-11 中的资料,该企业所有者权益增长率为 $(5\,355\,686 - 5\,150\,000) \div 5\,150\,000 = 3.99\%$,而净利润的增长率为 $(237\,901 - 195\,000) \div 195\,000 = 22\%$。

5. 盈余现金保障倍数

这是企业一定时期经营现金净流量与净利润的比值,反映了企业当期净利润中现金收益的保障程度,真实反映了企业盈余的质量,是评价企业盈利状况的辅助指标。其计算公式为

$$盈余现金保障倍数 = \frac{经营现金净流量}{净利润}$$

【例 11-21】 根据表 11-2 和表 11-3 中的资料,同时假定该企业 2015 年度经营现金净

流量为 150 200 元。该公司 2015 年度和 2016 年度盈余现金保障倍数的计算如表 11-12 所示。

表 11-12 盈余现金保障倍数的计算

项 目	2015 年	2016 年
经营现金净流量/元	150 200	381 145
净利润/元	195 000	237 901
盈余现金保障倍数/倍	0.77	1.60

从以上的计算结果可以看出,该企业 2016 年度的盈余现金保障倍数比 2015 年度有较大的提高,表明该企业的收益质量有所提高,可能是由于企业采取了提高赊销信用标准、加强应收账款管理等有利于增加当年经营活动现金流量净额的措施。

11.3.4 发展能力分析

发展能力是企业在生存的基础上,扩大规模、壮大实力的潜在能力。分析企业的发展能力主要考察营业收入增长率、资本保值增值率等指标。

1. 营业收入增长率

这是企业本年营业收入增长额与上年营业收入总额的比率。它反映企业营业收入的增减变动情况,是评价企业成长状况和发展能力的重要指标。其计算公式为

$$营业收入增长率 = \frac{本年营业收入增长额}{上年营业收入总额} \times 100\%$$

其中

$$本年营业收入增长额 = 本年营业收入总额 - 上年营业收入总额$$

营业收入增长率是衡量企业经营状况和市场占有能力、预测企业经营业务拓展趋势的重要标志。营业收入不断增加,是企业生存的基础和发展的条件。若该指标大于 0,表明企业本年的营业收入有所增长,指标值越高,表明增长速度越快,企业市场前景越好;若该指标小于 0,则说明产品或服务不适销对路、质次价高,或是在售后服务等方面存在问题,市场份额萎缩。

【例 11-22】 根据表 11-2 中的资料,该企业 2016 年度的营业收入增长率为

$$(1\ 250\ 000 - 1\ 100\ 000) \div 1\ 250\ 000 \times 100\% = 12\%$$

值得注意的是,在使用该指标进行分析评价时,应结合企业历年的营业收入水平、企业市场占有情况、行业未来发展及其他影响企业发展的潜在因素进行前瞻性预测,或者结合企业前三年的营业收入增长率作出趋势性分析判断。

2. 资本保值增值率

这是指所有者权益的年末总额与年初总额的比率,用于评价企业当年资本在企业自身努力下实际增减变动的情况。其计算公式为

$$资本保值增值率 = \frac{年末所有者权益总额}{年初所有者权益总额} \times 100\%$$

一般来说,如果资本保值增值率大于 1,说明所有者权益增加;如果小于 1,则意味着所

有者权益遭受损失。应当注意的是,这一指标的高低除了受公司经营成果的影响外,还受公司利润分配政策的影响。另外,某些客观因素(如接受捐赠、资产评估增值等)也会导致所有者权益发生增减变动。因此,在计算资本保值增值率时应扣除某些因素的影响。值得注意的是,这种资本保值增值率的计算方法没有考虑资金的时间价值,存在一定的不合理性,是一种静态的计算方法。

【例 11-23】 根据表 11-11,同时假设不存在扣除因素,则 2015 年和 2016 年的资本保值增值率如下:

2015 年资本保值增值率为:5 150 000÷5 100 000×100%=100.98%

2016 年资本保值增值率为:5 355 686÷5 150 000×100%=103.99%

3. 总资产增长率

这是企业本年总资产增长额同年初资产总额的比率,它反映企业本期资产规模的增长情况。其计算公式为

$$总资产增长率 = \frac{本年总资产增长额}{年初资产总额} \times 100\%$$

其中,

$$本年总资产增长额 = 资产总额年末数 - 资产总额年初数$$

总资产增长率是从企业资产总量扩张方面衡量企业的发展能力,表明企业规模增长水平对企业发展后劲的影响。该指标越高,表明企业一定时期内资产经营规模扩展的速度越快。

【例 11-24】 根据表 11-8,计算 2015 年和 2016 年的总资产增长率如下:

2015 年总资产增长率为:(8 401 400-8 100 000)÷8 100 000×100%=3.72%

2016 年总资产增长率为:(8 093 645-8 401 400)÷8 401 400×100%=-3.66%

在运用总资产增长率进行分析评价时,应注意考虑资产规模扩张的质和量的关系,以及企业的后续发展能力,避免资产盲目扩张。

4. 营业利润增长率

这是企业本年营业利润增长额与上年营业利润总额的比率,用于反映企业营业利润的增减变动情况。其计算公式为

$$营业利润增长率 = \frac{本年利润增长额}{上年营业利润总额} \times 100\%$$

其中,

$$本年营业利润增长额 = 本年营业利润总额 - 上年营业利润总额$$

【例 11-25】 根据表 11-2 中的资料,该企业 2016 年度的营业利润增长率为

(310 000-298 000)÷298 000×100%=4.03%

5. 技术投入比率

这是企业本年科技支出(包括用于研究开发、技术改造、科技创新等方面的支出)与本年营业收入金额的比率。其计算公式为

$$技术投入比率 = \frac{本年科技支出合计}{本年营业收入净额} \times 100\%$$

该指标反映企业在科技进步方面的投入,在一定程度可以体现企业的发展潜力,科技型企业尤其如此。

11.3.5 现金流量分析

现金流量分析,是在现金流量表出现以后逐渐发展起来的,其方法体系并不完善,一致性也不充分。现金流量分析不仅依靠现金流量表,还要结合资产负债表和利润表。现金流量除了进行流入结构、流出结构和流入流出比分析外,一般还要进行以下几个方面的分析。

1. 获取现金能力分析

获取现金的能力,是指经营现金净流入和投入资源的比值。投入资源可以是销售收入、总资产、净营运资金、净资产或普通股股数等。

1) 销售现金比率

$$销售现金比率 = \frac{经营现金净流入}{销售额} \times 100\%$$

【例 11-26】 根据表 11-2 和表 11-3 中的资料,2016 年的销售现金比率为

$$销售现金比率 = 381\,145 \div 1\,250\,000 = 30.49\%$$

该比率反映每百元销售得到的净现金,其数值越大越好。

2) 每股营业现金净流量

$$每股营业现金净流量 = \frac{经营现金净流入}{普通股股数}$$

【例 11-27】 根据表 11-1 和表 11-3 中的资料,假设每股面值为 10 元,则普通股股数为 500 000 股(5 000 000÷10)。2016 年的每股营业现金净流量为

$$每股营业现金净流量 = 381\,145 \div 500\,000 = 0.76(元/股)$$

该指标反映企业最大的分派股利能力,超过此限度,就要借款分红。

3) 全部资产现金回收率

全部资产现金回收率,是经营现金净流量与全部资产的比值,说明企业资产产生现金的能力。

$$全部资产现金回收率 = \frac{经营现金净流入}{全部资产} \times 100\%$$

【例 11-28】 根据表 11-1 和表 11-3 中列出的资料,该企业 2016 年的全部资产现金回收率为

$$全部资产现金回收率 = 381\,145 \div 8\,093\,645 \times 100\% = 4.71\%$$

若同行业平均全部资产现金回收率为 5.28%,说明该企业资产产生现金的能力较弱。

2. 财务弹性分析

所谓财务弹性是指企业适应经济环境变化和利用投资机会的能力。这种能力来源于现金流量和支付现金需要的比较。若现金流量超过需要,有剩余的现金,适应性就强。因此,财务弹性的衡量是通过经营现金流量与支付要求进行比较实现的。支付要求可以是投资需求或承诺支付等。

1) 现金满足投资比率

$$现金满足投资比率 = \frac{近5年经营活动现金净流入}{近5年资本性支出和存货增加及现金股利之和}$$

该比率越大,说明资金自给率越高。若达到1,说明企业可以用经营获取的现金满足扩充所需资金;若小于1,则说明企业需靠外部融资来补充。

2) 现金股利保障倍数

$$现金股利保障倍数 = \frac{每股营业现金净流入}{每股现金股利}$$

【例11-29】 假设企业每股现金股利为0.68元,则

$$现金股利保障倍数 = 0.76 \div 0.68 = 1.12$$

该比率越大,说明支付现金股利的能力越强。若同行业平均现金股利保障倍数为2.86,相比之下,该企业的股利保障倍数不高,如果遇有不景气,可能没有现金维持当前的股利水平,或者要靠借债才能维持。

3. 收益质量分析

收益质量是指报告收益与企业业绩之间的相关性。如果收益能如实反映企业的业绩,则认为收益的质量好;如果收益不能很好地反映企业业绩,则认为收益的质量不好。决定收益质量的因素很多,大体上可以分为三个方面。

1) 会计政策的选择

管理当局在选择可接受的会计政策时,有一定的自由决定能力。赋予管理当局一定的自由决定能力,是任何国家的会计规范都存在的,只不过程度有区别。管理当局在选择会计政策时,可以采取稳健的态度,也可以采取乐观的态度。采取稳健的会计政策,通常认为比采取乐观的会计政策收益质量高,因为稳健主义减少了高估收益的可能性。

2) 会计政策的运用

在选定会计政策之后,如何运用该会计政策,管理当局仍然有一定的自由决定能力。例如,在选定提取资产减值准备的政策之后,对于提取多少数额,管理当局仍有自由决定权。管理当局在广告费、营销费、研发费等酌量性费用的发生时间上有一定的自由决定权。利用这种自由决定权,管理当局可能操纵报告利润的水平。这种操纵使报告收益与实际业绩的相关性减少,降低了收益质量。

3) 收益与经营风险的关系

经营风险的高低,与环境有关,也与管理当局的管理战略有关。经营风险大,收益不稳定,会降低收益的质量。影响经营风险的因素包括经营周期的长短、收益水平对外部环境变化的敏感程度、收益的稳定性、收益的可变性、收益来源的构成。

收益质量分析涉及资产负债表、利润表和现金流量表的分析,是个非常复杂的问题。在此,仅从现金流量表的角度评价收益质量。其中,净收益营运指数是一个比较有代表性的评价指标,它是指经营净收益与全部净收益的比值。

$$净收益营运指数 = \frac{经营净收益}{净收益} = \frac{净收益 - 非经营收益}{净收益}$$

【例11-30】 计算净收益营运指数的信息,列示在现金流量表的"补充资料"中(将净利润调节为经营活动现金流量),如表11-3所示。进一步的说明如表11-13所示。

表 11-13　收益质量分析　　　　　　　　　　　　　　　　　　元

项　　目	金　额	附　说　明
净利润	237 901	
加：计提的资产损失准备	900	没有支付现金的费用，共 260 900 元。少提取这类费用，增加收益却不增加现金流入，会使收益质量下降
固定资产折旧等	100 000	
无形资产摊销	60 000	
长期待摊费用摊销	100 000	
处置固定资产等长期资产损失（减：收益）	−50 000	非经营净收益 40 300 元，不代表正常的收益能力
固定资产报废损失	19 700	
财务费用	21 500	
投资损失（减：收益）	−31 500	
递延所得税负债增加（减：减少）	0	
存货的减少（减：增加）	5 300	经营性应收项目增加 100 000 元，收益增加而现金流入没有增加，收益质量在下降，应查明其原因
经营性应收项目的减少（减：增加）	−100 000	
经营性应付项目的增加（减：减少）	17 344	
其他	0	
经营活动产生的现金流量净额	381 145	

　　　　经营活动净收益＝净收益－非经营收益＝237 901－40 300＝197 601（元）
　　　　净收益营运指数＝197 601÷237 901＝0.83

　　通过净收益营运指数的历史比较和行业比较，可以评价一个企业的收益质量。例如，2001 年 12 月申请破产的安然企业，从 1997 年开始净利润逐年大幅度上升，而经营利润逐年下降，非经营利润的比重逐年加大。这是净收益质量越来越差的明显标志。在 2001 年 5 月 6 日，波士顿一家证券分析企业曾建议投资者卖掉安然企业股票，其主要理由之一就是其越来越低的营业利润率。该企业 1996 年的营业利润率是 21.15%，到 2000 年已跌至 6.22%，2001 年第 1 季度只有 1.59%。该企业的收益越来越依靠证券交易和资产处置。

　　为什么非经营收益越多，收益质量越差呢？与经营收益相比，非经营收益的可持续性低。非经营收益的来源主要是资产处置和证券交易。资产处置不是企业的主要业务，不反映企业的核心能力。有些企业正是利用"资产置换"来达到操纵利润的目的。通过短期证券交易获利是靠运气，而长期对外投资的主要目的是控制子企业，通过控制权取得额外的好处，而不是直接获利。因此，非经营收益虽然也是"收益"，但不能代表企业的收益"能力"。

11.4　财务综合分析

　　财务分析的最终目的在于全方位地了解企业经营理财的状况，并借以对企业经济效益的优劣作出系统的、合理的评价。单独分析任何一项财务指标，都难以全面评价企业的财务状况和经营成果。所谓财务综合分析就是将营运能力、偿债能力和盈利能力等诸方面的分析纳入一个有机的整体之中,全面地对企业的经营状况、财务状况进行解剖和分析,从而对企业经济效益的优劣作出准确的评价与判断。应用比较广泛的财务综合分析方法有杜邦财务分析体系和沃尔比重评分法。

11.4.1 杜邦财务分析体系

杜邦财务分析体系,由美国杜邦公司在20世纪20年代首创,经过多次改进,逐渐把各种财务指标结合成一个体系,故又称之为杜邦体系(the Du Pont system)。它是利用各财务指标间的内在关系,对企业综合经营理财及经济效益进行系统分析评价的方法。该体系以净资产收益率为核心,将其分解为若干财务指标,通过分析各分解指标的变动对净资产收益率的影响来揭示企业获利能力及其变动原因。杜邦体系各主要指标之间的关系为

净资产收益率＝总资产净利率×权益乘数
　　　　　　＝营业净利率×总资产周转率×权益乘数

其中

营业净利率＝净利润/营业收入
总资产周转率＝营业收入/平均资产总额
权益乘数＝资产总额/所有者权益总额＝1/(1－资产负债率)

在运用杜邦体系进行分析时,可以采用因素分析法,首先确定营业净利率、总资产周转率和权益乘数的基准值(如这些指标的上年数);然后顺次代入这三个指标的实际值(如这些指标的本年数),分别计算分析这三个指标的变动对净资产收益率的影响方向和程度,还可以使用因素分析法进一步分解各个指标并分析其变动的深层次原因,以便找出解决的方法。

【例 11-31】 根据表 11-1 和表 11-2 中的资料,可计算该企业 2016 年度杜邦财务分析体系中的各项指标,如图 11-1 所示。

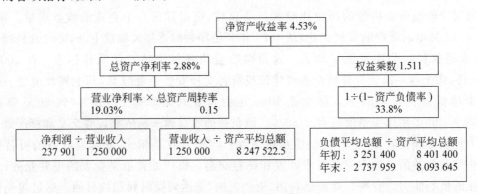

图 11-1　杜邦体系示意图

值得注意的是,由于净资产收益率、总资产净利率、营业净利率和总资产周转率都是时期指标,而权益乘数和资产负债率是时点指标,因此,在运用杜邦体系进行财务综合分析时,等式两边的计算误差往往是很难避免的。但是,为了使这些指标尽可能地具有可比性,在计算时点指标时一般应采用计算年度年初与年末的平均值。

根据表 11-1 和表 11-2 中的资料及本章其他表中的相关假定资料,可以计算该企业 2015 年度杜邦体系中的各项指标:净资产收益率 3.80%,营业净利率 17.73%,总资产周转率 0.14,权益乘数 1.631。下面以 2015 年的指标作为基准值,运用连环替代法对 2016 年度

的净资产收益率进行因素分析。

2015 年度指标： 17.73％×0.14×1.631＝3.80％　　　　　　　　　　①
第一次替代：　　19.03％×0.14×1.631＝4.35％　　　　　　　　　　②
第二次替代：　　19.03％×0.15×1.631＝4.66％　　　　　　　　　　③
第三次替代：　　19.03％×0.15×1.511＝4.53％　　　　　　　　　　④
②－①＝4.35％－3.80％＝0.55％　　　营业净利率上升的影响
③－②＝4.66％－4.35％＝0.31％　　　总资产周转率上升的影响
④－③＝4.53％－4.66％＝－0.13％　　权益乘数下降的影响

在杜邦体系中，主要财务指标之间的关系是：

(1) 净资产收益率是一个综合性最强的财务比率，是杜邦体系的核心。其他各项指标都是围绕这一核心，通过研究彼此间的依存制约关系，来揭示企业的获利能力及其前因后果。企业理财的目标是使所有者（股东）财富最大化，净资产收益率反映所有者投入资金的获利能力，反映企业筹资、投资、资产运营等活动的效率，提高净资产收益率是实现企业理财目标的基本保证。该指标的高低取决于总资产净利率和权益乘数。

(2) 总资产净利率也是一个重要的财务比率，综合性也较强。它是营业净利率和总资产周转率的乘积，因此，要进一步从营业成果和资产运营两方面来分析。

(3) 营业净利率反映了企业净利润与营业收入的关系。提高该项指标是提高企业盈利的关键，提高营业净利率有两个主要途径：一是扩大营业收入；二是降低成本费用。

(4) 总资产周转率用于揭示企业资产实现营业收入的综合能力。企业要联系营业收入分析企业资产的使用是否合理，流动资产和非流动资产的比例安排是否恰当。此外，还必须对资产的内部结构以及影响资产周转率的各具体因素进行分析。

(5) 权益乘数＝1÷(1－资产负债率)，该指标反映所有者权益同总资产的关系。在总资产需要量既定的前提下，企业适当开展负债经营，相对减少所有者权益所占的份额，就可使权益乘数提高，这样能给企业带来较大的财务杠杆利益，但企业也需要承受较大的风险压力。因此，企业既要合理使用全部资产，又要妥善安排资金结构。

通过杜邦体系自上而下地分析，不仅可以揭示出企业各项财务指标间的结构关系，查明各项主要指标变动的影响因素，而且可以为决策者优化经营理财状况，从而拓宽了企业经营效益提供了思路：提高净资产收益率的根本在于扩大销售、节约成本、优化投资配置、加速资金周转、优化资金结构、树立风险意识等。

11.4.2　沃尔比重评分法

在进行财务分析时，人们遇到的一个主要困难就是计算出财务指标之后，无法判断它是偏高还是偏低。与本企业的历史比较，也只能看出自身的变化，却难以评价其在市场竞争中的优势地位。为了弥补这些缺陷，财务状况综合评价的先驱者之一亚历山大·沃尔，在 20 世纪初出版的《信用晴雨表研究》和《财务报表比率分析》中提出了信用能力指数的概念，把若干个财务比率用线性关系结合起来，以此评价企业的信用水平。他选择了七种财务比率，包括流动比率、产权比率、固定资产比率、存货周转率、应收账款周转率、固定资产周转率、自有资金周转率等，并分别给定了其在总评价中占的比重，总和为 100 分。然后确定标准比率，并与实际比率相比较，评出每项指标的得分，最后求出总评分。

随着商品经济的不断发展,沃尔最初提出的七项指标已难以完全适用当前企业评价的需要。现在,沃尔比重评分法的原理已经广泛应用于信用评估和信用管理领域。通常认为,在对企业进行信用评价时,偿债能力、运营能力、获利能力和发展能力指标均应当选到,除此之外还应当选取一些用于参考的非财务性指标。

【例 11-32】 根据沃尔比重评分法的原理,某类企业的评价指标及分配权重、各个评价指标的标准值,以及根据表 11-1 和表 11-2 中的资料以及其他有关资料对 2016 年该企业的沃尔比重评分结果如表 11-14 所示。

表 11-14 沃尔比重评分表

选择的指标	分配的权重①	指标的标准值②	指标的实际值③	实际得分④=①×③÷②
一、偿债能力指标	20			
1. 资产负债率	12	55%	33.8%	7.37
2. 已获利息倍数	8	4	9.20	18.40
二、获利能力指标	38			
1. 净资产收益率	25	10%	4.53%	11.33
2. 总资产报酬率	13	11%	4.63%	5.47
三、运营能力指标	18			
1. 总资产周转率	9	0.55	0.15	2.45
2. 流动资产周转率	9	1.20	0.28	2.10
四、发展能力指标	24			
1. 营业收入增长率	12	8%	12%	18.00
2. 资本保值增值率	12	110%	103.99%	11.34
综合得分	100			76.46

沃尔比重评分法从理论上讲,有一个弱点,就是未能证明为什么要选择所运用的这些指标,而不选择别的财务比率,以及未能证明每个指标所占比重的合理性。从技术上讲,沃尔评分法也存在一个问题,那就是某一个指标严重异常时,会对总评分产生不合逻辑的重大影响。这个缺陷是由相对比率与比重相"乘"引起的。如财务比率提高 1 倍,其评分增加 100%;而缩小一半,其评分只减少 50%。另外,在财务指标的选择上,没有严格区分正、反指标。比如,资产负债率应是相对越小,表现出的财务信誉越好,属于反指标,而按表 11-14 中的计算方法,这类指标表现出的财务信誉越好,实际得分反而越低。因此,信用评估机构或信用管理机构在实际运用时一般都会根据信用评估或管理的目的,对沃尔比重评分法进行不同程度的修正。

本章小结

财务分析的对象主要是企业提供的财务报告,包括资产负债表、利润表、现金流量表和相关的附表附注信息,企业的股东、债权人、管理当局等主要的财务信息用户对财务报告的分析各有侧重。但财务分析作为一个公共的分析工具,基本的分析方法是相同的,包括比较分析法、比率分析法和因素分析法。

总结和评价企业财务状况与经营成果的分析指标主要包括偿债能力指标、运营能力指标、获利能力指标和发展能力指标。企业偿债能力分析包括短期偿债能力分析和长期偿债能力分析,评价短期偿债能力的财务指标有流动比率、速动比率、现金比率,而评价长期偿债能力的财务指标有资产负债率、产权比率、权益乘数、利息保障倍数;评价企业运营能力的财务指标有应收账款周转率、存货周转率、流动资产周转率、固定资产周转率和总资产周转率;评价企业获利能力的财务指标有营业利润率、成本费用利润率、总资产报酬率、净资产收益率等;评价企业发展能力的财务指标有营业收入增长率、资本保值增值率等。另外,通过现金流量的分析,还可以评价企业的现金获取能力、财务弹性和收益质量。

财务综合分析是将运营能力、偿债能力和获利能力等诸方面的分析纳入一个有机的整体之中,全面地对企业的经营状况、财务状况进行解剖和分析,从而对企业经济效益的优劣作出准确的评价与判断。应用比较广泛的财务综合分析方法有杜邦财务分析体系和沃尔比重评分法。

复习与思考题

1. 财务报告的目标是什么?不同的财务信息使用者使用财务报告的目的是什么?
2. 简述财务信息质量的规范原则。其基本内容是什么?
3. 资产负债表要素包括哪些?利润表要素包括哪些?
4. 资金的概念主要包括哪四种?现金流量表的资金基础是什么?
5. 现金流量表要素包括哪些?现金流量表的作用是什么?
6. 财务报表附注包括哪些内容?
7. 简述财务分析的各种方法和财务指标分析的具体内容。
8. 简要说明杜邦财务分析体系和沃尔比重评分法的优缺点。

练习题

【题 11-1】 某公司 2016 年 12 月 31 日的资产负债表见下表(单位:万元):

资　　产	金　　额	负债与所有者权益	金　　额
货币资金	3 000	应付账款	(C)
应收账款	5 000	应交税费	3 000
存货	(A)	长期负债	(D)
固定资产净额	25 000	实收资本	(E)
无形资产	(B)	未分配利润	1 250
资产合计	50 000	负债与所有者权益合计	(F)

又已知 2016 年的有关财务指标为:①年末流动比率为 2;②年末产权比率为 0.6;③以营业收入和年末存货计算的存货周转率为 15 次;④以营业成本和年末存货计算的存货周转率为 10 次;⑤本年毛利(营业收入减去营业成本)为 40 000 万元。

要求：计算表中 A、B、C、D、E、F 的金额。

【题 11-2】 某公司财务报表中的部分资料如下：

货币资金为 150 000 元；固定资产为 425 250 元；营业收入为 1 500 000 元；净利润为 75 000 元；速动比率为 2；流动比率为 3；应收账款周转天数为 40 天。

要求：计算应收账款、流动负债和流动资产。

【题 11-3】 某公司 2016 年年末的资产负债表见下表，该公司的年末流动比率为 2；产权比率为 0.6；以营业额和年末存货计算的存货周转率 16 次；以营业成本和年末存货计算的存货周转率为 10 次；本年营业毛利额为 60 000 元。

资产负债表 元

资　产		负债及所有者权益	
货币资金	5 000	应付账款	(　　)
应收账款	(　　)	应交税费	5 000
存货	(　　)	长期负债	(　　)
固定资产净额	50 000	实收资本	60 000
		未分配利润	(　　)
总计	85 000	总计	(　　)

要求：利用资产负债表中已有的数据和上述已知资料，计算资产负债表中空缺的项目金额。

【题 11-4】 某公司 2016 年度的财务报表主要资料见下表：

资产负债表
2016 年 12 月 31 日　　　　　万元

资　产	金　额		负债及所有者权益	金额
	年初	年末		
货币资金	764	310	应付账款	516
应收账款	1 156	1 344	应付票据	336
存货	700	966	其他流动负债	468
固定资产净额	1 170	1 170	长期负债	1 026
			所有者权益	1 444
资产合计	3 790	3 790	负债及所有者权益合计	3 790

利　润　表
2016 年度　　　　　万元

项　目	金　额	项　目	金　额
营业收入	8 430	利息费用	498
营业成本	6 570	利润总额	382
毛利	1 860	所得税费用	152.8
管理费用	980	净利润	229.2

要求：

(1) 计算该公司有关的财务比率(按表中列出的比率指标计算)。

(2) 与行业平均水平比较，说明该公司可能存在的问题。

财务比率	本公司	行业平均水平	财务比率	本公司	行业平均水平
① 流动比率		2	⑥ 营业收入净利率/%		8
② 速动比率		1	⑦ 营业收入毛利率/%		20
③ 资产负债率/%		50	⑧ 净资产收益率/%		10
④ 存货周转率/次		6	⑨ 已获利息倍数/倍		4
⑤ 应收账款周转率/次		9			

【题 11-5】 某公司 2016 年度经过简化的资产负债表和利润表如下：

资产负债表

2016 年 12 月 31 日　　　　　　　　　　　　　　　　万元

项　目	年末数	年初数	项　目	年末数	年初数
流动资产：			流动负债：		
货币资金	90	80	短期借款	230	200
交易性金融资产	50	100	应付账款	120	100
应收账款	130	120	预收账款	40	30
预付账款	7	4	其他应付款	10	10
存货	520	400	流动负债合计	400	340
其他流动资产	8	6	非流动负债：		
流动资产合计	805	710	长期借款	250	200
非流动资产：			非流动负债合计	250	200
持有至到期投资	40	40	负债合计	650	540
固定资产	1 400	1 200	所有者权益：		
无形资产	55	50	实收资本(或股本)	1 200	1 200
非流动资产合计	1 495	1 290	盈余公积	160	160
			未分配利润	290	100
			所有者权益合计	1 650	1 460
资产总计	2 300	2 000	负债及权益合计	2 300	2 000

利　润　表

2016 年度　　　　　　　　　　　　　　　　　　　　　　万元

项　目	本年金额	上年金额
一、营业收入	2 120	1 880
减：营业成本	1 240	1 090
营业税金及附加	120	108
销售费用	190	162
管理费用	100	80
财务费用	30	20
加：投资收益	30	30
二、营业利润	470	450
加：营业外收入	15	10
减：营业外支出	65	60
三、利润总额	420	400
减：所得税费用	168	160
四、净利润	252	240

要求：

(1) 计算该公司2016年度主要的偿债能力指标、运营能力指标、获利能力指标和发展能力指标。

(2) 以2015年度的相关财务指标为比较基准，对2016年度该公司的财务状况和经营成果进行比较分析。

(3) 运用杜邦财务分析体系，对该公司2016年度的财务状况和经营成果进行综合分析评价。

案例分析

案例11-1 在财务报表即将制成前，采取某些方法，人为制造一个比现实更令人满意的财务状况

假设现在是12月30日，注册会计师很快将到达，公司希望在下星期取得一项短期借款，而商业银行十分关心公司的流动性状况，把它作为短期偿债能力的标志。

公司能推迟一些购买业务并用可得到的现金（出售有价证券）支付一些流动负债。这样，流动比率或速动比率就可暂时性地得以提高。

让我们看看某制造公司将可能如何使用这一策略。假设20×8年12月30日我们发现：流动资产为2 918 000元，流动负债为1 500 000元，即流动比率为1.95。如果用现金和有价证券偿还677 000元的应付账款，得到流动资产2 241 000元、流动负债823 000元，则流动比率为2.72。

可见，流动比率显著提高。当然，作为管理者你也许想了解月或季度清偿能力比率的平均数。该平均数会让你了解公司的平均流动状况。给你提个建议：即使你的报表给别人以错觉，你也不要自欺欺人。

案例11-2 东芝：一家日本标杆企业的垮塌

东芝公司曾被视为具有代表性的日本企业、创立已140年之久的东芝公司，这次糗事闹大了。

本来早该在今年3月披露的公司财务报告，迟至9月7日才由董事长兼社长室町正志在记者会上向媒体通报。该报告修正了2009—2014年的相关数据，其间的利润额合计降幅达2248亿日元，税后利润从上年的盈利602亿日元下滑为净亏378亿日元，为5年来首次亏损。投资人深感震惊和困惑。

东京证交所认真审核了东芝公司的财务报告，决定将其列入ST股。此后如东芝公司的管理体制没有任何改善，则可在一年半后将被取消上市资格。接下来，日本证监会将会决定对东芝公司的罚款额度。从2007年石川岛播磨重工公司被罚16亿日元的案例来看，对东芝公司的罚款额度将远超此数。东芝公司2015年3月已为此准备了84亿日元资金，这笔钱是否足够，眼下真还不好说。

东芝公司做假账东窗事发以来，其股价大幅跳水，投资人大受其害，他们正在酝酿状告东芝公司。就在7月，大阪和京都等地已组成了"东芝事件股东辩护团"，准备以此来维护自

身权益。远在美国的投资人也准备与东芝对簿公堂。

做假账丑闻被揭露后,东芝公司社长已三度易人,但迄今仍未能平息事态。现在东芝采取的对策是增加来自外部的独立董事,试图以此来改革延续至今的企业治理体制。但无论东芝公司如何亡羊补牢,这家看上去曾如此光鲜的企业居然是问题成堆,这不得不令人对整个日本市场的信誉产生疑虑。

东芝远非第一家如此胆大妄为的日本企业。此前的类似案例有,2004年西武铁路公司虚报持股数,结果被取消上市资格,董事长锒铛入狱。同一年,金纺公司隐瞒资不抵债的事实,其高层和会计均蹲了大狱,公司也失去了上市资格。2006年,活力门公司财务造假,老总身陷囹圄。2007年,石川岛播磨重工公司因掩饰亏损而被罚款16亿日元,股票被列入ST。2011年,奥林帕斯公司做假账而遭到巨额罚款,社长被逮捕。

东芝做假账时间如此之长,额度如此之大,相关监管和审计部门也难辞其咎。对此,日本金融厅注册会计师和监察审查会将严查该机构的工作是否有缺失。如得以确认,那新日本监察机构也将被罚。日本注册会计师协会也将对该机构开展严格调查,以确认其是否尽责。

从曾担任经团联主席的土光敏夫在1965年出任社长起,东芝以挑战自我为口号,根据时代特点不断确立新的挑战领域和重点。但此后随着公司的经营陷入困境,这一口号逐步演变成争取使年报数据光鲜,一旦无法实现就不惜在数据上做手脚。长年累月,终于纸包不住火,企业形象也轰然倒地。

(资料来源:陈鸿斌.上海证券报,2015-09-18。)

第四篇 财务管理专题

第12章 企业价值评估

本章学习目标 通过本章的学习,了解企业价值评估的对象,熟悉企业价值评估的方法,掌握企业价值评估的模型;了解企业兼并与收购的概念,熟悉企业并购的动因、类型和方式,掌握并购的财务分析方法,了解并购的风险和反收购策略。

兼并(merger)　　　　　　　　　　　收购(takeover)
协同效应(coordinate effect)
经营协同效应(operating coordinate effect)
财务协同效应(financial coordinate effect)　　股票交换率(stock exchange rate)
实体价值(entity value)
管理协同效应(management coordinate effect)
股权价值(equity value)　　　　　　　经济利润(economic profit)
相对价值(relative value)　　　　　　 实体现金流量(entity cash flow)
目标公司(target company)　　　　　　股权现金流量(equity cash flow)

雅虎金融(http://finance.yahoo.com)
毕马威国际(http://www.kpmg.com)
国际证券委员会(http://www.iosco.org)

> 美国著名经济学家、诺贝尔经济学奖获得者乔治·斯蒂格勒曾经说过:"没有一个美国大公司不是通过某种程度、某种方式的兼并而成长起来的,几乎没有一家大公司是仅靠内部扩张成长起来的。"公司并购一方面促进了生产力的发展,推动了经济的增长,大大增强了公司的竞争力;另一方面,又给公司带来了破坏和损失,如失业人数增加,引发垄断等问题。市场机制下的激烈竞争,必然对林林总总的众多公司进行优胜劣汰的选择,那些在经营过程中面临严重财务困难的公司,只有两条路可走。公司如果还有继续经营的价值,则可以申请公司重整;否则,就只能宣告破产。
>
> 资料来源:吴应宇等主编.公司财务管理.北京:石油工业出版社,2003年,第253页。

12.1 企业价值评估概述

12.1.1 企业价值评估的意义

1. 企业价值评估的目的和用途

企业价值评估是一种经济评估方法,具有广泛的用途。企业价值评估的目的是确定一个企业或一个经营单位的公平市场价值并提供有关信息,以帮助投资人和管理当局改善决策。它的主要用途表现在以下三个方面。

(1) 企业价值评估可以用于投资分析;

(2) 企业价值评估可以用于战略分析;

(3) 企业价值评估可以用于以价值为基础的管理。

2. 公平市场价值

在企业价值评估中涉及的"公平的市场价值",是指在公平的交易中,熟悉情况的双方自愿进行资产交换或债务清偿的金额。这里,资产被定义为未来的经济利益,即现金流入。由于资金时间价值的存在,所以资产的公平市场价值就是未来现金流入的现值。

需要指出的是:公平市场价值不等于现时市场价值。现时市场价值是指按现行市场价格计量的资产价值,它可能是公平的,也可能是不公平的。

3. 价值评估提供的信息

企业价值评估提供的信息不仅仅是企业价值一个数字,还包括评估过程产生的大量信息。例如,哪些因素会影响企业价值,销售净利率对企业价值的影响有多大等。这些中间信息是很有意义的。因此,不要过分关注最终结果而忽视评估过程产生的其他信息。

企业价值受企业状况和市场状况的影响,随时都会变化。价值评估依赖的企业信息和市场信息也在不断流动,新信息的出现随时可能改变评估的结论。因此,企业价值评估提供的结论有很强的时效性。

12.1.2 企业价值评估的对象

企业价值评估的首要问题是明确"要评估的是什么",也就是价值评估的对象是什么。企业价值评估的一般对象是企业整体的经济价值。企业整体的经济价值是指企业作为一个整体的公平市场价值,可以分为以下几种类别。

1. 实体价值与股权价值

当一家企业收购另一家企业的时候,可以收购卖方的资产,而不承担其债务;或者购买它的股份,同时承担其债务。例如,甲企业以 16 亿元的价格买下了乙企业的全部股份,并承担了乙企业原有的 4 亿元的债务,收购的经济成本是 20 亿元。通常,人们说甲企业以 16 亿元收购了乙企业,其实并不准确。对于甲企业的股东来说,他们不仅需要支付 16 亿元现金(或者以价值 16 亿元的股票换取乙企业的股票),而且要以书面契约形式承担 4 亿元债务。实际上他们需要支付 20 亿元,16 亿元现在支付,另外 4 亿元将来支付,因此他们用 20 亿元购买了乙企业的全部资产。因此,企业的资产价值与股权价值是不同的。

企业全部资产的总体价值,称为"企业实体价值"。企业实体价值是股权价值与债务价值之和。

$$企业实体价值 = 股权价值 + 债务价值$$

这里股权价值和债务价值均不是会计价值(账面价值),而是股权和债务的公平市场价值。

大多数企业并购是以购买股份的形式进行的,因此评估的最终目标和双方谈判的焦点是卖方的股权价值。但是,买方的实际收购成本等于股权成本加上所承接的债务。

2. 持续经营价值与清算价值

企业能够给所有者提供价值的方式有两种:一种是由营业所产生的未来现金流量的现值,称为持续经营价值(简称续营价值);另一种是停止经营,出售资产产生的现金流,称为清算价值。在大多数的情况下,企业价值评估的是企业的续营价值。一个企业持续经营的基本条件是,其续营价值超过清算价值。一个企业的公平市场价值,应当是续营价值与清算价值中较高的一个。

3. 少数股权价值与控股权价值

企业的所有权和控制权是两个不同的概念。首先,持有少数股权的人基本上没有决策权,只有获取控制权的人才能决定企业的重大事务。其次,在股票市场上交易的只是少数股权,大多数股票并没有参加交易。掌握控股权的股东,不参加日常的交易。我们看到的股价,通常只是少数已经交易的股票价格,它们衡量的只是少数股权的价值。

买入企业的少数股权和买入企业的控股权,是完全不同的两回事。买入企业的少数股权,是承认企业现有的管理和经营战略,买入者只是一个旁观者。买入企业的控股权,投资者获得改变企业生产经营方式的充分自由,具有经营决策权。

这两者如此不同,以至于可以认为:同一企业的股票在两个分割开来的市场上交易。一个是少数股权市场,它交易的是少数股权代表的未来现金流量;另一个是控股权市场,它交易的是企业控股权代表的现金流量。获得控股权,不仅意味着取得了现金流量的索取权,而且同时获得了改组企业的特权。在两个不同市场里交易的,实际上是不同的资产。

总之,在进行企业价值评估时,首先要明确拟评估的对象是什么,搞清楚是企业实体价值还是股权价值,是续营价值还是清算价值,是少数股权价值还是控股价值。它们是不同的评估对象,有不同的用途,需要使用不同的方法进行评估。

12.2 企业价值评估的模型

价值评估使用的模型通常称为定价模型,它的功能是把预测数据转换为企业价值。在实务中使用的模型,大体上可以分为三类:现金流量折现模型、经济利润模型和相对价值模型。其中现金流量折现模型是企业价值评估使用最广泛、理论最健全的模型。

12.2.1 现金流量折现模型

1. 现金流量折现模型的基本思想

现金流量折现模型的基本思想是增量现金流量原则和时间价值原则,也就是任何资产(包括企业或股权)的价值是其产生的未来现金流量的现值。任何资产都可以使用现金流量折现模型来估价,其价值都是以下三个变量的函数:预计现金流量、资本成本(折现率)和公司存续期。

$$价值 = \sum_{t=1}^{n} \frac{现金流量_t}{(1+资本成本_t)^t}$$

2. 现金流量折现模型的种类

在企业价值评估中可供选择的现金流量有三种:股利现金流量、股权现金流量和实体现金流量。依据现金流量的不同种类,企业估价模型也分为三种。

1) 股利现金流量模型

股利现金流量模型的基本形式是

$$股权价值 = \sum_{t=1}^{\infty} \frac{股利现金流量_t}{(1+股权资本成本_t)^t}$$

股利现金流量是企业分配给股权投资人的现金流量。

2) 股权现金流量模型

股权现金流量模型的基本形式是

$$股权价值 = \sum_{t=1}^{\infty} \frac{股权现金流量_t}{(1+股权资本成本_t)^t}$$

股权现金流量是一定期间企业可以提供给股权投资人的现金流量,它等于企业实体现金流量扣除对债权人支付后剩余的部分。有多少股权现金流量会作为股利分配给股东,取决于企业的筹资和股利分配政策。如果把股权现金流量全部作为股利分配,则上述两个模型相同。

3) 实体现金流量折现模型

实体现金流量折现模型的基本形式是

$$企业实体价值 = \sum_{t=1}^{\infty} \frac{实体现金流量_t}{(1+加权平均资金成本)^t}$$

$$债务价值 = \sum_{t=1}^{\infty} \frac{偿还债务现金流量_t}{(1+等风险债务利率)^t}$$

$$股权价值 = 实体价值 - 债务价值$$

企业实体现金流量是企业全部现金流入扣除成本费用和必要的投资后的剩余部分,它是企业一定期间可以提供给所有投资人(包括股权投资人和债权投资人)的税后现金流量。

在数据假设相同的情况下,三种模型的评估结果是相同的。由于股利分配政策有较大变动,股利现金流量很难预计,所以在实务中大多数企业估价使用股权现金流量模型和实体现金流量模型。

3. 预计现金流量

预计现金流量可以根据预计资产负债表和预计利润表的数据转换得到。

【例 12-1】 假定 ABC 公司根据预计资产负债表和预计利润表编制的预计现金流量表如表 12-1 所示。

表 12-1　ABC 公司的预计现金流量表　　　　　　　　　　　　　　　万元

	基期	2016 年	2017 年	2018 年	2019 年	2020 年	2021 年
税后经营利润	36.96	41.40	45.53	49.18	52.13	54.73	57.47
+折旧与摊销	24.00	26.88	29.57	31.93	33.85	35.54	37.32
=经营现金毛流量	60.96	68.28	75.10	81.11	85.98	90.28	94.79
-经营营运资本增加		14.40	13.44	11.83	9.58	8.46	8.89
=经营现金净流量		53.88	61.66	69.28	76.40	81.81	85.90
-净经营长期资产增加		24.00	22.40	19.71	15.97	14.10	14.81
-折旧与摊销		26.88	29.57	31.93	33.85	35.54	37.32
=实体现金流量		3.00	9.69	17.64	26.58	32.17	33.78
融资流动:							
税后利息费用		4.77	5.24	5.66	6.00	6.30	6.62
-短期借款增加		7.68	7.17	6.31	5.11	4.51	4.74
-长期借款增加		3.84	3.58	3.15	2.55	2.26	2.37
-金融资产增加							
=债务融资净流量		-6.75	-5.51	-3.80	-1.66	-0.47	-0.49
+股利分配		9.75	15.20	21.44	28.24	32.64	34.27
-股权资本发行		0.00	0.00	0.00	0.00	0.00	0.00
=股权融资流量		9.75	15.20	21.44	28.24	32.64	34.27
融资流量合计		3.00	9.69	17.64	26.58	32.17	33.78

表 12-1 中的有关项目说明如下。

1) 实体现金流量

(1) 经营现金毛流量。经营现金毛流量是指在没有资本支出和经营营运资本变动时,企业可以提供给投资人的现金流量总和。它有时也被称为"常用现金流量"。

经营现金毛流量=税后经营利润+折旧与摊销

$$=41.40+26.88=68.28(万元)(以下计算数据均以 2016 年为例)$$

(2) 经营现金净流量。如果企业没有资本支出,经营现金净流量就是企业可以提供给投资人(包括股东和债权人)的现金流量。

经营现金净流量=经营现金毛流量-经营营运资本增加

$$=68.28-14.40=53.88(万元)$$

(3) 实体现金流量。实体现金流量是指企业在满足经营活动和资本支出后,可以支付给债权人和股东的现金流量。

$$\text{实体现金流量} = \text{经营现金净流量} - \text{资本支出}$$
$$= 53.88 - (24 + 26.88) = 3.00(万元)$$

实体现金流量的公式也可以写成

$$\text{实体现金流量} = \text{税后经营利润} - \text{本期净投资}$$
$$= 41.40 - 38.40 = 3.00(万元)$$

其中,本期净投资=本期总投资-折旧与摊销=经营营运资本增加+资本支出-折旧与摊销=14.40+(24+26.88)-26.88=38.40(万元)

2) 股权现金流量

股权现金流量与实体现金流量的区别,是它需要再扣除与债务相联系的现金流量。

$$\text{股权现金流量} = \text{实体现金流量} - \text{债权人现金流量}$$
$$= \text{实体现金流量} - \text{税后利息支出} - \text{偿还债务本金} + \text{新借债务}$$
$$= \text{实体现金流量} - \text{税后利息支出} + \text{债务净增加}$$
$$= 3.00 - 4.77 + 7.68 + 3.84 = 9.75(万元)$$

股权现金流量也可以用另外的形式表达:

$$\text{股权现金流量} = \text{实体现金流量} - \text{债权人现金流量}$$
$$= \text{税后经营利润} + \text{折旧与摊销} - \text{营运流动资产增加} -$$
$$\text{资本支出} - \text{税后利息费用} + \text{债务净增加}$$
$$= (\text{利润总额} + \text{利息费用}) \times (1 - \text{税率}) - \text{净投资} -$$
$$\text{税后利息费用} + \text{债务净增加}$$
$$= (\text{税后利润} + \text{税后利息费用}) - \text{净投资} -$$
$$\text{税后利息费用} + \text{债务净增加}$$
$$= \text{税后利润} - (\text{净投资} - \text{债务净增加})$$
$$= 36.63 - (38.40 - 7.68 - 3.84)$$
$$= 9.75(万元)$$

其中,税后利润=41.40-4.77=36.63(万元)

如果企业按照固定的负债率为投资筹集资本,企业保持稳定的财务结构,"净投资"和"债务净增加"存在固定比例关系,则股权现金流量的公式可以简化为

$$\text{股权现金流量} = \text{税后利润} - (1 - \text{负债率}) \times \text{净投资}$$
$$= \text{税后利润} - (1 - \text{负债率}) \times (\text{资本支出} - \text{折旧与摊销}) -$$
$$(1 - \text{负债率}) \times \text{营运流动资产增加}$$

该公式表示,税后利润是属于股东的,但要扣除净投资;净投资中股东负担部分是"(1-负债率)×净投资",其他部分的净投资由债权人提供;税后利润减去股东负担的净投资,剩余的部分成为股权现金流量。

现假定负债率为30%,则

$$\text{股权现金流量} = 36.63 - (1 - 30\%) \times 38.40 = 9.75(万元)$$

3) 融资现金流量

(1) 债务融资净流量

$$\text{债务融资净流量} = \text{税后利息支出} - \text{偿还债务本金}(或 + \text{债务增加}) -$$
$$\text{超额金融资产增加}$$

$$=4.77-7.68-3.84=-6.75(万元)$$

(2) 股权融资净流量

$$股权融资净流量=股利分配-股权资本发行$$
$$=9.75-0=9.75(万元)$$

(3) 融资流量合计

$$融资流量合计=债务融资净流量+股权融资净流量$$
$$=-6.75+9.75=3.00(万元)$$

4) 现金流量的平衡关系

由于企业提供的现金流量就是投资人得到的现金流量,因此它们应当相等。"实体现金流量"是从企业角度观察的,企业产生剩余现金用正数表示,企业吸收投资人的现金则用负数表示。"融资现金流量"是从投资人角度观察的实体现金流量,投资人得到的现金用正数表示,投资人提供现金则用负数表示。实体现金流量应当等于融资现金流量。

现金流量的这种平衡关系,给我们提供了一种检验现金流量计算是否正确的方法。

4. 企业价值的计算

1) 实体现金流量模型

【例 12-2】 假定前例 ABC 公司的加权平均资本成本是 12%,则企业价值的计算过程如表 12-2 所示。

表 12-2 ABC 公司的实体现金流量折现   万元

	基期	2016 年	2017 年	2018 年	2019 年	2020 年	2021 年
实体现金流量		3.00	9.69	17.64	26.58	32.17	33.78
平均资本成本		12%	12%	12%	12%	12%	12%
折现系数(12%)		0.892 9	0.797 2	0.711 8	0.635 5	0.567 4	0.506 6
预测期现金流量现值	75.21	2.68	7.72	12.56	16.89	18.25	17.11
后续期增长率							5%
期末现金流量现值	256.69						506.70
公司总价值	331.90						
债务价值	96.00						
股权价值	235.90						

表中有关项目说明如下:

$$预测期现金流量现值=\sum 各期现金流量现值=75.21(万元)$$

$$后续期终值=现金流量_{t+1}/(资本成本-现金流量增长率)$$
$$=33.78\times(1+5\%)/(12\%-5\%)=506.70(万元)$$

$$后续期现值=后续期终值\times折现系数=506.70\times0.506\ 6=256.69(万元)$$

$$企业实体价值=预测期现金流量现值+后续期现值$$
$$=75.21+256.69=331.90(万元)$$

$$股权价值=实体价值-债务价值=331.90-96=235.90(万元)$$

估计债务价值的标准方法是折现现金流量法,最简单的方法是账面价值法。本例采用账面价值法。

2) 股权现金流量模型

【例 12-3】 假定前例 ABC 公司的股权资本成本是 15%，则企业价值的计算过程如表 12-3 所示。

表 12-3　ABC 公司的股权现金流量折现　　　　　　　　　　万元

	基期	2016 年	2017 年	2018 年	2019 年	2020 年	2021 年
股权现金流量		9.75	15.20	21.44	28.24	32.64	34.27
股权成本		15%	15%	15%	15%	15%	15%
折现系数(15%)		0.869 6	0.756 1	0.657 5	0.571 8	0.497 2	0.432 3
预测期现金流量现值	81.26	8.48	11.49	14.10	16.15	16.23	14.81
后续期增长率							5%
＋期末现金流量现值	154.64						357.71
＝股权价值	235.90						
＋债务价值	96.00						
＝公司总价值	331.90						

5. 现金流量折现模型的应用

企业现金流量与项目现金流量的区别之一，是其将无限期地持续下去。预测无限期的现金流量数据是很困难的，因此基本模型的主要意义是理论上的。实际应用的模型都是有期限的，它们是基本模型的变形。有期限的模型主要分为三类：永续增长模型、两阶段增长模型和三阶段增长模型。

1) 实体现金流量模型的应用

在实务中大多使用实体现金流量模型。主要原因一是股权成本受资本结构的影响，不易估计，而企业加权平均资本成本不受资本结构的影响，比较容易估计；二是实体现金流量模型不仅可以提供股权价值的信息，而且还可提供实体价值和债务价值的信息。

(1) 永续增长模型。永续增长模型假设企业未来长期、可持续的成长。在可以保持永续增长的情况下，企业价值是下期现金流量的函数。

$$实体价值 = \frac{下期实体现金流量}{加权平均资金成本 - 永续增长率}$$

永续增长模型的使用条件是：企业必须处于永续状态。所谓永续状态，是指企业的各种财务比率都是不变的。企业有永续的资产负债率、资金周转率、资本结构和股利支付率。

(2) 两阶段模型。

$$实体价值 = 预测期实体现金流量现值 + 后续期价值的现值$$

$$实体价值 = \sum_{t=1}^{n} \frac{实体现金流量}{(1+加权平均资金成本)^t} + \frac{实体现金流量_{n+1}/(加权平均资金成本 - 永续增长率)}{(1+加权平均资金成本)^n}$$

式中，n 表示预测期。

两阶段模型适用于增长呈现两个阶段的企业。第一个阶段为超常增长阶段，增长率明显快于永续增长阶段，第二阶段具有永续增长的特征，增长率比较低，是正常的增长率。

(3) 三阶段模型。

实体价值 = 增长期现金流量现值 + 转换期现金流量现值 + 后续期现金流量现值

$$实体价值 = \sum_{t=1}^{n} \frac{增长期实体现金流量}{(1+加权平均资金成本)^t} + \sum_{t=n+1}^{n+m} \frac{转换期实体现金流量}{(1+加权平均资金成本)^t} + \frac{后续期实体现金流量_{n+m+1}/(资金成本-永续增长率)}{(1+加权平均资金成本)^{n+m}}$$

式中,n 表示预测期,m 为转换期。

三阶段模型的使用条件是:一是对评估企业的增长率应当与模型假设的三个阶段特征相符。二是在稳定的高速成长阶段资本支出明显超过折旧与摊销,在转换阶段两者的差距缩小,在稳定的低速阶段两者基本相当。三是企业的风险在稳定的高速成长阶段 β 值较高,在转换阶段逐步降低,在稳定的低速阶段趋近于零。

2) 股权现金流量模型的应用

股权现金流量折现模型也可以分为三种类型:永续增长模型、两阶段增长模型和三阶段增长模型。三种类型的使用条件分别与三种实体现金流量模型类似,只是输入的参数不同。实体现金流量代替股权现金流量,加权平均资本成本代替股权资本成本。

【例 12-4】 甲公司是一个规模较大的跨国公司,目前处于稳定增长状态。2015 年每股净利润为 13.7 元。根据全球经济预期,长期增长率为 6%。预计该公司的长期增长率与宏观经济相同。为维持每年 6% 的增长率,需要每股股权本年净投资 11.2 元。据估计,该企业的股权资本成本为 10%。该公司 2015 年每股股权现金流量和每股股权价值计算如下:

每股股权现金流量 = 13.7 − 11.2 = 2.5(元/股)

每股股权价值 = (2.5 × 1.06)/(10% − 6%) = 66.25(元/股)

12.2.2 经济利润模型

企业既然以增加价值为目标,计量其价值的增加额就成为非常重要的问题。考察企业价值增加最直接的方法是计算其市场增加值。

市场增加值 = 企业总市值 − 总资本

企业总市值是投资人按当时的市价出售企业可获得的现金流入,包括股权市值和债务市值。总资本是指投资人投入企业的总现金,包括股权资本和债务资本。但是,在日常决策中很少使用市场增加值。一个原因是,只有上市公司才有市场价格,才能计算市场增加值。而上市公司只是少数;另一个原因是,短期股市总水平的变化往往大于企业决策对企业价值的影响,股市行情淹没了管理作为。经过大量的实证研究发现,经济利润(或称经济增加值)可以解释市场增加值的变动,因此近年来受到广泛的重视。

1. 经济利润的概念

经济利润是经济学的概念。虽然经济利润也是经济收入减去成本后的差额,但是经济收入不同于会计收入,经济成本不同于会计成本,因此经济利润也不同于会计利润。会计利润以收入的实现为原则,不包括未实现的持有收益,而经济利润既包括已实现的利润,也包括未实现的持有收益。

1) 经济收入

经济收入是指期末和期初同样富有的前提下,一定期间的最大花费。这里的收入是按

财产法计量的,如果没有任何花费则期末财产的市值超过期初财产市值的部分是本期收入。即

$$本期收入 = 期末财产 - 期初财产$$

例如,你年初的净资产是 30 万元,在年底升值为 34 万元,你本年工资收入 8 万元。按照经济学的定义,你今年的收入是 12 万元(8 万元工资和 4 万元持有收益),因为如果你今年花掉 12 万元,仍然和年初一样富有——拥有 30 万元净资产。

按照会计学原理,你今年的收入只有 8 万元,因为 4 万元的净资产升值不是收入,它还没有通过销售"实现"。会计上这样看问题的理由是市场价值经常变动,增值只是"账面"上的,没有确认 4 万元收益的客观证据。但是如果你在年底把资产以 34 万元的价格出售,会计核算上就可以承认你增加了 4 万元收益,哪怕你上午出售,下午就用 34 万元的价格再购回。这种虚假的交易可以改变会计利润的做法,常常令许多非会计人员难以理解,许多企业正是利用会计的这一缺点操纵利润的。

2) 经济成本

经济成本不仅包括会计上实际支付的成本,而且还包括机会成本。

例如,股东投入企业的资本也是有成本的,即经济成本包括股权资本的成本,是本期成本的一部分,在计算利润时应当扣除。其理由是,股东投入的资本是生产经营不可缺少的条件之一,并且这笔钱也不是没有代价的。股东要求回报的正当性不亚于债权人的利息要求和雇员的工资要求。

但计算会计成本时不包括股权资本的成本,不能将股权资本成本作为利润的减项。其理由是,股权资本的成本不是实际支付的成本,没有证据表明应当支付给股东多少钱,会计核算中不能做没有根据的估计。

3) 经济利润的计算

计算经济利润的一种最简单的办法,是用息前税后营业利润减去企业的全部资本费用。

【例 12-5】 甲公司的期初投资资本为 5 000 万元,期初投资资本报酬率(税后经营利润/投资成本)为 12%,加权平均资本成本为 8%,则该公司的经济利润计算如下。

方法 1:

$$经济利润 = 税后经营利润 - 全部资本费用$$
$$= 5\,000 \times 12\% - 5\,000 \times 8\%$$
$$= 600 - 400 = 200(万元)$$

方法 2:

$$经济利润 = 期初投资资本 \times (期初投资资本报酬率 - 加权平均资本成本)$$
$$= 5\,000 \times (12\% - 8\%) = 200(万元)$$

这种方法得出的结果与前一种方法相同,其推导过程如下:

$$经济利润 = 税后净利润 - 股权费用$$
$$= 税后经营利润 - 税后利息 - 股权费用$$
$$= 税后经营利润 - 全部资本费用$$
$$= 期初投资资本 \times 期初投资资本报酬率 -$$
$$ 期初投资资本 \times 加权平均资本成本$$
$$= 期初投资资本 \times (投资资本报酬率 - 加权平均资本成本)$$

从上式可以看出,经济利润与会计利润的最主要的区别是它扣除了全部资本的费用,而会计利润仅仅扣除了债务利息。

2. 价值评估的经济利润模型

根据现金流量折现原理可知,如果某一年的投资资本报酬率正好等于加权平均资本成本,则企业现金流量的净现值为零。此时,息前税后营业利润等于投资各方的期望报酬,经济利润也必然为零,企业的价值与期初相同,既没有增加也没有减少。如果企业某一年的投资资本报酬率超过加权平均资本成本,则企业现金流量有正的净现值。此时,息前税后营业利润大于投资各方期望的报酬,经济利润也必然大于零,企业的价值将增加。如果企业某一年的投资资本报酬率小于加权平均资本成本,则企业现金流量有负的净现值。此时,息前税后营业利润不能满足投资各方的期望报酬,也就是经济利润小于零,企业的价值将减少。因此,企业价值等于期初投资资本加上经济利润的现值。

$$企业价值 = 期初投资资本 + 经济利润现值$$

公式中的投资资本是指企业在经营中投入的现金:

$$全部投资资本 = 所有者权益 + 净债务$$

【例12-6】 乙公司年初投资资本6 000万元,预计今后每年可取得税后经营利润600万元,每年净投资为零,资本成本为8%,则:

$$每年经济利润 = 600 - 6\ 000 \times 8\% = 120(万元)$$
$$经济利润现值 = 120/8\% = 1\ 500(万元)$$
$$企业价值 = 6\ 000 + 1\ 500 = 7\ 500(万元)$$

3. 经济利润模型与现金流量折现模型的关系

【例12-7】 如果例12-6用现金流量折现法,可以得出同样的结果:

$$实体现金流量现值 = 600/8\% = 7\ 500(万元)$$

经济利润模型与现金流量折现模型在本质上是一致的,但是经济利润具有可以计量单一年份价值增加的优点,而现金流量法却做不到。因为,任何一年的现金流量都受到净投资的影响,加大投资会减少当年的现金流量,推迟投资可以增加当年的现金流量。投资不是业绩不良的表现,而找不到投资机会反而是不好的征兆。因此,某个年度的现金流量不能成为计量业绩的依据。管理层可以为了改善某一年的现金流量而推迟投资,而使企业的长期价值创造受到损失。

经济利润之所以受到重视,关键是因为它把投资决策必需的折现现金流量法与业绩考核必需的权责发生制统一起来了。它的出现,结束了投资决策用现金流量的净现值评价,业绩考核用权责发生制的利润评价,决策与业绩考核的标准分离,甚至是冲突、混乱的局面。

4. 经济利润局限性

经济利润比会计利润更接近真实收益,更能反映客观实际,其概念与经济学概念一致,容易被管理人员和投资者理解。

经济利润的局限性在于一个企业的未来现金流量的数量和时间的确定,是建立在未必可靠的基础之上的。折现率的确定也是个困难问题,不容易很准确。因此,在实务中,经济利润的计量是不精确的,并且不易被验证。

12.2.3 相对价值模型

1. 相对价值的概念

现金流量法和经济利润法在概念上很健全,但是在应用时会碰到较多的技术问题。有一种相对容易的估价方法,就是相对价值法。

相对价值是指运用一些基本的财务比率评估一家企业相对于另一家企业的价值。

例如,你准备购买商品住宅,出售者报价 112 万元,你如何评估这个报价呢?一个简单的办法是寻找一个类似地段、类似质量的商品住宅,计算每平方米的价格(价格与面积的比率),假设是 1 万元/平方米,你拟购置的住宅是 100 平方米,利用相对价值法评估它的价值是 100 万元,于是你认为出售者的报价高了。你对报价高低的判断是相对于类似商品住宅说的,它比类似住宅的价格高了。实际上,也可能是类似住宅的价格偏低。

这种做法很简单,真正使用起来却并不简单。因为类似住宅与你拟购置的住宅总有"不类似"的地方,类似住宅的价格也不一定是公平市场价格。准确的评估还需要对计算结果进行另外的修正,而这种修正比一般人想象的要复杂,它涉及每平方米价格的决定因素问题。

2. 相对价值模型的基本操作步骤

相对价值模型,是将目标企业与可比企业对比,用可比企业的价值衡量目标企业的价值。如果可比企业的价值被高估了,则目标企业的价值也会被高估。实际上,所得结论是相对于可比企业来说的,以可比企业价值为基准,是一种相对价值,而非目标企业的内在价值。其基本步骤如下:

(1) 寻找一个影响企业价值的关键变量(如盈利);

(2) 确定一组可以比较的类似企业,计算可比企业的市价/关键变量的平均值(如平均市盈率);

(3) 根据目标企业的关键变量(盈利)乘以得到的平均值(平均市盈率),计算目标企业的评估价值。

3. 常用的相对价值模型

相对价值模型分为两大类,一类是以股权市价为基础的模型;另一类是以企业实体价值为基础的模型。这里介绍三种最常用的股权市价比率模型。

1) 市价/净利比率模型

(1) 基本模型。

$$市盈率 = 每股市价 / 每股盈利$$

运用市盈率估价的模型如下:

$$目标企业每股价值 = 可比企业平均市盈率 \times 目标企业的每股盈利$$

该模型假设股票市价是每股盈利的一定倍数。每股盈利越大,则股票价值越大。同类企业有类似的市盈率,所以目标企业的股权价值可以用每股净利乘以可比企业的平均市盈率计算。

(2) 模型的适用性。

市盈率模型的优点是:①计算市盈率的数据容易取得,并且计算简单;②市盈率把价格和收益联系起来,直观地反映投入和产出的关系;③市盈率涵盖了风险补偿率、增长率、股利分配率的影响,具有很高的综合性。

市盈率模型的局限性在于:①如果收益是负值,市盈率就失去了意义;②市盈率除了受企业本身基本面的影响以外,还受到整个经济景气程度的影响。

因此,市盈率模型最适合连续盈利,并且 β 值接近于 1 的企业。

2) 市价/净资产比率模型。

(1) 基本模型。

$$市净率 = 市价 / 净资产$$

这种方法假设股权价值是净资产的函数,类似企业有相同的市净率,净资产越大则股权价值越大。因此,股权价值是净资产的一定倍数,目标企业的价值可以用每股净资产乘以平均市净率计算。

$$股权价值 = 可比企业平均市净率 \times 目标企业净资产$$

(2) 模型的适用性。市净率估价模型的优点是:①净利为负值的企业不能用市盈率进行估价,而市净率极少为负值,可用于大多数企业;②净资产账面价值的数据容易取得,并且容易理解;③净资产账面价值比净利稳定,也不像利润那样经常被人为操作;④如果会计标准合理并且各企业会计政策一致,市净率的变化可以反映企业价值的变化。

市净率的局限性在于:①账面价值受会计政策选择的影响,如果企业执行不同的会计标准或会计政策,市净率会失去可比性;②固定资产很少的服务性企业和高科技企业,净资产与企业价值的关系不大,其市净率比较没有什么实际意义;③有一些企业的净资产是负值,市净率没有意义,无法用于比较。

因此,这种方法主要适用于需要拥有大量资产、净资产为正值的企业。

【例 12-8】 表 12-4 中,列出了 2015 年第二季度汽车制造业 5 家上市公司的市盈率和市净率,以及全年平均实际股价。请你用前 5 家公司的平均市盈率和市净率评价江铃汽车的股价,哪一个更接近实际价格?为什么?

表 12-4　2015 年第二季度汽车制造业 5 家上市公司财务数据

公司名称	每股收益/元	每股净资产/元	最新价格/元	市盈率	市净率
江淮汽车	0.4	5.58	14.2	35.50	2.54
上汽集团	1.29	14.43	17.77	13.78	1.23
福田汽车	0.046	5.47	6.1	132.61	1.12
长安汽车	1.09	6.33	15.7	14.40	2.48
海马汽车	0.12	4.5	5.92	49.33	1.32
平均				49.12	1.74
江铃汽车	1.25	12.56	25.98	20.78	2.07

按市盈率股价 = 1.25×49.12 = 61.40(元/股)
按市净率股价 = 12.56×1.74 = 21.85(元/股)

市净率的评价更接近实际价格。因为汽车制造业是一个需要大量资产的行业。由此可见,合理选择模型的种类对于正确估价是很重要的。

3) 市价/收入比率模型

(1) 基本模型。这种方法是假设影响企业价值的关键变量是销售收入,企业价值是销售收入的函数,销售收入越大则企业价值越大。既然企业价值是销售收入的一定倍数,那么目标企业的价值可以用销售收入乘以平均收入乘数估计。

$$收入乘数 = 股权市价 / 销售收入$$
$$= 每股市价 / 每股销售收入$$
$$目标企业价值 = 可比企业平均收入乘数 \times 目标企业的销售收入$$

(2) 模型的适用性。收入乘数估价模型的优点是：①它不会出现负值，对于亏损企业和资不抵债的企业，也可以计算出一个有意义的价值乘数；②它比较稳定、可靠，不容易被操纵；③收入乘数对价格政策和企业战略变化敏感，可以反映这种变化的后果。

收入乘数估价模型的局限性在于：不能反映成本的变化，而成本是影响企业现金流量和价值的重要因素之一。

因此，这种方法主要适用于销售成本率较低的服务类企业，或者销售成本率趋同的传统行业的企业。

【例12-9】 某上市公司2015年每股销售收入为83.06元，每股净利润3.82元。公司采用固定股利支付率政策，股利支付率为74%。预期利润和股利的长期增长率为6%。该公司的β值为0.75，该时期的无风险利率为7%，市场平均报酬率为12.5%。

$$净利润率 = \frac{3.82}{83.06} = 4.6\%$$

$$股权资本成本 = 7\% + 0.75 \times (12.5\% - 7\%) = 11.125\%$$

$$收入乘数 = \frac{4.6\% \times 74\% \times (1 + 6\%)}{(11.125\% - 6\%)} = 0.7040$$

$$按收入乘数估价 = 83.06 \times 0.7040 = 58.47(元)$$

4. 相对价值模型的应用

相对价值法应用的主要困难是选择可比企业。通常的做法是选择一组同业的上市企业，计算出它们的平均市价比率，作为估计目标企业价值的乘数。如果找不到符合条件的足够的可比企业，解决的办法之一是采用修正的市价比率。

1) 修正市盈率

$$修正市盈率 = 实际市盈率 / (预期增长率 \times 100)$$
$$目标企业每股价值 = 平均修正市盈率 \times 目标企业预期增长率$$
$$\times 100 \times 目标企业每股净利$$

2) 修正市净率

$$修正市净率 = 实际市净率 / (预期股东权益净利率 \times 100)$$
$$目标企业每股价值 = 平均修正市净率 \times 目标企业股东权益净利率$$
$$\times 100 \times 目标企业每股净资产$$

3) 修正收入乘数

$$修正收入乘数 = 实际收入乘数 / (销售净利率 \times 100)$$
$$目标企业每股价值 = 平均修正收入乘数 \times 目标企业销售净利率$$
$$\times 100 \times 目标企业每股收入$$

综上所述，企业价值评估之所以是财务管理的核心问题，是由于认识价值是一切经济和管理决策的前提，增加企业价值是企业的根本目的。价值评估是一个认识企业价值的过程，由于企业充满了个性化的差异，因此，不能把价值评估看成是履行某种规定的程序性工作，而应始终关注企业的真实价值,以及影响其价值变动的因素。

12.3 兼并与收购

12.3.1 兼并与收购的概念

企业兼并与收购是指一个企业通过产权交易取得其他企业一定程度的控制权,以增强自身经济实力,实现自身经济目标的一种经济行为。

1. 兼并与收购的定义

兼并含有吞并、吸收、合并之意。通常它又有狭义和广义两个层次的含义。狭义的兼并是指在市场机制作用下,企业通过产权交易获得其他企业的产权,使这些企业的法人资格丧失,并获得对他们控制权的经济行为。广义的兼并是指在市场机制作用下,企业通过产权交易获得其他企业的产权,并企图获得其控制权的经济行为。

收购是指对企业的资产和股份的购买行为。收购涵盖的内容较广,其结果可能是拥有目标企业几乎全部的股份或资产,从而将其吞并;也可以是获得企业较大一部分股份或资产,从而控制该企业;还有可能是仅拥有一部分股份或资产,而成为该企业股东中的一个。

2. 兼并与收购的相同点与区别

兼并与收购的相同点是两者都以企业产权为交易对象,且基本动因相似,都是为了增强企业实力的外部扩张策略和途径。

兼并与收购的区别是:

(1) 在兼并中,被兼并企业作为法人实体不复存在;而在收购中,被收购企业可仍以法人实体存在,其产权可以是部分转让。

(2) 兼并后,兼并企业成为被兼并企业新的所有者和债权债务的承担者,是资产、债权、债务的一同转换;而在收购中,收购企业是被收购企业的新股东,以收购出资的股本为限承担被收购企业的风险。

(3) 兼并多发生在被兼并企业财务状况不佳、生产经营停滞或半停滞之时,兼并后一般需调整其生产经营、重新组合其资产;而收购一般发生在企业正常生产经营状态、产权流动比较平和。

由于在运作中它们的联系远远超过其区别,且从兼并的广义角度考察,收购也可以看成广义兼并行为的一种,因此学术界和实业界都习惯于将兼并与收购合在一起使用,英文缩写为 M&A(Meyger and Acquisition),中文简译为"并购"。当兼并与收购同时使用时,泛指在市场机制下,企业为了获得其他企业的控制权而进行的产权交易活动,并把并购一方称为"买方"或并购企业,对被并购一方称为"卖方"或目标企业。

12.3.2 并购的类型

企业并购的形式多种多样,按照不同的分类标准可划分为许多不同的类型。

1. 按并购双方所属行业关系进行分类

1) 横向并购

横向并购,是指商业上的竞争对手、同行之间的并购,即生产同类商品的厂商间或是在同一市场领域出售相互竞争商品的销售商之间的并购。如儿童奶制品厂兼并儿童饮料品厂。横向并购的结果是资本在同一生产、销售领域或部门集中,优势企业吞并劣势企业组成横向托拉斯,扩大生产规模以达到新技术条件下的最佳经济规模。采用横向并购形式的基本条件是收购企业需要并且有能力扩大自己产品的生产和销售,并购双方企业的产品及产品的生产和销售有相同或相似之处。

横向并购是企业并购中的常见方式,但由于这种并购容易破坏竞争,形成高度垄断的局面,因此许多国家都密切关注并严格限制此类并购的发生。

2) 纵向并购

纵向并购,是指出于生产同一(或相似)产品不同生产阶段的企业之间的兼并,即优势企业将同本企业生产紧密相关的生产、营销企业并购过来,以形成纵向生产一体化。如加工制造企业并购与其有原材料、运输、贸易联系的企业。其主要目的是组织专业化生产和实现产销一体。从并购方向看,纵向并购又有向后并购和向前并购之分。向后并购是指并购生产流程后一阶段的企业,而向前并购是指并购生产流程前一阶段的企业。

纵向并购的优点是:能够扩大生产经营规模,节约通用的设备、费用等;可以加强生产过程各环节的配合,有利于协作化生产;可以加速生产流程,缩短生产周期,节省运输、仓储、资源和能源等。纵向并购的另一好处是较少受到各国反垄断法规的限制。

3) 混合并购

混合并购,是指既非竞争对手又非现实的或潜在的客户或供应商的企业之间的并购。如房地产企业并购运输企业。混合并购中又有三种形态:

(1) 产品扩张型并购,是指相关产品市场上企业间的并购;

(2) 市场扩张型并购,是指一个企业为扩大其竞争地盘而对它尚未渗透的地区生产同类产品的企业进行并购;

(3) 纯粹的混合并购,是指那些生产和经营彼此间毫无联系的产品或服务的若干企业的并购。

混合并购的主要目的在于减少长期经营一个行业所带来的风险。通过分散投资、多样化经营降低企业风险,达到资源互补、优化组合、扩大市场活动范围和扩大企业知名度的目的。

2. 按企业并购出资方式进行分类

1) 出资购买资产式并购

出资购买资产式并购,是指收购企业使用现金购买目标企业全部或绝大部分资产以实现并购。以现金购买资产式的并购,目标企业按购买法或权益合并方法计算资产价值并入收购企业,原有法人地位及纳税户头取消。对于产权关系、债权债务清楚的企业,出资购买资产式并购能做到等价交换,没有后遗症或遗留纠纷。否则,会在相当程度上影响收购企业单纯以现金出资购买目标企业的兴趣。

2) 出资购买股票式并购

出资购买股票式并购,是指收购企业使用现金、债券等购买目标企业一部分股票,以实现控制后者资产及经营权的目标。出资购买股票既可以通过一级市场进行,也可以通过二级市场进行。自 1993 年下半年以来,我国沪、深股票交易市场已出现多次出资购买股票式的并购。通过二级市场出资购买目标企业股票是一种简便易行的并购方法,但因受到有关证券法规信息披露原则的制约,如购进目标企业股份达到一定比例,或达到该比例后持股情况再有相当变化都需履行相应的报告及公告义务,在持有目标企业股份达到相当比例时便要向目标企业股东发出公开收购要约。所有这些要求都容易被人利用,哄抬股价,从而使并购成本激增。

3) 以股票换取资产式并购

以股票换取资产式并购,是指收购企业向目标企业发行自己的股票以交换目标企业的大部分资产。一般情况下,收购企业同意承担目标企业的债务,但双方也可以作出特殊约定,如收购企业有选择地承担目标企业的部分债务。在此类并购中,目标企业应承担两项义务,即同意解散目标企业,并把所持有的收购企业股票合理地分配给目标企业股东。这样,收购企业就可以防止所发行的大量股份集中在极少数股东手中。

4) 以股票换取股票式并购

以股票换取股票式并购,是指收购企业直接向目标企业股东发行收购企业发行的股票,以交换目标企业的大部分股票。一般而言,交换的股票数量应至少达到收购企业能控制目标企业的足够表决权数。通过此项安排,目标企业就成为收购企业的子企业,或通过解散而并入收购企业。但不论在哪种情况下,目标企业的资产都会在收购企业的直接控制下。

3. 按企业并购双方是否友好协商进行分类

1) 善意收购

善意收购也称为友好收购,通常目标企业同意收购企业提出的收购条件并承诺给予协助,由双方高层通过协商来决定并购的具体安排,如收购方式(以现金、股票、债券或其混合方式来进行收购)、收购价位、人事安排、资产处置等。若目标企业对收购条件不完全满意,则双方可以就此讨价还价,最终达成双方可以接受的收购协议。由于并购双方能够充分交流、沟通信息,且目标企业主动向并购企业提供必要的资料,因此善意收购有利于降低并购行动的风险与成本,但善意并购也常常使并购企业不得不牺牲自身的部分利益,以换取目标企业的合作。

2) 敌意并购

敌意并购也称强迫并购,是指收购企业在目标企业管理层对其收购意图尚不知晓或持反对意见态度的情况下,对目标企业强行进行并购的行为。在此种并购中,收购企业往往采取突然的并购手段,提出苛刻的并购条件而使目标企业不能接受,后者在得知收购企业的收购意图后可能采取一系列的反收购措施。敌意并购的优点在于并购企业完全处于主动地位,不用被动权衡各方利益,而且并购行动节奏快、时间短,可有效控制并购成本。但敌意并购通常无法从目标企业获取其内部营运、财务状况等重要指标,且会招致目标企业的抗争,所以风险较大。由于敌意并购容易导致股市的不良波动,甚至影响企业发展的正常秩序,各国政府都对敌意并购有所限制。

12.3.3 并购的动因

在市场经济环境下,企业作为独立的经济主体,其一切经济行为都受到利益动机驱使,并购行为的目的也是为实现其财务目标——股东财富最大化。同时,企业并购的另一动力来源于市场竞争的巨大压力。这两大原始动力在现实经济生活中以不同的具体形态表现出来,即在多数情况下企业并非仅仅出于某一个目的进行并购,而是将多种因素综合平衡。这些因素主要如下。

1. 经营协同效应

所谓经营协同效应即"1+1＞2"的效应。并购后，企业的总体效益要大于两个独立企业效益的算术和。并购给企业生产经营活动在效率方面带来的变化及效率的提高所产生的效益，就是经营协同效应。企业并购对企业效率的最明显作用表现为规模经济效益的取得。规模经济由工厂规模经济和企业规模经济两个基本点组成。

1) 并购对工厂规模经济的作用

（1）企业可以通过并购对工厂的资产进行补充和调整，达到最佳规模经济的要求，使工厂保持尽可能低的生产成本。

（2）并购可能使企业在保持整体产品结构的情况下，在各个工厂中实现产品的单一化生产，避免由于产品品种的转换带来的生产时间的浪费，集中在一个工厂中大量进行单一品种生产，从而达到专业化生产的要求。

（3）在某些场合中，企业并购又能解决由于专业化带来的一系列问题。现代化大生产由于科学技术的发展，在很多生产领域中要求实行连续化生产。在这些部门，各生产流程之间的密切配合有着极其重要的意义。企业通过并购，特别是纵向并购，可以有效解决由于专业化引起的各生产流程的分离，将它们纳入同一企业中，可以减少生产过程中的环节间隔，降低操作成本和运输成本，充分利用生产能力。

2) 并购对企业规模经济的作用

通过并购将许多工厂置于同一企业领导之下，可以带来一定程度的规模经济，这主要表现在：

（1）节省管理费用。由于中、高层管理费将在更多数量的产品中分摊，单位产品的管理费用可以大大减少。

（2）包含多个工厂的企业可以对不同顾客或市场进行专门化生产的服务，更好地满足不同的需要。而这些不同的产品和服务可用同一渠道来推销，利用相同技术来生产，达到节约营销费用的效果。

（3）可以集中足够的经费用于研究、发展、设计和改进生产工艺等，加快产品开发，迅速推出新产品。

（4）企业规模的扩大，使得企业的直接筹资渠道和借贷都比较容易，它有充足的财务能力采用各种新发明、新设备、新技术，适应宏观经济环境的变化。

2. 财务协同效应

财务协同效应主要是指并购给企业在财务方面带来的种种效益。这种效益的取得不是由于效益的提高而引起的，而是由于税法、会计处理惯例以及证券交易等内在规定的作用而产生的，主要表现在以下几方面。

1) 合理避税

企业可以利用税法中亏损递延条款来达到合理避税的目的。所谓亏损递延是指，如果某企业在一年中出现了亏损，该企业不但可以免付当年的所得税，它的亏损还可向后递延，以抵消以后几年的盈余，企业根据抵消后的盈余缴纳所得税。因此，在某企业拥有相当数量的累积亏损时，这家企业往往会被考虑作为并购对象，以充分利用它在纳税方面的优势。

2) 提高举债能力

一般来说，合并后的企业拥有更大的举债能力，可以进行更多的负债筹资，使整体的负债能力比合并前各单个企业的负债能力强，这可提高企业的财务杠杆能力。

3) 预期效应

预期效应指因并购使股票市场对于企业股票评价发生改变而对股票价格的影响。由于预期效应的作用，企业并购往往伴随着强烈的股价波动，形成股票投机机会，增加股东的资本利得。

3. 管理协同效应

如果企业有一支高效率的管理队伍，其管理能力超出企业的需要，但这批人才只能集体实现其效率，企业不能通过解聘释放能量，那么该企业就可以并购那些由于缺乏管理人才而效率低下的企业，利用这支队伍通过提供整体效率水平而获利。

4. 企业发展的动机

并购是企业发展壮大比较快捷方便的途径。假如通过资本预算走内部投资发展之路，那么将伴随设备的购置与安装，操作工人的雇用与培训，还需发展产品的销售市场等，需要一个较长时间的过程。假如并购一个拥有资产、雇工、产品销售市场的正在经营的企业，就能极大地加快发展进程和降低风险。尤其在某些地区，企业的发展往往受某企业产品或生产过程专利权的制约，收买该企业包括专利权是企业扩展的唯一可行之路。

此外，在通货膨胀存在的情况下，企业假如通过内部投资扩张的方式求得发展，往往需要投入较多的资金，对企业的净现值将产生非常不利的影响。由于企业的价格取决于每股市价的高低，当每股市价较低的情况下，企业价格亦较低。这时，对希望有发展的企业而言，并购所需支付的价格往往比零星购置企业资产更经济合算。而同时，目标企业的股东在组合时所获得的价格也比市价更高。因此，在通货膨胀率较高且股市不景气之时，企业组合对组合双方均有利，购买方企业可因此得以发展，目标企业可获得高于市价的价格。

5. 多元化经营分散风险

在现代激烈的市场竞争中，专门从事单一业务经营的企业往往要经受较大的经营风险。对于追求稳健发展的企业来说，多元化经营是最为有利的分散风险的经营策略。并购其他与自己产品无关或关系并不密切的企业是实现多元化经营的一条最有效途径。当企业在某种产品的经营上出现亏损，往往可以从另一些产品的盈利中得以补偿，减少经营上的风险。此外，通过合并后企业内部资金的相互调剂，还能避免因企业资金周转不灵而发生清偿危机，降低企业破产的风险。

6. 其他动因

1) 管理层利益驱动

企业管理层的并购动因往往是希望提高企业在市场上的统治地位和保持已有的市场地位。以下三个方面可能是企业经理人员对并购感兴趣的原因：

(1) 当企业发展得更大时，企业管理层尤其是作为高层管理人员的总经理的地位和威望也会更高。

(2) 随着企业规模的扩大，经理人员的报酬也得以增加。

(3) 在并购活动高涨时期，管理层希望通过并购的办法扩大企业的规模，使企业在市场中立于不败之地和抵御其他企业的并购。

2) 降低代理成本

在企业的所有权与经营权相分离的情况下,经理是决策和控制的代理人,而所有者作为委托人成为风险承担者,由此造成的代理成本包括契约成本、监督成本和剩余亏损。通过企业内部组织机制安排、报酬安排、经理市场和股票市场可以在一定程度上减缓代理问题,降低代理成本。但当这些机制均不足以控制代理问题时,并购机制使得接管的威胁始终存在。通过公开收购或代理权争夺而造成的接管,将会改选现任经理和董事会成员,从而作为最后的外部控制机制解决代理问题,降低代理成本。

从现实来说,一项并购的动机往往不是单一的,但是有些动机是理性的,有些则是非理性的。因此,如果企业并购活动不当,可能会使企业背上沉重的包袱。从财务上看,"理性"意味着价值的增加,即并购方必须从并购决策和活动中获得正的净现值。

12.3.4 并购的财务分析

企业并购是一种投资行为,因此是否进行并购首先决定于并购的成本与效益。只有当并购活动能够增加企业价值,为企业带来净收益时,这种并购活动才是可行的。

1. 并购成本-效益分析

1) 并购成本

并购的成本有广义和狭义两种解释。广义的并购成本是指由于并购而发生的一系列代价的总和,包括的成本项目有以下几个方面:

(1) 并购完成成本。所谓完成成本指并购行为本身所发生的并购价款和并购费用。并购价款是支付给目标企业股东的,具体形式有现金、股票或其他资产等。并购费用是指并购过程中所发生的有关费用,如并购过程中所发生的搜寻、策划、谈判、文本制定、资产评估、法律鉴定、顾问等费用。

(2) 整合与营运成本。并购后为使目标企业健康发展而需支付的营运成本。这些成本包括:整合改制成本,如支付派遣人员进驻、建立新的董事会和经理班子、安置多余人员、淘汰无效设备、进行人员培训等有关费用;注入资金的成本,如并购企业向目标企业注入优质资产、拨入启动资金或开办费、为新企业打开市场而需增加的市场调研费、广告费、网点设置费等。

(3) 并购机会成本。一项并购活动所发生的机会成本是指实际并购成本费用支出因放弃其他项目投资而丧失的收益。

狭义的并购成本仅仅指并购完成成本。本教材下面的论述主要采用狭义的并购成本概念。

2) 并购收益

并购收益是指并购后新企业的价值超过并购前各企业价值之和的差额。

假定 A 公司并购 B 公司,并购前 A 公司的价值为 V_a,B 公司的价值为 V_b,并购后形成的新公司的价值为 V_{ab},则并购收益(S)为

$$S = V_{ab} - (V_a + V_b)$$

如果 $S>0$,则说明并购在财务方面具有协同效应。

3) 并购溢价

在一般情况下,并购方将以高于被并购方价值的价格作为交易价,以促使被并购方股东

出售其股票。假定并购方支出的交易价格为 P_b，则并购溢价（P）为

$$P = P_b - V_b$$

并购溢价的高低反映了获得对目标公司控制权的价值，并取决于被并购企业前景、股市走势和对并购双方讨价还价的情况。

4）并购净收益

对于并购方来说，并购净收益（NS）等于并购收益减去并购溢价、并购费用的差额，也就是并购后新企业的价值减去并购完成成本、实施并购前并购方企业价值的差额。假定 F 表示并购费用，则：

$$NS = S - P - F$$
$$= V_{ab} - P_b - F - V_a$$

【例 12-10】 假定 A 公司拟收购 B 公司。A 公司的市场价值为 8 亿元，B 公司的市场价值为 1.6 亿元。A 公司估计合并后新公司价值达到 11 亿元。B 公司股东要求以 2.3 亿元价格成交。并购交易费用为 0.2 亿元。则

并购收益(S) $= 11 - (8 + 1.6) = 1.4$（亿元）

并购完成成本 $= 2.3 + 0.2 = 2.5$（亿元）

并购溢价(P) $= 2.3 - 1.6 = 0.7$（亿元）

并购净收益(NS) $= S - P - F = V_{ab} - P_b - F - V_a$
$= 1.4 - 0.7 - 0.2 = 11 - 2.3 - 0.2 - 8$
$= 0.5$（亿元）

上述并购使 A 公司股东获得净收益 0.5 亿元。可以说这一并购活动对 A、B 两个公司都有利。这是并购活动能够进行的基本条件。以上只是并购财务分析的基本观念，实际的并购分析要复杂得多。

2. 现金并购财务分析

企业并购可以采用不同的支付方式，常用的是现金支付或用股票支付。这两种支付方式由于计算成本的方法不同，因而财务分析方法也不同。

1）净现值分析

在采用支付现金方式时，并购方通常预测兼并后公司所增加的现金流量，以此来估算兼并后企业的价值，并采用净现值法等资本预算方法来帮助决策。

假定 A 公司以支付现金方式兼并 B 公司，由于存在协同效应，所以：

$$S = V_{ab} - (V_a + V_b) \tag{12.1}$$

如果 $S > 0$，说明 S 为协同效应收益，兼并 B 公司所获得的净现值（NPV）为

$$NPV = (V_{ab} - V_a) - CASH \tag{12.2}$$

上式中的 CASH 为 A 公司支付给 B 公司的现金（售价）。

由式（12.1）和式（12.2）可得

$$NPV = V_{ab} - (V_a + V_b) + V_b - CASH = S + V_b - CASH \tag{12.3}$$

式中，$S + V_b$ 表示 A 公司在兼并中的收益；CASH 表示 A 公司的兼并成本。

2）现金支付价格的确定

A 公司支付给 B 公司的现金额 CASH 的大小是由谈判与竞争决定的，它直接牵涉两家公司对兼并的利益分配，即对协同效益 S 的瓜分，从而影响两家公司兼并决策的净现值

(NPV)。因此,从理论上确定 CASH 的下限和上限是有意义的,并且十分必要。

(1) 设 $\text{CASH}_{\min}$ 为 A 公司支付给 B 公司现金的下限,则

$$\text{CASH}_{\min} = V_b \text{(B 公司最低接受价格)} \tag{12.4}$$

假定 A 公司支付 B 公司现金额为 $\text{CASH}_{\min}$,则 A 公司的净现值为

$$NPV = S + V_b - \text{CASH}_{\min}$$
$$= S + V_b - V_b = S$$

这意味着 A 公司独占了兼并收益 S。

(2) 设 $\text{CASH}_{\max}$ 为 A 公司支付给 B 公司现金的上限,则

$$\text{CASH}_{\max} = V_b + S \text{(A 公司最高支付价格)} \tag{12.5}$$

假定 A 公司支付 B 公司现金额为 $\text{CASH}_{\max}$,则 A 公司的净现值为

$$NPV = S + V_b - \text{CASH}_{\max}$$
$$= S + V_b - (V_b + S) = 0$$

这意味着 B 公司独占了兼并收益 S。

由于 B 公司不可能接受低于 $\text{CASH}_{\min}$ 的价格,而 A 公司不可能支付高于 $\text{CASH}_{\max}$ 的价格,所以实际兼并的价格必定在 $\text{CASH}_{\min}$ 和 $\text{CASH}_{\max}$ 之间。现金支付的上、下限范围也就是 A、B 两家公司讨价还价的幅度,其幅度大小等于协同效应 $S = \text{CASH}_{\max} - \text{CASH}_{\min}$。实际兼并价格究竟在这个幅度中的哪一点,则由谈判与竞争决定。

以上分析的最大困难是如何估计 S,由于 $S = V_{ab} - (V_a + V_b)$,所以也就是如何估计 V_a、V_b 和 V_{ab}。V_a 和 V_b 应该是兼并开价前一时刻 A、B 两家公司的市场价格。由于开价前一时刻观测到的市场价格,往往是由于兼并消息的泄露而失真的价格,因此可取几星期前,尚无兼并消息泄露的市场价格作为基数,再以股市总指数的变化趋势对该基数进行修正。至于 V_{ab},通常用预测兼并后现金流量的变化量来进行估算。

【例 12-11】 假定甲公司和乙公司市场价值分别为 5 000 万元和 1 000 万元。如果甲公司兼并乙公司,估计兼并后新公司的价值将达到 7 400 万元。乙公司的董事会已经表示若能够得到 1 500 万元的现金,就会出售乙公司。假定甲公司完全用自身的留存收益融资收购,那么甲公司是否应该兼并乙公司呢?

$$\text{兼并后甲公司的价值} = \text{新公司的价值} - \text{支付的现金}$$
$$= 7\,400 - 1\,500 = 5\,900 \text{(万元)}$$

由于兼并前甲公司的价值为 5 000 万元,故兼并后甲公司股东将获得的净现值为

$$5\,900 - 5\,000 = 900 \text{(万元)}$$

由于净现值大于零,若不考虑其他因素,甲公司应该兼并乙公司。

我们还可从另一角度思考。假定甲公司对外发行了 2 000 万股股票,兼并前每股价值 2.5 元(5 000/2 000),兼并后每股价值 2.95 元(5 900/2 000)。看到其股价上涨,一般来说甲公司会进行收购。因为新公司的价值是 7 400 万元,甲公司与乙公司在兼并前的价值分别是 5 000 万元和 1 000 万元,故协同效应是 1 400 万元(7 400−5 000−1 000)。溢价是 500 万元(1 500−1 000)。这样对兼并方而言(甲公司),兼并产生的净现值是 900 万元(1 400−500)。

3. 股票并购财务分析

以支付企业股票的方式进行兼并,实际上就相当于用兼并企业的股票交换目标企业的股票。在这种情况下,就涉及股票交换的比率问题。同时必将对每股收益、每股市价及股票

账面价值产生影响。现分述如下。

1) 并购对每股收益的影响

由于企业并购投资决策以投资对股票价格影响为依据,而股票价格的影响又取决于投资对企业每股收益的影响,所以企业评估并购方案的可行性时,应将其对并购后存续企业每股收益的影响列入考虑范围。

【例12-12】 A企业计划以发行股票方式收购B企业,并购时双方相关财务资料见表12-5。

表12-5 并购时A、B两企业财务资料

项 目	A企业	B企业	项 目	A企业	B企业
净利润/万元	3 000	720	每股市价/(元/股)	48	21
普通股股数/万股	1 000	300	市盈率	16	8.75
每股收益/(元/股)	3	2.4			

Ⅰ. B企业每股作价24元

假定B企业同意其股票每股作价24元由A企业以其股票相交换,则股票交换比率为0.5(24/48),即A企业每0.5股相当于B企业的1股。A企业需发行150万股(300×0.5)股票才能收购B企业所有的股份。

现假定两个企业并购后收益能力不变,则并购后A企业的盈余总额等于原A、B两企业盈余之和,见表12-6。

表12-6 并购后收益能力不变时A企业盈余总额等于A、B两企业之和

项 目	金 额	项 目	金 额
并购后净利润	3 720(万元)	并购后每股收益	3.234 8(元/股)
并购后股本总数	1 150(万股)		

由此可见,A企业实施并购后每股收益将提高0.234 8元(3.234 8-3)。但原B企业股东的每股收益却降低了,因其所持有的B企业股票每股相当于并购后A企业股票的0.5股,所以其原持有股票的每股收益只有1.617 4元(3.234 8×0.5),较原来降低了0.782 6元(2.4-1.617 4)。

Ⅱ. B企业每股作价42元

假定B企业要求其股票每股作价42元由A企业以其股票相交换,则股票交换比率为0.875(42/48),即A企业每0.875股相当于B企业的1股。A企业需发行262.5万股(300×0.875)股票才能收购B企业所有的股份。

现仍假定两个企业并购后收益能力不变,则并购后的盈余情况见表12-7。

表12-7 并购后两企业收益能力不变时盈余情况

项 目	金 额	项 目	金 额
并购后净利润	3 720万元	并购后每股收益	2.946 5元/股
并购后股本总数	1 262.5万股		

由此可见,A企业实施并购后每股收益降低了0.053 5元(3-2.946 5)。但原B企业股东的每股收益为2.578 2元(2.946 5×0.875),增加了0.178 2(2.578 2-2.4)。

Ⅲ. 股票交换率

从上述举例中可以看到,股票交换率的大小,会影响并购双方的每股收益,并由此可推断出保持 A 企业或 B 企业每股收益不变的股票交换率。

【例 12-13】 仍以表 12-5 的资料为例,并仍假定并购后新企业盈余总额不变。求保持 A 企业每股收益不变的股票交换率。

设 R_1 为股票交换率,则

并购前 A 企业的每股收益 = 3(元/股)

并购后 A 企业的每股收益 = $3\,720/(1\,000 + 300 \times R_1)$(元/股)

因为并购前后 A 企业每股收益不变,所以:

$$3\,720/(1\,000 + 300 \times R_1) = 3(元/股)$$

求得 $R_1 = 0.8$。

即 B 企业股票每股作价 38.4 元(48×0.8),或股票交换率为 0.8,可保持 A 企业每股收益不变。

同理,还可求出保持 B 企业每股收益不变的股票交换率,在此从略。

2) 并购对股票市场价值的影响

并购过程中,每股市价的交换比率是谈判的重点。公开上市的股票,其价格反映了众多投资者对该企业的内在价值的判断。因此,股价可反映该企业的获利能力、股利、企业风险、资本结构、资产价值以及其他与评价有关的因素。股票市价的交换比率为

$$股价交换比率 = \frac{对目标企业每股作价}{目标企业每股市价}$$

$$= \frac{并购企业每股市价 \times 股票交换率}{目标企业每股市价}$$

这一比例若大于 1,表示并购对目标企业有利,企业因被并购而获利;而若该比率小于 1,则表示目标企业因被并购而遭受损失。

【例 12-14】 假设甲企业每股股票股价为 28 元,乙企业每股股票股价为 14 元。若甲企业提议以其 0.5 股交换乙企业 1 股,则此时股价交换比率为

$$股价交换比率 = \frac{28 \times 0.5}{14} = 1$$

这表明两家企业的股票以市价 1∶1 的比例交换。在不考虑其他因素的情况下,两个企业并未能从并购中取得收益。如果两家企业的股票市价交换比率不是 1∶1,则必有一方受损,另有一方受益。但从并购行为来说,其目的就是为了获取并购协同效应,即提高并购后公司的预期每股收益,这样并购双方都能从中获取收益。由于影响并购后公司预期每股收益的因素比较多,这里就不再阐述。

12.3.5 企业并购的风险分析

企业并购是高风险经营,财务分析应在关注其各种收益、成本的同时,更重视并购过程中的各种风险。

1. 营运风险

所谓营运风险,是指并购方在并购完成后,可能无法使整个企业集团产生经营协同效应、财务协同效应、市场份额效应,难以实现规模经济和经验共享互补。通过并购形成的新

企业因规模过于庞大而产生规模不经济,甚至整个企业集团的经营业绩都会被并购进来的新企业所拖累。

2. 信息风险

在并购中,信息是非常重要的,知己知彼,百战不殆。真实与及时的信息可以大大提高并购企业行动的成功率。但实际并购中因贸然行动而失败的案例不少,这就是经济学上所称的"信息不对称"的结果。

3. 融资风险

企业并购需要大量的资金,所以并购决策会同时对企业资金规模和资本结构产生重大影响。实践中,并购动机以及目标企业并购前资本结构的不同,还会造成并购所需的长期资金与短期资金、自有资本与债务资金投入比率的种种差异。与并购相关的融资风险具体包括资金是否可以保证需要(时间上与数量上)、融资方式是否适应并购动机(暂时持有或长期拥有)、现金支付是否会影响企业正常的生产经营、杠杆收购的偿债风险等。

4. 反收购风险

在通常情况下,被收购的企业对收购行为往往持不欢迎和不合作态度,尤其在面临敌意并购时,他们可能会"宁为玉碎,不为瓦全",不惜一切代价布置反收购战役,其反收购措施可能是各种各样的。这些反收购行动无疑会对收购方构成相当大的风险。

5. 法律风险

各国关于并购、重组的法律法规的细则,一般都通过增加并购成本而提高并购难度。由此造成的收购成本之高,收购风险之大,收购程度之复杂,足以使收购者气馁,反收购则相对比较轻松。

6. 体制风险

在我国,国有企业资本运营过程中相当一部分企业的收购兼并行为,都是由政府部门强行撮合而实现的。尽管大规模的并购活动需要政府的支持和引导,但是并购行为毕竟应是企业基于激烈市场竞争而自主选择的发展策略,是一种市场化行为。政府依靠行政手段对企业并购大包大揽不仅背离市场原则,难以达到预期效果,而且往往还会给并购企业带来风险。比如,以非经济目标代替经济目标,过分强调"优帮劣、强管弱、富扶贫"的解困行为,将使企业并购偏离资产最优化组合的目标,从而使并购在一开始就潜伏着体制风险。

总之,并购风险非常复杂和广泛,企业应谨慎对待,多谋善断,尽量避免风险,将风险消除在并购的各个环节中,最终实现并购的成功。

12.3.6 反收购策略

在当今企业并购之风盛行的情况下,越来越多的企业从自身利益出发,在投资银行等外部顾问机构的帮助下,开始重视采用各种积极有效的防御性措施进行反收购,以抵制来自其他企业的敌意并购。

1. 敌意收购和财务防御

1) 敌意目标企业的特点

成为敌意的目标企业一般有如下特点:

(1) 企业资产价值低估。当一家企业的市场价值低于其净资产价值时,该企业很容易成为被收购的对象,因为此时收购成本与新建一个类似的企业相比要低得多,即所谓的"在华尔街打井比在得克萨斯打井更经济"。

(2) 企业具有尚未发现的潜质。如具有丰富的潜质资源或物业,或企业具有的部分资产的重置成本低于其市价成本,而这些优势在其经营中未充分发挥,在财务报表上也未反映或充分反映,造成股价偏低。

(3) 企业具有相当的财产和能力。如具有大量的剩余现金、大量有价值的证券投资组合、大量未使用的负债能力等,以及具有出售后不损害现金流量的附属企业或其他财产。

(4) 企业管理层持股比例较小。企业管理层在当前目标企业中的持股比例比较小。

以上各种因素的组合,会使该目标企业富有吸引力。

2) 敌意目标企业的财务防御措施

为了减少目标企业的吸引力,从财务的角度考虑,可以采取如下措施:

(1) 通过举债或股票回购等方式大幅度提高企业的负债比例,并在贷款合同中增加限制性条款,如被接管时要提前偿还债务等。

(2) 力争促使持股比例相对集中于支持管理层的股东或控股企业手中。

(3) 增加对现有股东的股利发放率。

(4) 营运中产生的剩余现金流量要尽量投入具有正净现值的项目,或回报给股东,或用于收购其他企业,尤其是收购者不希望要的企业。

(5) 对于脱离母企业后并不影响现金流量的正常运作的附属企业,应将其剥离,或为了避免大量的现金流入,应让其独立。

(6) 通过重组或分立的方法,实现那些被低估资产的真实价值。

需要指出的是,上述各种措施虽然可降低企业被并购的吸引力,但同时企业也放弃了财务方面的某些灵活性以及抗风险的能力。

2. 反收购的管理策略

为防止成为并购企业的目标企业,可采取以下几种策略进行事前防御。

1) 建立合理的持股结构

持股结构关系到企业的决策能力、产权所有、管理体制、经营效率等各个方面,合理的持股结构是反收购的第一道防线。为了防止上市企业的股份过于分散,企业常常采用交叉持股的股票分配形式,即关联企业、关系较密切的企业之间相互持有部分股权,一旦其中一家企业遭到收购,相互持股企业之间容易形成"连环船"的效果,从而大大增加了反收购一方的实力。但这种方式也使企业往往耗费较多的资本在相互持股上,从而影响企业的现金流量。

2) "金色降落伞"策略

企业一旦被收购,目标企业的高层管理者将可能遭到撤换。"金色降落伞"则是一种补偿协议。目标企业董事会可决议:如果目标企业被并购,且高层管理者被革职时,他们可以得到巨额退休金(或遣散费),以提高收购成本。有的还规定,如果被收购企业的员工被解雇,收购方还应支付员工遣散费,即所谓的"银色降落伞"策略。但金色降落伞策略的弊病也是显而易见的——支付给管理层的巨额补偿方案有可能诱导管理层低价将企业出售。

3)"皇冠上的珍珠"

从资产价值、盈利能力和发展前景诸方面衡量,在混合企业内经营最好的企业和子公司被誉为"皇冠上的珍珠"。这类企业通常会诱发其他企业的收购企图,成为兼并的目标。目标企业为保全其子公司,可将"皇冠上的珍珠"这类经营好的子公司卖掉,从而达到反收购的目的。作为替代方案,也可把"皇冠上的珍珠"抵押出去。

4)"毒丸计划"

"毒丸计划"的目的是提高收购成本,即目标企业发行附认股权证债券,标明当企业发生收购突发事件时,持有债券者可以购买一定数量的以优惠价格出售的新股份。这样,随着股份总量的增加,不仅可有效地稀释收购者持有的股份,而且也增加了收购成本。

5)员工持股计划

员工持股计划(employee stock ownership plane,ESOP)一般是指企业员工通过举债购买本企业股票而拥有企业部分产权及相应的管理权。许多企业为了进行反收购防御而实施ESOP,因为那些希望维持现状的员工以及反对外来者控制企业的员工比经理人员还要反对被接管或被收购。在一般情况下,一旦发生并购,员工就会被裁减。为了保持职位,当用ESOP来进行反收购防御时,员工往往会站在经理人员一边。

3. 反收购中的抗拒策略

收购方发布收购要约后,目标企业也可采取各种措施进行应对,主要措施如下。

1)诉诸法律

目标企业可根据有关法律条款,寻找收购方的纰漏,并以此为由进行法律诉讼。一旦提起诉讼,收购方就不能继续执行收购要约,客观上拖延了收购的进程。在这一过程中,其他收购者有可能进入收购行列,收购方若不想诉诸法律,有可能提高收购价格。同时目标企业可以聘请有关方面的反收购专家,就收购者提出的收购条件和收购方的资信、经营状况以及收购者收购目标企业后的管理能力、战略方向等,做出具体的分析和考察,从而采取有效的措施与收购方进行抗争。

2)寻找"白衣骑士"

"白衣骑士"是指目标企业为了免遭敌意收购而自己寻找的善意收购者。目标企业在遭到收购威胁时,为了不使本企业落入敌意收购者手中,可选择与其关系密切的有实力的企业,以更优惠的条件达成善意收购。一般地讲,如果收购者出价较低,目标企业被"白衣骑士"拯救的希望就大。因为与目标企业有良好关系的"白衣骑士"愿意为目标企业的股份支付更高的价格以对付收购者。面对"白衣骑士"的挑战,收购者若不以更高的价格收购,则注定要失败。因此,收购价格必然水涨船高继续上涨,引发新一轮的竞争。最后,要么敌意收购者承认收购失败,退出竞争;要么必须付出更高的收购成本才能达到目的。

3)"帕克曼式"

"帕克曼式"一词取名于20世纪80年代一部流行的录像游戏。在这一游戏中,每一个没有吞下敌手的一方反遭到自我毁灭。这里是指作为并购对象的目标企业为挫败并购者的企图而采取的一种策略,即目标企业威胁要进行反并购,并开始购买收购企业的股票,以达到保护自己的目的。这种进攻策略不但风险大,而且反收购者本身需有较强的资本实力和外部融资能力。

4)"焦土战术"

这是企业在遇到收购袭击而无力反击时,所采取的一种两败俱伤的做法。例如,将企业中引起收购者兴趣的资产出售,使收购者的意图难以实现;或者是增加大量与经营无关的资产,大大提高企业的负债,使收购者因考虑收购后严重的负债问题而放弃收购。

5)死亡换股

死亡换股是指目标企业发行企业债券、特别股或它们的组合,以交换发行在外的本企业普通股,通过减少在外流通的股数以抬高股价,并迫使收购方提升其股份支付的收购价。但这样对目标企业同样很危险,因负债比率的提高,财务风险加大,即使企业总市值不变,股权比率也会降低,但股价未必一定会因股数减少而增加。况且,虽然目标企业股价上升,买方收购的股数却减少了,最后总收购价因而不变,对目标企业可能无任何好处。

12.4 剥离与分立

12.4.1 剥离与分立的含义

剥离是指企业将现有的部分子公司、部门、产品生产线、固定资产等出售给其他企业,并取得现金和有价证券作为回报。

分立是指将母公司在子公司中所拥有的股份按比例分配给母公司的股东,形成一个独立的新企业,从而在法律上和组织上将子公司从母公司中分立出去。

剥离和分立并非都是企业经营失败的标志,它们常常是企业发展战略的合理选择,属于与扩张战略相对应的收缩战略。企业通过剥离或分立不适于企业长期战略、没有成长潜力或影响企业整体业务发展的子公司、部门和产品生产线,可使资源集中于经营重点,从而更具竞争力。同时,剥离和分立可使企业资产获得更有效的配置,提高企业资产的质量和资本的市场价值。

12.4.2 剥离与分立的类型

1. 剥离的类型

1)按是否符合企业的意愿划分

按照是否符合企业的意愿,剥离可以分为自愿剥离和非自愿剥离两种类型。

自愿剥离是指企业管理层认为剥离可以提高企业的竞争力和资本的市场价值而主动进行的剥离。

非自愿剥离是指政府主管部门和司法机构依据反垄断法等法律法规,迫使企业剥离其部分资产和业务。

2)按出售资产的形式划分

按照剥离中所出售资产的形式,剥离可以划分为出售资产、出售生产线、出售子公司、分立和清算等形式。

出售资产是指仅出售企业的部分场地、设备等固定资产;出售生产线,指将与生产某种产品相关的全套机器设备等出售给其他企业;出售子公司是指将独立、持续经营的子公司整体出售给其他企业,其剥离方案中不仅包括产品生产线,而且还包括相关的职能部门与职能人员;分立可看做剥离的一种特殊形式,是指在法律上和组织上将一个企业分为两个(或更多)独立的实体;清算是指将企业或其业务部门的全部资产零碎地而不是作为整体出售,并将所取得的现金分配给股东。若出售企业资产的所得额超过其所发行证券的市场价值,清算可能是对证券持有人最为有利的资产处理方式。

3) 按交易方身份划分

按出售的交易方身份不同,剥离可分为三种类型:

(1) 出售给非关联方,即原股东退出有关行业领域的经营,将剥离的资产出售给予本企业不存在关联的他方。

(2) 管理层收购是指企业管理人员自己买入被剥离资产的经营管理。

(3) 职工收购,其典型方式是员工持股计划。

2. 分立的类型

1) 按被分立企业是否存续划分

(1) 派生分立,即企业以其部分财产设立另一新企业的行为。这种方式下,新设的企业需注册登记,原企业存续,但需办理减少注册资本的变更登记。

(2) 新设分立,即将企业全部财产分解为若干份,重新设立两个或两个以上的新企业,原企业解散。

2) 按股东对企业的所有权结构变化形式划分

(1) 并股是指母公司以及在子公司中占有的股份,向部分股东交换其在母公司中的股份。并股会导致两个企业的所有权结构发生变化。

(2) 拆股是指母公司将子公司的控制权移交给其股东。拆股后,母公司所有的子公司都分立出来,母公司自身则不复存在。拆股不仅带来管理队伍的变化,企业的所有权结构也可能发生变化,这取决于母公司选择何种方式向其他股东提供子公司的股票。

12.4.3 剥离与分立的动因

1. 调整经营战略

任何企业都是在动态的环境中经营。企业的经营环境变化可能使母子公司之间目前的安排成为低效率的联合。比如,虽然在过去通过并购搞联合经营是最佳选择,但当前情形下独立经营也许更恰当。所以,企业的经营方向与战略目标也应适应这些变化相应调整和改变,如改变经营重点、退出竞争过于激烈的市场等,而剥离和分立正是实现这些改变的有效手段。从这个意义上讲,企业分立与并购活动一样,都是企业为努力适应其经济和政治环境中的持续变化所采取的战略的一部分。

2. 提高管理效率

采用不同形式售出那些与母公司其他经营活动不适应的部分,母子公司通过重新定位,在确定各自比较优势的基础上,可以更加集中于各自的优势业务,提高企业的整体管理效率,为企业的股东创造更大的价值。此外,剥离与分立常常能够创造出简洁、有效率、分权化的企业组织,使企业能够更快地适应经营环境的变化。

3. 谋求管理激励

大企业中,管理机构的官僚化膨胀会抑制企业的创新精神,导致良好的表现得不到应有的回报,而不佳的表现未受到惩罚。当子公司的形象和目标与母公司不一致时,这个问题就会更加突出。而如果让子公司独立出来,市场对管理行为的反应就会直接反映在其独立的(而不是母公司的)股票价格上,这就使报酬计划与企业经营管理业绩更加紧密地联系在一起,从而降低代理成本,形成更为有效的激励机制。

4. 提高资源利用效率

通过剥离与分立可筹集营运资金,获得发展其他机会所需的财务和管理资源。企业可能需要大量现金来满足主营业务或减少债务负担的需要,而通过借贷和发行股票筹集资金会面临一系列的障碍,此时通过出售部分非核心或非相关业务筹集所需的资金则不失为一种有效的选择。

5. 弥补并购决策失误成为并购决策的一部分

企业出于各种动机进行兼并收购,但不明智的并购决策会导致灾难性的后果。虽然被并购企业具有盈利机会,但并购企业可能由于管理或实力上的原因,无法有效地利用这些盈利机会。这时,将其剥离给其他有能力有效发掘该盈利潜力的企业,无论对卖方还是对买方而言,可能都是最为明智的。

另外,剥离与分立往往还是企业并购一揽子计划的组成部分。许多资产出售等分拆计划,早在并购前就已经是收购方一揽子计划中的组成部分。因为从并购企业角度,被收购企业中总有部分资产是不适应企业总体发展战略的,甚至可能会带来不必要的亏损。在有的收购活动中,将被收购企业进行分拆出售的资产往往又作为收购融资的部分来源。

6. 获取税收方面的收益

不同国家出于调节经济的需要制定了不同的税收政策。如在美国,对于自然资源特权信托和不动产投资信托企业,如果它们把投资收益的 90% 分配给股东,企业就无须缴纳所得税。因此,综合性企业若将其经营房地产的部门独立出来,就有可能享受税收方面的减免。

以上介绍的企业剥离与分立的动因既有经济方面的,也有组织、经营方面的。实际上,企业的剥离与分立决策很少是仅仅由单个原因引起的,而通常都会涉及相互关联的多个因素,所以企业管理人员在剥离与分立的决策时应该综合考虑这些因素。

本章小结

企业价值评估是财务管理的重要工具之一,具有广泛的用途,是现代财务的必要组成部分。企业价值评估的目的是分析衡量企业(或者企业内部的一个经营单位、分支机构)的公平市场价值并提供有关信息,以帮助投资人和管理当局改善决策。企业价值评估的对象是企业整体的经济价值。企业整体的经济价值是指企业作为一个整体的公平市场价值。企业价值评估的模型主要有现金流量折现模型、经济利润模型和相对价值模型三种。

并购是企业兼并和收购的简称。企业并购的形式多种多样,按照不同的分类标准可划分为不同的类型。在市场经济环境下,企业并购行为的目的是为了实现股东财富最大化目标,企业并购行为的动力来源于市场竞争的巨大压力。企业并购是高风险经营,是否进行并购首先决定于并购的成本与效益。财务分析应在关注其各种收益、成本的同时,更重视并购过程中的各种风险。对目标企业估价取决于并购企业对其未来收益的大小和时间的预期。剥离与分立是企业发展战略的合理选择,属于与扩张战略相对应的收缩战略。

复习与思考题

1. 并购的动因是什么？如何进行并购中的财务分析？
2. 剥离与分立的动因是什么？剥离与分立对企业的价值有什么影响？
3. 什么是财务重整？简述财务重整的方式和程序。
4. 简述企业清算的类型。清算财产和债务如何界定？
5. "金色降落伞"是不是最好的接管防御手段？
6. 企业价值评估的对象是什么？企业价值评估的模型有哪些？

【题12-1】 A公司拟收购B公司，收购采用增发普通股的方式，相关信息如下：

	A公司	B公司
现有净利润/万元	4 000	1 000
已外发普通股数/万股	2 000	800
市盈率/倍	12	8

A公司计划支付给B公司高于其市价20%的溢价。

要求：

(1) 股票交换率为多少？需增发多少股票？

(2) 收购后新的A公司每股收益为多少？

(3) 收购后新的A公司市盈率假定为15倍，则其每股市价为多少？

【题12-2】 A公司拟以增发新股换取B公司全部股票的方式收购B公司。收购前A公司普通股为1 600万股，净利润为2 400万元；B公司普通股为400万股，净利润为450万元。假定完成收购后A公司股票市盈率不变，要想维持收购前A公司股票的市价，A、B公司股票交换率应为多少？

【题12-3】 从事家电生产的甲公司董事会正在考虑吸收合并一家同类型公司乙，以迅速实现规模扩张。以下是两个企业合并前的年度财务资料：

项 目	甲公司	乙公司	项 目	甲公司	乙公司
净利润/元	14 000	3 000	市盈率/倍	20	15
股本(普通股)/元	7 000	5 000			

两公司的股票面值都是每股1元。如果合并成功，估计新的甲公司每年的费用将因规模效益而减少1 000万元，公司所得税率均为30%。甲公司打算以增发新股的办法以1股换4股乙公司的股票完成合并。

要求：

(1) 计算合并成功后新的甲公司的每股收益。

(2) 计算这次合并的股票市价交换率。

【题 12-4】 乙跨国公司,目前处于稳定增长状态。2015 年每股净利润为 17.4 元。根据全球经济预期,长期增长率为 8%。预计该公司的长期增长率与宏观经济相同。为维持每年 8% 的增长率,需要每股股权本年净投资 14.9 元。据估计,该企业的股权资本成本为 10%。

要求:计算该公司 2015 年每股股权现金流量和每股股权价值。

案例分析

案例 12-1 杜邦化学成就可诺可

1978 年,可诺可公司普通股的股价在 24～32 美元上下波动,这个幅度在 1979 年扩大到 28～50 美元,在 1982 年扩大到 41～73 美元。1981 年 5 月,多美石油公司作出了对可诺可公司普通股 1 400 万股(占总股本的 13%)以每股 65 美元的价格公开收购的决定。可诺可公司认为报价不充分,未能真实反映公司的实际水平,因而采取了阻止报价的法律行动。1981 年 6 月 25 日,加拿大西格莱姆公司对可诺可 41% 股票作股权收购,每股 73 美元。可诺可公司同样反对这个出价。最后,可诺可公司找到了美国的杜邦化学公司充当救世主,并在 1981 年 7 月 6 日两家企业宣布了一项合并协议。合并条款提出,杜邦公司将用现金对可诺可公司 40% 的股票每股支付 77.5 美元,并对余下 60% 的股份与杜邦公司的普通股以 1∶1.6 的换股比率相交换,交易总金额达 73 亿美元。

1981 年 7 月 12 日,西格莱姆公司提高其报价,对可诺可公司 51% 的股份收购出价为 85 美元。7 月 14 日,杜邦公司作出相应的反应,宣布提高出价,对 40% 的股票每股支付 77.5 美元,余下的 60% 的股份,每股与杜邦公司普通股的 1.7 股相交换,出价总金额 74 亿美元。7 月 17 日,摩别尔公司进入角逐,提出对可诺可公司的一半普通股现金出价 90 美元一股,对余下的股份,以新的摩别尔公司的优先股或债券定值,每股为 90 美元。7 月 23 日,西格莱姆公司出价提高到每股 90 美元现金。7 月 27 日,摩别尔公司增加其现金出价为 105 美元一股。8 月 3 日,摩别尔公司改变其现金出价为 115 美元,第二天又提高到每股 120 美元。杜邦公司用提高每股至 98 美元来对抗。经过你来我往的多次角逐,可诺可公司的"救世主"——杜邦公司终于如愿以偿。

分析:

在"救世主"出现的情况下,收购者如果不以更高的价格来收购目标企业,那么收购者肯定会遭到失败。因此,收购者的收购价格必然会随之水涨船高,继续上涨。案例中的西格莱姆公司从最初的报价 73 美元到后来的 90 美元,增加了 17 美元;摩别尔公司从每股 90 美元到最后的 120 美元,更是增加了 30 美元,比最先的多美石油公司的 65 美元报价增长了近一倍。同时,很清楚,收购者的出价高了,"救世主"如要达到"救"的目的,所要付出的代价也是增加的。杜邦公司从最初的每股 77.5 美元就提高到最后 98 美元。事实上,寻找"救世主"将迫使收购者的收购资金增加、收购成本加大,从而自动打消了收购念头。

案例12-2 科技界最大并购案诞生：戴尔宣布670亿美元收购EMC

传闻多日的科技界最大金额收购终于有了进一步消息。昨晚，戴尔宣布，拟以相当于每股33.15美元的价格，收购美国信息存储公司EMC，整个交易规模约为670亿美元。据悉，一旦成交，将是科技界规模最大的一宗并购交易。

据悉，戴尔拟以每股33.15美元的现金和特殊股票收购EMC，其中现金部分占每股24.05美元，剩余部分为特殊股票。据消息透露，目前双方已达成确定性协议，戴尔及该公司董事长兼CEO迈克尔·戴尔、MSD Partners和银湖，将共同收购EMC，而VMware仍将保持上市公司的地位。

据媒体报道，根据协议条款，EMC股东将获得每股24.05美元的现金，以及与EMC所持VMware权益相关联的跟踪股票。基于交易完成时EMC流通股的数量，股东每持有1股EMC股份将获得约0.111股新的跟踪股票。基于VMware周三盘中的加权平均股价，这一跟踪股票价值为81.78美元，因此，股东的每股EMC股份价值总和为33.15美元，而这笔交易的总价值约为670亿美元。由于两类股票的特征不同，所有者权益的差别，跟踪股票的价值有可能不同于VMware股价。

业内人士称，全球PC（个人电脑）市场持续低迷，出货量已连续多年下滑，这笔交易或将帮助戴尔迅速迈入仍在快速增长的存储市场。

而为了给这笔交易提供资金，在交易完成前或完成时，戴尔计划赎回所有流通的、2020年到期的、年利率5.625%的高级优先留置权债券。

（资料来源：广州日报，2015-10-13。）

第13章　国际财务管理

本章学习目标　通过本章的学习,掌握国际筹资的渠道和筹资方式;掌握国际投资的特点、风险,以及投资决策、日常营运的基本理论和实务操作;掌握外汇风险管理的类型和避险策略;熟悉国际税务管理的运作;了解国际财务管理的概念和国际财务管理产生的背景。

国际筹资(international financing)
欧洲债券(euro-bond)
银团贷款(syndicate loan)
国家政治风险(national political risk)
国家经济风险(national economic risk)
国际营运资金(international working capital)
国际税务(international tax administration)
多边净额结算(multilateral netting settlement)
国际双重征税（international double taxation)
国际避税(international tax shield)
经济风险(economic risk)
国际直接投资(international direct investment)

外国债券(foreign bonds)
双边贷款(bilateral loans)
折算风险（translation risk)

外汇风险(exchange risk)

转让定价(transfer pricing)
交易风险(transaction risk)

　互联网资料

国际会计准则理事会(http://www.iasb.org)
谷歌金融(http://www.finance.google.com)
经济合作和发展组织(http://www.oecd.org)

> 许多理论、学派长年不断围绕着一个议题打转：为何有些国家的产业在国际上具有竞争力？德国及日本常被认为是生产力素质最优秀的国家，它们往往是其他国家仿效的对象。根据麦肯锡公司针对美国、日本、德国多项产业生产力所做的调查显示，全球竞争力高低的关键如同网球一样，越常和球技比自己好的对手练习，进步也就越大。
>
> 生产力在国家间的转移正仿佛循此模式，对外贸易和对外直接投资是最主要的交流管道，其中以对外直接投资带来生产力提升效果更为显著，美国和德国的资料特别支持此现象。
>
> 提升国际竞争力之秘诀就在于学习全球环境的意愿，而国际财务管理正是国际环境中很重要的一环。
>
> 资料来源：William H. Marsh 著. 财务管理. 杨建昌、陈智诚译, 台北：扬智文化事业股份有限公司, 2000 年。

13.1 国际财务管理概述

国际财务管理是现代财务管理学向国际领域发展的一个新分支。随着国际经济一体化进程的不断加快，跨国公司的数量越来越多，国际市场竞争日益激烈，国际财务管理的重要性日显突出。尽管公司财务管理的基本原理仍然适用于跨国公司，但跨国公司的业务比国内公司的业务要复杂得多，面对的财务管理环境也更加复杂，风险更大。因此，研究国际财务管理是企业面向国际竞争的需要。

13.1.1 国际财务管理的概念

国际财务管理作为一门学科，是随着国际经济发展的需要于 20 世纪 60 年代逐步发展形成的。作为一门新的学科，国际财务管理的理论和方法体系还不十分成熟。对于什么是国际财务管理，迄今为止还没有一个严格的、公认的统一定义。

一般认为，国际财务管理是研究在国际经济条件下，国际经营企业在从事跨国性生产经营活动中，按照国际惯例和国际经济法的有关条款，根据有关国家的具体规定，对财务活动及由此产生的财务关系进行管理工作的总称。国际财务管理，是现代财务管理在国际领域的延伸。

13.1.2 国际财务管理产生的背景

国际财务管理产生的背景就是财务管理向国际领域延伸的条件和基础，也就是产生国际财务管理的环境。

1. 国际贸易发展形成外贸业务财务管理理论与方法

国际贸易是商品经济国际化最早出现的形式。第二次世界大战后，由于世界市场容量的迅速扩大，导致了交易商品的种类和数量大大增加，商品结构和地域布局发生重大改变。工业制成品在进出口业务中所占比重上升，一些新兴工业、高科技产品比重越来越大，越来越多的发展中国家也成为国际贸易的伙伴。

国际贸易迅速发展还表现在出现了无形贸易。由于世界产业结构的变化，第三产业迅速发展加上日益兴旺的国际旅游业，使无形贸易的增长大大超过整个国际贸易的增长。无形贸易的项目不仅包括传统的银行业、保险业、交通运输业、国际旅游业等，而且还增加了一些新的项目,如租赁、咨询服务等。从事国际贸易,必然引起外汇资金的收支结算,通过长期实践,形成了一整套外贸业务财务管理的理论和方法。

2. 生产国际化形成国际直接投资财务管理理论与方法

随着世界经济的发展,各国之间的经济联系很快突破流通领域进入生产领域,于是出现了与国际投资联系在一起的生产国际化。生产国际化是生产过程的全球化,是从生产要素的组合到产品销售的全球化。在生产的国际化方面,跨国公司起着重要的作用,成为国际化生产的主体。由于跨国公司规划全球化生产,它必然实行内部的更合理的生产组织体系,从原材料的供应、加工工序到零部件的制造,一切都是在全球范围内进行的。其结果是,传统的以国家之间分工为定义的国际分工表现为以跨国公司内部生产组织为形式的分工。随着跨国公司在全球的扩展,国际直接投资的财务管理理论和方法逐渐形成。

3. 金融全球化形成国际筹资、国际证券投资等财务管理理论和方法

金融全球化是当代世界经济的重要现象,是整个世界经济一体化的最为关键的一个发展环节。当今世界经济,是一个规模巨大、高度发达的金融化经济,国际金融本身已成为重要的国际产业。国际证券融资的制度障碍、货币障碍和政策障碍等越来越小。20世纪70年代后,一大批新兴国际金融市场迅速崛起,金融市场国际化大大加快了财务管理的国际化,国际金融市场的形成和发展,为企业进行筹资和投资开辟了新的途径和领域,形成了国际筹资和国际证券投资等一系列国际财务管理理论和方法。

13.1.3 国际财务管理的内容

国际财务管理的内容,到目前为止国内外理论界还没有形成完全统一的认识。美国著名财务学专家 James C. Van Horne 认为国际财务管理的内容主要包括国际投资、汇兑风险管理、跨国公司投资、国际贸易融资四个方面。美国另一位财务学专家 Alan C. Shapiro 则认为国际财务管理的内容主要包括:外汇风险管理、国际企业营运资金管理、国外投资分析、国外经营资金筹集四个方面。本书把国际财务管理的内容归纳为以下几个方面:①国际筹资管理;②国际投资管理;③国际营运资金管理;④国际税务管理;⑤外汇风险管理。

13.2 国际筹资管理

国际筹资是指国际企业尤其是跨国公司通过国际金融机构和国际金融市场,采取适当的筹资方式获取所需资金的一种行为。国际企业不管是进行日常的生产经营活动,还是扩大经营规模,或者是调整不合理的资本结构,都会产生对资金的需求。国际筹资对国际企业的经营规模、发展速度、经济效益与获利能力有着重大影响。同时,在国际范围内筹集资金也是国际企业进行国际投资活动的先决条件。

13.2.1 国际筹资的渠道与方式

国际企业的筹资方式,与单纯的国内企业筹资方式相比,有相同的地方,也有不同的地方。现介绍几种带有国际特色的筹资方式。

1. 发行国际股票

所谓国际股票是指一国企业在国际金融市场上发行的股票。例如,中国的股份有限公司在美国纽约证券市场上发行的股票,便属于国际性股票。日本企业在中国香港金融市场上发行股票、美国企业在英国伦敦金融市场上发行股票也都属于国际性股票。随着世界经济的国际化,股票的发行也已超越了国界的限制,出现了国际化趋势,许多大企业特别是大型跨国公司都到国际金融市场上去发行股票。

2. 发行国际债券

一国政府、金融机构、工商企业为筹措资金而在国外金融市场发行的使用外国货币为面值的债券,即为国际债券。国际债券可分为外国债券和欧洲债券两类。

外国债券是指债券发行人在某一外国债券市场上发行的、以发行所在国的货币为面值的债券。例如,我国企业在日本发行的日元债券,日本企业在美国发行的美元债券都属于外国债券。

欧洲债券是指债券发行人在其本国境外的债券市场上发行的、以第三国货币为面值的债券。例如,日本企业在法国债券市场上发行的美元债券,便属于欧洲债券。欧洲债券的特点是:发行人为一个国家,发行在另一个国家,债券面值使用的是第三个国家的货币。

3. 利用国际商业银行贷款

国际商业银行贷款是一国借款人向外国银行借入资金的信贷行为。国际商业银行贷款按其贷款方式有独家银行贷款与银团贷款两种。

独家银行贷款也叫双边贷款,是指一国的某一贷款银行对他国的金融机构或企业发放的贷款。每笔贷款金额为几千万美元,最多为1亿美元,贷款期限为3～5年。

银团贷款也叫辛迪加贷款,它是由一家贷款银行牵头,由该国的或其他几个国家的多家贷款银行参加,联合起来组成贷款银行集团,按照同一条件共同对另一国的金融机构或企业提供的长期巨额贷款。银团贷款期限一般为5～10年,贷款金额为1亿～5亿美元,有的甚至高达10亿美元。当前在国际金融市场上,筹措金额大、期限长的贷款大多采用银团贷款方式。

4. 利用国际贸易信贷

国际贸易信贷是指由供应商、金融机构或其他官方机构为国际贸易提供资金的一种信用行为。国际贸易信贷按贷款期限分为短期信贷和中长期信贷。中长期信贷的目的是为了扩大出口,故也称之为出口信贷。出口信贷主要包括卖方信贷和买方信贷两种。

卖方信贷是指在大型机械或成套设备贸易中,为便于出口商以分期付款方式出卖设备而由出口商所在地银行向出口商(卖方)提供信贷。这实际上是出口商从出口商银行取得中、长期贷款,再向进口商提供延期付款的商业信用,以便扩大产品出口。出口商付给银行的利息和其他费用,有的包括在货价内,有的在货价外另加,转嫁给进口商。

买方信贷是指在大型机械设备或成套设备贸易中,由出口商所在国的银行,贷款给外国进口商或进口商所在地的银行的信贷。这种信贷有利于进口商迅速筹集资金,扩大出口商出口。

5. 利用国际租赁

国际租赁是指一国从事经济活动的某单位,以支付租金为条件,在一定时期内向外国某单位租借物品使用的经济行为。在国际租赁市场上出租物品的范围相当广泛,既有大型机械设备、船舶、车辆、建筑机械、飞机,又有各种商业设备、科学器材等。国际租赁具有灵活筹措资金、减少通货膨胀影响、促进设备更新等优点,以及可使国际企业直接获得国外资产,较快地形成生产能力,因而被各国企业广泛采用。

6. 内部融资方式

国际企业的内部融资主要是指跨国公司采用的融资方式之一。跨国公司的内部融资有利于公司有限的资金在国际范围内的最优配置和有效利用。跨国公司的内部融资主要有以下几种:

一是母公司或子公司之间相互贷款。母公司或子公司间相互贷款又分为正式贷款和非正式贷款两种方式;正式贷款是有固定利率和偿还期限的贷款;非正式贷款是指没有固定利率和偿付期限的贷款。

二是股权资本融资。其主要形式是母公司大量投资购买子公司的股票(主要是普通股),这种投资资金既可来自母公司的未分配利润和折旧基金,又可来自母公司在本国资本市场或国际资本市场借得的款项,也可以是其他子公司调拨的资金。

三是内部商业信用。指子公司或附属机构延长从母公司购买物品的付款期限,或子公司相互之间推延付款期限,这种延期支付或提前预付成为跨国公司相互融资的一种有效手段。

13.2.2 国际筹资成本的分析与贷款货币的选择

1. 国际筹资成本分析

国际贷款筹资的成本是指国际企业从国外筹借外汇资金所付出的代价,包括支付的利息、费用和外币折合差额等。外汇借款的成本与借款金额的百分比,就是国际贷款实际筹资率。对国际贷款实际筹资成本进行分析,是国际筹资决策的需要。企业的实际筹资成本只有低于企业资金利润率的时候,才会获得财务杠杆利益,提高企业经济效益。

在现实中,国际企业在国际金融市场上所借货币的币值很可能随借款人的本国货币变动而不断变化。影响企业实际筹资成本的大小取决于以下因素:①贷款银行收取的利息率;②所借货币的币值在贷款期内的波动;③所得税税率的高低。

国际贷款实际筹资成本可按下列公式计算:

$$K = (1+i)\left[1 + \left(\frac{S_1 - S_0}{S_0}\right)\right] - 1$$

式中,K 表示实际融资率;i 表示利率;S_1 表示期末即期汇率;S_0 表示期初即期汇率。

由于中括号里反映外币即期汇率(以 e 表示)的变动百分比,所以,上述公式还可以改写为

$$K = (1+i)(1+e) - 1$$

【例 13-1】 中国甲公司按 8% 的利率取得了一笔期限为一年的 100 万美元贷款。甲公司收到该笔贷款时,即将其兑换为人民币,以支付供应商材料款,当时的汇率是 1 美元=6.83 元人民币(资金借入日)。1 年以后归还本息时,汇率是 1 美元=6.53 元人民币(贷款归

还日)。该项贷款的实际筹资利率计算如下：

(1) 计算美元价值的变化百分比：

$$(\$6.53-\$6.83)/\$6.83=-4.39\%$$

(2) 将利率和美元的变化百分比代入实际筹资利率计算公式：

$$K=(1+8\%)[1+(-4.39\%)]-1=3.26\%$$

2. 国际贷款货币的选择

在国际筹资中，常常会涉及以什么货币作为面值货币的问题。如国际商业银行贷款所采用的货币就有三种：借款国货币、贷款国货币和第三国货币。

借款人在面临货币选择时，必须考虑货币软硬(汇率升降)和利率高低两个因素。如果顾此失彼，就可能发生错误，导致损失。

【例 13-2】 我国某企业拟从银行取得一笔价值 500 000 美元的 1 年期外汇贷款，有美元和港元两种货币可供选择。年利率为：借美元 10%，借港元 8%，期满一次还本付息。借款时的汇率是：1 美元=7.760 6 港元，1 美元=6.826 2 元人民币，1 港元=0.879 6 元人民币。预测还款时汇率是：1 美元=7.737 3 港元，1 美元=6.569 0 元人民币，1 港元=0.841 9 元人民币。企业可借 500 000 美元，或借 3 880 300 港元(500 000 美元×7.760 6)，两者折合人民币都为 3 413 100 元。

如果只从利率高低来看，显然借港元合算。但把汇率和利率两个因素结合起来考虑，借哪种货币比较合算，则必须进行以下计算方可作出结论。

若借美元，期满时本利和为：500 000×(1+10%)=550 000(美元)

若借港元，期满时本利和为：3 880 300×(1+8%)=4 190 724(港元)

将港元本利和折算为美元：4 190 724/7.737 3=541 626(美元)

可见，在上述情况下借港元比较合算，比借美元可少支付 8 374 美元(550 000-541 626)。

若将美元和港元本利和都折算为人民币，则更能直接说明问题。

$$500\ 000×(1+10\%)×6.569\ 0=3\ 612\ 950(元)$$
$$3\ 880\ 300×(1+8\%)×0.841\ 9=3\ 528\ 171(元)$$

经过计算比较，在上述情况下借港元比较合算，因为借港元比借美元可少支付 84 779 元(3 612 950-3 528 171)。

如果该企业确信还款时汇率预测是准确的，即可选择借港元。但事实上汇率预测往往不完全准确，因此在具体决策时，还须考虑汇率变动的各种可能性。

13.3 国际投资管理

国际投资又称"境外投资"，是指投资者将其资本投放到外国，以获得收益的经济行为。国际投资的方式主要有间接投资和直接投资。间接投资是指投资者在国际金融市场上购买外国的股票、债券，以获取证券投资的股息和利息等。直接投资是指投资者在国外经营企业，通过直接投资或参与其生产经营管理以取得利润的投资活动。本节主要介绍对外直接投资的环境分析和对外直接投资的风险评估与管理。

13.3.1 国际直接投资环境的特点和内容

1. 国际直接投资环境的特点

国际直接投资环境总的特点是不确定性、脆弱性和风险性,具体有以下几点:

(1) 国际直接投资环境涉及的范围广,包含的内容多,是一个庞大、复杂、不规则的系统。对于这样的环境条件一般难以把握。

(2) 国际直接投资在东道国国内会引起诸如税收、外汇管理、国际收支、国际结算、进出口贸易等一系列问题。

(3) 由于投资者、东道国以及国际金融组织之间对投资的目的、管理程序和方法,以及意识形态等方面的问题存在着很大差别,导致投资环境复杂化。

(4) 国际直接投资环境的稳定性差,风险大。国际投资很容易受到国内外政治、经济、军事形势的影响,投资者对这些事件非常敏感,一有风吹草动,国际投资的流向和流量就会发生变化,常常会使辛辛苦苦的努力毁于一旦。

2. 国际直接投资环境的内容

国际直接投资环境的内容是指从哪些方面和角度来了解国际投资环境,一般来说对环境的了解应从不同的方面和层次来展开。

1) 从客观角度即国际环境、国内环境和区域来了解

(1) 国际环境是指国际政治、经济形势,国际政治局势,双边关系,新技术的出现及产业结构的调整情况,发达国家剩余资本的增长情况,发展中国家的经济形势,以及各国的社会制度、意识形态、文化背景等等,这些大环境从根本上制约着资本的国际流动。只有在国际政局稳定、双边关系正常、双方经济形势发展适宜的情况下才进行国际直接投资。

(2) 国内环境是指东道国国内的政治经济情况。它是进行国际直接投资的决定因素,包括该国国内政局的稳定性、党政体制、意识形态、经济发展水平、生产结构状况、国家法律、财政税收政策、投资政策,外经贸政策、货币金融情况、工资物价水平等等。这些从不同的方面影响或制约着投资的规模和效果。若一个国家国内政局动荡,意识形态落后,经济衰退,资金缺乏,则直接投资很难取得实效。

(3) 区域环境是指投资所在地的具体环境。它包括该地区的文化水平、基础设施、交通运输、资源状况、劳动供给、公共服务、通信设备,甚至气候条件等方面的情况。它是投资者关心的具体环境,只有在创办企业的种种条件都具备的环境下才能进行直接投资。

2) 从具体方面即软环境和硬环境方面来了解

(1) 软环境。所谓软环境是指具有人为可以控制特征的环境,它一般包括东道国法律体系的构成、健全性、稳定性,是否和国际惯例相通,以及在吸引国外投资方面是否有各种法规,如合资公司法、所得税法、诉讼法等。

(2) 硬环境。所谓硬环境是指客观具有的物质基础环境。如交通运输条件、邮电通信设施、能源供应、市政工程建设、公用设施单位建设等。

13.3.2 国际投资环境分析的方法

1. 投资障碍分析法

该方法是将有关国家阻碍投资的不利因素(如政局动荡、经济停滞、外汇短缺、劳动力成

本高、基础设施不良、资金融通困难等）列出并加以比较，如果某一国的阻碍比另一国家少，则该国的投资环境可被认为较好。

2. 冷热分析法

该方法是美国学者伊西·利特法克和彼得·拜廷于 1968 年首次提出的，它是将影响国际投资环境的七个因素，按照由"热"至"冷"依次排列，"热"国的投资环境优良，"冷"国的投资环境恶劣。这七大因素是政治稳定性、市场机会、经济发展与成就、文化一元化、法令阻碍、实质阻碍和地理及文化差距。

3. 多因素分析法

该方法是美国学者罗伯特·斯托鲍夫于 1969 年首次提出的，即从东道国政府对外国投资者的限制和鼓励政策着眼，具体分析影响投资环境的八大因素及其若干子因素，并根据各子因素对投资环境的有利程度给予评分。这八大因素包括资本抽回、外商股权、对外商的管制程序、货币稳定性、政治稳定性、给予关税保护的意愿、当地资金可供程度、近五年的通货膨胀率等。

4. 三因素评估分析法

依照不同的国际投资动机，跨国公司对东道国投资环境因素的侧重点会不同，将重要的环境因素排列出来，即可构成重要因素系统。在投资环境的诸因素中，哪些是重要因素，哪些是优势因素，哪些是一般性因素，哪些是敏感性因素，可用以下三项指标评价：

(1) 重要性，是指跨国公司对东道国投资环境不同因素的重视程度。

(2) 吸引力，是指由于某一国家或地区在某项因素方面占有优势或具备很好的条件，从而对外商所产生的吸引程度。

(3) 满意程度，是指在投资后，投资者对投资环境中某因素的满意程度。

5. 体制评估法

20 世纪 80 年代以后，中国的改革开放迅速发展，中国成为外国公司的投资热点。如何对社会主义国家投资环境作出评估，香港中文大学闵建蜀教授提出了"体制评估法"。此法不局限于各种投资优惠措施的比较，而是着重分析政治体制、经济体制和法律体制对投资环境的影响。

13.3.3 国际直接投资风险评估与管理

国际直接投资的目的是扩大生产规模，获得更多的盈利，但也将遇到较之国内投资更大的风险，因此，进行风险评估及管理显得尤为重要。

1. 影响风险的因素

(1) 投资者制定的目标是否合理；
(2) 项目是否合理；
(3) 投资者的经营管理水平；
(4) 投资项目的寿命周期。

2. 国际投资风险的类型

(1) 国家政治风险；

(2) 国家经济风险；

(3) 自然风险；

(4) 汇率和利率的风险。

3. 国家风险评估

以上论述的几种主要的国际投资风险中，国家政治风险和国家经济风险统称为国家风险，概括起来，是指由于东道国政治、经济状况的优劣以及发生变动所造成的政策不连续性带来的风险。对国家风险的评估是对投资环境所做出的最基本最重要的分析。

进行国家风险的评估从两个角度进行：一是从宏观角度对东道国潜在的投资风险进行总体评估，也就是不考虑国际企业的经营特点，只是对一个国家总的风险进行评估；二是从微观角度即只对与国际企业经营范围相关的国家风险进行评估。

一旦一家公司找出了在国家风险评估中必须考虑的所有宏观和微观因素，它就可以建立一套体系来评估这些因素，进而确定国家风险等级。实现此目的有各种各样的方法可以采用，下面介绍一些常用的方法。

1) 定量分析法

定量分析法是对影响国际投资风险的各种因素通过建立数学模型，进行测定和分析，确定其对投资风险的影响程度，如标准离差分析法、回归分析法等。

2) 清单法

这种评估方法是对东道国影响投资的所有因素进行分析、判断，最后得出结论。

3) 意见法

采用这种方法是指分别调查收集每个评估人员的意见，避免在一起进行集体讨论，影响每个人的见解。这些评估人员可以来自投资单位，也可以来自咨询公司，最后由投资方综合分析所有被调查人员的意见，得出风险评估的结论。

4) 实地调查法

这种方法是对潜在的投资国进行实地考察，以了解其影响风险的各方面的具体情况。

5) 综合法

上述方法，各有长处和不足处，单独一种方法不能解决所有问题。所以，在国家风险评估中，往往同时采用几种不同的方法，每一种评估方法可能得出的结论会有差异。如果产生的差异比较大，需要投资方进行进一步的调查研究，再得出结论。

13.3.4 国际投资项目效益分析

通过国际投资环境分析和风险评估，确定向哪个国家投资后，要进一步对投资项目进行可行性研究，即对各种投资方案的实施可能性、技术先进性和经济合理性进行研究分析、计算和评价，以期获得最佳投资效益。

1. 国际投资项目可行性研究的步骤

1) 机会研究

它的任务是鉴别投资环境，确定投资方向。

2) 初步可行性研究

它是投资项目确定和投资方案选择的阶段。其任务有三：一是判断投资机会是否有希望。二是弄清投资项目可行性的关键所在和哪些问题要作专题研究,是否需要通过市场调查、实验室试验等。三是预测可行性研究的结果。

3) 详细的可行性研究

这亦称最终可行性研究,这一阶段为项目的投资提供技术、经济和财务上的依据,进行多方案的比较,寻求最优方案。

4) 评价报告

可行性报告最终的目的是在详细可行性研究所提供的情况和数据的基础上进行多方面的评价,从而得出是否应该投资的结论。

在国际投资项目可行性研究中,最为重要的工作是对投资项目的经济效益做出评价,这是国际投资项目决策的核心内容。

2. 国际投资项目经济效益评价的角度

国际投资项目由于种种因素的限制,其本身也成为一个独立的经济实体。因此,存在着一个经济效益评价角度的问题。即在评价国际投资项目时,关键的一个问题是:究竟是从母公司角度还是从项目本身角度评价项目的经济效益。

1) 从母公司角度评价投资项目

持这种观点的人认为,对母公司来说,它从国外投资项目所能得到的现金流才是至关重要的,这也是大多数母公司进行国外投资的根本目的。但是,这部分现金中既包括投资项目的经营现金流量,也包括财务性现金流量(如母公司对子公司的贷款利息),这会违背资本预算的一个基本原则——财务性现金流不应与经营性现金流混为一谈。另外,在项目评价时,还需要将外币按一定汇率折算为本国货币,于是将面临汇率的确定问题。由于这些缺点,有人认为不应该从母公司角度评价对外投资项目。

2) 从项目本身角度评价投资项目

持这种观点的人认为,这不仅能避免从母公司角度评价的缺点,而且有利于将目标项目的收益与东道国国内的其他竞争性项目的收益相比。当目标收益率低于东道国的政府公债收益率时,应放弃该项目,转向其他方面的投资。

一般情况下,无论是从母公司还是从项目本身进行评价,区别并不重要。但在有些时候,如东道国实施长期的外汇限制政策,项目利润不能以股息或还本付息形式收回,必须在东道国进行"被迫性再投资"。股东很可能不会将留在东道国的项目利润视为公司价值的一部分,且债权人在评价公司的还债能力时,可能不再将其考虑在内,则应从项目本身来评价。

13.4 国际营运资金的管理

营运资金管理包括现金管理、应收账款管理和存货管理等内容。由于国际企业经营活动的国际化,其营运资金管理要比一般国内企业复杂得多。具体说来,除了一般国内企业所面临的问题之外,国际企业的营运资金管理还必须考虑外汇风险、外汇管制、各国税收差异等因素的影响。本节主要介绍国际企业营运资金管理中的一些特殊问题。

13.4.1 国际现金的管理

国际企业为了降低资金流动的风险,就必须依赖其跨国经营的有利条件,实现现金管理的最优策略,主要包括以下几个方面。

1. 现金集中管理

所谓现金集中管理是指国际企业在主要货币中心和避税地设立现金管理中心,要求它的每一个子公司所持有的当地货币现金余额仅以满足日常交易需要为限,超过此最低需要的现金余额,都必须汇往管理中心,它是国际企业中唯一有权决定现金持有形式和持有币种的现金管理机构。

为了使现金的集中管理能够行之有效,各子公司需要对现金的需求进行预测。如编制短期现金预算,预测未来时点的现金流出量;根据所在国的支付习惯和金融状况预计现金溢缺的时间和数量。同时各子公司还必须建立系统的收付款制度和现金转移的责任制度。这样才能有效地配合现金的集中管理,使之发挥更大的效用。

2. 现金组合管理

现金的组合管理是指国际企业的现金如何分配于各种可能性之间以达到最优效益。这一组合主要包括以下三个方面:

一是现金存在的形式。现金可以分配于货币、活期存款、定期存款、有价证券等,它们各有利弊,应合理配置。

二是现金持有的比重。每个子公司的现金余额通常以所在国家的货币形式使用。但为了防止该国货币贬值,尚需持有一定数量的其他货币。

三是现金持有时间。有的现金持有时间长,有的则短,需搭配进行。

3. 现金的多边净额结算

由于国际企业的子公司遍及全球,而母子公司及子公司之间购销商品和劳务的收付款项又很频繁,为了减少外汇风险和资金转移成本,国际企业可以在全球范围内对公司内部的收付款项进行综合调度,即进行多边净额结算。

现金的多边净额结算是指有业务往来的多家公司参加的交易账款的抵消结算。由于涉及面广,收支渠道复杂,必须建立统一的控制系统。一般要求设立一个控制中心,即中央清算中心,由它统一清算企业内部各实体的收付款。下面举例说明多边净额结算的方法。表 13-1 是一个子公司间现金支付矩阵的例子。

表 13-1 子公司间现金支付矩阵   千美元

欠款子公司	收款子公司							
	加拿大	法国	英国	日本	瑞士	美国	德国	合计
加拿大	—	40	80	90	20	40	60	330
法国	60	—	40	30	60	50	30	270
英国	90	20	—	20	10	0	40	180
日本	100	30	50	—	20	30	10	240
瑞士	10	50	30	10	—	50	70	220
美国	10	60	20	20	40	—	40	170
德国	40	30	0	60	40	70	—	240
合计	310	230	220	230	170	240	250	1 650

表中第 1 行表示加拿大子公司欠法国子公司 40 千美元、欠英国子公司 80 千美元等。

表中第2栏内,说明法国子公司欠加拿大子公司60千美元,英国子公司欠加拿大子公司90千美元等。

由于子公司间相互欠款,每一个子公司既是收款单位,又是付款单位,收付款总额是1 650千美元,经过表13-2多边净额计算,可确定每一个子公司的收付净额。

表 13-2 现金净额支付表　　　　　　　　　　　　千美元

欠款子公司	收款子公司							
	加拿大	法国	英国	日本	瑞士	美国	德国	合计
加拿大	—	0	0	10	30	20	0	60
法国	20	—	20	0	10	0	0	50
英国	10	0	—	0	0	0	40	50
日本	10	0	30	—	10	10	0	60
瑞士	0	0	20	0	—	30	30	80
美国	0	10	20	0	0	—	0	30
德国	0	0	0	50	0	30	—	80
合计	40	10	90	50	30	100	90	410

由于加拿大子公司欠法国子公司40千美元,但法国子公司又欠加拿大子公司60千美元,所以法国子公司向加拿大子公司支付的净额为20千美元等。收付总额也从1 650千美元下降到410千美元。每一个子公司只剩下一笔净收入或净支出额,如表13-3所示。

表 13-3 多边净额结算表　　　　　　　　　　　　千美元

子公司	收入额	支出额	净收入额	净支出额
加拿大	40	60		20
法国	10	50		40
英国	90	50	40	
日本	50	60		10
瑞士	30	80		50
美国	100	30	70	
德国	90	80	10	
合计	410	410	120	120

在实务中,各个子公司之间的收支款项是以不同的货币表示的,所以在编制时应使用同一时间的汇率将这些款项换算成统一的货币。在上例中,如果将净支付款都汇往清算中心,则加拿大、法国、日本和瑞士子公司应分别汇出相当于20千美元的加拿大元,相当于40千美元的欧元,相当于10千美元的日元,以及相当于50千美元的欧元。清算中心收到后再分别调换成英镑、美元和欧元汇往英国、美国和德国的子公司。习惯上为了减少转移成本,节约流通时间,由清算中心直接通知付款单位汇款给收款单位,不需通过中心,当然这其中也必然涉及币种的转换,即外汇交易。

支付净额的方法日益普及。它的主要优点如下:

(1)减少了子公司之间跨国经济业务的数量,从而降低了现金转移的总体管理成本。

(2)由于交易不经常发生,它降低了对外币兑换的需求,从而降低了与外币兑换有关的交易成本。

(3) 支付净额的过程要求对子公司间交易活动的信息进行严密控制,从而各子公司会更加协调努力以正确报告和处理他们的许多账务。

(4) 由于只在每个期末支付现金净额,而不是在期内支付每笔现金,从而使现金流量的预测更为容易。改进了的现金流量预测能够增强筹资和投资决策的能力。

13.4.2 国际应收账款的管理

国内应收账款管理的基本方法在国际企业也适用。这里主要介绍国际企业的应收账款管理的特殊性。

国际企业的应收账款是由两种类型的交易产生的:一是因向企业集团内部关联企业销售产品或提供劳务而产生的;二是因向企业外部无关联企业销售产品或提供劳务而产生的。这两种类型的应收账款除同样面临外汇风险外,经济影响及产生的结果差别很大,现分别说明如下。

1. 国际企业内部的应收账款

国际企业内部的应收账款与外部无关联企业之间应收账款的差别体现在:一是前者无须考虑资信问题;二是付款时间不完全取决于商业习惯,而是取决于国际企业的全球性战略。因此,国际企业内部的应收账款的币种、付款条件,是国际企业资金配置的政策性问题。

一般说来,在国际企业内部应收账款的管理上有两种技巧可以运用:前置与落后和再报价中心。

1) 前置与落后

前置与落后,实质上是商业贷款期的改变——提前或延迟付款。运用这种技巧的原因很多,如东道国政治不稳定、外汇管制、货币贬值、利率变动,等等。其中最主要的经济上的因素是汇率和利率。

如果国际企业的某一家子公司位于货币可能贬值的国家,那么母公司一般要求这家子公司尽早支付应付其他子公司的货款;反之,则要求延迟付款。假设某跨国公司设在 A 国的 A 子公司正在扩张,且需要所在地在 B 国的 B 子公司所制造的设备。传统的方式是母公司汇款给 A 子公司,增加母公司的股权,然后由 A 子公司向 B 子公司购买设备,母公司根据未来可能的汇率,在往后的几年间逐渐回收这一投资。

假如因为贬值、政治上的变动或不确定的外汇管制,母公司可以采用前置与落后的方法,延后 A 子公司的长期性权益投资,母公司可以安排 B 子公司以比较长期的信用,将机器设备卖给 A 子公司,而母公司在这一期间内供应资金给 B 子公司。虽然一般 B 子公司正常的赊销期间是 90 天,但这一交易的付款时间,可以弹性地在两年之内偿还,如此一来,B 子公司增加应收账款,A 子公司增加应付账款,但对整个跨国公司而言,并没有影响。由于 A 子公司有应付账款,如果 A 国政府实施外汇管制,那么这一方式比股利汇回母公司较能被 A 子公司东道国政府所接受。

在汇率相对稳定的情况下,因利率的差异也可能运用前置与落后的技巧。因为如果应收方资金充裕,收到的账款就可以存入银行,收取存款利息,如果资金短缺,收到的账款就可以减少银行借款,减少利息费用;应付方如果当时资金短缺,必须从银行借款来支付货款,增加利息费用,如果当时资金充裕,付出账款就等于减少银行存款,减少利息收入。而银行存款与银行借款的利率是不一致的,前者低,后者高,同时不同的国家和地区之间利率的整体水平也有差别。因此，跨国公司可以利用这些差异，有意识地提前或推迟付款，以达到节约利息费用、增加利息收入的目的。

例如，假定 A 国子公司与 B 国子公司两国的存款利率和贷款利率如表 13-4 所示。

表 13-4 A、B 两国存贷款利率   %

子公司	银行存款利率	银行贷款利率
A 国	5.0	6.0
B 国	5.5	6.7

假设 A 子公司向 B 子公司购入 4 000 万美元的商品，赊销期可视情况前置或落后 90 天，那么根据两子公司的资金余缺状况，可以有多种组合。

(1) 如果 A、B 两子公司都资金充裕，那么 A 子公司应尽早付款给 B 子公司。这样可多获得利息收入为

$$4\,000 \times (5.5\% - 5.0\%) \times 90/360 = 5(万美元)$$

(2) 如果 A、B 两子公司都资金短缺，那么 A 子公司应延迟付款，这样可节省利息费用为

$$4\,000 \times (6.7\% - 6.0\%) \times 90/360 = 7(万美元)$$

(3) 如果 A 子公司资金充裕，而 B 子公司资金短缺，那么应提前付款，这样可节省的利息费用为

$$4\,000 \times (6.7\% - 5.0\%) \times 90/360 = 17(万美元)$$

(4) 如果 A 子公司资金短缺，而 B 子公司资金充裕，那么应推迟付款，这样可节省的利息费用为

$$4\,000 \times (6.0\% - 5.5\%) \times 90/360 = 5(万美元)$$

总之，前置与落后在国际企业内部应付账款管理中是普遍使用的一种技巧。这种技巧的运用有利于减少外汇风险，提高企业的整体偿债能力。

2) 再报价中心

前置与落后的技巧虽然可以在一定程度上回避风险，但这种技巧在应用上缺乏灵活性，因为两子公司只有在发生赊销或购销业务时才可能运用这种技巧。但设立再报价中心以后，对原来没有业务联系的企业，也可以实现资金的融通。

再报价中心是国际企业设立的贸易中介机构，它的业务职能是，当国际企业内部成员从事贸易活动时，商品或劳务直接由子公司提供给买方，但有关收支的业务都通过这个中介机构进行。

再报价中心一般设立在低税管辖区内，由于在当地不进行购销业务，因而可以取得非居民资格，不必在当地纳税。再报价中心不仅可以起到避税的作用，而且可以达到更多的业务上的目标和财务上的目标。这里介绍的仅是在应收账款管理方面的作用。

例如，某跨国公司的四个子公司之间的业务关系是：A 国制造子公司向 B 国配销子公司赊销商品，但是 A、B 两个子公司都处于现金短缺状态；C 国制造子公司向 D 国配销子公司赊销商品，C、D 两个子公司都处于现金过剩状态。如果没有设立再报价中心，应收账款的支付如图 13-1 所示。

如果通过再报价中心支付应收账款，中心可以有意识地提前或延期支付制造子公司的

货款,从而使没有业务联系的企业的资金也能灵活调配,如图13-2所示。

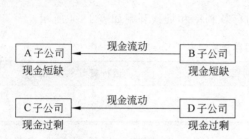

图13-1 无再报价中心时的应收账款支付情况

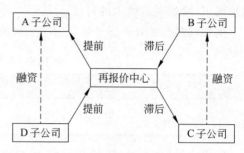

图13-2 通过再报价中心提前或延迟付款

2. 国际企业外部的应收账款

对国际企业外部的应收账款的管理,包括两种决策:一是以何种货币交易;二是付款的时间。现分述如下。

1) 确定交易的币种

国内销售通常是以当地通货来进行,而外销则必须考虑应该以进口商还是以出口商或第三国的通货来进行。一般来说,出口商比较喜欢以硬货币报价,而进口商则比较喜欢以软货币报价。如果双方都考虑自己的风险,结果是出口商为了用硬货币取得订单,会给予进口商一些折扣或延长付款期;或者,进口商以软货币付款,但必须付出更多而且付款时间宽限短。

除非对于货币的软硬双方有不同的看法,或某方的财务状况发生亏损,否则双方对于谈判的立场有分歧。例如出口商有软货币的负债,也许会愿意以软货币报价,因为这一销售能在没有损失的情况下偿还负债。但如果从机会成本的观点来看,出口商放弃了外汇利益。另外,如果进口商打算以硬货币再将货物销售出去,则进口商可能愿意以硬货币来支付。

2) 确定付款时间

对应收账款管理的另外一个因素是付款的时间。根据出口商的立场,会要求尽早将软货币的销售收现,以降低销售与收款时间的汇兑损失;如果以硬货币销售,则允许货款在国外留置较久。事实上,如果出口商预期其国内通货即将贬值,他将减缓硬货币应收账款的收现,如果合法,则出口商会希望这些货款存放在国外,而不急于汇回国内。

13.4.3 国际存货的管理

与国内企业相类似,国际企业的存货管理的目标仍是存货数量最优化。但是,由于国际企业的存货周转、转移要跨越国界,各东道国的生产成本和储存成本不同,关税和其他壁垒又限制存货的自由流动,因此,国际企业的存货管理要比国内企业复杂得多。

一般来说,通货膨胀和货币贬值是国际企业存货管理中最需关注的问题。在一个通货膨胀和货币贬值的国家营运时,有时必须修正存货管理的一般方法,例如,必须维持比经济批量还要多的存货;在当地货币有贬值倾向的情况下,财务管理者必须决定是否应该储存较多的存货,因为贬值后,以当地货币而言,其价值将提高。可是存货增加会增加储存成本。另外,当地政府往往会在贬值之后冻结物资,使得已经进口的存货无法按重置价格加上适当的利润来出售。更糟糕的是,管理者预计错误,贬值可能不会发生,这时企业已积存了过多的存货,尤其是当竞争对手也采取相同的策略,购置了不少存货,这时,如何处理这些多余的存货就变成了麻烦的问题。因此,对国际企业的财务管理者来说,在存货决策时需要考虑以下因素。

1. 增加或减少存货的成本

增加存货涉及的成本是储存成本;减少存货,等到需要时才购买涉及的成本有因通货膨胀或货币贬值导致的较高成本、因运输等原因导致缺货成本的发生等损失。因此,存货购置决策应首先取决于以上两种成本的对比。

例如,某跨国公司的子公司,所需要的某种零件的价格以每月 0.7% 的幅度上涨,因储存存货而积压资金的利息率为每月 0.6%,储存成本(包括保险费、储存费、存货损耗)为每月 0.4%。那么提前购置存货的成本为每月 1%,大于涨价幅度 0.7%,所以应尽量保持较低的储存量,需要这种零件时再购置。

2. 存货的类型

尽管从理论上说国际企业应使存货保持最优水平,但许多在生产过程中依赖进口原材料或半成品的企业仍会经常保持较高的存货水平,其主要原因在于担心通货膨胀、原材料短缺、种种国际限制以及战争和冲突的影响等。所以在进行存货购置决策时,必须考虑存货的类型,即是否依赖进口。

如果子公司主要依赖进口建立存货,在预期当地货币贬值的情况下,应提前购置存货,这是因为货币贬值后会增加进口成本。

如果子公司主要从当地购置存货,在预期当地货币贬值的情况下,应减少存货数量,因为如果当地货币贬值果真发生,会大大减少以母公司所在国货币表示的当地存货的价值。

如果子公司既从国外进货,又在东道国进货,在预期当地货币贬值的情况下,应努力减少当地资源的存货存量,同时提前购置进口存货。如果不能精确地预见货币贬值的幅度和时间,那么子公司应设法保持同量的进口存货和当地存货,以避免外汇风险。

3. 预期物价冻结

如果预期东道国货币贬值,政府会冻结物价,国际企业的财务管理者可将进口的存货在当地通货的正常价格上提高一些,但在销售方面则给予一些折让,以使价格等于先前的价格。当贬值确实发生时,则以正常(公告)价格销售,而取消折让。这种技巧,只有当冻结是以公告价格而非实际价格时才有效。另一种方式,则是以当地通货的正常价格销售,结合采用促销或其他销售组合活动,尽量增加销售,等到物价冻结发生时再减少这些活动。

此外,在许多发展中国家,对远期外汇契约以及资金汇回有很多限制,国际企业很难顺利地把资金转换成本国货币,因而预先购入存货,尤其是进口物品,也是一种避险的方法。

13.5　国际税务管理

国际企业在税务管理方面具有特殊性。一方面,国际企业是跨国所得纳税人,一般会比国内企业承受较重的税收负担;另一方面,由于国际企业,特别是跨国公司的全球性经营战略,使之具有在世界市场调配财源的能力,利用各国税制结构的差异,以及各国税务管理合作方面的困难,把资金投放到最有利可图的地方,谋求股东财富的最大化。因此,国际税务管理也是国际财务管理的一个重要组成部分。

13.5.1 国际双重征税及其解决

1. 国际双重征税产生的原因

国际税收是指两个或两个以上国家政府,在对跨国纳税人行使各自的征税权利而形成的征纳关系中,所发生的国家之间对税收的分配关系。国际税收的双重征税,是指两个或两个以上国家对同一纳税人的同一项收入重复课征所得税。

经济生活的国际化,使国际双重征税成为国际税收发展中始终存在的一个重要问题,它几乎伴随着国际税收的出现而出现。国际双重征税的产生,除经济因素以外,就税收本身来说有两方面的原因。

1) 所得税制的普及化

当今世界上,除了实行避税地税收模式的几个少数国家外,各国几乎都开征所得税。各国所得税的征收范围和负担水平也明显有所扩大和提高,且大多数国家实行的所得税制是双轨制,即公司所得税和个人所得税双轨征收,使国际双重征税的严重性大大加深。

2) 各国税收管辖权的差别性

当今世界上税收管辖权有两种:一是收入来源地管辖权;二是居民(公民)管辖权。

收入来源地税收管辖权是国际法里属地原则在国际税收上的反映。

居民(公民)税收管辖权是国际法里属人原则在国际税收上的反映。目前国际上许多国家在行使收入来源地管辖权的同时,同样行使居民(公民)管辖权。

管辖权引起的双重征税的原因:一是跨国纳税人可能同时是两个国家的居民,这样会因双重居民身份引起双重征税;二是一个跨国纳税人其收入来源在一国,而常设机构或固定基地设在另一国,这样一来也会因此而引起双重征税。

2. 国际双重征税的影响

1) 国际双重征税违背了税负公平的原则

对国际企业来说,一笔所得只能承担一次纳税义务。而国际双重征税的存在,却使有的纳税人一笔所得只缴纳一次税,有的纳税人一笔所得却要多次被征税,使地位同等的纳税人在税收及相关的范围内处于不同的竞争状态。这不利于国际行业在平等竞争的环境中发展。

2) 国际双重征税加重了纳税人的负担

对同一笔收入,两个或两个以上的国家同时对其征税,税后所得必然减少,如果两国均系高税率国,则跨国纳税人所剩更少。其结果,会严重限制国际企业的生产经营活动,阻碍国际经济和技术合作的发展。

3. 消除国际双重征税的基本方法

国际双重征税的种种危害,已为各国所共识。各国政府都希望消除彼此间税收管辖权的冲突,并在许多国际条例中列入消除国际双重征税的原则和规定,也建立了许多避免国际双重征税的方法。目前国际上消除国际双重征税的基本方法有三种:免税法、扣税法和抵免法。其中,以抵免法最为普遍。

1) 免税法

免税法的指导原则是承认收入来源地税收管辖权的独占地位,对居住在本国的跨国纳税人来自外国并已由外国征税的那部分所得,完全放弃行使居民(公民)管辖权,免征国内所得税。这就从根本上消除了因双重税收管辖权而导致的重复课税问题。

2) 扣除法

扣除法的指导原则是居住在本国的跨国纳税人在收入来源国交纳的所得税被看作是一般的费用支出,在计税所得中扣除。其计算公式是

$$居住国应征所得税 = (居民的总所得 - 国外已纳所得税) \times 适用税率$$

根据以上公式可以看出:居住国(国籍国)实行扣除法,不能完全免除由于税收管辖权重叠造成的国际双重征税,其给予跨国纳税人扣除的一部分税款,只能对国际双重征税起到一定的缓解作用。究其原因,是居住国(国籍国)没有完全承认收入来源国行使收入来源地税收管辖权的优先地位,而只是承认了一部分,以致使对跨国纳税人的双重征税问题,不可能得到完全的解决。为此,有的国际税务专家认为不能把扣除法看作是免除国际重复征税的一种方法。

3) 抵免法

抵免法的指导原则是承认收入来源地管辖权的优先地位,但并不放弃行使居民(公民)管辖权。对居住在本国的跨国纳税人来源于国外的所得向外国政府缴纳的那部分所得税,允许在居住国缴纳的税收中,给予一定的税收抵免。由于抵免法在较好地处理了国际税收关系的同时,还维护了居住国(国籍国)的正当权益,起到了消除双重征税的作用,所以被世界上大多数国家所采用。目前很多国家对于直接抵免采取由国内税法加以认可的方式,这样就不必通过双边税收协定加以规范。这种通过国内税法对外国税收承认并予以抵免的优惠做法,通常称为"自动抵免制"。

抵免法的计算公式是

$$居住国应征所得税 = 居民的总所得 \times 适用税率 - 允许抵免的已缴来源国税额$$

【例 13-3】 有个设在 A 国的 M 公司,某年获取总所得 20 万美元,其中包括在 A 国国内所得 12 万美元和设在 B 国的分公司所得 8 万美元,分公司已按 B 国规定的 30% 的税率缴纳了公司所得税。A 国的所得税率为 35%。居住国(国籍国)A 国向 M 公司征收所得税的计算过程如下:

$$抵免限额 = 8 \times 35\% = 2.8 (万美元)$$

$$B 国已征所得税 = 8 \times 30\% = 2.4 (万美元)$$

允许抵免的已缴 B 国税额为 2.4 万美元

$$A 国政府应向 M 公司征收所得税 = 20 \times 35\% - 2.4 = 4.6 (万美元)$$

A 国政府对 M 公司来自 B 国的所得应补征的税额

$$= 8 \times (35\% - 30\%) = 0.4 (万美元)$$

此例表明,当居住国的税率高于收入来源国的税率时,M 公司设在 B 国的分公司向 B 国政府缴纳的所得税 2.4 万美元,可以全部得到抵免。但是,由于 B 国的税率低于 A 国的税率,该分公司向 B 国缴纳的税额,低于按 A 国税率计算的所得税额,所以,A 国还要向 M 公司补征所得税 0.4 万美元。

【例 13-4】 假定上例分公司已按 B 国规定的 40% 的税率缴纳了公司所得税,A 国的所得税税率仍为 35%,则计算结果又会怎样呢?

抵免限额＝8×35％＝2.8(万美元)

B国已征所得税＝8×40％＝3.2(万美元)

允许抵免的已缴B国税额为2.8万美元

A国政府应向M公司征收所得税＝20×35％－2.8＝4.2(万美元)

A国政府对M公司来自B国的所得应补征的税额
＝8×(35％－40％)＝－0.4(万美元)

此例表明,当收入来源国的税率高于居住国的税率时,M公司的分公司已缴B国的所得税税额3.2万美元中,只有相当于抵免限额2.8万美元的部分可以得到抵免。此外,由于分公司向B国缴纳的所得税税额3.2万美元,大于按A国税率计算的所得税税额。所以,A国对M公司来自于B国的所得应补征的税额为－0.4万美元。但这并不意味着A国政府要将这0.4万美元退还给M公司。因为这个－0.4万美元是由于B国政府规定的税率比A国的税率高造成的,而居住国A国的责任是免除国际双重征税,不是替跨国纳税人去承担向来源国纳税的义务。所以,作为居住国的A国,只能将应补征的税额－0.4万美元视为零处理。

13.5.2 国际税务管理的方法

1. 投资区域决策

在投资区域决策时,跨国公司的税收因素考虑的主要方面是:总税负水平。由于各国税法税则差别很大,税种税率都不相同,因而在投资决策时,仅仅考虑某类税收是不够的,必须看总税负水平。在税收结构方面,有些税种,如所得税,跨国公司管理能动性较大,可以进行合理避税;而有些税种,如增值税,跨国公司的机动余地就很小。在税收优惠政策方面,许多发展中国家一般都采用税收优惠政策来吸引外资。在国家税收协定方面,要考虑本国与备选东道国国家之间是否签订税收协定。

2. 组织形式的选择

税收结构总是以特定的产业和公司组织为对象的,不同国家的税收政策又各具特点。因此,跨国公司的海外机构选择什么样的组织形式将影响税负水平。跨国公司海外机构的组织形式主要有分公司和子公司两种。从税收的角度看,选择子公司还是分公司形式,需要综合考虑两种组织形式的不同税收待遇、有关国家的税收规定以及投资公司的策略目标。

3. 国际融资战略的选择

跨国公司执行不同的国际融资战略有着大不相同的税收后果。从总体上看,跨国公司财务管理模式可分为母公司集中的财务管理模式和各子公司自行融资理财模式两种。母公司借款和子公司借款有着全然不同的税收后果。一方面,如果母公司是在母公司融资,母公司税率高于东道国的税率,公司整体债务资金的税负就重于子公司自行融资时的税率;如果母公司税率低于东道国,母公司的当地举债就可降低资金的税负;如果母公司是通过设在低税地的子公司筹资再供应其他子公司,还可以进一步降低税收支出。另一方面,如果母公司承担筹资责任,则通常会考虑公司整体资本结构的优化,如果无母公司的整体控制,更不可能考虑跨国公司的资本结构,不同的资本结构有着不同的税收后果。

需要强调的是,跨国公司融资的税收管理是与利率、汇率、外汇管制和外汇风险管理等联系在一起进行的,撇开了其他方面而就税收论税收,往往不会有多大的实际意义。

4．国际避税的采用

1）转让定价

跨国公司集团内部交易定价和利益关联方之间的交易定价,统称为转让定价。由此而来的价格称为转让价格。转让价格是跨国法人集团及其内部有联属关系和利益关系的各个企业之间相互销售货物、提供劳务、借贷资金以及租赁和转让有形与无形资产等经济往来所专门制定的一种结算价格,它既不受价值规律的制约,也不受市场供求规律的影响,是一种特殊的垄断价格。

当今世界,一个跨国公司的相关联企业可以遍布全球的各个角落。利用转让定价跨国公司可以谋得很大的利益,它对跨国公司的经营管理非常重要,也是财务管理者重视的问题所在。但这种做法却给母国和东道国带来不少损失,它减少了一个国家的税收、外汇收入、国际收支等。所以转让定价不受各国政府欢迎,并受到严格的监督。各国政府纷纷采取相应对策,对转让定价进行限制和管理。

2）"避税地"营业

世界各国由于政治经济制度、经济资源结构与经济发展水平不同,实行不同的税收制度。

那么,什么是"避税地"呢？现今世界已出现为数众多、形形色色的"避税地"。所谓"避税地",一般认为是指这样的地方——人们在那里拥有资产或取得收入,不必负担税收,或者只负担比在主要工业国轻得多的税收。如巴拿马、百慕大、开曼群岛、新赫布里底、格陵兰等都是国际著名的避税地,在那儿没有个人所得税、财产税、遗产税或赠与税等。

鉴于避税地的特殊条件,跨国公司可通过在避税地设立附属公司（多系皮包公司）。当母公司与其所属的其他子公司之间或其他子公司相互之间发生货物转移、费用转移时,制造事实上不存在的通过避税地公司中转的假象,把利润转移到避税地公司的账上,从而使公司总体税负得以减少。

3）借用机构身份

由于一个国家的任何一种税收都规定有具体的纳税人和纳税对象,因此,跨国公司常常通过在海外机构上做文章达到避税目的。例如,就居民管辖权而言,各国执行的标准不同,常用标准有管理机构所在地标准、注册地标准和总机构所在地标准三种。跨国公司可在实行管理机构所在地标准的国家注册成立子公司,而把实际管理机构设在使用注册地标准或总机构所在地标准的国家,其总机构则设在实行注册地标准或管理机构所在地标准的国家。这样就避开了有关国家的税收管辖权。

13.6　外汇风险管理

外汇风险是指因各国货币汇率的变动,而形成企业以外币计价的资产和负债价值上涨（或下跌）的风险。国际企业通常是在国际范围内经营,收付的货币不仅有本国货币还有多种外国货币,持有外币债权债务,并以外币计量其资产和负债的价值。货币汇率的变动必然影响公司外币资产和负债的价值,也会影响公司利润和未来的现金流量。因此,国际企业在经营活动中存在着外汇风险。

13.6.1 外汇风险的类型

1. 交易风险

1) 交易风险的概念

交易风险是指公司因进行跨国交易而使得外币债权或承担外币债务时,由于交易发生日的汇率与结算日的汇率不一致,可能使收入或支出发生变动的风险。

例如,甲公司2014年12月31日销售一套价值为1 000万美元的设备给某外商,当日的汇率为1美元＝6.119 9元人民币,设备销售价款折算人民币为6 119.90万元;2015年6月30日结算,当日的汇率为1美元＝6.114 4元人民币,甲公司收到人民币结算的销货款为6 114.40万元。该公司损失人民币5.50万元。这种外汇风险即为交易风险。

2) 交易风险的规避

交易风险的规避方法主要包括两大类:一是合约保值,如远期外汇市场套期保值、货币市场套期保值、期权市场套期保值以及期货套期保值;二是通过经营策略防范风险,如提前或延期结汇、选择有利的计价货币等。

2. 折算风险

1) 折算风险的概念

折算风险也称会计风险,是指由于外汇汇率变化引起的资产负债表、损益表上某些外汇项目金额变动的风险。这种风险具体表现在资产、负债、收入和费用的增加或减少。不过,这种风险只出现在跨国公司编制合并报表过程中,并不影响企业的现金流量。

例如,乙公司的美国子公司的流动资产为5 000万美元,流动负债为3 500万美元。如果2015年6月30日的汇率为1美元＝6.114 4元人民币,则在财务报表上,表示流动资产为30 572万元人民币,流动负债为21 400.40万元人民币。而到2015年9月30日,汇率为1美元＝6.361 5元人民币,则在财务报表上,流动资产为31 807.50万元人民币,减少1235.50万元。同样,流动负债为22 265.25万元人民币,减少864.85万元。营运资金净额减少2 100.35万元人民币,此种外汇风险即为折算风险。

2) 折算风险的规避

折算风险规避最常用的方法,是将资产负债表保值以轧平净风险资产头寸。其基本原理是使公司的合并资产负债表中的外币风险资产与外币风险负债相等。如果达到了这种状态即净风险资产等于零,那么汇率的变化引起的风险资产价值变化就恰好被风险负债的价值变化抵消。另外,远期外汇市场交易和货币市场交易等合约保值的方法也是规避折算风险可采用的方法。

3. 经济风险

1) 经济风险的概念

经济风险是指由于汇率变动时企业的产销量、价格、成本等产生的影响,从而使公司的收入或支出发生变动的风险。经济风险产生的原因相当复杂,它涉及公司的财务、销售、供应、生产等各个方面。因此,经济风险的管理不是由一个财务部门所能承担的责任,而是由整个公司多个部门承担的责任。

例如,1990年德国马克对美元升值。德国的一些用美元开票向美国出口飞机的公司,如德国空中客车公司就经历了利润艰难的日子。因为其发生的成本是相对昂贵的德国马克,而其实现的销售收入是相对疲软的美元。用德国马克开票出口的公司也碰到了情形不同的困难,如 1990 年 9 月,虽然其他欧共体国家对德国的出口增长了 10.8%,但德国对这些国家的出口比上年减少了 7.5%。

2) 经济风险的规避

经济风险规避的目标是对未能预料的汇率变化对公司未来现金流量的影响作出预测并采取相应的措施。防范经济风险的主要方法有经营多元化和融资多元化。经营多元化是指在国际范围内分散原料来源、生产和销售地点。融资多元化是指在多个资金市场以多种货币筹措资金。

对于上述三种风险,实务操作中,交易风险和折算风险常由财务人员负责管理,而经济风险往往是公司最高决策者必须参与协调和决策的重要工作。

13.6.2 外汇风险管理的程序和方法

外汇风险必然影响企业经营活动的各个方面,也会影响企业的经营成果。因此国际企业必须对汇率变动情况进行监督、预测,并作出相应的降低外汇风险的决策,尽可能地减少风险、降低成本、提高利润。

1. 确定外汇风险管理目标

确定外汇风险管理目标应该明确两个方面的问题:一是要明确外汇风险管理的对象,即企业要防范的是外币折算风险、外币交易风险,还是经济风险;二是要明确外汇风险管理的目标,即企业是要消除外汇风险损益,还是尽可能地减少外汇风险损失以增加风险收益。

在当今世界货币汇率极不稳定的情况下,一般国际企业外汇风险管理的目标应是防止外币折算风险和外币交易风险,尽可能地缩小汇率变动给企业带来的不利影响。

2. 预测有关货币汇率的变动

1) 预测货币汇率变动的内容

预测内容主要包括三个方面:一是预测汇率变动的方向,即确定某种货币是升值还是贬值;二是预测汇率变动的幅度,即确定某种货币升值或贬值的幅度;三是预测汇率变动的时间,即确定汇率变动的具体时间。

2) 影响汇率变动的因素

影响汇率变动的具体因素主要有:①通货膨胀率;②货币供应政策;③利率水平高低;④国际收支状况;⑤国际货币储备;⑥相关货币动态;⑦工农业生产形势;⑧政治因素。

3) 汇率的预测方法

Ⅰ. 浮动汇率的预测

在实行浮动汇率制的国家,汇率由市场确定,浮动汇率的预测主要是通过对有关指标(如通货膨胀率、利率和远期汇率)的变动情况进行分析判断后测定。

(1) 根据利率进行预测。在资金可自由流动的情况下,资金尤其是短期资金总是向利率高的国家流动。例如,A 国的利率是 9%,B 国的利率是 6%。这时,持有 B 国货币的投资者,为了赚取高额利润就会在 A 国投资。在进行投资时,B 国的货币必须兑换成 A 国货币。这样就会出现在短期内 A 国货币短缺,汇率上升。如果从长期看,投资者赚取利润后必然会将其汇回B国,从而导致未来外汇市场上A国货币的过剩以及A国货币的远期汇率下降。由此可知,浮动的即期汇率会随两国的利率差别而改变,改变的幅度与利率差别相同(即3%),但方向相反。因此,根据利率可以预测预期汇率。

(2) 根据通货膨胀率预测汇率。通货膨胀率的变动也会引起汇率变动。假定C国的通货膨胀率为10%,D国的通货膨胀率为7%。由于C国的通货膨胀率高于D国,C国商品的竞争力低于D国,从而会导致C国出口下降。相反,D国的通货膨胀率低于C国,D国商品的竞争力提高,从而会导致C国进口增加。C国进口增加,出口减少,必然导致国际收支逆差,在没有外部资金流入以抵消逆差的情况下,C国货币汇率就会下降。因此,根据通货膨胀率也可以预测汇率。

(3) 根据期汇的溢价(升水)和折价(贴水)预测汇率。期汇的溢价和折价反映了在期汇市场上远期汇率与即期汇率之间的关系。如果在期汇市场上甲国货币对乙国货币是溢价,则表示以乙国货币购买甲国货币的远期汇率比即期汇率高;如果在期汇市场上甲国货币对乙国货币是折价,则表示以乙国货币购买甲国货币的远期汇率比即期汇率低。因此,通过远期汇率的溢价和折价,就能预测浮动汇率制度下的即期汇率。例如,在期汇市场上甲国货币对乙国货币一年后的远期汇率是折价4%,这表示未来一年的即期汇率有下降4%的可能性。如果六个月后的远期汇率是溢价3%,则表示未来六个月的即期汇率有上升3%的可能性。

Ⅱ. 固定汇率的预测

在实行固定汇率制度下,一般由政府或中央银行管制外汇并制定汇率。对固定汇率的预测主要是预测汇率变动的时间及幅度。预测主要从以下三方面着手:

(1) 通过对一国的重要经济指标,如国际收支、通货膨胀率、货币供应量以及财政的物价补贴支出观察该国的经济状况,预测汇率变动的方向。

(2) 通过对该国的外汇储备和黑市汇率的变化预测汇率变动的幅度。一国政府外汇储备和供应数量不足,必然导致汇率点变动;在存在外汇"黑市"或议价的情况下,"黑市"或议价汇率在一定程度上能反映该国外汇的供求情况。因此,在预测时,可以把"黑市"或议价汇率作为重要的参考数据。

(3) 通过一国的政治和经济体制是否健全稳定预测汇率变动。一个国家的政治和经济体制是否稳定,政府对外关系是否正常,经济政策(如经济发展政策、对外贸易政策、对外投资政策)以及外汇管理制度是否有良好的效果等,都会影响汇率的变动,因此也可以据此来预测汇率的变动。

3. 确定因货币币值变动形成的风险暴露程度

外汇风险程度称为外汇风险暴露程度,或称为外汇受险额。经过预测,了解了汇率变动情况后,理财人员还应了解汇率变动对公司财务状况的影响,即应确定外汇风险程度有多大,据此确定应采取什么措施来回避汇率变动带来的不利影响。

4. 制定避免外汇风险的管理方法

对外汇风险进行预测并确定外汇风险暴露程度后,如果预计公司可能会获取收益,一般情况下可不作反应。如果预计公司将遭受损失,则应采取一定的方法回避外汇风险。

本章小结

随着国际经济一体化进程的不断深入，企业的生产经营活动日趋国际化。跨越国界的经济活动必然伴随着跨越国界的理财活动，从而使国际企业的财务管理成为当今财务管理的一个重要课题。与国内财务管理相比，国际财务管理的内容基本相同。但由于国际财务管理的理财环境的复杂性，因此在国际财务管理方面有其特殊性。

国际企业筹资有资金需要量较大、资金来源更加广泛、筹资的机会相对较多以及筹资的风险较大等特点。直接投资在国际投资中占有越来越大的比重，因此，进行对外直接投资的环境分析和风险评估与管理显得尤为重要。由于跨国公司的经营活动的国际化，其营运资金管理除了面临一般国内企业问题外，还必须考虑外汇风险、外汇管制、各国税收差异等因素的影响。外汇风险可以归纳为交易风险、折算风险和经济风险三种类型。交易风险是衡量在汇率变动前达成的交易，其权力或义务需在汇率变动后清算时所产生的变异程度。折算风险是衡量因汇率变动，使得在变动前所编制的合并财务报表资料发生变异程度。经济风险是衡量预期的现金流量，因汇率发生非预期变动而产生变异的程度。税收问题是国际企业在国际经营中仅次于外汇的重要变化因素，它影响投资区域决策、海外机构形式、筹资方式以及转移定价等重要活动。

复习与思考题

1. 什么是国际财务管理？国际财务管理研究的内容是什么？
2. 简述国际筹资的特点、筹资渠道和筹资方式。如何防范国际筹资风险？
3. 国际投资方式有哪几种？如何规避国际投资风险？怎样对国际投资项目效益进行分析？
4. 什么是现金集中管理？什么是多边净额结算？
5. 什么是外汇风险？外汇风险有哪些类型？国际企业如何规避和防范外汇风险？
6. 解释怎样用转移定价来减少跨国公司的总税负。

练习题

【题13-1】 中国A公司按9%的利率取得了一笔期限为一年的160万美元。当A公司收到该笔贷款时，即将其兑换为人民币，以支付供应商设备款，当时的汇率是1美元＝6.83元人民币（资金借入日）。一年以后归还本息时，汇率是1美元＝8.28元人民币（贷款归还日）。

要求：计算该项贷款的实际筹资利率。

【题13-2】 中国B企业拟从银行取得一笔价值500 000美元的一年期外汇贷款，有美元和港元两种货币可供选择。年利率：借美元10%，借港元7%，期满一次还本付息。借款时汇率：1美元＝7.761 3港元，1美元＝6.826 1元人民币，1港元＝0.879 5元人民币。预测还款时汇率：1美元＝7.774 9港元，1美元＝6.530 1元人民币，1港元＝0.839 9元人民币。

要求：为B企业选择借款货币。

【题13-3】 假定某跨国公司在甲国的子公司与在乙国的子公司两国的存款利率和贷款利率如下表所示（单位：%）：

子 公 司	银行存款利率	银行贷款利率
甲国	7.0	8.8
乙国	8.2	9.7

假设甲子公司向乙子公司购入6 500万美元的商品，赊销期可视情况前置或落后60天。

要求：根据两子公司的资金余缺状况进行组合。

【题13-4】 有个设在丙国的K公司，某年获取总所得1 000万美元，其中包括在丙国国内所得700万美元和设在丁国的分公司所得300万美元，分公司已按丁国规定的30%的税率缴纳了公司所得税。丙国的所得税税率为40%。

要求：计算丙国向K公司征收的所得税税额。

案例分析

案例13-1 国际信贷筹资的货币选择

国际企业在利用国际信贷筹资时，常常会面临信贷货币的选择问题。目前西方各国普遍实行浮动汇率制，汇率波动幅度大，汇率风险大。因此，如何降低资金成本，防范汇率风险，作出最佳信贷货币选择方法，就显得尤为重要。

例如，国内某企业拟从银行取得一笔价值500 000美元的1年期外汇贷款，有美元和港元两种货币可供选择。年利率为：借美元10%，借港元8%，期满一次还本付息。借款时的汇率是：1美元＝7.802 3港元，1美元＝6.827 8元人民币，1港元＝0.875 1元人民币。预测还款时汇率是：1美元＝7.774 4港元，1美元＝6.504 8元人民币，1港元＝0.836 7元人民币。企业可借500 000美元，或借3 901 150港元（500 000美元×7.802 3），两者折合人民币都为3 413 900元。

把汇率和利率两个因素结合起来考虑，借哪种货币比较合算呢？由于在金融市场上汇率的波动受多种因素的影响，一般很难预测。这种难以预测的汇率波动就是汇率风险。那么，如何在这种不确定即风险条件下进行信贷货币的选择呢？常用的方法有两种。

1. 预期汇率分析法

（1）美元的预期汇率：1美元＝6.504 8×20%＋6.498 3×40%＋6.570 6×30%＋6.588 3×10%＝6.530 29元

（2）港元的预期汇率：1港元＝0.836 7×20%＋0.835 9×40%＋0.843 7×30%＋0.847 0×10%＝0.839 51元

(3) 借美元预期成本=[500 000×(1+10%)]×6.530 29－500 000×6.827 8＝177 759.5(元)

(4) 借港元预期成本=[3 895 000×(1+8%)]×0.839 51－3 895 000×0.875 1＝122 968.3(元)

计算结果同样表明,借港元的预期成本低于借美元的预期成本,应借入港元。

2. 临界点分析法

(1) 先计算利率差异的影响:[(1+10%)－(1+8%)]/(1+10%)×100%＝1.818 2%

(2) 再计算临界点汇率:7.802 3×(1－1.818 2%)＝7.661 1

计算结果表明:当还款时汇率为1美元=7.661 1港元时,借美元和借港元的成本是相等的;当1美元<7.661 1港元时,借美元较合算;当1美元>7.661 1港元时,借港元较合算。

上面计算临界点汇率时,只涉及美元与港元一个汇率。如果计算临界点汇率时,涉及美元与人民币和港元与人民币两个汇率,就要设定其中的一个汇率,即

当还款时,1美元=6.504 8元人民币,则临界点汇率为

[500 000×(1+10%)×6.504 8]/3 901 150×(1+8%)＝0.849 1

当还款时,1港元=0.836 7元人民币,则临界点汇率为

[3 901 150×(1+8%)×0.836 7/500 000×(1+10%)＝6.409 5元

以上计算说明,当1美元=6.504 8元人民币,以及1港元=0.849 1元人民币时,借美元和借港元的成本相等;当1美元=6.409 5元人民币,以及1港元=0.836 7元人民币时,借美元和借港元的成本相等。

案例13-2 苹果公司因避税或被欧盟罚款190亿美元

欧盟对苹果等跨国企业的避税调查仍然在继续,根据近期发布的最新报告指出,国际型企业每年在欧洲地区的避税额达到1.11万亿美元,其中又以苹果等巨头的避税现象最严重。在"最糟糕"的情况下,苹果被决定罚款的金额最高可达到190亿美元。

据悉,爱尔兰一直都是苹果等大型跨国企业的"避税港湾",因其与"第三方国家"签订的一些税收协议非常宽松。这次在对苹果进行调查之前,欧盟委员会曾经严厉批评了爱尔兰的税收政策,指出他们与"第三方国家"签订了过于宽松或者是过于自由的双重征税协议。作为欧盟成员国的其中一员,这些宽松的税收政策理应作出调整。

爱尔兰的税收政策不仅引起了欧盟的批评,也引来了美国方面的指责,因为苹果作为一家美国公司,在海外的避税即意味着财政收入的减少。

此外,意大利与澳大利亚也对这一说法表示支持。据了解,意大利监管机构曾怀疑苹果在2008—2013年间至少逃避了8.79亿欧元的企业税。意大利方面表示,苹果在当地逃避交税的方式是通过爱尔兰这个"中介",具体表现为:苹果将一部分收入计入他们在爱尔兰的分部,从而避开向意大利缴纳这部分的税额。但实际上,苹果的这部分收入是通过意大利地区的业务获取的,理应向意大利的税收部门申报。而澳大利亚方面也曾表示,过去将近10年的时间里,苹果已经把在当地获得的将近90亿美元现金成功转移到爱尔兰,而他们只需要为此支付2亿美元的税额。

(资料来源:财会信报,2015-09-14。)

参 考 文 献

1. 中国注册会计师协会.财务成本管理.北京：中国财政经济出版社,2015
2. 财政部会计资格评价中心.财务管理.北京：中国财政经济出版社,2015
3. 陈玉菁.中小企业财务管理通.上海：立信会计出版社,2003
4. 宋良荣.现代公司财务管理.上海：百家出版社,2002
5. 吴应宇,陈良华.现代公司财务管理.北京：石油工业出版社,2003
6. 张家伦.财务管理学.北京：首都经济贸易大学出版社,2001
7. 谷祺,刘淑莲.财务管理.大连：东北财经大学出版社,2003
8. 陈玉菁.国际财务管理.上海：立信会计出版社,2002
9. 罗锐韧,曾繁正.财务管理.北京：红旗出版社,1997
10. 樊进科.财务管理学.北京：经济管理出版社,2002
11. 蔄红英,孙念怀.财务经理MBA强化教程.北京：中国经济出版社,2002
12. Wawer S C,Weston J F.财务管理.刘力,黄慧馨等译.北京：中国财政经济出版社,2003
13. Marsh W H.财务管理.杨建昌,陈智诚译.台北：扬智文化出版公司,1996
14. 席伟.新会计制度下的财务案例.北京：中国物价出版社,2004
15. 陈文浩.公司财务.上海：上海财经大学出版社,2003
16. 刘永中,金才兵.财务控制在企业管理中的应用.广州：广东经济出版社,2004
17. 孙岩.鬼谷子商学院.西安：中国长安出版社,2006
18. 陈玉菁.MBA财务管理(第三版).北京：中国人民大学出版社,2015
19. 财政部会计司编写组.企业会计准则讲解.北京：人民出版社,2007
20. 财政部企业司.企业财务通则解读.北京：中国财政经济出版社,2007
21. 财政部注册会计师考试委员会办公室.财务成本管理.北京：经济科学出版社,2007
22. 财政部会计资格评价中心.财务管理.北京：中国财政经济出版社,2007

附 录

表1　1元复利终值系数表

i \ n	1%	2%	3%	4%	5%	6%	7%	8%	9%	10%
1	1.0100	1.0200	1.0300	1.0400	1.0500	1.0600	1.0700	1.0800	1.0900	1.1000
2	1.0201	1.0404	1.0609	1.0816	1.1025	1.1236	1.1449	1.1664	1.1881	1.2100
3	1.0303	1.0612	1.0927	1.1249	1.1576	1.1910	1.2250	1.2597	1.2950	1.3310
4	1.0406	1.0824	1.1255	1.1699	1.2155	1.2625	1.3108	1.3605	1.4116	1.4641
5	1.0510	1.1041	1.1593	1.2167	1.2763	1.3382	1.4026	1.4693	1.5386	1.6105
6	1.0615	1.1262	1.1941	1.2653	1.3401	1.4185	1.5007	1.5869	1.6771	1.7716
7	1.0721	1.1487	1.2299	1.3159	1.4071	1.5036	1.6058	1.7138	1.8280	1.9487
8	1.0829	1.1717	1.2668	1.3686	1.4775	1.5938	1.7182	1.8509	1.9926	2.1436
9	1.0937	1.1951	1.3048	1.4233	1.5513	1.6895	1.8385	1.9990	2.1719	2.3579
10	1.1046	1.2190	1.3439	1.4802	1.6289	1.7908	1.9672	2.1589	2.3674	2.5937
11	1.1157	1.2434	1.3842	1.5395	1.7103	1.8983	2.1049	2.3316	2.5804	2.8531
12	1.1268	1.2682	1.4258	1.6010	1.7959	2.0122	2.2522	2.5182	2.8127	3.1384
13	1.1381	1.2936	1.4685	1.6651	1.8856	2.1329	2.4098	2.7196	3.0658	3.4523
14	1.1495	1.3195	1.5126	1.7317	1.9799	2.2609	2.5785	2.9372	3.3417	3.7975
15	1.1610	1.3459	1.5580	1.8009	2.0789	2.3966	2.7590	3.1722	3.6425	4.1772
16	1.1726	1.3728	1.6047	1.8730	2.1829	2.5404	2.9522	3.4259	3.9703	4.5950
17	1.1843	1.4002	1.6528	1.9479	2.2920	2.6928	3.1588	3.7000	4.3276	5.0545
18	1.1961	1.4282	1.7024	2.0258	2.4066	2.8543	3.3799	3.9960	4.7171	5.5599
19	1.2081	1.4568	1.7535	2.1068	2.5270	3.0256	3.6165	4.3157	5.1417	6.1159
20	1.2202	1.4859	1.8061	2.1911	2.6533	3.2071	3.8697	4.6610	5.6044	6.7275
21	1.2324	1.5157	1.8603	2.2788	2.7860	3.3996	4.1406	5.0338	6.1088	7.4002
22	1.2447	1.5460	1.9161	2.3699	2.9253	3.6035	4.4304	5.4365	6.6586	8.1403
23	1.2572	1.5769	1.9736	2.4647	3.0715	3.8197	4.7405	5.8715	7.2579	8.9543
24	1.2697	1.6084	2.0328	2.5633	3.2251	4.0489	5.0724	6.3412	7.9111	9.8497
25	1.2824	1.6406	2.0938	2.6658	3.3864	4.2919	5.4274	6.8485	8.6231	10.835
26	1.2953	1.6734	2.1566	2.7725	3.5557	4.5494	5.8074	7.3964	9.3992	11.918
27	1.3082	1.7069	2.2213	2.8834	3.7335	4.8223	6.2139	7.9881	10.245	13.110
28	1.3213	1.7410	2.2879	2.9987	3.9201	5.1117	6.6488	8.6271	11.167	14.421
29	1.3345	1.7758	2.3566	3.1187	4.1161	5.4184	7.1143	9.3173	12.172	15.863
30	1.3478	1.8114	2.4273	3.2434	4.3219	5.7435	7.6123	10.063	13.268	17.449
40	1.4889	2.2080	3.2620	4.8010	7.0400	10.286	14.974	21.725	31.409	45.259
50	1.6446	2.6916	4.3839	7.1067	11.467	18.420	29.457	46.902	74.358	117.39
60	1.8167	3.2810	5.8916	10.520	18.679	32.988	57.946	101.26	176.03	304.48

续表

i \ n	12%	14%	15%	16%	18%	20%	24%	28%	32%	36%
1	1.1200	1.1400	1.1500	1.1600	1.1800	1.2000	1.2400	1.2800	1.3200	1.3600
2	1.2544	1.2996	1.3225	1.3456	1.3924	1.4400	1.5376	1.6384	1.7424	1.8496
3	1.4049	1.4815	1.5209	1.5609	1.6430	1.7280	1.9066	2.0972	2.3000	2.5155
4	1.5735	1.6890	1.7490	1.8106	1.9388	2.0736	2.3642	2.6844	3.0360	3.4210
5	1.7623	1.9254	2.0114	2.1003	2.2878	2.4883	2.9316	3.4360	4.0075	4.6526
6	1.9738	2.1950	2.3131	2.4364	2.6996	2.9860	3.6352	4.3980	5.2899	6.3275
7	2.2107	2.5023	2.6600	2.8262	3.1855	3.5832	4.5077	5.6295	6.9826	8.6054
8	2.4760	2.8526	3.0590	3.2784	3.7589	4.2998	5.5895	7.2058	9.2170	11.703
9	2.7731	3.2519	3.5179	3.8030	4.4355	5.1598	6.9310	9.2234	12.166	15.917
10	3.1058	3.7072	4.0456	4.4114	5.2338	6.1917	8.5944	11.806	16.060	21.647
11	3.4785	4.2262	4.6524	5.1173	6.1759	7.4301	10.657	15.112	21.199	29.439
12	3.8960	4.8179	5.3503	5.9360	7.2876	8.9161	13.215	19.343	27.983	40.037
13	4.3635	5.4924	6.1528	6.8858	8.5994	10.699	16.386	24.759	36.937	54.451
14	4.8871	6.2613	7.0757	7.9875	10.147	12.839	20.319	31.691	48.757	74.053
15	5.4736	7.1379	8.1371	9.2655	11.974	15.407	25.196	40.565	64.359	100.71
16	6.1304	8.1372	9.3576	10.748	14.129	18.488	31.243	51.923	84.954	136.97
17	6.8660	9.2765	10.761	12.468	16.672	22.186	38.741	66.461	112.14	186.28
18	7.6900	10.575	12.375	14.463	19.673	26.623	48.039	85.071	148.02	253.34
19	8.6128	12.056	14.232	16.777	23.214	31.948	59.568	108.89	195.39	344.54
20	9.6463	13.743	16.367	19.461	27.393	38.338	73.864	139.38	257.92	468.57
21	10.804	15.668	18.822	22.574	32.324	46.005	91.592	178.41	340.45	637.26
22	12.100	17.861	21.645	26.186	38.142	55.206	113.57	228.36	449.39	866.67
23	13.552	20.362	24.891	30.376	45.008	66.247	140.83	292.30	593.20	1178.7
24	15.179	23.212	28.625	35.236	53.109	79.497	174.63	374.14	783.02	1603.0
25	17.000	26.462	32.919	40.874	62.669	95.396	216.54	478.90	1033.6	2180.1
26	19.040	30.167	37.857	47.414	73.949	114.48	268.51	613.00	1364.3	2964.9
27	21.325	34.390	43.535	55.000	87.260	137.37	332.95	784.64	1800.9	4032.3
28	23.884	39.204	50.066	63.800	102.97	164.84	412.86	1004.3	2377.2	5483.9
29	26.750	44.693	57.575	74.009	121.50	197.81	511.95	1285.6	3137.9	7458.1
30	29.960	50.950	66.212	85.850	143.37	237.38	634.82	1645.5	4142.1	10143.
40	93.051	188.88	267.86	378.72	750.38	1469.8	5455.9	19427.	66521.	*
50	289.00	700.23	1083.7	1670.7	3927.4	9100.4	46890.	*	*	*
60	897.60	2595.9	4384.0	7370.2	20555.	56348.	*	*	*	*

* >99 999

表2 1元复利现值系数表

n \ i	1%	2%	3%	4%	5%	6%	7%	8%	9%	10%
1	0.9901	0.9804	0.9709	0.9615	0.9524	0.9434	0.9346	0.9259	0.9174	0.9091
2	0.9803	0.9612	0.9426	0.9246	0.9070	0.8900	0.8734	0.8573	0.8417	0.8264
3	0.9706	0.9423	0.9151	0.8890	0.8638	0.8396	0.8163	0.7938	0.7722	0.7513
4	0.9610	0.9238	0.8885	0.8548	0.8227	0.7921	0.7629	0.7350	0.7084	0.6830
5	0.9515	0.9057	0.8626	0.8219	0.7835	0.7473	0.7130	0.6806	0.6499	0.6209
6	0.9420	0.8880	0.8375	0.7903	0.7462	0.7050	0.6663	0.6302	0.5963	0.5645
7	0.9327	0.8706	0.8131	0.7599	0.7107	0.6651	0.6227	0.5835	0.5470	0.5132
8	0.9235	0.8535	0.7894	0.7307	0.6768	0.6274	0.5820	0.5403	0.5019	0.4665
9	0.9143	0.8368	0.7664	0.7026	0.6446	0.5919	0.5439	0.5002	0.4604	0.4241
10	0.9053	0.8203	0.7441	0.6756	0.6139	0.5584	0.5083	0.4632	0.4224	0.3855
11	0.8963	0.8043	0.7224	0.6496	0.5847	0.5258	0.4751	0.4289	0.3875	0.3505
12	0.8874	0.7885	0.7014	0.6246	0.5568	0.4970	0.4440	0.3971	0.3555	0.3186
13	0.8787	0.7730	0.6810	0.6006	0.5303	0.4688	0.4150	0.3677	0.3262	0.2897
14	0.8700	0.7579	0.6611	0.5775	0.5051	0.4423	0.3878	0.3405	0.2992	0.2633
15	0.8613	0.7430	0.6419	0.5553	0.4810	0.4173	0.3624	0.3152	0.2745	0.2394
16	0.8528	0.7284	0.6232	0.5339	0.4581	0.3936	0.3387	0.2919	0.2519	0.2176
17	0.8444	0.7142	0.6050	0.5134	0.4363	0.3714	0.3166	0.2703	0.2311	0.1978
18	0.8360	0.7002	0.5874	0.4936	0.4155	0.3503	0.2959	0.2502	0.2120	0.1799
19	0.8277	0.6864	0.5703	0.4746	0.3957	0.3305	0.2765	0.2317	0.1945	0.1635
20	0.8195	0.6730	0.5537	0.4564	0.3769	0.3118	0.2584	0.2145	0.1784	0.1486
21	0.8114	0.6598	0.5375	0.4388	0.3589	0.2942	0.2415	0.1987	0.1637	0.1351
22	0.8034	0.6468	0.5219	0.4220	0.3418	0.2775	0.2257	0.1839	0.1502	0.1228
23	0.7954	0.6342	0.5067	0.4057	0.3256	0.2618	0.2109	0.1703	0.1378	0.1117
24	0.7876	0.6217	0.4919	0.3901	0.3101	0.2470	0.1971	0.1577	0.1264	0.1015
25	0.7798	0.6095	0.4776	0.3751	0.2953	0.2330	0.1842	0.1460	0.1160	0.0923
26	0.7720	0.5976	0.4637	0.3604	0.2812	0.2198	0.1722	0.1352	0.1064	0.0839
27	0.7644	0.5859	0.4502	0.3468	0.2678	0.2074	0.1609	0.1252	0.0976	0.0763
28	0.7568	0.5744	0.4371	0.3335	0.2551	0.1956	0.1504	0.1159	0.0895	0.0693
29	0.7493	0.5631	0.4243	0.3207	0.2429	0.1846	0.1406	0.1073	0.0822	0.0630
30	0.7419	0.5521	0.4120	0.3083	0.2314	0.1741	0.1314	0.0994	0.0754	0.0573
35	0.7059	0.5000	0.3554	0.2534	0.1813	0.1301	0.0937	0.0676	0.0490	0.0356
40	0.6717	0.4529	0.3066	0.2083	0.1420	0.0972	0.0668	0.0460	0.0318	0.0221
45	0.6391	0.4102	0.2644	0.1712	0.1113	0.0727	0.0476	0.0313	0.0207	0.0137
50	0.6080	0.3715	0.2281	0.1407	0.0872	0.0543	0.0339	0.0213	0.0134	0.0085
55	0.5785	0.3365	0.1968	0.1157	0.0683	0.0406	0.0242	0.0145	0.0087	0.0053

续表

i \ n	12%	14%	15%	16%	18%	20%	24%	28%	32%	36%
1	0.8929	0.8772	0.8696	0.8621	0.8475	0.8333	0.8065	0.7813	0.7576	0.7353
2	0.7972	0.7695	0.7561	0.7432	0.7182	0.6944	0.6504	0.6104	0.5739	0.5407
3	0.7118	0.6750	0.6575	0.6407	0.6086	0.5787	0.5245	0.4768	0.4348	0.3975
4	0.6355	0.5921	0.5718	0.5523	0.5158	0.4823	0.4230	0.3725	0.3294	0.2923
5	0.5674	0.5194	0.4972	0.4761	0.4371	0.4019	0.3411	0.2910	0.2495	0.2149
6	0.5066	0.4556	0.4323	0.4104	0.3704	0.3349	0.2751	0.2274	0.1890	0.1580
7	0.4523	0.3996	0.3759	0.3538	0.3139	0.2791	0.2218	0.1776	0.1432	0.1162
8	0.4039	0.3506	0.3269	0.3050	0.2660	0.2326	0.1789	0.1388	0.1085	0.0854
9	0.3606	0.3075	0.2843	0.2630	0.2255	0.1938	0.1443	0.1084	0.0822	0.0628
10	0.3220	0.2697	0.2472	0.2267	0.1911	0.1615	0.1164	0.0847	0.0623	0.0462
11	0.2875	0.2366	0.2149	0.1954	0.1619	0.1346	0.0938	0.0662	0.0472	0.0340
12	0.2567	0.2076	0.1869	0.1685	0.1373	0.1122	0.0757	0.0517	0.0357	0.0250
13	0.2292	0.1821	0.1625	0.1452	0.1163	0.0935	0.0610	0.0404	0.0271	0.0184
14	0.2046	0.1597	0.1413	0.1252	0.0985	0.0779	0.0492	0.0316	0.0205	0.0135
15	0.1827	0.1401	0.1229	0.1079	0.0835	0.0649	0.0397	0.0247	0.0155	0.0099
16	0.1631	0.1229	0.1069	0.0930	0.0708	0.0541	0.0320	0.0193	0.0118	0.0073
17	0.1456	0.1078	0.0922	0.0802	0.0600	0.0451	0.0258	0.0150	0.0089	0.0054
18	0.1300	0.0946	0.0808	0.0691	0.0508	0.0376	0.0208	0.0118	0.0068	0.0039
19	0.1161	0.0829	0.0703	0.0596	0.0431	0.0313	0.0168	0.0092	0.0051	0.0029
20	0.1037	0.0728	0.0611	0.0514	0.0365	0.0261	0.0135	0.0072	0.0039	0.0021
21	0.0926	0.0638	0.0531	0.0443	0.0309	0.0217	0.0109	0.0056	0.0029	0.0016
22	0.0826	0.0560	0.0462	0.0382	0.0262	0.0181	0.0088	0.0044	0.0022	0.0012
23	0.0738	0.0491	0.0402	0.0329	0.0222	0.0151	0.0071	0.0034	0.0017	0.0008
24	0.0659	0.0431	0.0349	0.0284	0.0188	0.0126	0.0057	0.0027	0.0013	0.0006
25	0.0588	0.0378	0.0304	0.0245	0.0160	0.0105	0.0046	0.0021	0.0010	0.0005
26	0.0525	0.0331	0.0264	0.0211	0.0135	0.0087	0.0037	0.0016	0.0007	0.0003
27	0.0469	0.0291	0.0230	0.0182	0.0115	0.0073	0.0030	0.0013	0.0006	0.0002
28	0.0419	0.0255	0.0200	0.0157	0.0097	0.0061	0.0024	0.0010	0.0004	0.0002
29	0.0374	0.0224	0.0174	0.0135	0.0082	0.0051	0.0020	0.0008	0.0003	0.0001
30	0.0334	0.0196	0.0151	0.0116	0.0070	0.0042	0.0016	0.0006	0.0002	0.0001
35	0.0189	0.0102	0.0075	0.0055	0.0030	0.0017	0.0005	0.0002	0.0001	*
40	0.0107	0.0053	0.0037	0.0026	0.0013	0.0007	0.0002	0.0001	*	*
45	0.0061	0.0027	0.0019	0.0013	0.0006	0.0003	0.0001	*	*	*
50	0.0035	0.0014	0.0009	0.0006	0.0003	0.0001	*	*	*	*
55	0.0020	0.0007	0.0005	0.0003	0.0001	*	*	*	*	*

*<0.0001

表3　1元年金终值系数表

n\i	1%	2%	3%	4%	5%	6%	7%	8%	9%	10%
1	1.0000	1.0000	1.0000	1.0000	1.0000	1.0000	1.0000	1.0000	1.0000	1.0000
2	2.0100	2.0200	2.0300	2.0400	2.0500	2.0600	2.0700	2.0800	2.0900	2.1000
3	3.0301	3.0604	3.0909	3.1216	3.1525	3.1836	3.2149	3.2464	3.2781	3.3100
4	4.0604	4.1216	4.1836	4.2465	4.3101	4.3746	4.4399	4.5061	4.5731	4.6410
5	5.1010	5.2040	5.3091	5.4163	5.5256	5.6371	5.7507	5.8666	5.9847	6.1051
6	6.1520	6.3081	6.4684	6.6330	6.8019	6.9753	7.1533	7.3359	7.5233	7.7156
7	7.2135	7.4343	7.6625	7.8983	8.1420	8.3938	8.6540	8.9228	9.2004	9.4872
8	8.2857	8.5830	8.8923	9.2142	9.5491	9.8975	10.260	10.637	11.028	11.436
9	9.3685	9.7546	10.159	10.583	11.027	11.491	11.978	12.488	13.021	13.579
10	10.462	10.950	11.464	12.006	12.578	13.181	13.816	14.487	15.193	15.937
11	11.567	12.169	12.808	13.486	14.207	14.972	15.784	16.645	17.560	18.531
12	12.683	13.412	14.192	15.026	15.917	16.870	17.888	18.977	20.141	21.384
13	13.809	14.680	15.618	16.627	17.713	18.882	20.141	21.495	22.953	24.523
14	14.947	15.974	17.086	18.292	19.599	21.015	22.550	24.215	26.019	27.975
15	16.097	17.293	18.599	20.024	21.579	23.276	25.129	27.152	29.361	31.772
16	17.258	18.639	20.157	21.825	23.657	25.673	27.888	30.324	33.003	35.950
17	18.430	20.012	21.762	23.698	25.840	28.213	30.840	33.750	36.974	40.545
18	19.615	21.412	23.414	25.645	28.132	30.906	33.999	37.450	41.301	45.599
19	20.811	22.841	25.117	27.671	30.539	33.760	37.379	41.446	46.018	51.159
20	22.019	24.297	26.870	29.778	33.066	36.786	40.995	45.762	51.160	57.275
21	23.239	25.783	28.676	31.969	35.719	39.993	44.865	50.423	56.765	64.002
22	24.472	27.299	30.537	34.248	38.505	43.392	49.006	55.457	62.873	71.403
23	25.716	28.845	32.453	36.618	41.430	46.996	53.436	60.893	69.532	79.543
24	26.973	30.422	34.426	39.083	44.502	50.816	58.177	66.765	76.790	88.497
25	28.243	32.030	36.459	41.646	47.727	54.865	63.249	73.106	84.701	98.347
26	29.526	33.671	38.553	44.312	51.113	59.156	68.676	79.954	93.324	109.18
27	30.821	35.344	40.710	47.084	54.669	63.706	74.484	87.351	102.72	121.10
28	32.129	37.051	42.931	49.968	58.403	68.528	80.698	95.339	112.97	134.21
29	33.450	38.792	45.219	52.966	62.323	73.640	87.347	103.97	124.14	148.63
30	34.785	40.568	47.575	56.085	66.439	79.058	94.461	113.28	136.31	164.49
40	48.886	60.402	75.401	95.026	120.80	154.76	199.64	259.06	337.88	442.59
50	64.463	84.579	112.80	152.67	209.35	290.34	406.53	573.77	815.08	1163.9
60	81.670	114.05	163.05	237.99	353.58	533.13	813.52	1253.2	1944.8	3034.8

续表

n \ i	12%	14%	15%	16%	18%	20%	24%	28%	32%	36%
1	1.0000	1.0000	1.0000	1.0000	1.0000	1.0000	1.0000	1.0000	1.0000	1.0000
2	2.1200	2.1400	2.1500	2.1600	2.1800	2.2000	2.2400	2.2800	2.3200	2.3600
3	3.3744	3.4396	3.4725	3.5056	3.5724	3.6400	3.7776	3.9184	3.0624	3.2096
4	4.7793	4.9211	4.9934	5.0665	5.2154	5.3680	5.6842	6.0156	6.3624	6.7251
5	6.3528	6.6101	6.7424	6.8771	7.1542	7.4416	8.0484	8.6999	9.3983	10.146
6	8.1152	8.5355	8.7537	8.9775	9.4420	9.9299	10.980	12.136	13.406	14.799
7	10.089	10.730	11.067	11.414	12.142	12.916	14.615	16.534	18.696	21.126
8	12.300	13.233	13.727	14.240	15.327	16.499	19.123	22.163	25.678	29.732
9	14.776	16.085	16.786	17.519	19.086	20.799	24.712	29.369	34.895	41.435
10	17.549	19.337	20.304	21.321	23.521	25.959	31.643	38.593	47.062	57.352
11	20.655	23.045	24.349	25.733	28.755	32.150	40.238	50.398	63.122	78.998
12	24.133	27.271	29.002	30.850	34.931	39.581	50.895	65.510	84.320	108.44
13	28.029	32.089	34.352	36.786	42.219	48.497	64.110	84.853	112.30	148.47
14	32.393	37.581	40.505	43.672	50.818	59.196	80.496	109.61	149.24	202.93
15	37.280	43.842	47.580	51.660	60.965	72.035	100.82	141.30	198.00	276.98
16	42.753	50.980	55.717	60.925	72.939	87.442	126.01	181.87	262.36	377.69
17	48.884	59.118	65.075	71.673	87.068	105.93	157.25	233.79	347.31	514.66
18	55.750	68.394	75.836	84.141	103.74	128.12	195.99	300.25	459.45	700.94
19	63.440	78.969	88.212	98.603	123.41	154.74	244.03	385.32	607.47	954.28
20	72.052	91.025	102.44	115.38	146.63	186.69	303.60	494.21	802.86	1298.8
21	81.699	104.77	118.81	134.84	174.02	225.03	377.46	633.59	1060.8	1767.4
22	92.503	120.44	137.63	157.41	206.34	271.03	469.06	812.00	1401.2	2404.7
23	104.60	138.30	159.28	183.60	244.49	326.24	582.63	1040.4	1850.6	3271.3
24	118.16	158.66	184.17	213.98	289.49	392.48	723.46	1332.7	2443.8	4450.0
25	133.33	181.87	212.79	249.21	342.60	471.98	898.09	1706.8	3226.8	6053.0
26	150.33	208.33	245.71	290.09	405.27	567.38	1114.6	2185.7	4260.4	8233.1
27	169.37	238.50	283.57	337.50	479.22	681.85	1383.1	2798.7	5624.8	11198.0
28	190.70	272.89	327.10	392.50	566.48	819.22	1716.1	3583.3	7425.7	15230.3
29	214.58	312.09	377.17	456.30	669.45	984.07	2129.0	4587.7	9802.9	20714.2
30	241.33	356.79	434.75	530.31	790.95	1181.9	2640.9	5873.2	12941.	28172.3
40	767.09	1342.0	1779.1	2360.8	4163.2	7343.9	22729.	69377.	*	*
50	2400.0	4994.5	7217.7	10436.	21813.	45497.	*	*	*	*
60	7471.6	18535.	29220.	46058.	*	*	*	*	*	*

* ＞99 999

表4 1元年金现值系数表

n \ i	1%	2%	3%	4%	5%	6%	7%	8%	9%
1	0.9901	0.9804	0.9709	0.9615	0.9524	0.9434	0.9346	0.9259	0.9174
2	1.9704	1.9416	1.9135	1.8861	1.8594	1.8334	1.8080	1.7833	1.7591
3	2.9410	2.8839	2.8286	2.7751	2.7232	2.6730	2.6243	2.5771	2.5313
4	3.9020	3.8077	3.7171	3.6299	3.5460	3.4651	3.3872	3.3121	3.2397
5	4.8534	4.7135	4.5797	4.4518	4.3295	4.2124	4.1002	3.9927	3.8897
6	5.7955	5.6014	5.4172	5.2421	5.0757	4.9173	4.7665	4.6229	4.4859
7	6.7282	6.4720	6.2303	6.0021	5.7864	5.5824	5.3893	5.2064	5.0330
8	7.6517	7.3255	7.0197	6.7327	6.4632	6.2098	5.9713	5.7466	5.5348
9	8.5660	8.1622	7.7861	7.4353	7.1078	6.8017	6.5152	6.2469	5.9952
10	9.4713	8.9826	8.5302	8.1109	7.7217	7.3601	7.0236	6.7101	6.4177
11	10.3676	9.7868	9.2526	8.7605	8.3064	7.8869	7.4987	7.1390	6.8052
12	11.2551	10.5753	9.9540	9.3851	8.8633	8.3838	7.9427	7.5361	7.1607
13	12.1337	11.3484	10.6350	9.9856	9.3936	8.8527	8.3577	7.9038	7.4869
14	13.0037	12.1062	11.2961	10.5631	9.8986	9.2950	8.7455	8.2442	7.7862
15	13.8651	12.8493	11.9379	11.1184	10.3797	9.7122	9.1079	8.5598	8.0607
16	14.7179	13.5777	12.5611	11.6523	10.8378	10.1059	9.4466	8.8514	8.3126
17	15.5623	14.2919	13.1661	12.1657	11.2741	10.4773	9.7632	9.1216	8.5436
18	16.3983	14.9920	13.7535	12.6593	11.6896	10.8276	10.0591	9.3719	8.7556
19	17.2260	15.6785	14.3238	13.1339	12.0853	11.1581	10.3356	9.6036	8.9501
20	18.0456	16.3514	14.8775	13.5903	12.4622	11.4699	10.5940	9.8181	9.1285
21	18.8570	17.0112	15.4150	14.0292	12.8212	11.7641	10.8355	10.0168	9.2922
22	19.6604	17.6580	15.9369	14.4511	13.1630	12.0416	11.0612	10.2007	9.4424
23	20.4558	18.2922	16.4436	14.8568	13.4886	12.3034	11.2722	10.3711	9.5802
24	21.2434	18.9139	16.9355	15.2470	13.7986	12.5504	11.4693	10.5288	9.7066
25	22.0232	19.5235	17.4131	15.6221	14.0939	12.7834	11.6536	10.6748	9.8226
26	22.7952	20.1210	17.8768	15.9828	14.3752	13.0032	11.8258	10.8100	9.9290
27	23.5596	20.7069	18.3270	16.3296	14.6430	13.2105	11.9867	10.9352	10.0266
28	24.3164	21.2813	18.7641	16.6631	14.8981	13.4062	12.1371	11.0511	10.1161
29	25.0658	21.8444	19.1885	16.9837	15.1411	13.5907	12.2777	11.1584	10.1983
30	25.8077	22.3965	19.6004	17.2920	15.3725	13.7648	12.4090	11.2578	10.2737
35	29.4086	24.9986	21.4872	18.6646	16.3742	14.4982	12.9477	11.6546	10.5668
40	32.8347	27.3555	23.1148	19.7928	17.1591	15.0463	13.3317	11.9246	10.7574
45	36.0945	29.4902	24.5187	20.7200	17.7741	15.4558	13.6055	12.1084	10.8812
50	39.1961	31.4236	25.7298	21.4822	18.2559	15.7619	13.8007	12.2335	10.9617
55	42.1472	33.1748	26.7744	22.1086	18.6335	15.9905	13.9399	12.3186	11.0140

续表

n \ i	10%	12%	14%	15%	16%	18%	20%	24%	28%	32%
1	0.9091	0.8929	0.8772	0.8696	0.8621	0.8475	0.8333	0.8065	0.7813	0.7576
2	1.7355	1.6901	1.6467	1.6257	1.6052	1.5656	1.5278	1.4568	1.3916	1.3315
3	2.4869	2.4018	2.3216	2.2832	2.2459	2.1743	2.1065	1.9813	1.8684	1.7663
4	3.1699	3.0373	2.9137	2.8550	2.7982	2.6901	2.5887	2.4043	2.2410	2.0957
5	3.7908	3.6048	3.4331	3.3522	3.2743	3.1272	2.9906	2.7454	2.5320	2.3452
6	4.3553	4.1114	3.8887	3.7845	3.6847	3.4976	3.3255	3.0205	2.7594	2.5342
7	4.8684	4.5638	4.2882	4.1604	4.0386	3.8115	3.6046	3.2423	2.9370	2.6775
8	5.3349	4.9676	4.6389	4.4873	4.3436	4.0776	3.8372	3.4212	3.0758	2.7860
9	5.7590	5.3282	4.9464	4.7716	4.6065	4.3030	4.0310	3.5655	3.1842	2.8681
10	6.1446	5.6502	5.2161	5.0188	4.8332	4.4941	4.1925	3.6819	3.2689	2.9304
11	6.4951	5.9377	5.4527	5.2337	5.0286	4.6560	4.3271	3.7757	3.3351	2.9776
12	6.8137	6.1944	5.6603	5.4206	5.1971	4.7932	4.4392	3.8514	3.3868	3.0133
13	7.1034	6.4235	5.8424	5.5831	5.3423	4.9095	4.5327	3.9124	3.4272	3.0404
14	7.3667	6.6282	6.0021	5.7245	5.4675	5.0081	4.6106	3.9616	3.4587	3.0609
15	7.6061	6.8109	6.1422	5.8474	5.5755	5.0916	4.6755	4.0013	3.4834	3.0764
16	7.8237	6.9740	6.2651	5.9542	5.6685	5.1624	4.7296	4.0333	3.5026	3.0882
17	8.0216	7.1196	6.3729	6.0472	5.7487	5.2223	4.7746	4.0591	3.5177	3.0971
18	8.2014	7.2497	6.4674	6.1280	5.8178	5.2732	4.8122	4.0799	3.5294	3.1039
19	8.3649	7.3658	6.5504	6.1982	5.8775	5.3162	4.8435	4.0967	3.5386	3.1090
20	8.5136	7.4694	6.6231	6.2593	5.9288	5.3527	4.8696	4.1103	3.5458	3.1129
21	8.6487	7.5620	6.6870	6.3125	5.9731	5.3837	4.8913	4.1212	3.5514	3.1158
22	8.7715	7.6446	6.7429	6.3587	6.0113	5.4099	4.9094	4.1300	3.5558	3.1180
23	8.8832	7.7184	6.7921	6.3988	6.0442	5.4321	4.9245	4.1371	3.5592	3.1197
24	8.9847	7.7843	6.8351	6.4338	6.0726	5.4509	4.9371	4.1428	3.5619	3.1210
25	9.0770	7.8431	6.8729	6.4641	6.0971	5.4669	4.9476	4.1474	3.5640	3.1220
26	9.1609	7.8957	6.9061	6.4906	6.1182	5.4804	4.9563	4.1511	3.5656	3.1227
27	9.2372	7.9426	6.9352	6.5135	6.1364	5.4919	4.9636	4.1542	3.5669	3.1233
28	9.3066	7.9844	6.9607	6.5335	6.1520	5.5016	4.9697	4.1566	3.5679	3.1237
29	9.3696	8.0218	6.9830	6.5509	6.1656	5.5098	4.9747	4.1585	3.5687	3.1240
30	9.4269	8.0552	7.0027	6.5660	6.1772	5.5168	4.9789	4.1601	3.5693	3.1242
35	9.6442	8.1755	7.0700	6.6166	6.2153	5.5386	4.9915	4.1644	3.5708	3.1248
40	9.7791	8.2438	7.1050	6.6418	6.2335	5.5482	4.9966	4.1659	3.5712	3.1250
45	9.8628	8.2825	7.1232	6.6543	6.2421	5.5523	4.9986	4.1664	3.5714	3.1250
50	9.9148	8.3045	7.1327	6.6605	6.2463	5.5541	4.9995	4.1666	3.5714	3.1250
55	9.9471	8.3170	7.1376	6.6636	6.2482	5.5549	4.9998	4.1666	3.5714	3.1250

教学支持说明

▶▶ 课件申请

尊敬的老师:

您好!感谢您选用清华大学出版社的教材!为更好地服务教学,我们为采用本书作为教材的老师提供教学辅助资源。鉴于部分资源仅提供给授课教师使用,请您直接手机扫描下方二维码实时申请教学资源。

任课教师扫描二维码
可获取教学辅助资源

▶▶ 样书申请

为方便教师选用教材,我们为您提供免费赠送样书服务。授课教师扫描下方二维码即可获取清华大学出版社教材电子书目。在线填写个人信息,经审核认证后即可获取所选教材。我们会第一时间为您寄送样书。

任课教师扫描二维码
可获取教材电子书目

 清华大学出版社

E-mail: tupfuwu@163.com　　　　　　　　　网址: http://www.tup.com.cn/
电话: 8610-62770175-4506/4340　　　　　　传真: 8610-62775511
地址: 北京市海淀区双清路学研大厦B座509室　　邮编: 100084

财务管理

本书特色
名师佳作，内容丰富，案例新颖，篇幅适中，结构合理，习题丰富，课件完备，便于教学。

教辅材料
课件

书号：9787302531463
作者：王斌
定价：59.00 元
出版日期：2019.8

财务管理（第5版）

本书特色
"互联网+"教材，结构合理，畅销多年，形式丰富，课件齐全，便于教学。

教辅材料
教学大纲、课件、习题答案

书号：9787302524687
作者：杜勇
定价：49.00 元
出版日期：2019.6

财务管理（第四版）

本书特色
畅销多年，多次重印，课件完备，应用性强。

教辅材料
教学大纲、课件、习题答案

获奖信息
"十二五"普通高等教育本科国家级规划教材

书号：9787302429593
作者：陈玉菁 宋良荣
定价：46.00 元
出版日期：2016.4

公司财务管理

本书特色
财务理论与实践相结合，通过"财务实践""历史视角""名人名言"专栏，将公司所面临的财务问题与每章所学内容紧密联系起来。

教辅材料
课件

书号：9787302570387
作者：简建辉
定价：69.00 元
出版日期：2021.1

资产评估模拟实训

本书特色
"互联网+"教材，定位高职，实用性强，案例丰富，课件齐全。

教辅材料
教学大纲、课件、习题答案、试题库、模拟试卷

书号：9787302558811
作者：闫晓慧 王琳 范雪梅 张莹
定价：52.00 元
出版日期：2020.9

资产评估理论与实务（第二版）

本书特色
应用型本科教材，篇幅适中，课件齐全，销量良好。

教辅材料
教学大纲、课件、习题答案

书号：9787302529774
作者：张晗等
定价：40.00 元
出版日期：2019.6

◦ 财务管理 ◦

资本运营与公司治理（第三版）

本书特色
"互联网+"教材，结构合理，形式丰富，课件齐全，便于教学。

教辅材料
教学大纲、课件、习题答案

书号：9787302528647
作者：曾江洪
定价：49.00元
出版日期：2019.7

任课教师免费申请

财务管理：原理与应用（第13版）（英文）

本书特色
美国经典的财务管理教材，书中用大量的图表和公式来帮助学生理解，并配有专栏、习题和案例，通俗易懂，实践应用性强，配套资源丰富。

教辅材料
课件、习题库、教师手册

书号：9787302515913
作者：[美] 谢里登·蒂特曼 阿瑟·基翁 约翰·马丁
定价：89.00元
出版日期：2019.1

任课教师免费申请

技术经济学

本书特色
"互联网+"教材，同济名师力作，体例新颖，案例和习题丰富，教辅配套齐全，适合教学。

教辅材料
课件

书号：9787302495246
作者：吴宗法
定价：37.70元
出版日期：2018.9

任课教师免费申请